汽车维修工入门

杨智勇 主 编

金盾出版社

内 容 提 要

本书介绍汽车维修工入门知识,主要从初学者的角度,介绍了汽车入门须知、发动机的结构与维修、发动机机械部分故障诊断、汽油发动机电控系统故障诊断、发动机的维护与调整、底盘的结构与维修、底盘故障诊断、底盘的维护与调整、汽车电气设备的维修、汽车电气设备故障诊断等内容。

本书通俗易懂、简明实用,可供准备从事汽车维修行业的战士、学徒工学习使用,也可供广大汽车爱好者、驾驶人员以及大中专院校相关专业师生阅读和参考。

图书在版编目(CIP)数据

汽车维修工入门/杨智勇主编 . —北京:金盾出版社,2016.6(2019.2 重印)
ISBN 978-7-5186-0851-5

Ⅰ.①汽… Ⅱ.①杨… Ⅲ.①汽车—车辆修理 Ⅳ.①U472.4

中国版本图书馆 CIP 数据核字(2016)第 066218 号

金盾出版社出版、总发行
北京市太平路 5 号(地铁万寿路站往南)
邮政编码:100036 电话:68214039 83219215
传真:68276683 网址:www.jdcbs.cn
双峰印刷装订有限公司印刷、装订
各地新华书店经销
开本:787×1092 1/16 印张:20.25 字数:490 千字
2019 年 2 月第 1 版第 3 次印刷
印数:6 001~9 000 册 定价:65.00 元

前　　言

目前,中国汽车工业已有了飞速的发展。通过技术引进、国产化和技术改造,我国汽车的生产能力、市场占有率和社会保有量均有大幅度的提高,汽车服务前景越来越广阔,初学汽车维修人员迫切需要学习汽车检测与维修等专业知识。为了使广大初学汽车维修人员全面系统地了解汽车维修的基础知识,增强汽车维修的实际能力,特编写此书。

本书以通俗易懂的语言,围绕汽车维修人员所关心的问题,从初学者的角度,讲述了汽车修理安全基础知识、发动机的结构与检修、发动机机械部分故障诊断、汽油发动机电控系统故障诊断、发动机的维护与调整、底盘的结构与检修、底盘故障诊断、底盘的维护与调整、汽车电气设备的结构与检修、汽车电气设备故障诊断、汽车电气设备的维护与调整等相关的专业知识。

本书内容丰富,可读性强,实用性强,可供准备从事汽车维修行业的战士、学徒工学习使用,也可供广大汽车爱好者、驾驶人员以及大中专院校相关专业的师生阅读和参考。

本书由杨智勇主编,黄艳玲、修玲玲、季成久、田立加为副主编。参加编写的还有王恒志、范渝诚、李川峰、李丁年、于宏艳、张宁、高继生、李旭、栾宏宇、王鹏、陈剑飞、张喜平、李艳玲、胡明、崔志刚、蔡宝辉、张淑粉、张志等。

编写本书,编者参考并引用了国内外一些汽车厂家的技术资料和有关出版物,在此对参考文献的作者和为本书编写过程提供帮助的人表示衷心的感谢。

由于水平所限,不足之处在所难免,敬请读者批评指正。

编　者

目　　录

第一章　汽车维修入门须知

第一节　汽车维修工作准备

一、汽车维修前期准备

汽车维修工作准备内容如图 1-1 所示。

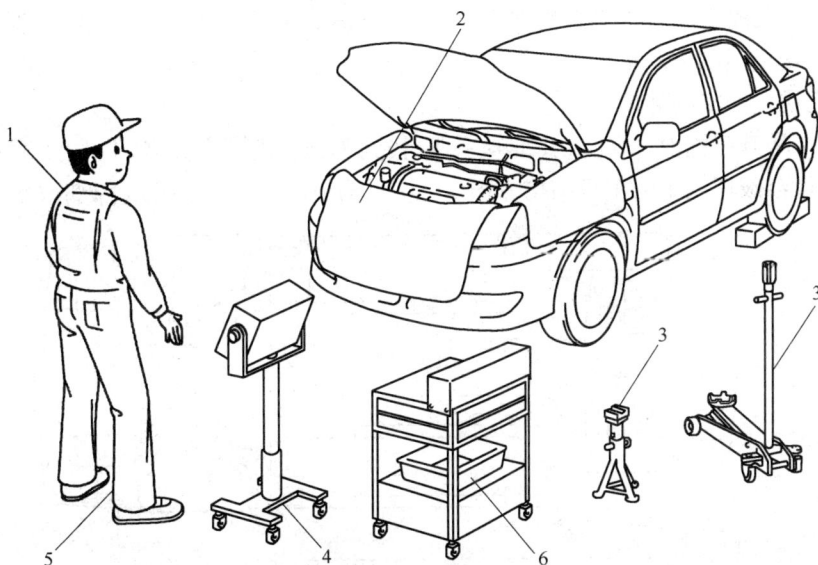

图 1-1　汽车维修工作准备内容
1、5. 着装　2. 车辆保护　3. 举升设备　4. 测量仪器　6. 工具

1. 着装

进行汽车修理时,务必穿着干净的工作服,必须戴好帽子,穿好安全鞋。

2. 车辆保护

修理作业开始维修前,准备好散热器格栅罩、翼子板保护罩、座椅护面、地板垫、转向盘套及挡位杆套等物品。

3. 举升设备的安全操作

两个或两个以上人员一起工作时,一定要相互检查安全情况。发动机运转的情况下进行工作时,要确保工作间通风,以排出废气。维修高温、高压、旋转、移动或振动的零件时,一定要佩戴适当的安全设备,并特别注意不要碰伤自己或他人。顶起车辆时,一定要使用安全底座支撑规定部位。举升车辆时,使用适当的安全设备。

4. 准备工具和测量仪表

开始操作前,准备好工具台、工具、专用工具、仪器仪表、耗材和更换的零件等。

5. 拆卸和安装、拆解和组装操作

拆下零件前,检查总成的总体状况以确认是否变形或损坏。对于复杂的总成,要做记录。例如,记录拆下的电气连接、螺栓或软管的总数,并做上装配标记,以确保重装时各零部件装到原位置上。必要时,可对软管及其接头做临时标记。如有必要,应清洗拆下的零件,并且在全面检查后进行组装。

6. 拆下零件的处理

应将拆下的零件放在一个单独的盒子内,以免与新零件混淆或弄脏新零件。对于不可重复使用零件,如:衬垫、O形圈、自锁螺母,要按照本手册中的说明用新件进行更换。

二、车辆的举升

1. 举升支撑部位

许多维修工序需要将汽车升离地面,在升起车辆前应确保汽车已被正确支撑,并在举升到位后使用安全锁以免汽车落下。在用千斤顶支起汽车时,应当确保千斤顶支承在汽车底盘大梁部位或较结实的部位。

注意,在举升车辆前,应先查找维修手册,找到车辆正确的支撑点,错误的支撑点不仅带来危险,而且会破坏汽车的车身结构。图1-2所示为典型轿车的举升支撑部位。

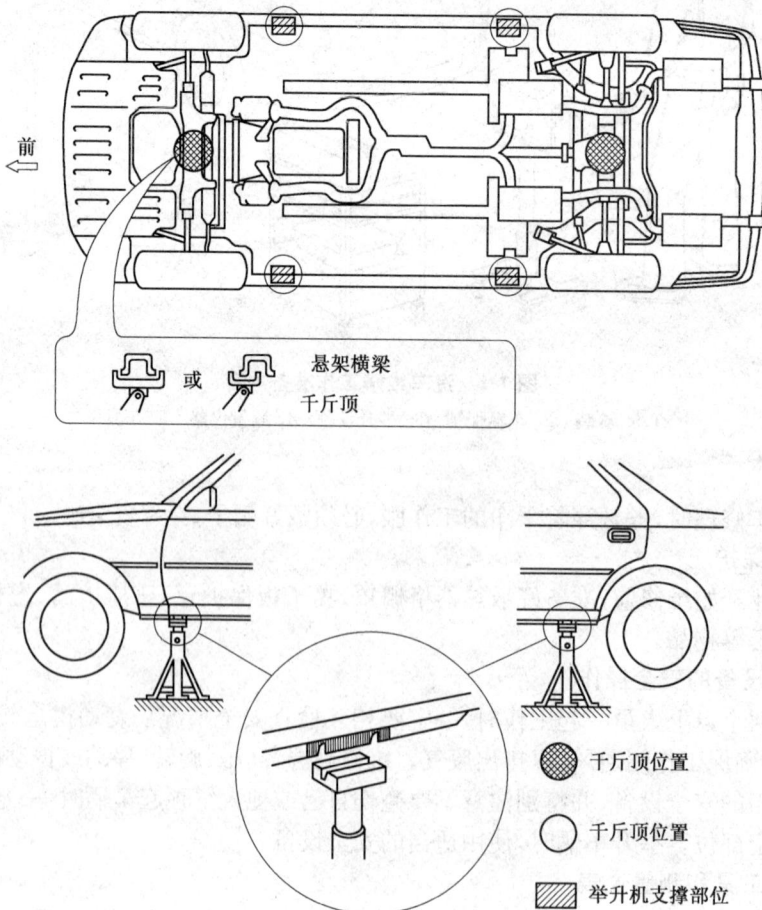

图 1-2　典型轿车的举升支撑部位

2. 举升机安全操作规程

(1)使用前应清除举升机附近妨碍作业的器具及杂物,并检查操作手柄是否正常。

(2)操作机构灵敏有效,液压系统不允许有爬行现象。

(3)支车时,四个支角应在同一平面上,调整支角胶垫高度使其接触车辆底盘支撑部位。

(4)支车时,车辆不可支的过高,支起后四个托架要锁紧。

(5)待举升车辆驶入后,应将举升机支撑块调整移动对正该车型规定的举升点。

(6)举升时人员应离开车辆,举升到需要高度时,必须插入保险锁销,并确保安全可靠才可开始车底作业。

(7)除低保及小修项目外,其他繁琐笨重作业,不得在举升机上操作修理。

(8)举升机不得频繁起落。

(9)支车时举升要稳,降落要慢。

(10)有人作业时严禁升降举升机。

(11)发现操作机构不灵,电机不同步,托架不平或液压部分漏油,应及时报修,不得带病操作。

(12)作业完毕应清除杂物,打扫举升机周围以保持场地整洁。

(13)定期(半年)排除举升机油缸积水,并检查油量,油量不足应及时加注相同牌号的压力油。同时应检查润滑、举升机传动齿轮及链条。

第二节 汽车维修安全操作

一、汽车维修安全操作守则

1. 机修工安全操作守则

(1)工作前应检查所使用工具是否完整无损,施工中工具必须整齐,不得随地乱放,工作完后应将工具清点检查并擦干净,按要求放入工具车或工具箱内。

(2)拆装零部件时,必须使用合适工具或专用工具,不得大力蛮干,不得用锤子直接敲击零件,所有零件拆卸后要按一定顺序整齐安放,不得随地堆放。拆装车辆做到油、水、零件不落地,保持零件、工具、场地的清洁。

(3)如图1-3所示,废油应倒入指定的废油桶收集,不得随地倒泼或倒入排水沟内,防止废油污染。

(4)修理作业时应注意保护汽车漆面,必要时对地毯及座位要使用保护垫布、座位套,以保持送修车辆的整洁。

(5)在车上修理作业及用汽油清洗零件时,不得吸烟;不准在送修汽车旁烘烤零件或点燃喷灯等。

(6)用千斤顶进行底盘作业时,必须选择平坦、坚实场地并用三角木将前后轮塞稳,然后用搁车凳将车辆支撑稳固,严禁单纯用千斤顶

图1-3 废机油回收桶

顶起车辆在车底作业。放松千斤顶时,要先看车下及周围是否有人,只有确认人员都在安全位置时,才能放松千斤顶。

(7)在修理过程中应认真检查原零件或更换件是否合乎技术要求,并严格按修理技术规范精心进行施工和检查调试。

(8)发动机进行起动检验前,应先检查各部位的装配工作是否已全部结束,是否按规定加足了润滑油、冷却水,起动时置变速器于空挡位置,拉紧手制动。车底有人时,严禁发动车辆。

(9)发动机在运转中不允许进行检修工作。汽车路试后进行底盘检修时,要防止被排气管烫伤。发动机过热时,不能打开水箱盖,谨防沸水喷出烫伤。

(10)指挥车辆行驶、移位时,不得站在车辆正前与后方,并注意周围障碍物。

2. 检验试车员(质量检验员)安全操作守则

(1)路试起步前,首先检查保修项目完成情况及车轮周围情况,检查油、水,拉紧驻车制动器,挂入空挡并踏下离合器踏板后方可发动,待发动后慢慢松离合器踏板,注意仪表工作是否正常。

(2)起步前必须关好车门。检试制动系统时,气压制动系统的气压不得低于294Pa。

(3)倒车时必须前后看清楚通道情况,并与指挥倒车人员取得联系,按手势进行。

(4)试车车辆必须前后挂试车牌,并在指定地点进行路试,参加路试随车人员不得超过3人。

(5)试踏制动踏板时应先向车上人员示意后再进行试验。

(6)试车完成后,应按规定检查有关部位,待全部合格后,由检验人员签名批准出场,将车辆停放在指定地点,将电源总开关关闭,挂低挡,拉紧驻车制动器,并通知车主前来接车。

3. 轮胎工安全操作守则

(1)操作人员应穿硬头皮鞋和紧袖制服,佩戴护目镜。

(2)拆卸大规格轮胎要使用电动设备,按规定力矩松开和紧固螺栓、螺母。

(3)剖解后装复的轮胎总成,充气前必须拴紧钢圈压条、卡箍等,以防飞出伤人。

(4)检查轮胎气压和补充充气,拆卸安装气门芯时,不可正对气门芯观察、操作,以防飞出伤眼。

(5)拆下的轮胎总成应平放,以防倾倒砸伤操作人员。

(6)工作前应先检查机具是否完好,并准备好作业场地。

(7)气门必须装正,并处于标志所指方向的位置,双胎并装时,气门必须相对排列。

(8)装卸轮胎时,车辆的支承必须稳固,不准在支承不稳固的情况下作业。

(9)轮胎必须装符合规定尺寸的轮辋,轮辋凸缘有损伤和锈蚀时,不应装用,轮辋螺孔不准有曲折、磨边和毛刺等现象,禁用大锤敲击轮辋。拆装轮胎时要注意防止弹簧挡圈弹出伤人。

(10)双胎并装时要保持一定距离,两轮通风洞必须对正,胎内垫有较大帘布的轮胎或补洞胎、翻新胎不准装在前轮上,对旋转方向有规定的轮胎,应注意所安装轮胎的旋转方向是否一致。

(11)割胎刀、锉刀等必须装有木柄,在割胎时不可用力过猛,以防发生事故,磨胎和剪毛时,不准将胎圈撑开很宽。

(12)作业完毕和下班前,应清洁场地、机具,安置好机工具,并做好交接班工作。

(13)轮胎胎冠花纹应保持如下深度,否则不能继续使用:

①轿车、轻型车、挂车的轮胎应大于 1.6mm。

②其他车前轮应大于 3.2mm,其他轮大于 1.6mm。

(14)轮胎胎面、胎侧不能有长度超过 25mm 或深度达到露出帘布层的割伤和破损。

(15)最高车速超过 100km/h 的车辆轮胎,其动平衡应符合规定要求。

(16)轮胎气压应符合规定标准,后轮气压不得低于前轮。

二、维修中的作业安全

1. 发动机拆卸安全操作规程

(1)发动机的拆卸必须在完全冷却的状态下进行,以免机件变形。

(2)发动机拆卸前必须排放冷却液和机油,并且释放燃油压力。

(3)拆卸燃油管时,因燃油管中有压力,在松开软管接头前,应先将抹布放到分离点处,然后小心地拔下软管以卸压,并用抹布擦净流出的燃油。

(4)拆卸蓄电池接线柱引线时,应拉动插座本体,以免损坏引线。

(5)在拆开真空软管时,必须在其端头做出安装位置标记,以保证安装的准确性;在脱开真空软管时,只能拉动软管的端头,不允许拉软管的中部。

(6)在拆卸线束连接器时,只能用手握住连接器并拉开,不允许拽动线束。

(7)拆卸和安装散热器时,切勿拉伸、扭曲或弯折制冷剂管路和软管,以免损坏这些管路及冷凝器。

(8)发动机起吊时必须连接牢固,以确保起吊的安全性,如图1-4所示。

图1-4　发动机的起吊

(9)使用千斤顶等举升机具时,必须确保支撑点的正确无误,并使支撑稳固可靠,否则不得进入车下进行操作。

(10)吊装发动机等总成时,必须由专人负责指挥,操作过程中不可将手脚伸入易被挤压的部位,以免发生危险。

(11)汽车总成解体时,应使用专用机工具按照分解顺序进行;对较难拆卸的零件,必须采用合理有效的方法,不得违反操作规程。

(12)对于螺纹连接件的拆卸,应选用合适的呆扳手、梅花扳手或套筒扳手及专用工具,不可使用活扳手或手钳,以免损伤螺母或螺栓头的棱角。

(13)对重要件的拆卸,首先要熟悉其结构,并按照合理的工艺规程进行。

(14)在任何零件的加工面上锤击时,都必须垫以软金属或垫棒,不可用锤子直接敲打。

(15)所有零件在组装前必须经过彻底清洗并用压缩空气吹干,经检验确认合格后方可装配。

(16)凡是螺栓、螺母所使用的平垫圈、弹簧垫圈、锁止垫圈、开口销、垫片及其他金属索线等,必须按照规定装配齐全;主要螺栓紧固后螺纹杆部应伸出螺母1～3扣;一般螺栓要求螺纹不低于螺母上平面,在不妨碍使用的情况下,允许高出螺母。

(17)对于螺栓、双头螺柱,如有变形则不可再用;螺纹断扣、滑牙不可修复时,都应更换。

(18)使用砂轮机、空气压缩机等机具时,必须严格遵守有关安全操作规程,防止发生安全事故。

2. 发动机装配安全操作规程

(1)装配前必须认真清洗零件,保持设备、工具、工作场地的清洁,应注意仔细检查和彻底清洗气缸体、曲轴上各润滑道,并用压缩空气吹净。

(2)不可互换的机件,如气缸体与飞轮壳,各活塞连杆组与其对应的气缸等,应按照其原位安装,不得错乱。

(3)对于相互位置有记号的零部件,如曲轴与飞轮、配气点火正时等;必须按照标记对准,不得错位。

(4)各螺栓、螺母所用的锁止件,如开口销、垫圈、锁片等,应按规定装配齐全可靠,不得遗漏和损伤。

(5)关键部位的重要间隙必须合理地给予保证。如:活塞与气缸壁的间隙;主轴颈、连杆轴颈的间隙;曲轴、凸轮轴的轴向间隙;气门间隙等。

(6)滑动轴承与轴颈以及有相对运动的摩擦表面在装配时应涂以机油。

(7)装配进程中,应随时检查各运动零部件之间有无运动不协调现象。

(8)必须明确零件配合性质和要求,掌握过盈配合及间隙配合的技术标准。对过盈配合和间隙配合的零件,应严格按照规定的装配工艺进行装配。

(9)严格按照规定的拧紧力矩和拧紧顺序进行螺纹连接件的紧固。例如连杆螺栓、主轴承螺栓、缸盖螺栓等重要螺栓应按规定力矩进行紧固;螺栓组必须分次交叉均匀拧紧,如缸盖螺栓应从中央到四周按对角线分次交叉均匀拧紧。

(10)制动零件应牢固可靠。螺栓、螺母、锁片、开口销、锁丝等凡是一次性使用的零件,不能重复使用。锁片的制动爪和倒边应分别插入轴槽和贴近螺母边缘;弹簧垫圈的内径要与螺栓直径相符,张距近似为垫片厚度的2倍;对于成对成组的固定螺栓,可在每个螺栓头上的每一个面钻上通孔,当拧紧后,用钢丝穿过螺栓头上的孔,使其互相连锁。

(11)密封部分应防止"三漏",即漏油、漏气和漏水。"三漏"的原因一般是装配工艺不符合要求,或由密封件磨损、变形、老化、腐蚀所致。密封的质量往往与密封材料的选用、预紧程度、装配位置有关。凡是一次性使用的密封件,一经拆卸必须更换。

(12)曲轴的配重不能互换;各缸活塞、活塞连杆组的质量差不能大于允许值,以免造成运行时的剧烈振动。

(13)对于出厂前已涂有密封紧固胶的零件,在重新安装时必须除净残胶、油污,涂上所规定的密封紧固胶加以密封或紧固。

(14)安装发动机时,注意将所有管路(如燃油管、液压管、活性炭罐管、冷却液和制冷剂管、制动液管、真空管)及所有导线恢复到位;所有运动部件及发热部件间应留有足够间隙。

(15)在装配过程中,应尽量采用专用工具,以防损坏零件。

(16)注意防火、防漏电等。

3. 车辆事故的预防措施

(1)不论车辆制动性能好坏,一定要在车轮前、后部垫三角木或采取其他防止车辆下溜的措施。

(2)不得在车辆后方作业或站立其他人员。

(3)不允许维修人员在生产区随便乱动车辆和随便乱试车。必须持相应证照的人方可试车,试车时应按指定路线行驶,路试时不得搭乘客和货物等。

(4)在把车辆举升到离开地面时,按安全操作规定,应在车身下面加设硬性支撑。

(5)在维修车间内人工移动车辆时,必须有专人指挥,并安排专门人员负责随时塞紧车轮,防止溜车伤人。

(6)人工移动车辆的指挥人员,必须首先熟悉车间内被移动车辆周围环境,并选择安全位置操作。

(7)严禁用软连接的方式拖拉、救援有转向、制动操纵机构故障的车辆。

4. 防止烫伤的预防措施

(1)引起烫伤的原因。

①发动机温度过高,冷却系统水箱"开锅",操作人员打开水箱盖时被喷射出的蒸气烫伤。

②工件局部焊补后,操作人员疏忽而使身体裸露部分烫伤。

③拆卸发生高温故障的零部件(如气缸盖、制动鼓、排气管等)时灼伤皮肤。

④检查和排除运行性故障时,裸露皮肤接触到温度较高的部件(如气缸体、排气管等)被烫伤。

⑤身体接触蓄电池电解液等被灼伤。

(2)预防措施。预防此类事故,主要是加强个人防护,注意操作技巧。

①在车辆维修时,对冷却系统水温过高的发动机,不得在水泵停转的情况下不加防护地直接开启水箱盖。

②尽量避免对刚熄火、零件温度尚未降低下来的车辆进行维修作业。

③作业时按规定穿戴防护用品,不得随意抚摸车身表面和将身体倚靠在维修车辆的车身上。

④避免身体直接接触蓄电池电解液、防冻液等化学品。

5. 用电安全措施

(1)检修电气设备或更换熔丝时,应首先切断电源,并在电源开关处挂上"严禁合闸"的警告牌;在没有采取足够安全措施的情况下,严禁带电工作。

　　(2)使用各种电气设备,应采取相当的安全措施。如使用手提式电钻时,必须戴上橡皮手套或站在绝缘垫上。

　　(3)电热设备应远离易燃物,用毕即断开电源。

　　(4)判断电线或用电设备是否带电,必须用验电器,如测电笔(一般在250V以下使用)等检查判断,不允许用手摸试。

　　(5)电灯开关应接在火线上,用螺旋灯头时不可把火线接在跟螺旋套相连的接线柱上,以免调换灯泡时触电。

　　(6)电线或电气设备失火时,应迅速切断电源。在带电状态下,不能用水和泡沫灭火器灭火,否则会使人触电。这种情况可用黄沙或二氧化碳灭火器、1211灭火器进行灭火。

　　(7)发现有人触电时,首先应使触电者脱离电源,然后进行现场抢救。

第二章　发动机结构与维修

第一节　发动机概述

一、发动机在汽车上的位置

汽车的类型虽然很多,但基本构造都是由发动机、底盘、车身和电气设备四大部分组成。发动机在汽车上的位置如图 2-1 所示。

图 2-1　发动机在汽车上的位置

二、发动机的种类

汽车发动机是将燃料燃烧的热能转变为机械能的热力发动机。热力发动机可分为外燃机和内燃机。燃料在外部燃烧,燃烧的热能通过其他介质转变为机械能的称为外燃机,如蒸汽机。燃料在内部燃烧,燃烧的热能直接转变为机械能的称为内燃机,如汽油机和柴油机。内燃机具有热效率高、结构紧凑、体积小、便于装车、起动性能好等优点,因而应用广泛,现代汽车发动机都属内燃机。

汽车用内燃机种类繁多,可以按不同特征加以分类,内燃机常用种类见表 2-1。

三、发动机的总体构造

1. 汽油机的总体构造

汽油机的剖视图如图 2-2 所示。汽油机主要由"两大机构、五大系统"组成。"两大机构"指曲柄连杆机构和配气机构,"五大系统"指燃料供给系统、冷却系统、润滑系统、点火系统和起动系统。

表 2-1　内燃机的种类

分类方法	种类	特征与说明
按工作循环分类	四冲程发动机和二冲程发动机	活塞上下往复四个行程完成一个工作循环的发动机称为四冲程发动机;活塞上下往复二个行程完成一个工作循环的发动机称为二冲程发动机。现代汽车发动机多采用四冲程发动机
按使用燃料分类	汽油机、柴油机、单燃料燃气发动机、两用燃料发动机、混合燃料发动机等	以汽油为燃料的发动机称为汽油机;以柴油为燃料的发动机称为柴油机;以单一燃气(如液化石油气或天然气)为燃料的发动机称单燃料燃气发动机;具有两套相互独立的燃料供给系统、可分别使用两种不同燃料的发动机称两用燃料发动机;工作时,同时使用两种燃料的发动机称为混合燃料发动机
按点火方式分类	点燃式发动机和压燃式发动机	点燃式发动机是利用高压电火花点燃气缸内的混合气来完成作功的,如汽油机,它所使用的燃料一般是点燃温度低、自燃温度高的燃料;压燃式发动机是利用高温、高压使气缸内的混合气自行着火燃烧来完成作功的,如柴油机,它所使用的燃料一般是点燃温度较高,但自燃温度较低的燃料
按活塞运动方式分类	往复活塞式发动机和旋转活塞式(转子式)发动机	往复活塞式发动机的活塞是延直线上下运动;旋转活塞式(转子)发动机的转子是旋转运动。现代汽车发动机多采用往复活塞式发动机
按冷却方式分类	水冷式发动机和风冷式发动机	现代汽车发动机绝大多数采用水冷式方式,并且用冷却液代替水作冷却介质,以防止冷却水冬季结冰,损坏发动机
按气缸数目分类	单缸发动机和多缸发动机	多缸发动机有双缸发动机、三缸发动机、四缸发动机、五缸发动机、六缸发动机、八缸发动机、十二缸发动机。现代汽车发动机多采用四缸发动机、六缸发动机和八缸发动机
按气缸布置方式分类	对置式发动机、直列式发动机、斜置式发动机和V形发动机	现代汽车发动机大多数为直列式发动机和V形发动机
按进气方式分类	自然吸气(非增压)式发动机和强制进气(增压)式发动机	自然吸气式发动机和涡轮增压式发动机均广泛采用

　　(1)曲柄连杆机构。曲柄连杆机构是发动机实现热能与机械能相互转换的核心机构,其功用是将燃料燃烧所释放的热能通过活塞、连杆、曲轴等转变成能够驱动汽车行驶的机械能。

　　曲柄连杆机构主要由气缸体、气缸盖、活塞、连杆、曲轴和飞轮等机件组成。

　　(2)配气机构。配气机构的功用是根据发动机的工作需要,适时地打开进气通道或排气通道,以便使可燃混合气(燃料与空气的混合物)及时地进入气缸,或使废气及时地从气缸内排出;而在发动机不需要进气或排气时,则利用气门将进气通道或排气通道关闭,以保持气缸密封。

　　配气机构主要由气门、气门弹簧、凸轮轴、挺杆、凸轮轴传动机构等零部件组成。

　　(3)燃料供给系统。汽油机燃料供给系统的功用是根据发动机的工作需要,配制出一定数量和浓度的可燃混合气并送入气缸。

　　燃料供给系统有化油器式和电控燃油喷射式两种类型。化油器式燃料供给系统一般由汽油箱、汽油泵、汽油滤清器、化油器、空气滤清器、进排气装置等组成;电控燃油喷射式燃料供给系统由空气供给系统、燃油供给系统和电子控制系统组成。

　　(4)点火系统。汽油机点火系统的功用是根据发动机的工作需要,及时地点燃气缸内的

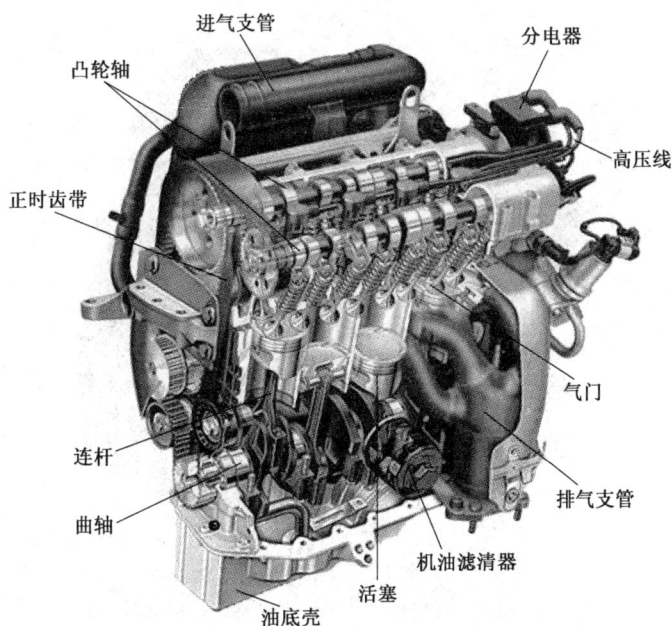

进气支管
分电器
凸轮轴
高压线
正时齿带
气门
连杆
曲轴
排气支管
活塞
机油滤清器
油底壳

图 2-2　汽油机的剖视图

混合气。

按对点火时刻的控制方式不同,点火系统可分为传统点火系统、普通电子点火系统和微型计算机控制电子点火系统三种。传统点火系统利用机械装置控制点火时刻,通常由蓄电池、发电机、点火线圈、断电器、分电器、点火提前角调节器、火花塞和点火开关等组成;普通电子点火系统利用电子点火器控制点火时刻,其组成与传统点火系类似,只是用电子元件取代了断电器,但仍保留部分机械装置,如真空式点火提前角调节器和离心式点火提前角调节器;微型计算机控制电子点火系统是一种全电子点火系统,完全取消了机械装置,由电控系统来控制点火时刻,通常包括蓄电池、发电机、点火线圈、分电器(有些无分电器)、火花塞和电子控制系统等。

(5)冷却系统。冷却系统的功用是帮助发动机散热,以保证发动机在最适宜的温度下工作。

发动机的冷却系统可分水冷式和风冷式两种。水冷式冷却系统通常由水套、水泵、散热器、风扇、节温器等组成。风冷式冷却系统主要由风扇、散热片组成。

(6)润滑系统。润滑系统的功用是向作相对运动的零件表面输送清洁的润滑油,以减小摩擦和磨损,并对摩擦表面进行清洗和冷却。

润滑系统一般由机油泵、集滤器、限压阀、油道、机油滤清器等组成。

(7)起动系统。起动系统的功用是使发动机由静止状态进入到正常工作状态。起动系统包括起动机及其附属装置。

2. 柴油机的总体构造

四冲程水冷式柴油机由"两大机构、四大系统"组成,"两大机构"指曲柄连杆机构和配气机构,"四大系统"指燃料供给系统、冷却系统、润滑系统、起动系统。常见传统的柴油机如图

2-3 所示。

图 2-3　柴油机
1. 输油泵　2. 喷油泵　3. 柴油滤清器　4. 喷油器

　　柴油机的曲柄连杆机构、配气机构、冷却系统、润滑系统、起动系统与汽油机基本相同。由于柴油机采用压缩自燃的着火方式,所以不需要点火系统。此外,由于柴油机与汽油机使用的燃料不同,其燃料供给系统存在较大的差异,柴油机的燃料供给系统通常利用高压油泵将柴油压力提高后,再利用喷油器将高压柴油直接喷入气缸。

　　按对供(喷)油量等的控制方式不同,柴油机的燃料供给系统也可分为传统燃料供给系统和电子控制燃料供给系统。传统柴油机燃料供给系统通常由油箱、柴油滤清器、输油泵、高压油泵、喷油器等组成,早期的柴油机电子控制系统只是在传统燃料供给系统的基础上增加了一些电控元件,而后期的柴油机电子控制系统取消了高压油泵(但有些装用高压输油泵),并用共轨取代了各缸喷油器的高压油管,电子控制系统的功能更强大、精度更高。

四、发动机基本术语

　　发动机基本术语如图 2-4 所示。

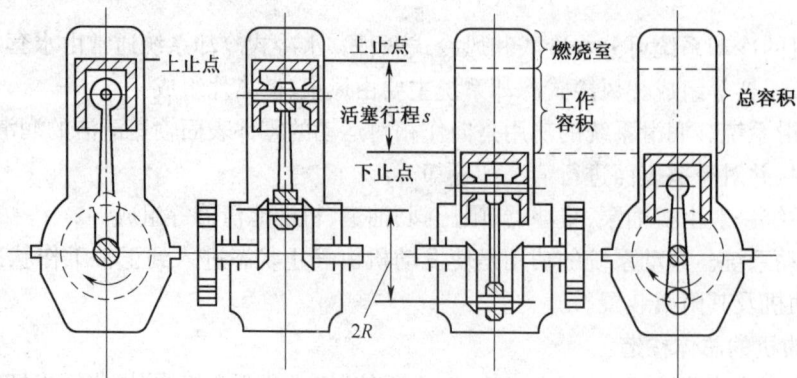

图 2-4　发动机基本术语

1. 上止点

活塞顶离曲轴旋转中心最远的位置。即图中活塞顶达到的最高位置。

2. 下止点

活塞顶离曲轴旋转中心最近的位置。即图中活塞顶达到的最低位置。

3. 活塞行程

活塞在上、下止点所移过的距离。

4. 燃烧室容积

当活塞在上止点时,活塞顶上方的空间容积。

5. 气缸总容积

当活塞在下止点时,活塞顶上方的整个空间容积。

6. 气缸工作容积

活塞从上止点到下止点所让出的空间容积。

7. 发动机排量

多缸发动机各气缸工作容积的总和,等于气缸工作容积与缸数的乘积。

8. 压缩比

气缸总容积与燃烧室容积之比,它反映了气缸内的气体被压缩的程度。

五、发动机工作过程

常见的汽车发动机大部分为四冲程汽油发动机。四冲程汽油发动机由进气、压缩、作功和排气四个过程周而复始地循环工作。四冲程汽油发动机的工作原理示意图如图 2-5 所示。

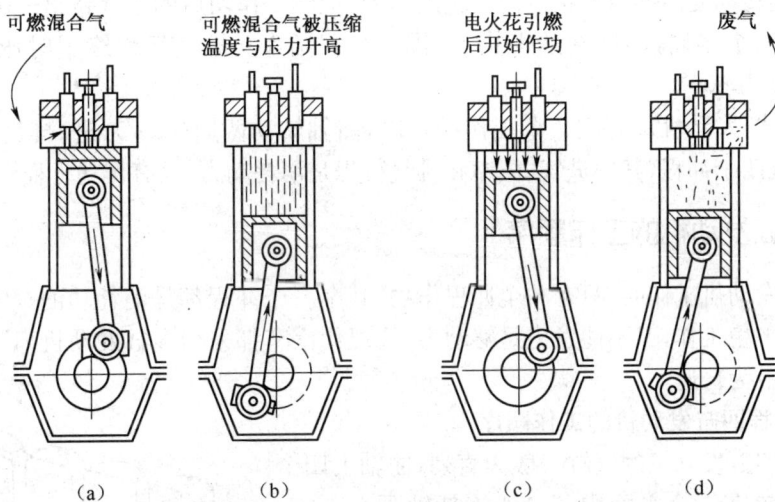

图 2-5　四冲程汽油发动机的工作原理示意图
(a)进气行程　(b)压缩行程　(c)作功行程　(d)排气行程

1. 进气行程

进气行程是将汽油和空气混合成的可燃气体吸入气缸。进气行程开始时,进气门打开,排气门关闭,曲轴转动使活塞由上止点向下止点运动,活塞上方容积增大,压力降低。由汽油和空气组成的可燃混合气在压力差的作用下进入气缸(图 2-5a)。曲轴转过半周,活塞行至下止点,进气门关闭,进气行程结束。进气终了时其压力为 75～90kPa,混合气温度为 80℃～130℃。

2. 压缩行程

压缩行程提高可燃混合气的压力和温度,为其迅速燃烧创造条件。压缩行程开始时,进、排气门关闭,曲轴继续转动,活塞从下止点向上止点运动,活塞上方容积缩小,压缩可燃混合气使其温度和压力升高(图 2-5b)。曲轴转过第二个半周,活塞到达上止点,压缩行程结束。压缩行程终了时的压力为 800～1400kPa,混合气温度为 350℃～450℃。

压缩比是压缩行程的重要指标,压缩比越大,压缩终了时混合气的压力和温度就越高,越有利于提高发动机的动力。但压缩比受汽油抗爆性能的限制,不宜过大,否则会引起发动机爆燃,反而会降低动力,使耗油量增加,加速机件损坏。

3. 作功行程

作功行程使压缩终了的可燃混合气燃烧后膨胀作功。作功行程时,进、排气门仍然关闭,当压缩接近终了时,火花塞发出电火花,可燃混合气被点燃迅猛燃烧,使燃烧气体的压力和温度急剧升高,推动活塞由上止点向下止点运动,通过连杆使曲轴旋转而对外作功,所以作功行程也称为膨胀冲程(图 2-5c)。

作功行程燃气最高压力可达 2940～3920kPa,温度可达 1800℃～2000℃。随着活塞向下运动,活塞上方容积增大,压力、温度随之降低。活塞运动至下止点,曲轴转过第三个半周,作功行程结束。此时燃气压力为 300～500kPa,温度约为 1200℃。

4. 排气行程

排气行程排除气缸内膨胀作功后的废气。排气行程开始时,进气门仍关闭,排气门开启,曲轴继续转动使活塞由下止点向上止点移动,把膨胀作功后的废气挤出气缸(图 2-5d)。曲轴转过第四个半周,活塞到达上止点,排气行程结束。排气行程终了时压力为 105～120kPa,温度为 600℃～900℃。

综上所述:发动机每完成一个工作循环时,曲轴转动两周(720°),进、排气门各开启一次,活塞完成四个冲程,其中进气、压缩和排气行程是消耗动力,只有作功行程产生动力。

六、多缸发动机的工作顺序

四冲程发动机工作时,只有一个冲程作功,其余三个冲程都是消耗功的。因此,单缸发动机既不能平稳工作,又不能发出足够动力,故现代汽车都采用多缸发动机,其中以四缸和六缸发动机最为普遍。

1. 四冲程四缸发动机的工作顺序

四冲程四缸发动机的气缸一般为直列,曲轴上四个连杆轴颈配置在一个平面内,一、四连杆轴颈在一方,二、三连杆轴颈在另一方,两个方向互成 180°,如图 2-6 所示。

曲轴转动时,第一和第四气缸的活塞同时上下,第二和第三气缸的活塞同时上下。因此,四缸发动机的工作顺序为 1、2、4、3 或 1、3、4、2。各缸的工作顺序见表 2-2。

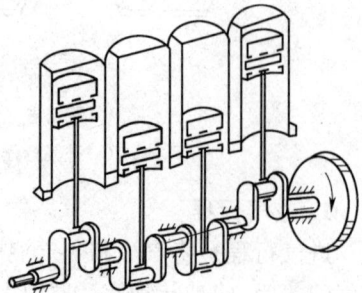

图 2-6　四缸发动机各曲轴配角

表 2-2　四缸发动机各缸工作顺序

曲轴转角(°)	第一缸	第二缸	第三缸	第四缸
0～180	作功	压缩	排气	进气
180～360	排气	作功	进气	压缩
360～540	进气	排气	压缩	作功
540～720	压缩	进气	作功	排气

2. 四冲程直列六缸发动机的工作顺序

曲轴连杆轴颈多数按如下排列:面对曲轴前端,一、六连杆轴颈在上面,二、五连杆轴颈偏左面,三、四连杆轴颈偏右面,三个方向互成120°,如图 2-7 所示。六缸发动机的点火顺序为 1、5、3、6、2、4,见表 2-3。

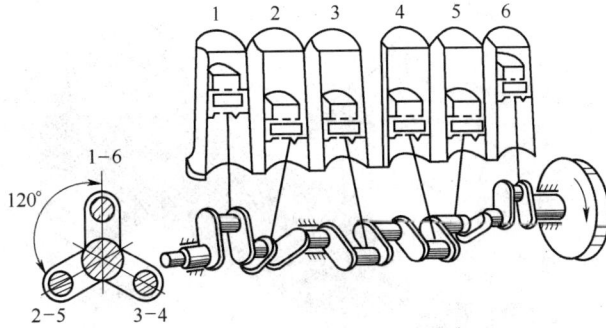

图 2-7　六缸发动机曲轴配角

表 2-3　六缸发动机各缸工作顺序

曲轴转角(°)	第一缸	第二缸	第三缸	第四缸	第五缸	第六缸
0～60	进气	压缩	作功	进气	排气	作功
60～120	进气	压缩	排气	压缩	排气	作功
120～180	进气	作功	排气	压缩	进气	作功
180～240	压缩	作功	排气	压缩	进气	排气
240～300	压缩	作功	进气	作功	进气	排气
300～360	压缩	排气	进气	作功	压缩	排气
360～420	作功	排气	进气	作功	压缩	进气
420～480	作功	排气	压缩	排气	压缩	进气
480～540	作功	进气	压缩	排气	作功	进气
540～600	排气	进气	压缩	排气	作功	压缩
600～660	排气	进气	作功	进气	作功	压缩
660～720	排气	压缩	作功	进气	排气	压缩

第二节　曲柄连杆机构维修

一、曲柄连杆机构的结构

1. 曲柄连杆机构的作用

曲柄连杆机构是发动机实现热能与机械能相互转换的主要机构。其主要功用是将气缸内气体作用在活塞上的力转变为曲轴的旋转力矩，从而输出动力。

2. 曲柄连杆机构的组成

曲柄连杆机构零件的基本组成如图 2-8 所示，V 型 6 缸曲柄连杆机构的组成如图 2-9 所示。曲柄连杆机构可分为机体组、活塞连杆组和曲轴飞轮组三部分。在有些发动机上，为平衡曲柄连杆机构的振动，还装有平衡轴装置。

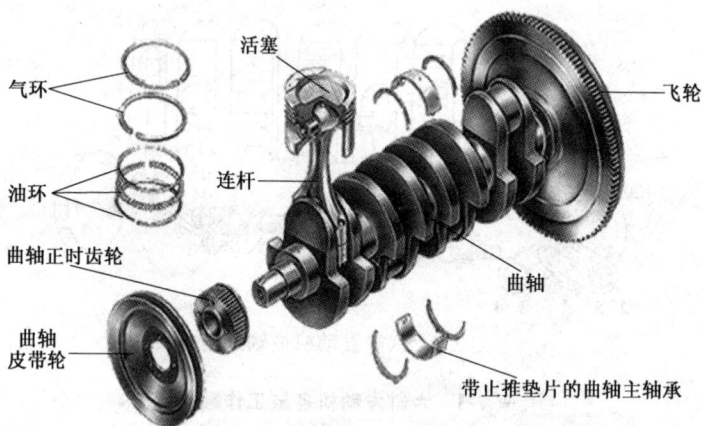

图 2-8　曲柄连杆机构的组成

图 2-9　V 型 6 缸曲柄连杆机构的组成

(1)机体组的总体结构。机体是构成发动机的骨架，是发动机各机构和各系统的安装基础，其内、外安装着发动机的所有主要零件和附件，承受各种载荷。因此，机体必须要有足够的强度和刚度。机体组主要由气缸体、气缸盖、气缸垫和油底壳组成，如图 2-10 所示。

(2)活塞连杆组的总体结构。活塞连杆组是发动机的传动件，它把燃烧气体的压力传给

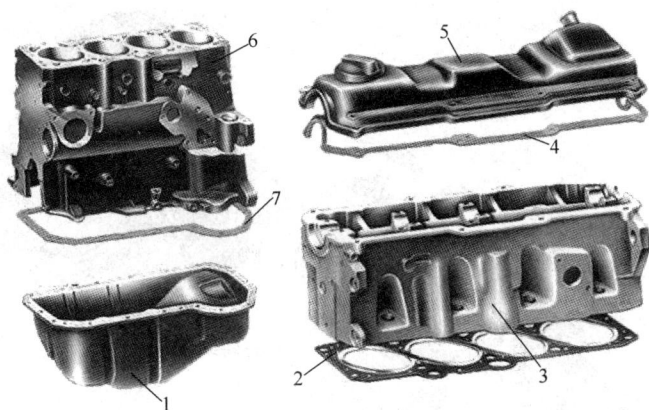

图 2-10 机体组的组成

1. 油底壳 2. 气缸垫 3. 气缸盖 4. 气缸盖罩密封垫 5. 气缸盖罩 6. 气缸体 7. 油底壳密封垫

曲轴,使曲轴旋转并输出动力。活塞连杆组主要由活塞、活塞环、连杆、活塞销和连杆轴承等组成,如图 2-11 所示。

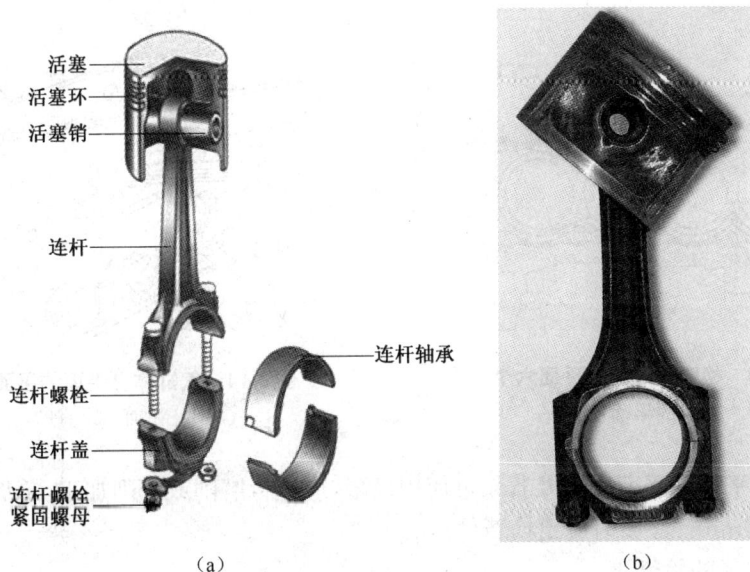

图 2-11 活塞连杆组

(a)活塞连杆组部件 (b)活塞连杆组实物

(3)曲轴飞轮组的总体结构。曲轴飞轮组主要由曲轴、飞轮、曲轴主轴承等组成,如图 2-12 所示。

二、曲柄连杆机构的检修

1. 气缸体上平面变形的检查与修理

气缸体上平面变形多是由于发动机长期过热等原因引起,影响与气缸盖接合的密封性。检查气缸体上平面的平面度时,应分别检查如图 2-13 所示的六个方向的平面度。如图

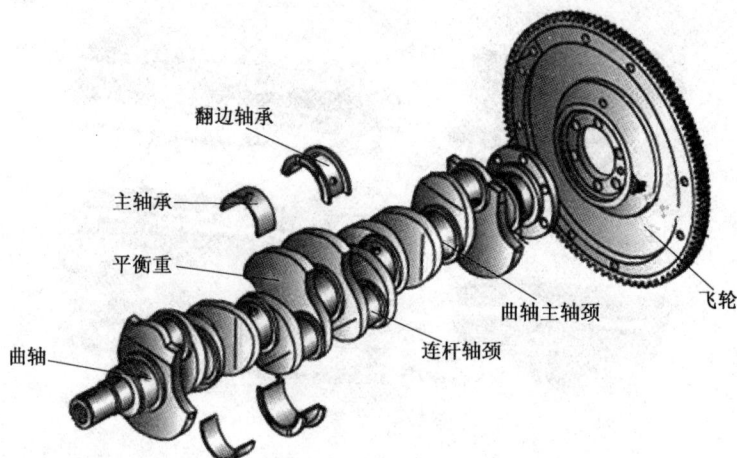

图 2-12　曲轴飞轮组

2-14 所示,检查时,在气缸体上平面上放置直尺,并用塞尺测量直尺与气缸体上平面之间的间隙,测得的最大值即为气缸体上平面的平面度误差。其使用极限:铝合金气缸体一般为 0.25mm,铸铁气缸体一般为 0.10mm。

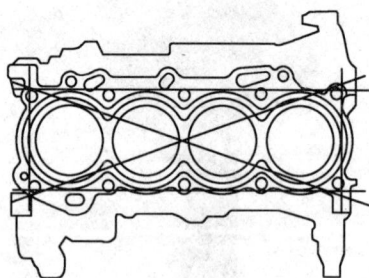

图 2-13　检查气缸体上平面六个
方向的平面度

图 2-14　气缸体上平面的平面度检查
1. 气缸体上平面　2. 直尺　3. 塞尺

气缸体上平面的平面度误差若超过使用极限,应进行磨削或铣削加工,总加工量一般不允许超过 0.30mm。必要时应更换新件。

2. 气缸缸径的检查

(1)测量部位。选用适当量程的内径百分表按图 2-15 所示的部位和要求进行测量。在气缸体上部距气缸上平面 10mm 处,气缸中部和气缸下部距缸套下部 10mm 处等三点,按轴向和推力方向,两个方向分别测量气缸的直径,如图 2-16 所示。

(2)气缸圆度的测量。选择合适的测杆,并使其压缩 1~2mm 以留出测量余量。将测杆伸入气缸中,微微摆动表杆,使测杆与气缸中心线垂直,量缸表指示最小读数,即为正确的气缸直径。用量缸表在垂直于曲轴方向测量,旋转表盘,使"0"刻度对准大表针,然后,将测杆在此横截面上旋转一圈,此时表针所指刻度与"0"位刻度之差的 1/2 即为该缸的圆度误差;如果测量值大于规定尺寸,则更换气缸体。

(3)气缸圆柱度的测量。用量缸表在 b 部位推力方向测量并找出正确直径位置。旋转表盘,使"0"刻度对准大指针。然后,依次测出其他五个数值,取六个数值中最大差值之半作为该气缸的圆柱度误差;如果测量值大于规定尺寸,则更换气缸体。

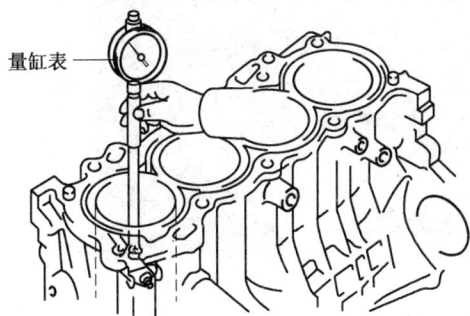

图 2-15　气缸磨损测量

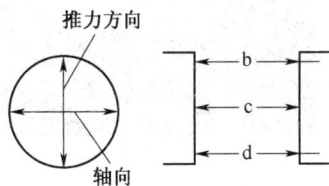

图 2-16　气缸测量点位置

(4)气缸磨损尺寸的测量。一般发动机最大磨损在前后两缸的上部,应重点测量这两缸。测量时,用量缸表在 b 部位推力方向测量并找出正确气缸直径的位置。旋转表盘,使"0"刻度对准大指针,并注意观察小指针所处位置。取出量缸表,将测杆放置于外径千分尺的两测头之间,旋转外径千分尺的活动测头,使量缸表的大指针指向"0",且小指针处于原来的位置(在气缸中所指示的位置)。此时,外径千分尺的尺寸即为气缸的磨损尺寸,按此找出该发动机气缸的最大磨损尺寸。

3. 气缸盖的检修

(1)气缸盖平面变形的检查与修理。气缸盖平面变形多发生在与气缸体的接合平面上,会影响密封性,其原因一般是热处理不当、缸盖螺栓拧紧力矩不均或放置不当。检查方法与气缸体上平面变形检查基本相同,平面度误差一般不能超过 0.05mm,否则应进行修理或更换。

(2)清除燃烧室积炭。气缸盖上燃烧室内的积炭过多,会使燃烧室有效容积变小,改变发动机的压缩比。拆下气缸盖后,若发现燃烧室积炭过多,应采用机械方法或化学方法进行清理。

(3)火花塞安装座孔的修理。汽油发动机的火花塞为易损零件,使用中经常拆装。频繁的拆装有时会导致火花塞安装座孔螺纹损坏,可采用镶套法修理,即:将损坏的火花塞安装座孔钻大(约 10mm)并攻制细螺纹,再用与气缸盖相同的材料加工一个合适的螺堵拧入已加大的火花塞安装座孔,紧固后在螺堵上加工火花塞安装座孔。

4. 活塞的检修

活塞的常见故障是破损、烧蚀、磨损。活塞是易损零件,价格比较便宜,在汽车维修中一般不对活塞进行修理,而是直接更换。在更换新件前,应查明故障原因,并予以排除。

(1)活塞的清洁。活塞上的积炭主要沉积在活塞顶部,如图 2-17 所示。

活塞顶部积炭可用刮刀清除。若活塞环槽内有积炭,可用折断的旧活塞环磨制成合适的形状进行清除(如图 2-18 所示),但应注意不要刮伤活塞环槽底部。

(2)活塞破损和烧蚀的检查与修理。活塞拆出后应检查其顶部有无异常,若有撞击造成的明显凹陷甚至是裂损,应及时查明故障原因,予以排除。发动机工作中,造成活塞受撞击

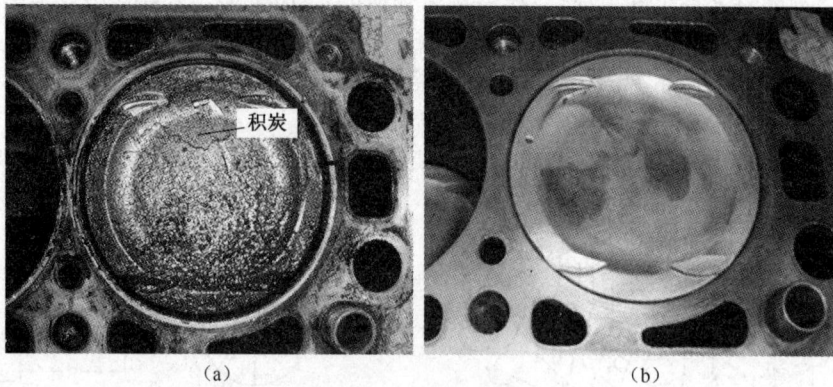

图 2-17　活塞的积炭

(a)有积炭的活塞　(b)无积炭的活塞

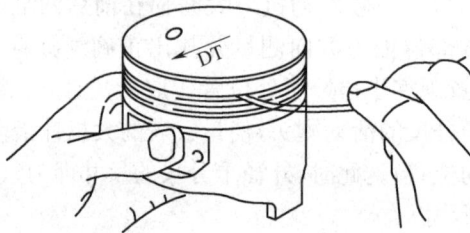

图 2-18　活塞环槽积炭的清除

损坏一般是气门间隙过小、配气相位失准、气门弹簧折断等原因导致活塞与气门相撞,或维修时气缸内掉入异物。对受损的活塞,若其顶部虽有凹陷但无裂损可继续使用,若发现有裂纹或孔洞必须更换新件。破损的活塞如图 2-19 所示。

图 2-19　破损的活塞

活塞烧蚀呈现在活塞顶部,轻者有疏松状麻坑,重者有局部烧熔现象。活塞烧蚀主要是气缸内温度过高所引起。烧蚀较轻的活塞,允许继续使用,烧蚀严重时必须更换。

(3)活塞环槽磨损的检查与修理。活塞环槽的磨损通常发生在高度方向上,第一道活塞环槽磨损最严重。活塞环槽磨损后使活塞环侧隙增大,如不及时修理或更换活塞,会导致发动机工作时烧机油和气缸压力下降等后果。

①活塞环侧隙的检查。活塞环侧隙是指活塞环与活塞环槽在高度方向上的配合间隙。如图 2-20 所示,测量时,将一新活塞环放入环槽,用塞尺测量环的侧隙。若更换新活塞环后侧隙过小,可将活塞环平放在细砂布上研磨;若侧隙过大,说明环槽磨损,应将活塞环与活塞一起更换。新装时侧隙一般为 0.02～0.05mm,极限间隙为 0.15mm 时,应更换活塞环。

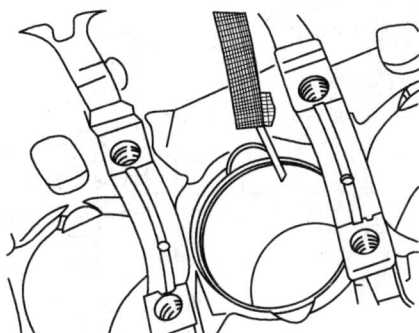

②活塞环端隙的检查。如图 2-21 所示,将活塞环放入气缸,使其水平停放在距上平面 15mm 的气缸内,用塞尺进行测量,其磨损极限为 1.00mm。

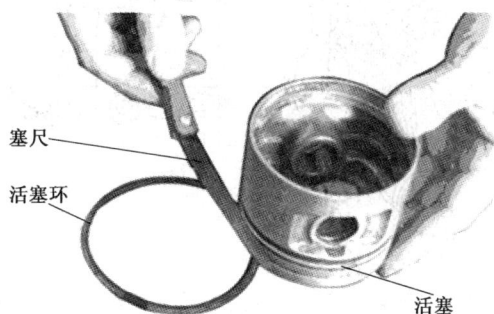

图 2-20　测量活塞环的侧隙　　　　图 2-21　活塞环端隙的检查

(4)活塞的测量。

①检查活塞裙部的磨损。在与活塞销垂直的方向,用外径千分尺测量活塞裙部直径。若测量值超过极限值时,在发动机大修时应更换全部活塞。

②活塞更换时,只能用重量等级和尺寸相同的产品更换,其一台发动机上同组活塞的重量差不得大于标准规定

5. 连杆变形的检查和校正

(1)连杆变形主要是弯曲和扭曲,其主要危害是导致气缸、活塞和连杆轴承异常磨损。对采用全浮式连接的活塞销,连杆弯曲可能会引起活塞销卡环脱出。连杆变形量的检查必须使用专用的连杆检测仪器。

(2)检查连杆变形时,将连杆轴承盖装好,活塞销装入连杆小头,再将连杆大头固定在检测器的定心轴上,然后把三点式量规的 V 形槽贴紧活塞销,用塞尺测量检测器平面与量规指销之间的间隙。三点式量规有三个指销,上面一个下面两个,三个指销均与检测器平面接触,说明连杆无变形;若量规仅上面一个指销(或下面两个指销)与检测器平面有间隙,说明连杆有弯曲变形,如图 2-22 所示,间隙大小反映了连杆的弯曲程度;若量规下面的两个指销与检测器平面的间隙不同,说明连杆有扭曲变形,如图 2-23 所示,两指销的间隙差反映了连杆的扭曲程度;若上述两种情况并存,说明连杆即有弯曲变形,又有扭曲变形。连杆弯曲或扭曲超过其允许极限时,应进行校正或更换连杆。

6. 曲轴的检修

曲轴的常见故障是轴颈磨损、弯曲和扭曲变形,严重时出现裂纹,甚至断裂。

(1)曲轴裂纹的检查与修理。曲轴裂纹一般发生在轴颈两端过渡圆角处或油孔处,裂纹较严重时,可通过观察或用锤子轻轻敲击平衡重从发出的声音来判断。检查裂纹的最好方法是在专用的磁力探伤仪上进行磁力探伤。

曲轴裂纹可进行焊修,但一般是更换新件。

(2)曲轴弯曲的检查与修理。曲轴弯曲的检查如图 2-24 所示。将曲轴放在检测平板上的 V 形架上,百分表指针抵触在中间主轴颈上,转动曲轴一圈,百分表指针的摆差(径向圆跳动误差)一般应不超过 0.04～0.06mm。

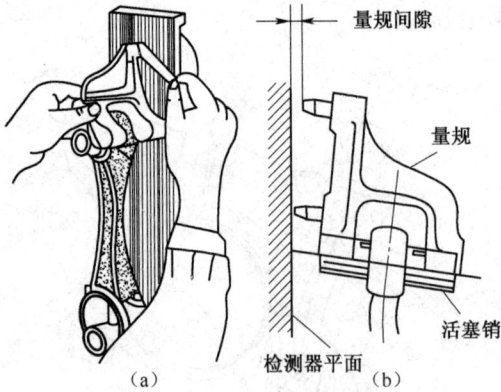

图 2-22　连杆弯曲的检查
(a)测量位置　(b)间隙位置

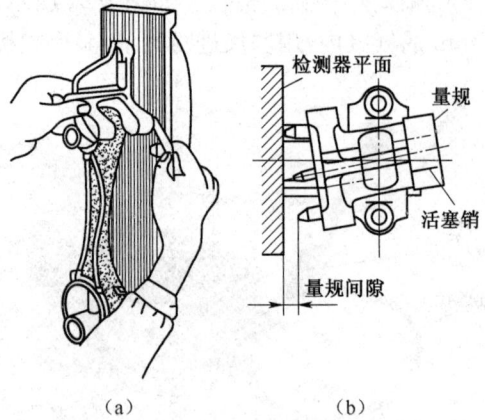

图 2-23　连杆扭曲的检查
(a)测量位置　(b)间隙位置

曲轴弯曲较轻(径向圆跳动误差小于 0.1mm)时,一般可经磨削曲轴后消除。弯曲严重的曲轴必须进行校正,必要时更换曲轴。

(3)曲轴磨损的检查与修理。曲轴轴颈的磨损可用外径千分尺测量其直径来确定,测量部位如图 2-25 所示。轿车发动机曲轴轴颈的圆度和圆柱度一般超过 0.0125mm 时,应进行磨削修理,轴颈直径达到其使用极限时应更换曲轴。

曲轴主轴颈磨损严重失圆时,发动机熄火后曲轴往往停在同一位置上,发动机起动时则飞轮上总是局部的几个齿与起动机齿轮啮合,所以可根据飞轮齿圈磨损情况判断。连杆弯曲变形可导致连杆轴颈锥形磨损,所以连杆轴颈圆柱度过大时,应检查曲轴是否有弯曲变形。

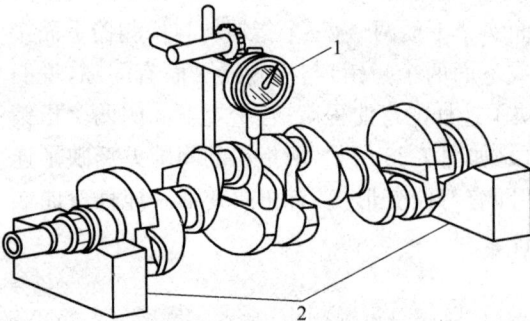

图 2-24　曲轴弯曲的检查
1.百分表　2.V 形铁

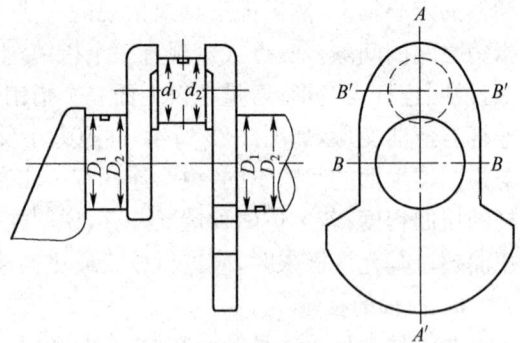

图 2-25　曲轴轴颈的测量

(4)曲轴轴向间隙的检查与调整。检查曲轴轴向间隙时,可将百分表指针抵触在飞轮或曲轴的其他端面上,用撬棒前后撬动曲轴,百分表指针的最大摆差即为曲轴轴向间隙。也可用塞尺插入止推垫片与曲轴的承推面之间,测量曲轴的轴向间隙。

曲轴轴向间隙一般为 0.07~0.17mm,允许极限一般为 0.25mm。间隙过大或过小,可通过更换止推垫片来调整。

第三节　配气机构维修

一、配气机构的结构

1. 配气机构的作用

配气机构的作用是按照发动机的工作需要,定时地开启或关闭进气门、排气门,使混合气(汽油机)或空气(柴油机)及时进入气缸,或使气缸内的废气及时排出。

2. 配气机构的组成

如图 2-26 所示,发动机配气机构的基本组成可分为气门组(图 2-26a)和气门传动组(图 2-26b)两部分。传统发动机配气机构的基本组成零件如图 2-27 所示。

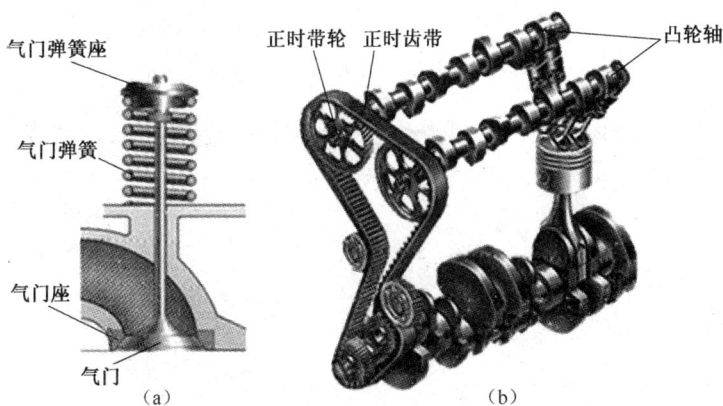

图 2-26　配气机构的组成

(a)气门组　(b)气门传动组

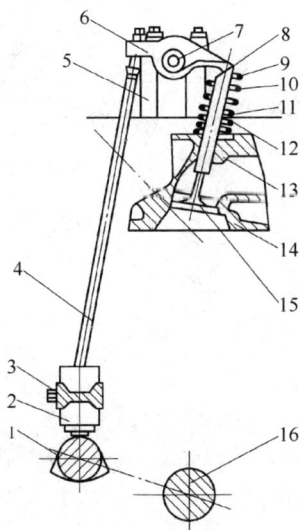

图 2-27　传统发动机配气机构的基本组成零件

1. 凸轮轴　2. 气门挺柱　3. 挺柱导向体　4. 推杆　5. 摇臂轴承座　6. 摇臂　7. 摇臂轴
8. 气门弹簧座　9. 气门间隙　10. 气门锁片　11. 气门油封　12. 气门弹簧　13. 气门导管
14. 气门座　15. 气门　16. 曲轴

(1)气门组的总体结构。气门组零件主要包括气门、气门座、气门导管、气门锁片(锁夹)和气门弹簧等,如图 2-28 所示。

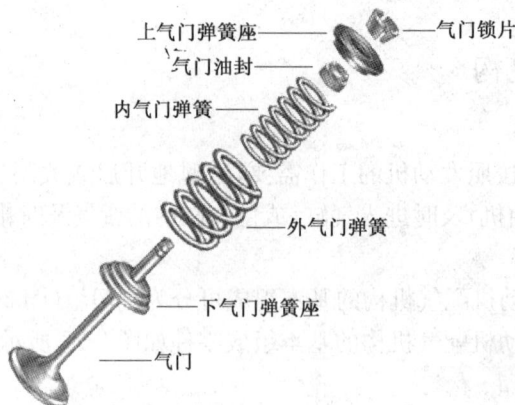

上气门弹簧座 —— 气门锁片
气门油封 ——
内气门弹簧 ——
—— 外气门弹簧
—— 下气门弹簧座
—— 气门

图 2-28 气门组零件

(2)气门传动组的总体结构。气门传动组零件包括凸轮轴、正时传动装置、挺柱(杆)、推杆、摇臂总成等,如图 2-29 所示。

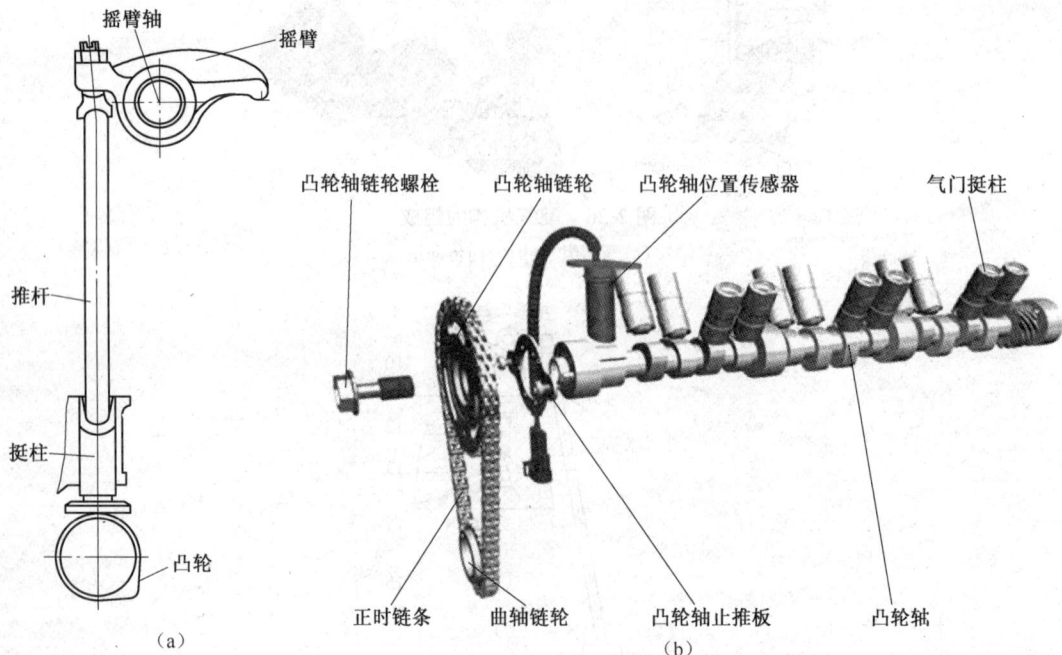

摇臂轴 摇臂
推杆
挺柱
凸轮
(a)

凸轮轴链轮螺栓 凸轮轴链轮 凸轮轴位置传感器 气门挺柱
正时链条 曲轴链轮 凸轮轴止推板 凸轮轴
(b)

图 2-29 气门传动组
(a)中置凸轮轴气门传动组 (b)顶置凸轮轴气门传动组

二、配气机构的检修

1. 气门的检修

(1)气门的拆装。拆装气门时,必须先使用专用气门拆装钳压缩气门弹簧,如图 2-30 所示为几种拆装气门的方法,然后拆下或装上气门锁片或锁销,并慢慢放松气门弹簧即可。

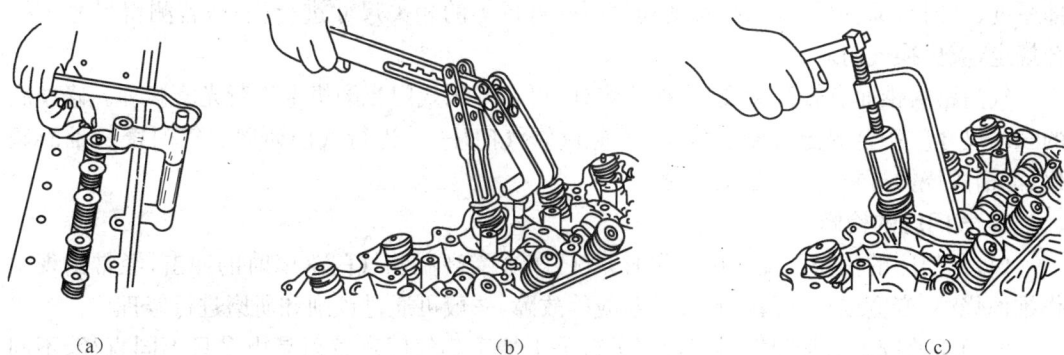

图 2-30　几种拆装气门的方法

　　拆下的气门,必须做好标记并按顺序摆放,以免破坏气门与气门座及气门导管的配合。气门锁片或锁销很小,应注意不要丢失。

　　(2)气门杆弯曲的检查与修理。气门杆弯曲变形可按图 2-31 所示进行检查,若弯曲变形超过允许极限,应校正或更换气门。气门杆弯曲校正应在压床上进行冷压校正,方法是使弯曲拱面向上,用压床使其产生反变形,校压量一般为实际弯曲变形量的 10 倍,保持 2min。气门杆的弯曲变形量用直线度误差表示,一般应不大于 0.03mm。

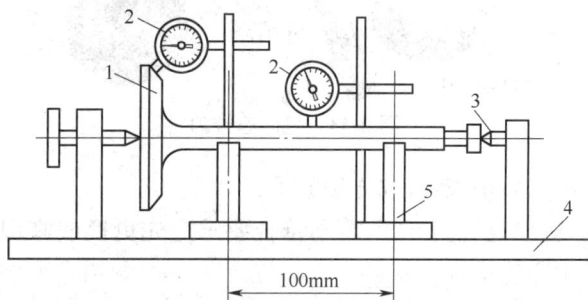

图 2-31　气门杆弯曲的检查
1. 气门　2. 百分表　3. 顶尖　4. 平板　5. V 形块

　　(3)气门磨损和烧蚀的检查与修理。如图 2-32 所示,气门磨损情况可通过测量气门头

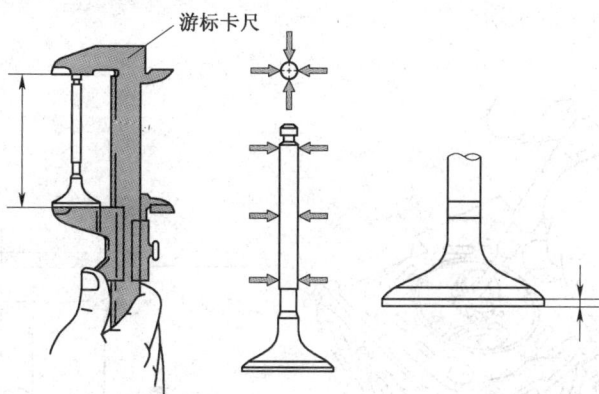

游标卡尺

图 2-32　气门的检测

部厚度、气门头部直径、气门总长度和气门杆直径等的相关尺寸进行检查,若测得尺寸不符合规定,应更换气门。

　　气门密封锥面有轻微斑痕、沟槽或烧蚀,可在专用气门光磨机上进行光磨修理。修理后的气门尺寸应符合规定,修理气门后还应铰修气门座,并进行气门研磨。气门密封锥面斑痕、沟槽或烧蚀严重时,应更换气门。

2. 气门座的检修

　　(1)气门座的铰修。发动机工作时,气门座承受高温和气门落座时的冲击,经常出现工作锥面烧蚀、变宽或与气门接触环带断线等故障,一般可通过铰削和研磨进行修理。

　　气门座的铰削通常用气门座铰刀进行手工加工。气门座铰刀是由多只不同直径、不同锥角的铰刀组成,如图 2-33 所示。

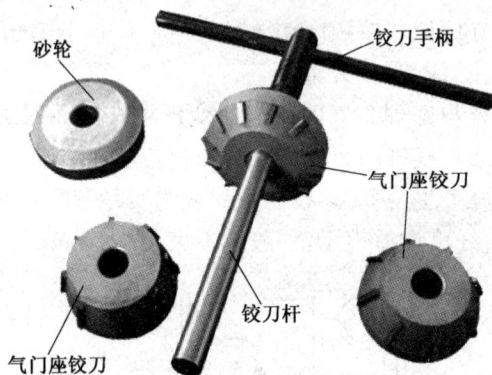

图 2-33　气门座铰刀

气门座一般应先粗铰后精铰,铰削方法如下:

　　①修理气门座前,应检查气门导管,若不符合要求应先更换或修理气门导管,以便保证气门座与气门导管的中心线重合。

　　②按气门头部直径和气门座各锥面角度选择一组合适的气门座铰刀。按气门导管内径选择合适的气门座铰刀杆,铰刀杆插入气门导管应转动灵活而不松旷。

　　③先用45°(或30°)的粗铰刀加工气门座工作锥面,直到全部露出金属光泽。

　　注意:铰削时,两手握住手柄垂直向下用力,并只做顺时针方向转动,不允许倒转或只在小范围内转动。如图 2-34 所示。

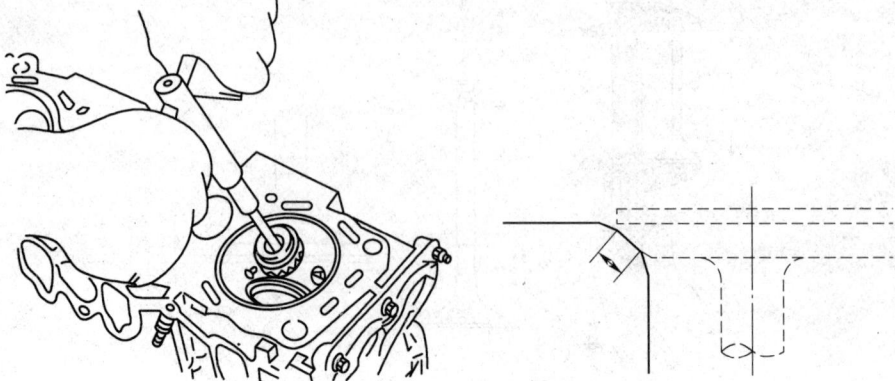

图 2-34　气门座的铰削

④用修理好的气门或新气门进行试配,根据气门密封锥面接触环带的位置和宽度进行铰削修正。若接触环带偏向气门杆部,应用 75°的铰刀修正;若接触环带偏向气门顶部,应用 15°的铰刀修正。铰削好的气门座工作面宽度应符合规定,接触环带应处在气门密封锥面中部偏气门顶的位置。

⑤最后用 45°的细铰刀精铰气门座工作锥面,并在铰刀下面垫上细砂布修磨。

(2)气门与气门座的研磨。气门座铰削好后,应在气门与气门座之间涂上少许研磨砂进行研磨,以保证气门与气门座的密封性。

气门与气门座的密封性可用画线法进行检查,即用软铅笔在气门密封锥面上每隔 10mm 画一条线,将气门装入气门导管,用手将气门与气门座压紧并往复转动 1/4 圈,然后取下气门检查,若所有画线均被切断,说明气门与气门座密封良好,否则应继续研磨。

(3)气门座圈的更换。气门座损坏、严重烧蚀、松动或下沉 2mm(指测量的气门顶部下沉量)以上,应更换气门座圈。若气门座是在气缸盖上直接加工的,则必须更换气缸盖。

更换气门座圈时,对铝合金气缸盖不可用撬动方法拆卸旧气门座圈,用镗削加工方法将旧气门座圈镗削只剩一薄层,可很容易地拆下旧气门座圈;也可将一合适的旧气门焊接到旧气门座圈上,然后敲击气门杆拆下旧气门座圈。安装新座圈前,应对座孔加工,使新气门座圈与座孔的过盈配合量为 0.08~0.12mm。安装新座圈时,应将气门座圈放在固体二氧化碳(干冰)或液态氮中冷却使其冷缩,然后再将气门座圈敲入座孔。

3. 气门导管的检修

(1)气门导管磨损的检查与修理。气门导管磨损后会使其与气门杆的配合间隙增大,导致气门工作时摆动,关闭不严。

气门导管的磨损情况可通过测量气门导管与气门杆配合间隙间接检查,配合间隙的检查有两种方法:一种是按如图 2-35 所示,直接测量气门导管内径和气门杆直径,并计算其配合间隙;另外一种是先把气门安装在气门导管内,再将气门提起 10~15mm(相对气缸盖平面),然后用百分表测量气门头部的摆动量。

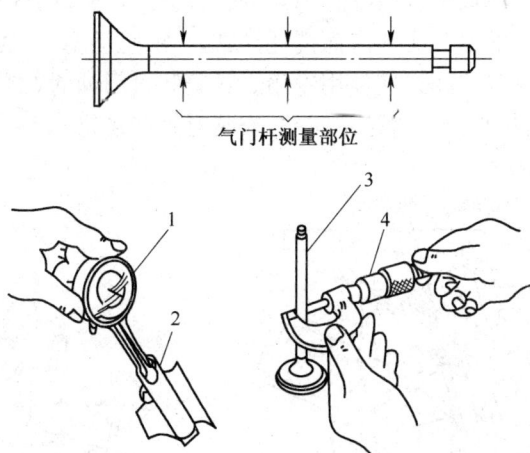

气门杆测量部位

图 2-35　气门杆和气门导管直径的测量
1. 内径百分表　2. 气门导管　3. 气门杆　4. 千分尺

气门导管与气门杆配合间隙若超过允许极限时,可换用一个新气门重新进行检查,根据测量结果视情况确定更换气门或气门导管,必要时两者一起更换。

　　(2)更换气门导管。如图 2-36 所示,更换气门导管时,应用冲子和锤子将气门导管按规定方向(一般为气缸盖上方)拆出旧气门导管;如果旧气门导管装有限位卡环,拆卸前应先将其露出气门导管孔的部分敲断。此外,对于铝合金气缸盖,拆卸旧气门导管前还应加热气缸盖,以免气缸盖裂损。

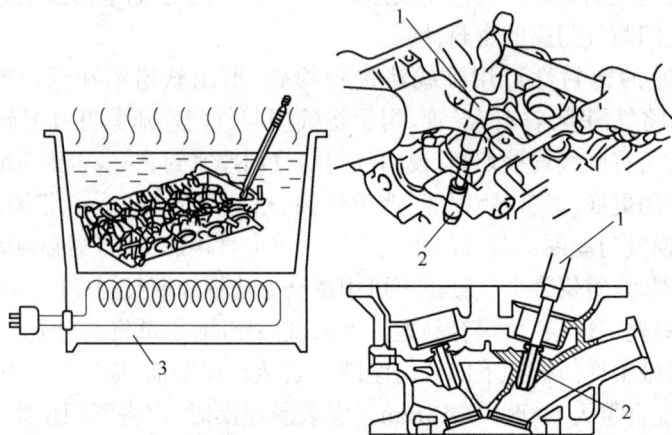

图 2-36　更换气门导管
1. 专用工具　2. 气门衬套(导管)　3. 加热器

　　拆下旧气门导管后,应根据新导管外径适当铰削气门导管孔,使其气门导管与气门导管孔有适当的过盈量,一般为 0.015~0.065mm。

　　安装新气门导管前,应先用 60℃~80℃ 的热水或喷灯加热气缸盖,然后用冲子和锤子将新气门导管敲入气门导管孔。气门导管伸出进、排气道的高度应符合规定,测量方法如图 2-37 所示。

　　气门导管安装好后,应铰削气门导管内孔,使气门导管与气门杆配合间隙符合标准。

　　(3)更换气门油封。润滑油无泄漏而消耗异常,一般是活塞与气缸配合间隙过大或气门油封漏油所致。更换气门油封时,应使用专用工具安装气门油封,如图 2-38 所示。注意:有些发动机进气门油封与排气门油封是不同的,安装时不能装错。

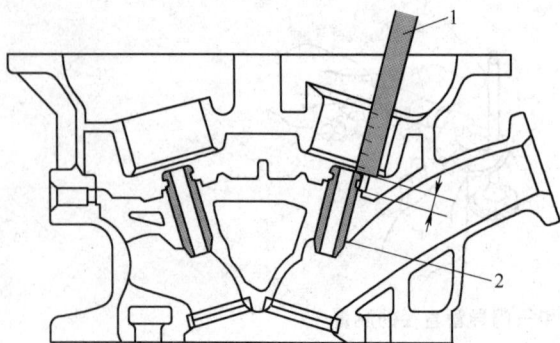

图 2-37　气门导管衬套凸出高度测量
1. 游标卡尺　2. 气门导管衬套

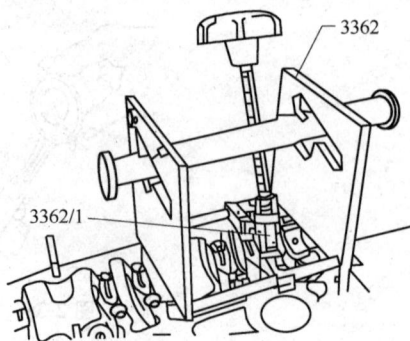

图 2-38　气门油封的安装
3362/1. 专用工具

4. 气门弹簧的检修

(1)气门弹簧的外观检查。气门弹簧常见故障是由于长期受压缩,产生塑性变形而导致自由长度变短、弹力减弱、簧身歪斜,严重时可能出现弹簧折断。对气门弹簧的检查主要是:观察有无裂纹或折断,测量弹簧自由长度和垂直度,测量弹簧弹力。气门弹簧不能维修,必要时只能更换。

(2)气门弹簧自由长度的检查。气门弹簧的自由长度可用游标卡尺进行测量,如图2-39所示。

(3)气门弹簧垂直度的检查。如图 2-40 所示,气门弹簧的垂直度 a 一般应不大于2.0mm。若气门弹簧的自由长度或垂直度不符合标准,应更换气门弹簧。

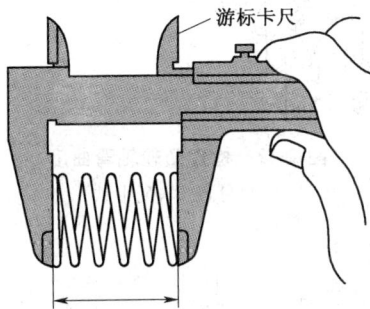

图 2-39　气门弹簧自由长度的检测　　　　　图 2-40　气门弹簧垂直度的检查

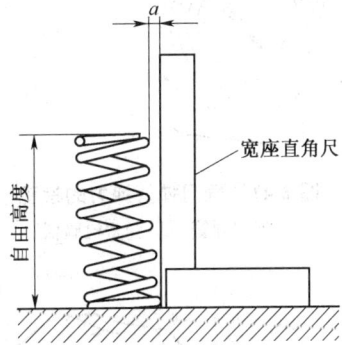

(4)气门弹簧弹力的检查。气门弹簧的弹力应在专用弹簧检验仪上进行检查,如图2-41所示,用检验仪对气门弹簧施加压力,在规定压力下的气门弹簧高度(或规定气门弹簧高度下的压力)应符合标准,否则应更换气门弹簧。

5. 凸轮轴的检修

(1)凸轮轴的弯曲度检查。在平台上用两块 V 形铁支撑起凸轮轴,用磁力表座与百分表配合,测量凸轮轴中间轴颈位置,转动凸轮轴,读取百分表的读数,如图2-42所示。如果弯曲度超过最大值,更换凸轮轴。丰田威驰轿车凸轮轴最大弯曲度:0.03mm。

(2)凸轮的高度检查。使用外径千分尺测量凸轮的高度,测量方法如图2-43所示。如果凸轮轴凸轮高度低于最小允许值,更换凸轮轴。丰田威驰轿车凸轮高度极限值:进气凸轮轴为41.30mm,排气凸轮轴为41.55mm。

(3)凸轮轴轴颈的磨损检查。使用外径千分尺测量凸轮轴轴颈的直径,如图2-44所示。如果凸轮轴轴颈的磨损低于最小值,更换凸轮轴。丰田威驰轿车凸轮轴轴颈标准值:排气凸轮轴轴颈为24.949～24.965mm,进气凸轮轴轴颈为22.949～24.965mm。

(4)凸轮轴的径向间隙检查。检查凸轮轴轴承盖和轴颈,应无剥落和拉伤现象。如果轴承损坏,则成套更换轴承和气缸盖。将凸轮轴放在气缸盖上。在每个凸轮轴轴颈上放上塑料间隙规。用13N·m扭矩拧紧轴承盖螺栓。注意不要转动凸轮轴。拆下轴承盖。在最宽处测量间隙规,如图 2-45 所示。标准间隙为 0.035～0.072mm,极限值为 0.10mm。

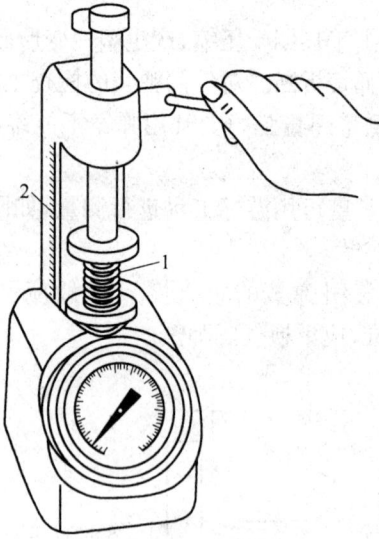

图 2-41　气门弹簧弹力的检查
1. 气门弹簧　2. 弹簧检验仪

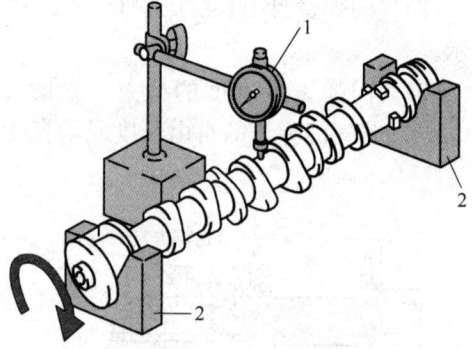

图 2-42　检查凸轮轴弯曲度
1. 百分表　2. V 形铁

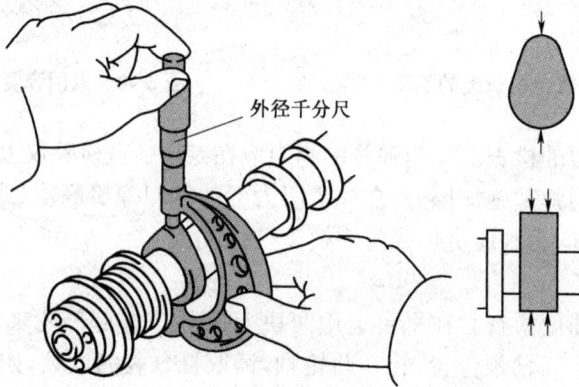

外径千分尺

图 2-43　凸轮的高度磨损检测

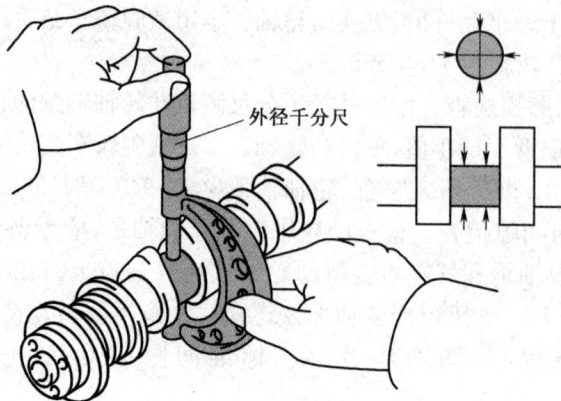

外径千分尺

图 2-44　凸轮轴轴颈检测

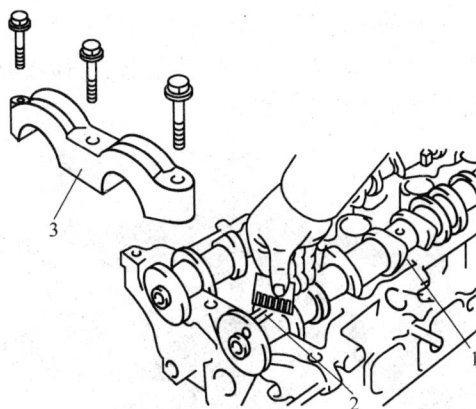

图 2-45 凸轮轴径向间隙检查
1. 凸轮轴 2. 塑料间隙规 3. 轴承盖

(5)凸轮轴轴向间隙的检查。使用磁力表座配合百分表,对凸轮轴轴向间隙进行测量。前后移动凸轮轴读取百分表上读数。如图 2-46 所示。如果轴向间隙超过最大值,更换凸轮轴。如果必要,成套更换轴承盖和气缸盖。丰田威驰轿车凸轮轴轴向间隙标准值:进气凸轮轴为 0.030～0.085mm,排气凸轮轴为 0.035～0.090mm。

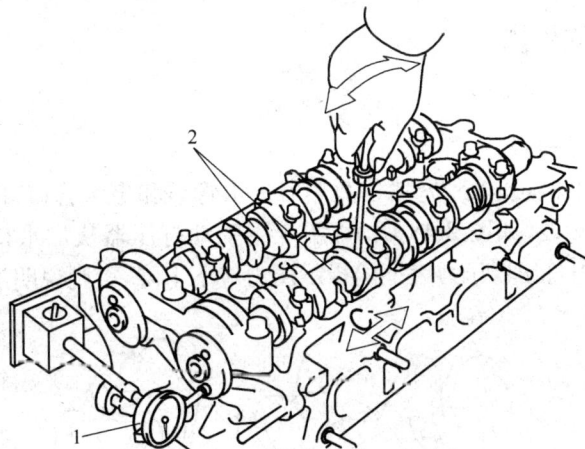

图 2-46 凸轮轴轴向间隙检查
1. 百分表 2. 凸轮轴

第四节 冷却系统维修

一、冷却系统的结构

1. 冷却系统的作用
冷却系统的作用是保证发动机在最适宜的温度状态下连续工作。

2. 冷却系统的结构

根据所用冷却介质不同,发动机冷却系统可分为水冷式和风冷式两种类型。现代汽车广泛采用水冷式,主要由散热器、冷却风扇、水泵、节温器、冷却液温度表、水套、水管、冷却液膨胀箱、冷却液温度传感器等组成,如图 2-47 所示。

冷却液进水管　　　　　　冷却液温度传感器

散热器　　　　　　　　暖风水管

冷却风扇　　　　　　冷却液膨胀箱

冷却液出水管

图 2-47　水冷式发动机

二、冷却系统的检修

1. 散热器的检查

(1)散热器密封性检查。

①就车检查。用膨胀式橡胶塞堵住散热器进水管口和出水管口,向散热器内加水至加水口下方 10～20mm 处,如图 2-48 所示,用专用手动打压器从加水口向散热器内部施加 0.8kPa 压力,5min 内打压器压力表上的指示压力应不下降,否则说明散热器有泄漏。

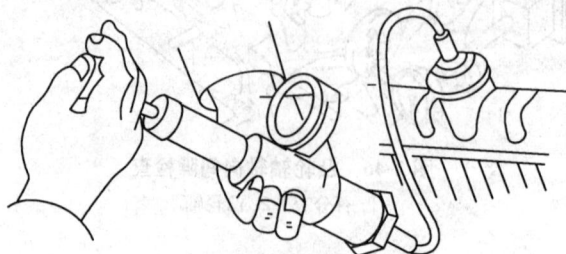

图 2-48　散热器的就车检查

②水槽检查。拆下散热器后,用膨胀式橡胶塞堵住进水管口和出水管口,从加水口向散热器内充入 30～80kPa 的压缩空气,将散热器浸入水槽,若有气泡冒出,说明散热器有泄漏。

(2)散热器芯管堵塞的检查。从加水口向散热器内加入热水,用手触试散热器芯管各处温度,若有温度不升高的部位,说明散热器芯管该部位堵塞。

散热器芯管是否堵塞,也可拆下上储水室,再用根据芯管尺寸和断面形状制造的专用通条来检查,所有芯管都不允许有堵塞现象,个别因中部堵塞而确实无法疏通者,允许存在堵塞的芯管不超过两根。散热器芯管若存在压扁或通条不能通过现象,应更换芯管。

(3)散热器盖的检查。使用专用手动打压器给散热器盖加压,当打压器上的压力表读数突然下降时,说明蒸汽放出阀打开。蒸汽阀的开启压力应符合规定,如:CA6110 型柴油发动机为 29.42kPa。

2. 水泵的检查

水泵常见故障是漏水、轴承松旷和泵水量不足。

(1)漏水。泵壳裂纹导致漏水时一般有明显的痕迹,裂纹较轻时可用粘接法修理,裂纹严重时应更换;在水泵正常时,水泵壳上的泄水孔不应漏水,如果泄水孔漏水说明水封密封不良,其原因可能是密封面接触不紧密或水封损坏,应分解水泵进行检查,清洁水封密封面或更换水封。水泵泄水孔位置如图 2-49 所示。

(2)轴承松旷。在发动机怠速运转时,若水泵轴承有异响或带轮转动不平衡,一般是轴承松旷所致;发动机熄火后,用手扳动带轮进一步检查其旷量,若有明显松旷,

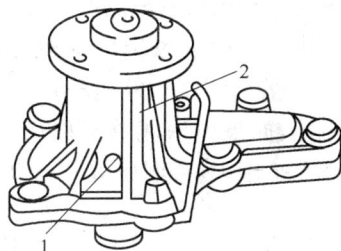

图 2-49 水泵泄水孔位置
1. 泄水孔 2. 泵壳

应更换水泵轴承;若水泵轴承有异响,但用手扳动带轮无明显松旷,则可能是水泵轴承润滑不良所致,应从滑脂嘴加注润滑脂。

(3)泵水量不足。水泵泵水量不足一般是因水道堵塞、叶轮与轴滑脱、漏水或传动带打滑,可通过疏通水道、重装叶轮、更换水封、调整风扇传动带松紧度来排除故障。

3. 节温器的检查

(1)检查节温器阀门的开启温度。节温器一般安装在发动机水套出水口处,拆下节温器后,将其浸入水中,如图 2-50 所示,逐渐将水加热,检查节温器主阀门开启温度。如果节温器主阀门开启温度不符合要求,或在常温下关闭不严,应更换节温器。

(2)检查节温器阀门的升程。当水温加热到 93℃时节温器阀门的升程应大于 8.5mm,如图 2-51 所示。如果阀门升程不符合规定,则更换节温器。

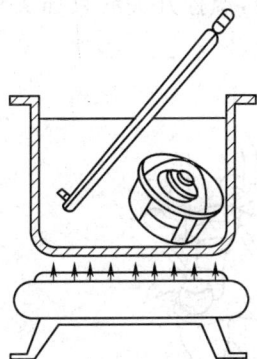

图 2-50 节温器的检查

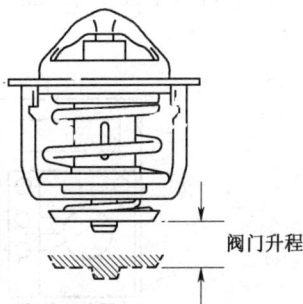

阀门升程

图 2-51 节温器升程

(3)节温器在 75℃以下时,检查阀门是否完全关闭,如未完全关闭,则更换节温器。

4. 电动风扇的检查

电动风扇常见故障是风扇电动机或温控开关故障。

检查风扇电动机应在冷却液温度低于 83℃ 的状态下进行。此时将点火开关转置"ON",风扇电动机应不工作。如图 2-52 所示,当拆下散热器上的温控开关线束插头并使其搭铁时,风扇电动机应转动;接上温控开关线束插头时,风扇电动机应停止工作。若不符合上述要求,说明风扇电动机或其电路有故障。

进一步检查风扇电动机可按如图 2-53 所示,在电路中串联万用表检查风扇电动机的工作电流,如果风扇能够平稳运转且工作电流在 5～8A 范围内,说明风扇电动机良好。

图 2-52　拆下温控开关线束插头
1. 温控开关线束插头　2. 风扇

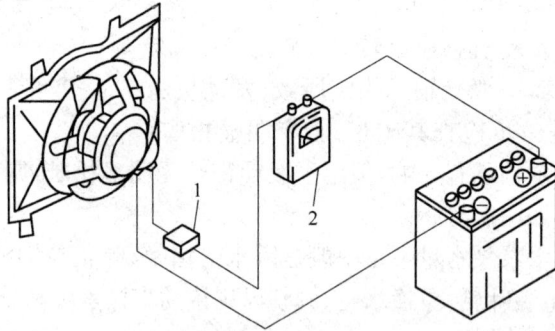

图 2-53　风扇电动机的检查
1. 接线盒　2. 万用表

就车检查温控开关时,首先使发动机运转,直到冷却液温度达到风扇电动机开始工作的最低温度(约 90℃)以上。此时拆下温控开关线束插头,用万用表检查温控开关线束插头与搭铁之间的导通情况,如图 2-54 所示,正常应导通;然后拆下散热器盖,用温度计直接测量散热器内的冷却液温度,当冷却液温度下降到 83℃ 以下时,温控开关线束插头与搭铁之间应不导通。若不符合上述要求,说明温控开关不良,应更换。

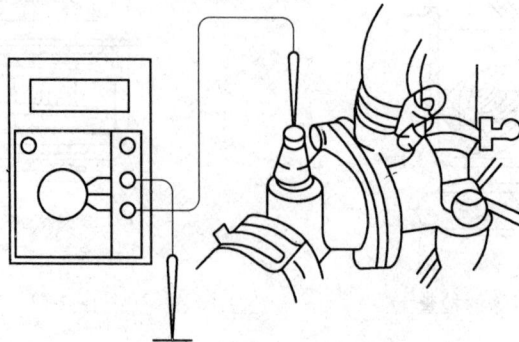

图 2-54　检查风扇温控开关

第五节　润滑系统维修

一、润滑系统的结构

1. 润滑系统的作用

发动机工作时,所有产生相对运动的机件摩擦表面必然产生高温和磨损。发动机的润滑是由润滑系统来实现的。润滑系统的基本任务就是将机油不断地供给各零件的摩擦表面,减少零件的摩擦和磨损。流动的机油不仅可以清除摩擦表面上的磨屑等杂质,而且还可以冷却摩擦表面。气缸壁和活塞环上的油膜还能提高气缸的密封性。此外,机油还可以防止零件生锈。

2. 润滑方式

发动机工作时,由于各运动零件的工作条件不同,所要求的润滑强度也不同,因此润滑方式也不相同,常采用的润滑方式有以下三种:压力润滑、飞溅润滑、润滑脂润滑。

3. 润滑系统的组成

发动机润滑系统由机油泵、限压阀、集滤器、机油滤清器、机油散热器、机油表、油尺、油道等组成,如图 2-55、图 2-56 所示。

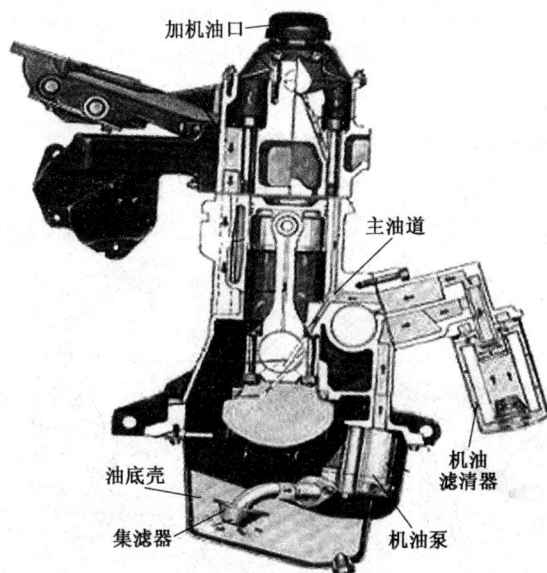

图 2-55　润滑系统的组成(1)

二、润滑系统的检修

1. 齿轮式机油泵的检修

齿轮式机油泵在使用中,主动齿轮与从动齿轮、轴与轴孔、齿轮顶与泵壳、齿轮端面与泵盖均会产生磨损,造成机油泵供油量减少和供油压力降低等。

(1)检查齿轮与泵壳径向间隙。如图 2-57 所示,拆下泵盖,在齿轮上选一与啮合齿相对的轮齿,用塞尺测量齿顶与泵壳间的间隙。然后转动齿轮,用相同的方法测量其他轮齿与泵

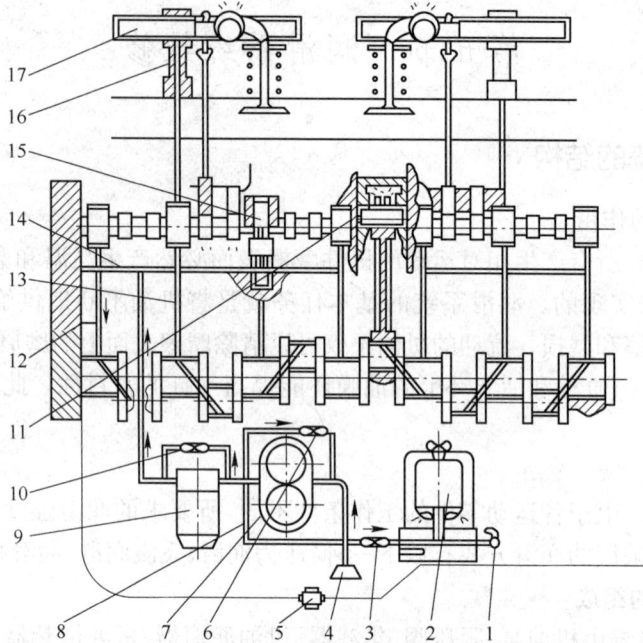

图 2-56　润滑系统的组成(2)

1. 通机油散热器的阀门　2. 离心式机油细滤器　3. 细滤器进油限压阀　4. 机油集滤器　5. 磁性放油螺塞
6. 机油限压阀　7. 机油泵　8. 油管　9. 机油粗滤器　10. 机油旁通阀　11. 连杆小头油道　12. 润滑正时齿轮
喷油嘴　13. 横隔油道　14. 主油道　15. 油泵传动轴　16. 通摇臂轴油道　17. 臂轴

壳间的间隙,若径向间隙超过允许极限值,应更换机油泵总成。

(2)检查齿轮与泵盖轴向间隙。如图 2-58 所示,拆下泵盖后,在泵体上沿两齿轮中心连线方向上放一直尺,然后用塞尺测量齿轮端面与直尺之间的间隙,若间隙超过允许极限值,应更换机油泵总成。

图 2-57　检查齿轮与泵壳径向间隙

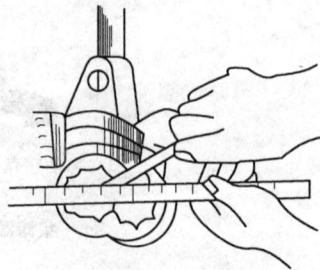

图 2-58　检查齿轮与泵盖轴向间隙

(3)检查齿轮啮合间隙。如图 2-59 所示,拆下泵盖,用塞尺测量主动齿轮与从动齿轮啮合一侧的齿侧间隙,若超过允许极限值,应更换机油泵总成。

(4)检查主动轴与轴孔配合间隙。分别测量机油泵主动轴直径、泵体上主动轴孔径,并计算其配合间隙。若配合间隙超过允许极限值,应进行修复或更换新件。

(5)检查从动轴与衬套孔配合间隙。分别测量机油泵从动轴直径及其衬套孔径,并计算其配合间隙,若配合间隙超过允许极限值,应更换衬套。

(6)检查机油泵限压阀。限压阀常见故障是发卡而导致机油压力过高或过低,检查时,拆下限压阀,清洗阀孔和阀体,将限压阀钢球(或柱塞)装入阀孔,移动时应灵活无卡滞现象。在实验台上检查限压阀的开启压力,应符合标准。

2. 转子式机油泵的检修

(1)检查转子轴与轴孔配合间隙。分别测量机油泵转子轴直径和泵壳上的轴孔内径,并计算其配合间隙。若配合间隙超过允许极限值,应更换机油泵总成。

(2)检查外转子与泵壳配合间隙。如图 2-60 所示,拆下泵盖,用塞尺测量外转子与泵壳

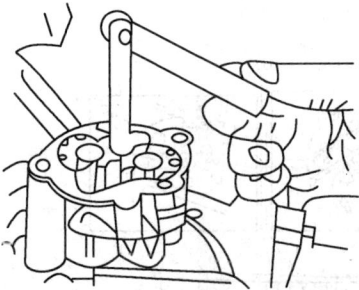

图 2-59 检查齿轮啮合间隙

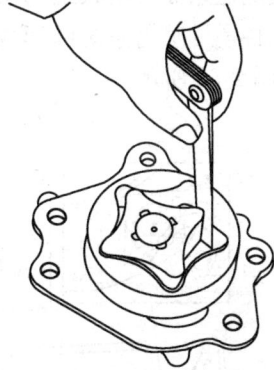

图 2-60 检查外转子与泵壳配合间隙

之间的间隙,若超过允许极限值,应更换机油泵总成。

(3)检查内转子与外转子啮合间隙。如图 2-61 所示,拆下泵盖,用塞尺测量内转子与外转子啮合间隙,若超过允许极限值,应更换机油泵总成。

(4)检查转子端面与泵盖轴向间隙。如图 2-62 所示,拆下泵盖,用塞尺和直尺测量转子端面与泵盖轴向间隙,若超过允许极限值,应更换机油泵总成。

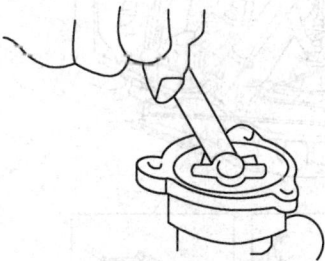

图 2-61 检查内转子与外转子啮合间隙

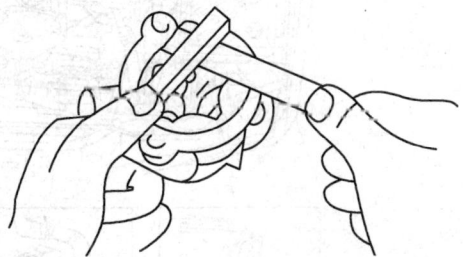

图 2-62 检查转子端面与泵盖轴向间隙

3. 机油泵的装配与调试

机油泵装配时,应边安装边复查各部位配合间隙,尤其是要复查机油泵齿轮或转子端面与泵盖的轴向间隙,此间隙过大,机油泵工作时,润滑油会从此间隙漏出,使供油压力降低。

机油泵装配后应进行调试。简便的方法是:将进油口浸入清洁的润滑油内,用手转动机油泵轴,润滑油会从出油口流出来,用拇指堵住出油口,会有压力感,且泵轴转动困难。如条件允许,最好在试验台上对机油泵的泵油量和泵油压力进行测试。

第六节　汽油机电控燃油喷射系统维修

一、汽油机电控燃油喷射系统的组成与主要部件布置

电控燃油喷射系统形式多样,但其组成基本相同,都是由空气供给系统、燃油供给系统和控制系统三个子系统组成。

1. D型电控燃油喷射系统组成

D型电控燃油喷射系统(以桑塔纳 AFE 型发动机电控汽油喷射系统为例)的基本组成和布置,如图 2-63 所示。

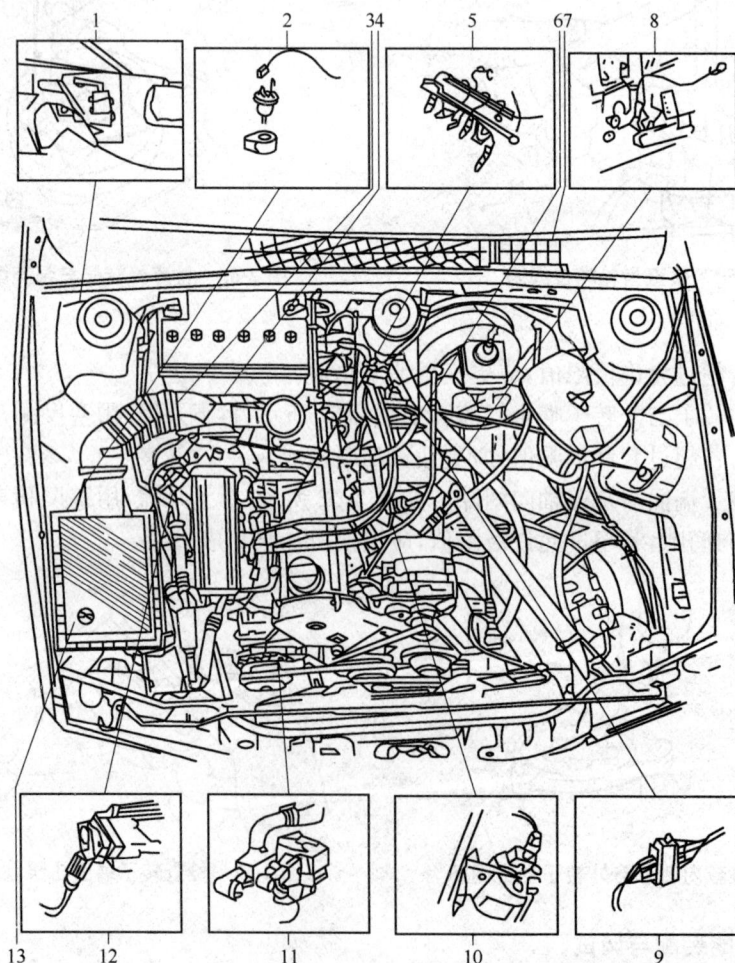

图 2-63　D型电控燃油喷射系统基本组成和布置(桑塔纳 AFE 型)

1. 活性炭罐(位于右前翼子板内侧)　2. 活性炭罐电磁阀(位于空气滤清器旁)　3. 进气软管　4. 节气门位置传感器　5. 汽油分配管　6. 喷油器　7. 电控单元(ECU,位于驾驶人侧仪表板下)　8. 爆燃传感器
9.4 针插头连接器(用于氧传感器)　10. 点火分电器　11. 怠速调节器　12. 进气压力和进气温度传感器
13. 空气滤清器

2. L 型电控燃油喷射系统组成

L 型电控燃油喷射系统(以桑塔纳 AJR 型发动机电控汽油喷射系统为例)的基本组成和布置,如图 2-64 所示。

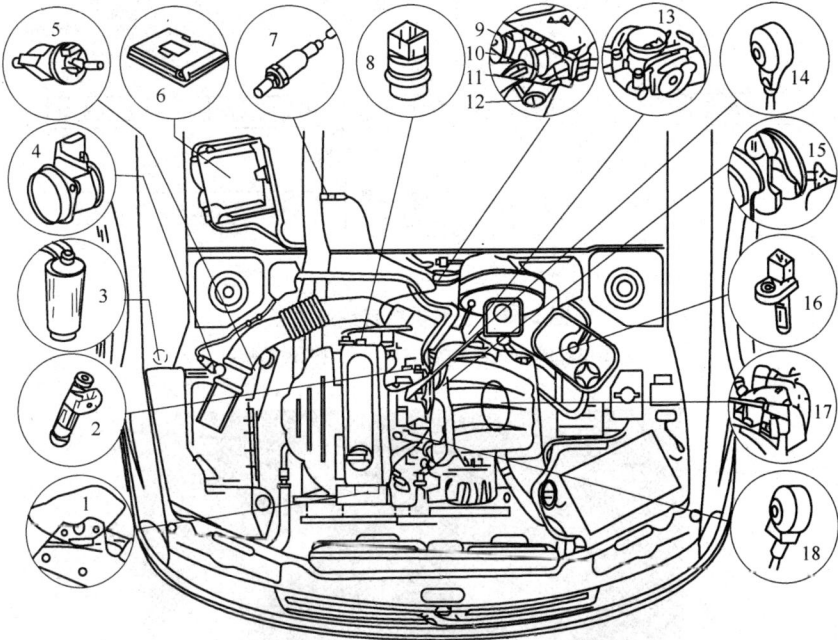

图 2-64　L 型电控燃油喷射系统基本组成和布置(桑塔纳 AJR 型)

1. 霍尔传感器(G40)　2. 喷油器(N30—N33)　3. 活性炭罐　4. 热膜式空气流量计(G70)　5. 活性炭罐电磁阀(N80)　6. ECU(J220)　7. 氧传感器(G39)　8. 冷却液温度传感器(G62)　9. 转速传感器插接器(灰色)　10.1 号爆燃传感器插接器(白色)　11. 氧传感器插接器(黑色)　12.2 号爆燃传感器插接器(黑色)　13. 节气门控制组件(J338)　14.2 号爆燃传感器(G66)　15. 转速传感器(G28)　16. 进气温度传感器(G72)　17. 点火线圈(N152)　18.1 号爆燃传感器(G61)

二、空气供给系统维修

1. 空气供给系统的组成

空气供给系统通常由空气滤清器、节气门体、怠速控制阀、进气总管和进气支管等部分组成,如图 2-65 所示。

为了随时调节进气量,以适应不同工况的需要,还设置有进气量检测装置,在 D 型系统中采用进气管压力传感器检测进气量,而 L 型系统进气量是由安装在空气滤清器后的空气流量传感器检测的。

2. 空气供给系统的检修

(1)节气门体的检修。节气门体的安装位置如图 2-66 所示。节气门体是空气供给系统的重要部件,在维修时应检查节气门体内是否有积垢或结胶,必要时用化油器清洗剂进行清洗。

注意:绝对不允许用砂纸或刮刀等清理积垢和结胶,以免损伤节气门体内腔,导致节气门关闭不严或改变怠速空气道尺寸,影响发动机正常工作。

(2)进、排气管的检修。进、排气管一般很少发生故障。但在发动机维修时,仍应注意进行以下检查:

（a）L型

（b）D型

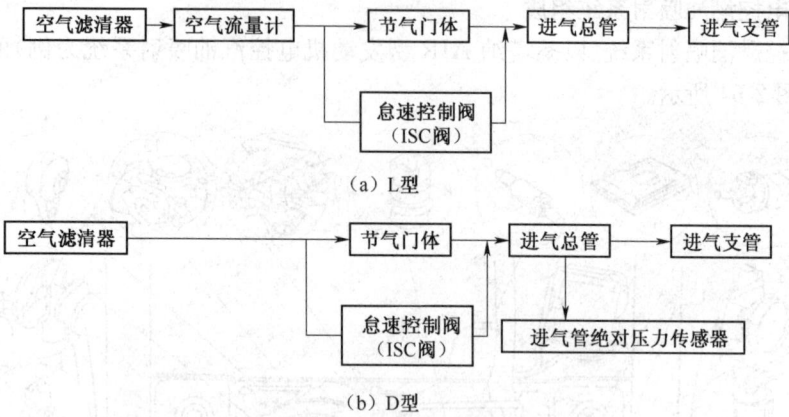

图 2-65　空气供给系统组成图

（a）L型电控燃油喷射系统　（b）D型电控燃油喷射系统

图 2-66　节气门体的安装位置

①进气管漏气或排气管漏气,对电控燃油喷射发动机的影响比对化油器式发动机的影响更大。检查各连接部位应连接可靠,密封垫应完好。

②检查进、排气支管与气缸盖接合平面的平面度。如图 2-67 所示,在相互交叉的两个方向上放置直尺,并用塞尺测量直尺与接合面间的间隙。最大间隙一般应不超过 0.1mm,否则应修磨进、排气支管与气缸盖接合平面或更换进、排气支管。

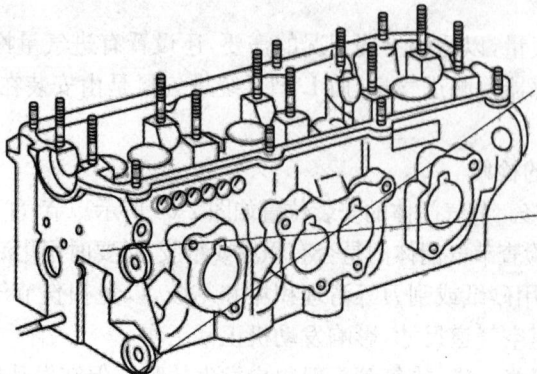

图 2-67　检查进、排气支管与气缸盖接合平面的平面度

三、燃油供给系统维修

1. 燃油供给系统的组成

各种发动机的燃油供给系统基本相同,如图 2-68 所示,主要由电动燃油泵、燃油滤清器、燃油压力调节器、脉动阻尼器及油管(也称燃油导轨)等组成。

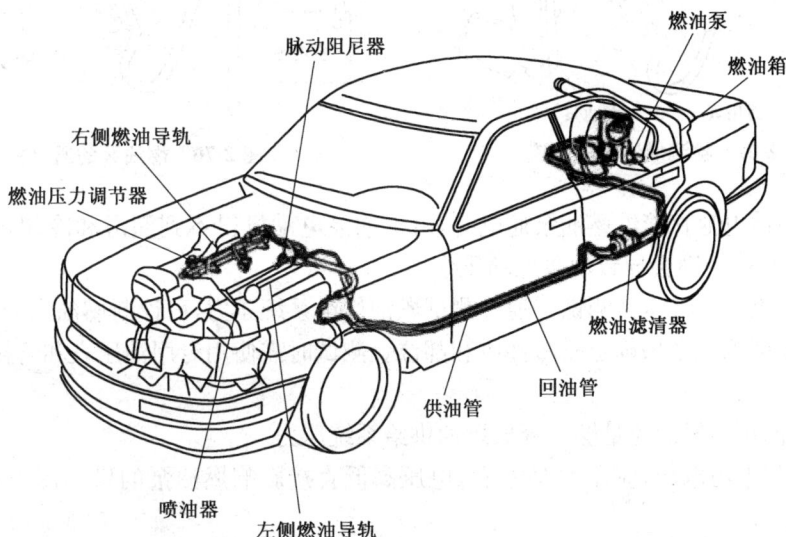

图 2-68　燃油供给系统的组成

2. 燃油供给系统的检修

(1)燃油泵的就车检查。电控燃油喷射系统的电动燃油泵,通常在点火开关关闭 10s 以上再打开时(不起动发动机),或关闭点火开关使发动机熄火时,都会提前或延长工作 2~3s。若燃油泵及其电路无故障,在此情况下,在油箱处仔细听察,均能听到电动燃油泵工作的声音。对诊断座上带有燃油泵测试端子的汽车,可采用如下方法检查电动燃油泵:

①用专用导线将诊断座上的燃油泵测试端子跨接到 12V 电源上,如:丰田车系诊断座上有＋B 端子(电源端子)和 FP 端子(燃油泵测试端子),将两端子跨接即可。也可以拆开电动燃油泵的线束连接器,直接用蓄电池给燃油泵通电。

②将点火开关转至"ON"位置,但不要起动发动机。

③拧开油箱盖应能听到燃油泵工作的声音,或用手捏进油软管应感觉有压力。

④若听不到燃油泵工作声音或进油管无压力,应检修或更换该燃油泵。

⑤若有燃油泵不工作故障,但按上述方法检查正常,应检查燃油泵电路导线、继电器、易熔线和熔丝有无断路。

(2)燃油泵的拆装与检验。多数轿车的电动燃油泵,可在打开汽车后备箱盖或翻开后座垫后,从油箱上直接拆出。但也有些轿车,必须将油箱从车上拆下,才能拆卸燃油泵。

注意:拆卸燃油泵时应释放燃油系统压力,并关闭用电设备。

①拆下燃油泵后,用万用表测量燃油泵两个端子之间电阻,应为 2~3Ω,如图 2-69 所示。

②如图 2-70 所示,用蓄电池直接给燃油泵通电,应能听到油泵电机高速旋转的声音。

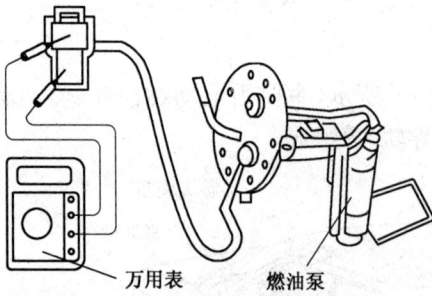

图 2-69　检测燃油泵电阻值

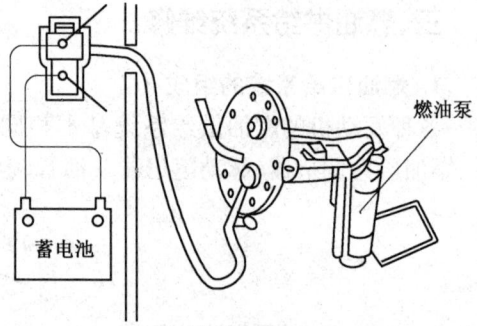

图 2-70　燃油泵的通电检查

注意：用蓄电池直接给燃油泵通电时，由于油泵电动机得不到润滑和冷却，通电时间一般不要超过 10s，否则会导致油泵电动机损坏。

（3）燃油供给系统压力测试。通过测试燃油供给系统压力，可诊断燃油供给系统是否有故障，进而根据测试结果确定故障性质和部位。测试时需使用专用油压表和管接头，测试方法如下：

①检查油箱内燃油应足够。释放燃油供给系统压力。

②检查蓄电池电压，应在 12V 左右（电压高低直接影响燃油泵的供油压力），拆开蓄电池负极电缆线。

③将专用油压表连接到燃油供给系统中。不同车型测试压力表的连接方式有所不同，主要有两种连接方式：一种是用专用接头将油压表连接在燃油分配管的进油管接头处，如图 2-71 所示；另一种是拆下连接在燃油滤清器与输油管之间的脉动阻尼器，用专用接头将油压表安装到脉动阻尼器的位置。

④将溅出的汽油擦净，重新接好蓄电池负极电缆线。起动发动机并维持怠速运转。

⑤拆开燃油压力调节器上的真空软管，并用手指堵住进气管一侧的管口。检查油压表指示压

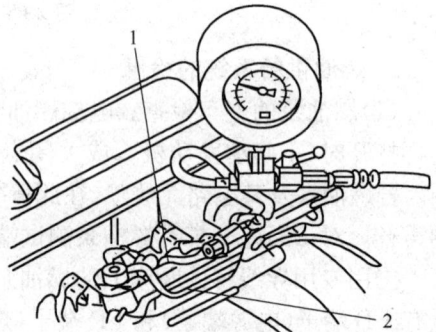

图 2-71　燃油压力表的连接
1. 供油管　2. 回油管

力是否符合标准。一般多点喷射系统压力应为 0.25～0.35MPa，单点喷射系统压力应为 0.07～0.10MPa。

若燃油供给系统压力过低，可夹住回油软管以切断回油管路，再检查油压表指示压力，若压力恢复正常，说明燃油压力调节器有故障，应更换；若仍压力过低，应检查燃油供给系统有无泄漏，燃油泵滤网、燃油滤清器和油管路是否堵塞，若无泄漏和堵塞故障，应更换电动燃油泵。

若油压表指示压力过高，应检查回油管路是否堵塞；若回油管路正常，说明燃油压力调节器有故障，应更换。

⑥如果测试燃油供给系统压力符合标准，使发动机运转至正常工作温度后，重新接上燃油压力调节器上的真空软管，油压表指示压力应略有下降（约 0.05MPa），否则应检查真空管路是否堵塞或漏气；若真空管路正常，说明燃油压力调节器有故障，应更换。

⑦使发动机熄火,燃油泵停止工作,等待 10min 后,观察油压表压力(即燃油供给系统残余压力):多点喷射系统压力应不低于 0.20MPa,单点喷射系统压力应不低于 0.05MPa。若压力过低,应检查燃油系统是否有泄漏,若无泄漏,说明燃油泵出油阀、燃油压力调节器回油阀或喷油器密封不良。

⑧检查完毕后,释放燃油供给系统压力,并拆下油压表,装复燃油系统。然后,预置燃油供给系统压力,并起动发动机检查有无泄漏。

四、控制系统维修

1. 控制系统的结构

控制系统主要由传感器、ECU 和执行器组成,如图 2-72 所示。

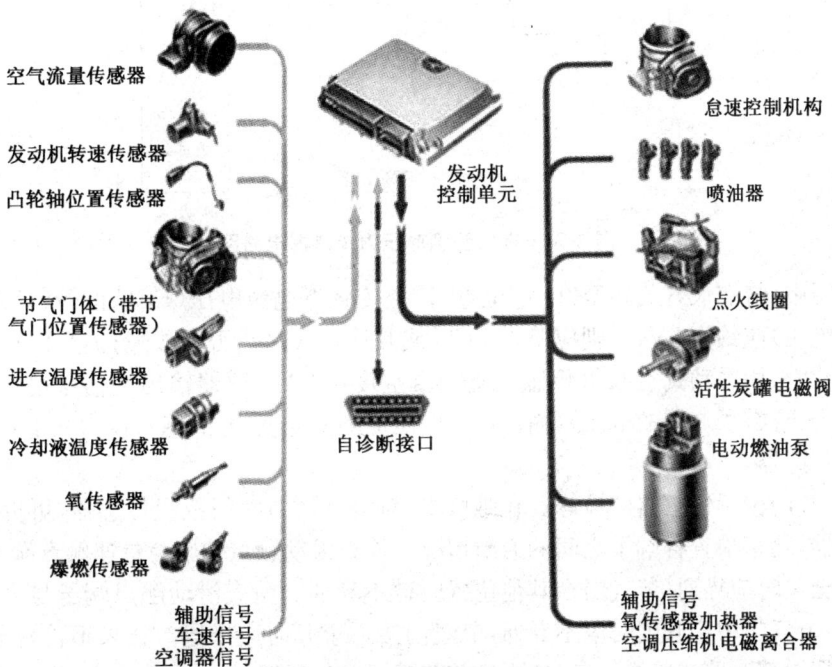

图 2-72　控制系统的组成

2. 控制系统的检修

(1)空气流量计的检修。

①检查空气质量计的供电电压。用发光二极营试灯连接空气质量计插头端子 2(如图 2-73 所示)和发动机搭铁点,起动发动机,灯应亮。如果灯不亮,应检查熔丝与端子 2 间线路有无断路或短路,如正常,则检查汽油泵继电器。

测量空气流量计插头端子 4 对发动机搭铁点电压约为 5V(用 20V 量程挡)。

如果空气质量计供电电压正常,应测试信号线路。如果不正常,更换发动机 ECU。

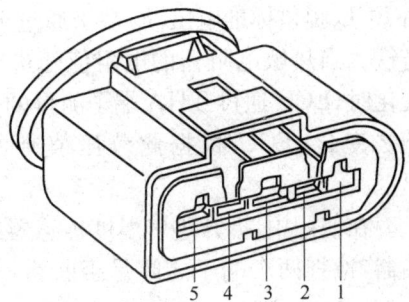

图 2-73　空气流量计插头端子

1~5. 端子

②测试空气质量计线路。测试空气质量计端子上触点与发动机控制单元上相关端子间的线路。其电阻值应小于1Ω。如果线路有断路或短路,应修复;如果线路没有故障,更换空气质量计。

(2)进气管绝对压力传感器的检修。进气管绝对压力传感器电路如图 2-74 所示,ECU通过 VCC 端子给传感器提供标准 5V 电压,传感器信号经 PIM 端子输送给 ECU,E_2 为搭铁端子。

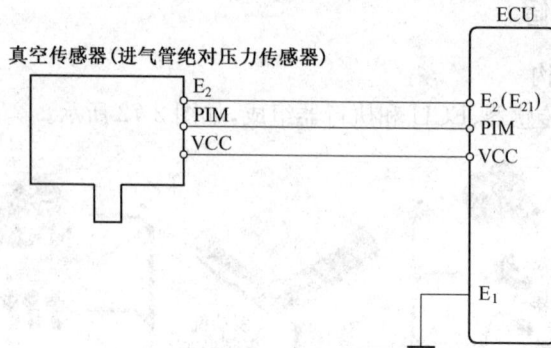

图 2-74　进气管绝对压力传感器电路图

在使用中,将点火开关转至"ON"位置,检查传感器电源电压(ECU 的 VCC 端子与 E_2 端子之间电压)应约为 5V,否则应检查 ECU 或其连接线路是否有故障;拆开传感器与进气管连接的软管,用手动真空泵给传感器施加真空度,测量传感器输出的信号电压(ECU 的 PIM 端子与 E_2 端子之间的电压),输出信号电压应随真空度增加(绝对压力减小)而下降,否则应更换传感器。

(3)节气门位置传感器的检修。在维修中,对触点式节气门位置传感器,可拆开传感器线束连接器,就车检查各端子之间的通断情况。检查滑动触点端子与怠速触点端子之间:节气门接近全关时应导通,节气门在其他位置时应不导通。检查滑动触点端子与全开触点子端子之间:节气门中小开度时应不导通,节气门接近全开时应导通。如果不符合上述要求,说明传感器内部断路或绝缘不良,应更换节气门位置传感器。

(4)进气温度传感器的检修。进气温度传感器电路如图 2-75 所示,在 ECU 中有一标准电阻器与传感器的热敏电阻器串联,并由 ECU 提供标准电压,E_2 端子通过 E_1 端子搭铁。当热敏电阻器的电阻值随进气温度变化时,ECU 通过 THA 端子测得的分压值随之变化,ECU 根据此分压值判断进气温度。

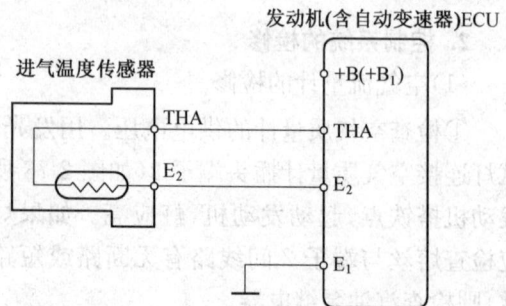

图 2-75　进气温度传感器电路图

在使用中,拆开进气温度传感器线束连接器,检查两个端子之间是否断路,若断路应更换该传感器。将拆下的进气温度传感器放入水中进行冷却或加热,检查其特性应符合标准,否则应更换该传感器。进气温度传感器特性见表 2-4。

表 2-4 进气温度传感器特性

温度(℃)	—20	0	20	40	60	80
电阻值(kΩ)	10～20	4～7	2～3	0.9～1.3	0.4～0.7	0.2～0.4

(5)冷却液温度传感器的检修。

①取下冷却液温度传感器。

②用万用表测量冷却液温度传感器端子间的电阻,如图 2-76 所示,应在图中允许的范围之内。如果电阻值不符合规定,则应更换冷却液温度传感器。

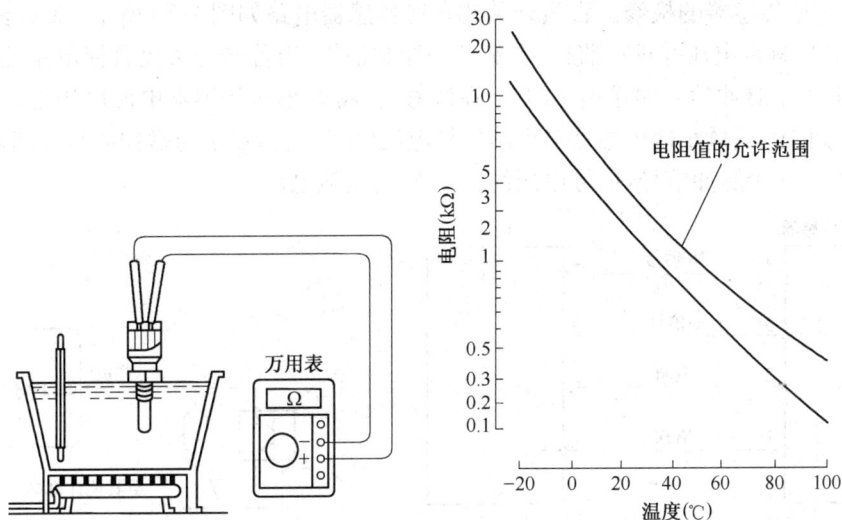

图 2-76 测量冷却液温度传感器端子间的电阻

(6)凸轮轴/曲轴位置传感器的检修。

①电磁式凸轮轴/曲轴位置传感器的检修。电磁式凸轮轴/曲轴位置传感器电路如图 2-77 所示。在维修时,主要检查转子凸齿有无损伤,若有损伤应更换;检查感应线圈的电阻,冷态下的 G_1 感应线圈和 G_2 感应线圈电阻值应为 125～200Ω,Ne 感应线圈的电阻值应为

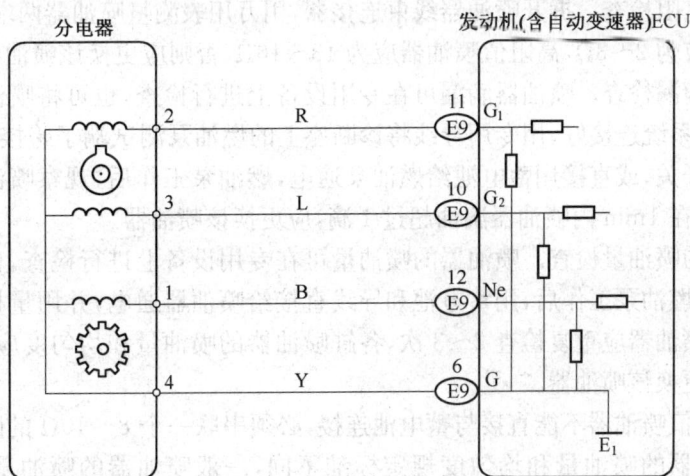

图 2-77 电磁式凸轮轴/曲轴位置传感器电路图

$155\sim250\Omega$。在发动机工作时,测量电磁式凸轮轴/曲轴位置传感器输出的信号电压,可以判断传感器及其电路是否正常,必要时检修线路或更换传感器。

②光电式凸轮轴/曲轴位置传感器的检修。光电式凸轮轴/曲轴位置传感器电路如图2-78所示。维修时,拆开传感器线束连接器,将点火开关转至"ON"位置,测量电脑侧1端子与2端子之间电压应为12V,否则说明线路或ECU有故障;给传感器侧的1端子与2端子之间直接施加12V蓄电池电压,并分别在3端子、4端子与1端子之间接上电流表,转动转子一圈时,两个电流表应分别摆动1次和4次(与透光孔数量相等),每次电流表指示电流应约为1mA,否则应更换该传感器。

(7)车速传感器的检修。舌簧开关式车速传感器电路如图2-79所示,ECU给车速传感器提供12V标准电压并进行监控,舌簧开关控制搭铁,当舌簧开关闭合使电路接通时,传感器便产生一个脉冲信号输送给ECU。在维修时,检查车速传感器电源电压是否正常,然后转动驱动车轮,测量车速传感器输出的信号电压(信号输出端子与搭铁间),车速表软轴每转一圈应产生4个脉冲信号,信号电压约为12V蓄电池电压。

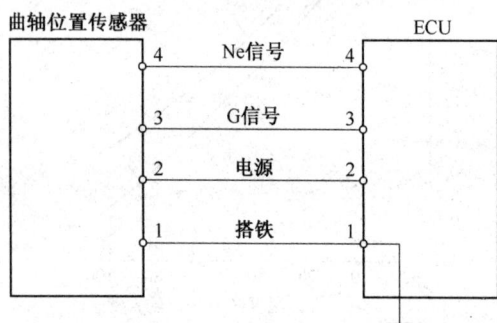

图2-78　光电式凸轮轴/曲轴位置传感器电路

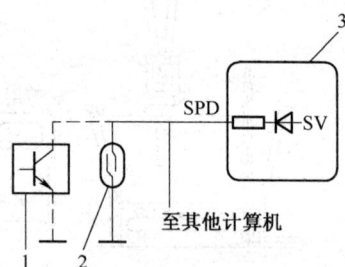

图2-79　舌簧开关式车速传感器电路图
1. 组合仪表计算机　2. 舌簧开关　3. ECU

(8)喷油器的检修。

①简单检查方法。在发动机工作时,用手触试或用听诊器检查喷油器针阀开闭时的振动或声响,如果感觉无振动或听不到声响,说明喷油器或其电路有故障。

②喷油器电阻检查。拆开喷油器线束连接器,用万用表测量喷油器两端子之间的电阻,低阻值喷油器应为$2\sim3\Omega$,高阻值喷油器应为$13\sim16\Omega$,否则应更换该喷油器。

③喷油器滴漏检查。喷油器滴漏可在专用设备上进行检查,也可将喷油器和输油总管拆下,再与燃油系统连接好,用专用导线将诊断座上的燃油泵测试端子跨接到12V电源上,然后打开点火开关,或直接用蓄电池给燃油泵通电,燃油泵工作后,观察喷油器有无滴漏现象。若检查时,在1min内喷油器滴油超过1滴,应更换该喷油器。

④喷油器的喷油量检查。喷油器的喷油量可在专用设备上进行检查,也可按滴漏检查做好准备工作,燃油泵工作后,用蓄电池和导线直接给喷油器通电,并用量杯检查喷油器的喷油量。每个喷油器应重复检查$2\sim3$次,各缸喷油器的喷油量和均匀度应符合规定标准,否则应清洗或更换该喷油器。

注意:低阻值喷油器不能直接与蓄电池连接,必须串联一个$8\sim10\Omega$的附加电阻器。此外,各车型喷油器的喷油量和均匀度规定标准不同,一般喷油器的喷油量为$50\sim70$mL/15s,各缸喷油器的喷油量相差不超过10%。

第三章　发动机机械部分故障诊断

第一节　曲柄连杆机构故障诊断

曲柄连杆机构的常见故障主要表现为异响。所谓异响，是指汽车总成或机构在工作中产生的超过技术文件规定的不正常的响声。

曲柄连杆机构的异响一般是由于某些运动件自然磨损使其间隙过大，润滑不良，紧固不良或修理调整不当等原因引起。曲柄连杆机构异响常与发动机的转速、负荷、温度和缸位有关。

一、曲轴主轴承响

1. 故障现象

(1)发动机一般稳定运转不响，转速突然变化时，发出低沉钝重连续"当当"的金属敲击声。

(2)发动机转速越高，响声越大。

(3)发动机有负荷时响声明显。

(4)单缸断火时响声无变化。

2. 故障原因

(1)主轴承盖螺栓松动。

(2)主轴承与主轴颈配合间隙过大。

(3)发动机机油不良。

(4)主轴承合金层烧毁或脱落。

3. 故障诊断与排除

用旋具抵触曲轴箱接近曲轴主轴承处听察，反复变更发动机转速，在突然加速或减速时，如有明显的沉重响声，则为主轴承响。第一道主轴承响，声音较清脆；第五道主轴承响，声音偏沉闷。

(1)发动机温度越高响声越明显，说明发动机机油黏度过低或老化，应更换发动机机油。

(2)发动机高速运转，汽车重载爬坡，机件有较大的振动；机油压力明显下降，说明主轴承与主轴颈配合间隙过大，或合金层脱落，应及时更换主轴承或修磨主轴颈。

(3)若怀疑是曲轴轴向窜动响，可踏下离合器踏板，如果响声减弱或消失，则为曲轴轴向窜动发响。此时应更换曲轴止推垫片或更换曲轴。

(4)若怀疑是飞轮固定不良发响，可在发现异响时，关闭点火开关，而当发动机即将熄火时，再立即接通点火开关，若此时能听到一声撞击声，且每次重复上述操作均如此，即证明是飞轮固定不良发响，应紧固或更换飞轮固定螺栓予以排除。

二、连杆轴承响

1. 故障现象

(1)突然加速时,发动机有明显连续"堂堂堂"的类似木棒敲击铁桶的声音,该声响较主轴承响清脆。

(2)怠速时响声较小,中速时明显。

(3)单缸断火后,响声明显减弱或消失。

(4)汽车高速或爬坡时,响声加剧。

2. 故障原因

(1)连杆轴承盖螺栓松动。

(2)连杆轴承径向间隙过大。

(3)连杆轴承合金层烧毁。

(4)发动机机油不良。

3. 故障诊断与排除

(1)发动机初发动时,响声严重,待机油压力上升后,响声减弱或消失,表明个别连杆轴承间隙稍大或合金层剥落,应视情修磨连杆轴颈或更换连杆轴承。

(2)若发动机温度正常,由低速突然加至中高速时,发动机发出有节奏的"当当当"响声;转速再升高时,其响声减弱直至消失;单缸断火时响声消失,复火时响声恢复;稍关节气门,响声更明显,说明连杆轴承间隙过大。应修磨连杆轴颈或更换连杆轴承。

(3)发动机温度升高,响声增加,说明发动机机油不符合要求,应予更换。若同时在提高发动机转速时,其响声却减弱但显得杂乱,则说明连杆轴承合金层过热融化,应立即修复。

三、活塞敲缸响

活塞敲缸响的原因是多方面的,因具体原因不同,敲缸响所表现的故障现象也不同。主要有发动机冷态时敲缸响、发动机热态时敲缸响、发动机冷热态均有敲缸响等。

1. 发动机冷态时敲缸响

(1)故障现象。

①怠速时,气缸上部发出有节奏的"吭吭"的金属敲击声,转速稍高响声消失。

②发动机低温时发响,温度正常后响声消失。

③单缸断火时响声消失。

(2)故障原因。

①活塞与气缸壁配合间隙偏大。

②发动机机油量少,机油飞溅不足。

(3)故障诊断。

①拔出机油尺,检查机油量并视情加添。

②发动机低温初发动时,如有有节奏的"吭吭"响声,机油加注口和排气管均冒蓝烟。向怀疑发响的气缸注入20mL左右的新机油,响声减弱或消失,说明活塞与气缸壁配合间隙偏大。应检测活塞与气缸,必要时修理气缸、更换活塞。

2. 发动机热态时敲缸响(一)

(1)故障现象。

①发动机高温时发出连续"嘎嘎"的金属敲击声。

②温度升高,响声加重。

(2)故障原因。

①连杆轴颈与主轴颈不平行。

②连杆有弯、扭变形。

(3)故障诊断。可根据故障现象判明故障原因。具体故障原因要通过分解发动机后方可查明。

3. 发动机热态时敲缸响(二)

(1)故障现象。

①怠速时发出"嗒嗒"的响声,机体有抖动。

②单缸断火,响声加大(该缸有故障)。

③温度升高,响声加大。

(2)故障原因。

①活塞裙部椭圆度过小。

②活塞与气缸壁配合间隙过小。

③活塞销装配过紧。

④活塞环背隙、开口间隙过小。

(3)故障诊断。可根据故障现象判明故障原因。具体故障原因要通过分解发动机后方可查明。

4. 发动机冷、热态均有敲缸响

(1)故障现象。

①发动机怠速运转急加速时有敲缸响。

②发动机大负荷或高速挡急加速时有敲缸响。

(2)故障原因。

①点火正时失准。

②燃油牌号不对或燃油品质不良。

(3)故障诊断。

①调整点火正时。

②换用规定牌号合格的燃油。

四、活塞销响

1. 故障现象

(1)发动机有较尖锐清脆有节奏的"嗒嗒嗒"类似手锤敲击铁砧的响声,在同转速下比活塞敲缸响连续且尖细。

(2)随发动机转速变化响声周期性变化,加速时响声更大。

(3)发动机温度升高,响声不减,甚至更明显。

(4)单缸断火响声减弱或消失。

(5)略将点火时间提前,响声更大。

2. 故障原因

(1)活塞销与连杆衬套磨损过甚,间隙增大。

(2)活塞销与其座孔配合松旷。

(3)活塞销卡环脱落,使活塞销轴向窜动。

(4)发动机机油量少,机油飞溅不足。

3. 故障诊断

(1)发动机低温怠速时发出"嗒嗒嗒"的连续响声,响声部位在发动机上部,发动机中、低速时响声消失。发响时,某单缸断火时响声消失,复火时响声恢复,即为该缸故障。此故障一般系活塞销与连杆衬套配合间隙稍大,暂可继续使用。

(2)发动机温度正常,中、低速运转时均发出有节奏清脆且明显的"嗒嗒嗒"声。单缸断火响声消失,复火时响声恢复,即为该缸活塞销与连杆衬套配合间隙过大,应更换活塞销或连杆衬套。

(3)发动机在低温、高温,低速、高速均发出带震动性的有节奏沉重的"嗒嗒嗒"响声;断火试验时,响声转为"咯咯"的哑声,即可断定为活塞销与连杆衬套严重松旷。应立即拆检,必要时更换活塞销或连杆衬套。

(4)发动机只在某一转速时发出"贴贴贴"明显有节奏的响声,断火试验时响声减弱却杂乱,即为活塞销与其座孔间隙过大,应拆检并视情更换活塞销和活塞。

(5)检查机油变质情况,查看机油量,必要时加添或更换发动机机油。

五、活塞环响

1. 故障现象与原因(一)

(1)故障现象。活塞环敲击响,发动机出现钝哑的"啪啪"响声,发动机转速升高响声增大,且显得杂碎。

(2)故障原因。

①活塞环折断。

②活塞环磨损,在环槽内松旷。

③气缸壁顶部磨出凸肩,修磨连杆轴颈后,使活塞环与气缸壁凸肩相碰。

2. 故障现象与原因(二)

(1)故障现象。活塞环漏气响:类似活塞敲缸响,单缸断火响声减弱但不消失。

(2)故障原因。

①活塞环与气缸壁间漏光度过大。

②活塞环弹力过弱。

③活塞环开口间隙过大或各环开口重叠。

④活塞环在环槽内卡死。

3. 故障诊断与排除

(1)用旋具抵触在火花塞上听察,如感觉有"唰唰唰"的响声,即为活塞环折断。如感觉有明显的振动,则为活塞环碰撞气缸凸肩响。根据具体故障视情更换活塞环或修理气缸。

(2)发动机低温初发动机时,有"唰蹦蹦"的响声,机油加注口处脉动地冒蓝烟。若发动机温度正常后,响声减弱或消失,即为活塞环与气缸壁漏光度过大或活塞环在环槽内卡死等原因引起的,应立即更换活塞环或修理气缸。若冷却液温度高时,发动机有明显的窜气响,做断火试验时,窜气响减弱,则说明活塞环开口间隙过大、活塞环开口重叠或活塞环弹力过弱,应视情更换或按规定重新装复活塞环。

第二节　配气机构故障诊断

配气机构的故障主要有配气相位失准和配气机构异响。配气相位失准主要是同步带安装位置不正确或同步带齿形磨损引起滑转,遇此故障应立即更换同步带,并按发动机拆装的有关内容重新安装同步带。配气机构异响的故障诊断如下所述。

一、凸轮轴响

1. 故障现象

(1)在发动机上部发出有节奏较钝重的"嗒嗒"声。

(2)中速时明显,高速时响声杂乱或消失。

2. 故障原因

(1)凸轮轴轴向间隙过大,产生轴向窜动。

(2)凸轮轴有弯、扭变形。

(3)凸轮工作表面磨损。

(4)凸轮轴轴颈磨损,径向间隙过大。

3. 故障诊断与排除

(1)按上节有关内容检查凸轮轴轴向间隙。如其轴向间隙过大,则应更换止推板;严重时,应更换凸轮轴。

(2)如凸轮轴轴向间隙正常,则表明有凸轮轴弯扭变形、凸轮磨损或凸轮轴轴颈磨损等不良现象。此时,应分解配气机构,查明具体原因,视情更换凸轮轴。

二、气门脚响

1. 故障现象

(1)发动机怠速时,气缸盖罩内发出有节奏的"嗒嗒嗒"的响声。

(2)发动机转速升高,响声增大。

(3)发动机温度变化或做断火试验,响声不变。

2. 故障原因

(1)气门间隙调整不当。

(2)气门杆尾端与气门间隙调整螺钉磨损。

(3)气门间隙调整螺钉的锁紧螺母松动。

(4)凸轮磨损或摇臂圆弧工作面磨损。

3. 故障诊断与排除

(1)拆下气缸盖罩,检查气门间隙调整螺钉的锁紧螺母是否松动;检查气门间隙值,并视情重新调整。

(2)检查气门杆尾部端面和调整螺钉的磨损情况,必要时更换气门或调整螺钉。

(3)检查凸轮与摇臂圆弧工作面的磨损情况,视情更换凸轮轴或摇臂。

三、气门弹簧响

1. 故障现象

(1)发动机怠速时有明显的"嚓、嚓"的响声。

(2)各转速下均有清脆的响声,多根气门弹簧不良,机体有振抖现象。

2. 故障原因

气门弹簧过软或折断。

3. 故障诊断与排除

(1)拆下气缸盖罩,用旋具撬住气门弹簧,若弹簧折断可明显地看出。弹簧折断应予以更换。

(2)仍用旋具撬住气门弹簧,怠速运转发动机,若响声消失,即为该弹簧过软。弹簧如过软,必须更换。

四、气门座圈响

1. 故障现象

(1)有节奏的类似气门脚响,但比气门脚响的声音大很多。

(2)发动机转速一定时,响声时大时小,并伴有破碎声。

(3)发动机中低速运转时,响声较清脆,高速时响声增大且变得杂乱。

2. 故障原因

(1)气门座圈和气缸盖气门座圈座孔配合过盈量不足。

(2)气门座圈镶入气缸盖气门座圈座孔后,滚边时没有将座圈压牢。

(3)气门座圈粉末冶金质量不佳,受热变形以致松动。

3. 故障诊断与排除

拆下气缸盖罩,经检查不是气门脚响和气门弹簧响,即可断定为气门座圈响。分解配气机构后进一步检查,必要时,铰削气门座圈座孔,更换松动的气门座圈,并保证其压入后有足够的过盈量。

第三节　润滑系统故障诊断

润滑系常见故障有:机油压力过低、机油压力过高、机油消耗异常和机油变质。

一、机油压力过低

在使用中,机油压力表指示压力长时间低于正常标准即为机油压力过低。

1. 机油压力始终过低

机油压力传感器通常安装在主油道中,如果机油压力表和机油压力传感器正常,而机油压力表指示压力过低,可根据润滑系统的组成和油路对故障可能原因进行分析。如果将油路按油流方向以机油压力传感器为界分成前、后两部分,导致机油压力过低的原因则可分成两方面:一是机油压力传感器前的油路不畅(如滤清器堵塞)或供油不足(如机油量不足);二是机油压力传感器后的油路泄油过快(如曲轴轴承间隙过大)。尽管不同发动机的润滑系统组成和油路有一定的差别,但按上述思路,不难对机油压力过低故障进行诊断。

机油压力始终过低时,通常先抽出机油尺检查机油量。如果机油量充足,可拆下机油压力传感器,短时间起动发动机观察喷油情况,若机油压力传感器安装座孔喷油无力,应依次拆检机油滤清器、旁通阀、限压阀、集滤器、油管路和机油泵;若喷油有力,则应检查机油压力表和机油压力传感器是否正常。

此外,发动机工作中,如果机油压力始终过低,且有曲轴主轴承异响、连杆轴承异响或凸轮轴轴承异响等现象,应对上述产生异响的轴承间隙进行检查。据试验证明,曲轴主轴承间隙每增大 0.01mm,机油压力就会降低 0.01MPa。

2. 刚起动时压力正常、运转一段时间后机油压力迅速降低

诊断这类故障,可通过分析发动机润滑系发生的变化,来确定可能的故障原因。

发动机刚起动时,由于起动前大部分机油流回油底壳,所以油底壳内油量比较充足。而运转一段时间后,由于部分机油被泵入油道进行循环,所以油底壳内的油量减少。

此外,刚起动时机油温度较低,而运转一段时间后,机油温度随发动机温度升高。而温度对润滑系统的影响主要是机油黏度,随温度升高机油黏度下降。如果机油黏度过低,在各轴承间隙一定时,对机油的节流作用变弱,机油压力也会降低。

由上述分析可知,导致发动机刚起动时机油压力正常,而运转一段时间后机油压力又迅速下降的可能原因是:机油量不足或机油黏度过低。发生此故障,可先抽出机油尺检查机油量,如果机油量充足,则可确定是机油黏度过低,应更换机油。

注意:如果因冷却液或汽油进入油底壳稀释机油,导致其黏度降低,应查明漏水或漏油的原因,将故障排除后再更换新的机油。

3. 机油压力突然降低

机油压力突然降低故障一般是机油严重泄漏或机油泵损坏所致。应立即使发动机熄火,以免造成严重机械事故。

二、机油压力过高

(1)故障现象。在使用中,若机油压力表指示压力长时间高于正常标准即为机油压力过高。

(2)故障原因。按机油压力始终过低故障的分析思路,如果机油压力表和机油压力传感器正常,机油压力传感器前给主油道供油过多(如限压阀故障)或传感器后油路不畅(如油路堵塞),均会导致机油压力过高。可能的原因有:限压阀故障、传感器之后的油道堵塞、轴承间隙过小、机油黏度过大、机油压力表或机油压力传感器损坏等。

(3)故障检查。对于新装配的发动机,若出现机油压力过高,应重点检查曲轴主轴承、连杆轴承、凸轮轴轴承的配合间隙。如果点火开关打开但不起动发动机时,机油压力表指针不回位,应重点检查机油压力表和机油压力传感器。

三、机油消耗异常

发动机使用中,如果机油平均消耗量超过 0.1~0.5mL/100km,即为机油消耗异常。

机油消耗异常的原因一般是外部泄漏或机油进入燃烧室被燃烧所致。若机油消耗异常，应首先检查有无漏油部位，如果无漏油部位，可对发动机进行急加速试验，急加速时排大量蓝烟，说明烧机油严重。机油进入燃烧室通常有两个渠道：一是因活塞与气缸间密封不良导致机油进入燃烧室；二是由于气门油封损坏导致机油由气门进入燃烧室。活塞与气缸间的密封情况可通过测气缸压力或观察曲轴箱窜气情况等方法检查，以此可区别机油进入燃烧室的渠道，以便有针对性的查明故障原因。

诊断机油消耗异常故障还应注意以下两点：

①对于采用气压制动的汽车，空气压缩机磨损严重，也会导致机油消耗异常。松开储气筒放污螺塞，如有大量油污排出，则说明空气压缩机磨损严重。

②发动机曲轴箱通风装置不良，也会导致机油消耗异常。

四、机油变质

由于高温和氧化作用，即使正常情况下，机油也会变质，这种现象称为"老化"。老化的机油含有酸性化合物，不但使机油变黑、黏度下降，而且腐蚀机件。

在使用中，若不到换油周期，机油就出现老化（即变质），应查明原因予以排除。机油变质的原因一般是机油被污染、机油质量差、滤清器失效、机油温度过高等。

机油被污染通常是油底壳中有水或汽油进入，可通过沉淀和气味判断机油中是否有水或汽油。此外，曲轴箱通风不良、窜入曲轴箱的废气、可燃混合气也会污染机油。

第四节　冷却系统故障诊断

在汽车使用中，冷却系统常见故障有：冷却液消耗异常、发动机过热、发动机工作温度过低。

一、冷却液消耗异常

冷却系统是密封的，在正常情况下，不需经常添加冷却液，否则说明有冷却液消耗异常故障。冷却液消耗异常的主要原因是冷却液泄漏。

冷却液消耗异常应先检查有无泄漏痕迹，根据泄漏部位查明原因。如果无外部泄漏痕迹，应检查润滑油中是否有水，若有水则可能是气缸垫损坏、气缸盖或气缸体有裂纹、气缸盖或气缸体平面的平面度误差过大。

二、发动机过热

发动机在运行中，若冷却液温度表指针长时间指向高温（90℃以上）范围，并出现冷却液沸腾（俗称"开锅"），即为发动机过热。发动机过热可分为运行中突然过热和经常过热。

1. 突然过热

发动机工作中突然出现过热现象，一般是风扇传动带断裂或风扇电路故障、水泵轴与叶轮脱转、节温器主阀门脱落或冷却液严重泄漏。

2. 经常过热

发动机工作中经常出现过热现象，其原因可归纳为两方面：一是冷却系统冷却强度不足；二是发动机传热损失过大。

由冷却系统的组成和各部分的作用不难分析得出导致冷却强度下降的原因：缺少冷却液、风扇传动带打滑、风扇叶片角度调整不当、散热器堵塞或散热片倾倒过多、节温器故障或水泵故障致使冷却液循环不良、水套积垢严重等。发动机过热，应首先对上述可能原因进行排查。

如果发动机过热，但冷却系统无故障，则可能是发动机传热损失过大所致，其原因可能是点火过迟、混合气过稀或过浓、燃烧室积炭过多、润滑油不足等；发动机传热损失过大通常伴有动力不足、油耗大、进气管回火、排气管放炮、爆燃等异常现象，这些异常现象可作为确定故障诊断范围的依据。此外，汽车顺风行驶或高温季节长时间低速大负荷行驶等，也会引起发动机过热。

注意，如果只是冷却液温度表指示温度过高，但发动机无其他异常现象，应检查冷却液温度传感器和冷却液温度表是否有故障。

三、发动机工作温度过低

在汽车行驶中，若冷却液温度表长时间指示发动机工作温度在正常温度以下，即可判定为发动机工作温度过低。

对一般的发动机而言，不可能因发生故障而导致冷却强度增大或传热损失减少，从而使发动机工作温度过低。发动机工作温度过低，通常是自然因素或冷却系统的冷却强度调节装置失效所致。为此，发动机出现工作温度过低的现象时，应进行如下检查：

①环境温度较低时，检查百叶窗是否关闭、是否采取了有效的保温措施。

②检查风扇控制装置是否失效。如果冷却系统装有风扇离合器或装用电动风扇，可在发动机工作温度较低时，通过观察风扇的运转状态来确定风扇控制装置是否失效。

③检查节温器是否正常。在发动机工作温度较低时，通过触试散热器温度来判断冷却液是否进行大循环，以诊断节温器是否正常。

④如果冷却液温度表指示温度低，但发动机工作中无其他异常现象，应对冷却液温度表和冷却液温度传感器进行检查。

第四章 汽油发动机电控系统故障诊断

第一节 汽油发动机电控系统故障诊断基础知识

一、发动机电控系统常见故障类型

发动机电控系统的故障总体上可分为两种类型:一种是电控元件的故障;另一种是控制电路的故障。

1. 电控元件的故障

电控元件故障是指电控元件自身丧失其原有机能,包括电控元件的机械损坏、烧毁、电子元件的击穿、老化、性能减退等。在实际使用和维修中,常常因电路故障而造成电控元件故障。电控元件故障一般是可修复的,但一些不可拆的电子设备出现故障后只能更换。

2. 控制电路的故障

电路故障包括断路、短路、接线松脱、接触不良或绝缘不良等。这一类故障有时容易出现一些假象,给故障诊断带来困难。例如,某搭铁线与车身出现接触不良,就有可能造成电控元件失控,电控元件工作状态就会出现不正常现象。这是因为有的搭铁线多为几个电控元件共用,一旦该搭铁线出现接触不良,它就把多个电控元件的工作电路联系到一起,就有可能通过其他电路找到搭铁途径,造成一个或多个电控元件工作异常。

(1)短路故障。

①搭铁短路故障。搭铁短路是指电路未经过负载提前搭铁的一种故障现象。发动机电控系统控制电路中大部分搭铁短路故障是由于导线或电路元件的绝缘层破裂,并且搭铁造成的。如图 4-1 所示。图 4-1a 所示为开关和用电设备之间的导线绝缘层破损导致搭铁短路,电流没有通过用电设备而直接返回搭铁端,会导致用电设备不工作,电路中的电流升高,熔丝或其他电路保护装置断开。如果电路没有保护装置,还会引起线路或其他部件烧毁甚至燃烧。

另一种形式的搭铁短路故障见图 4-1b,电路在用电设备和开关之前搭铁,会导致用电设备不工作并且开关无法控制电路,熔丝也会马上烧断。如果没有电路保护装置,还有可能会烧毁电源。若出现这种情况,即使更换了熔丝,接通电路后,仍然会再次烧断熔丝。

②与电源短路故障。在发动机电控系统控制电路故障中,还有一种短路形式是与电源短路,通常是一个电路的两个独立分支因导线绝缘层破损相互连接,一般会导致电路不能正常工作或者反应异常甚至烧毁。与电源短路故障简单示意图如图 4-2 所示。

如图 4-2a 所示,一个电路用电设备前面的导线和一个电路用电设备与开关之间的导线短接,这样会造成左边的电路失效,而右边的电路正常。如图 4-2b 所示,两个独立的支路在开关前面短路,会使两个电路都不能单独控制,任何一个开关都可以同时控制这两个电路。所以遇到短路故障,要具体情况具体分析,不能一概而论,要根据故障的详细情况,参照电路

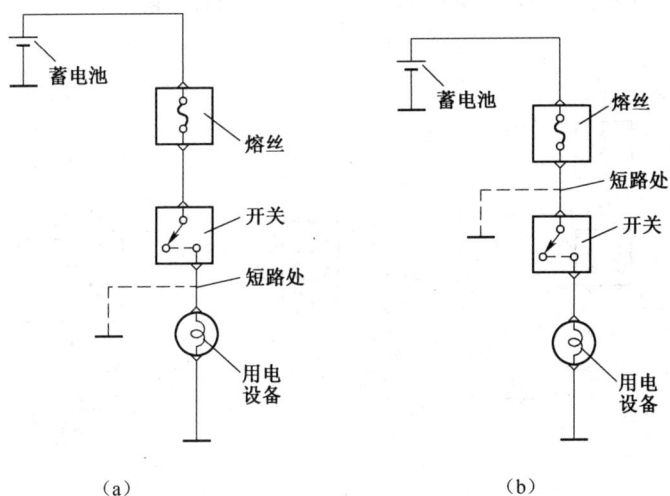

图 4-1　搭铁短路故障简单示意图
(a)从开关后短路　(b)从开关前短路

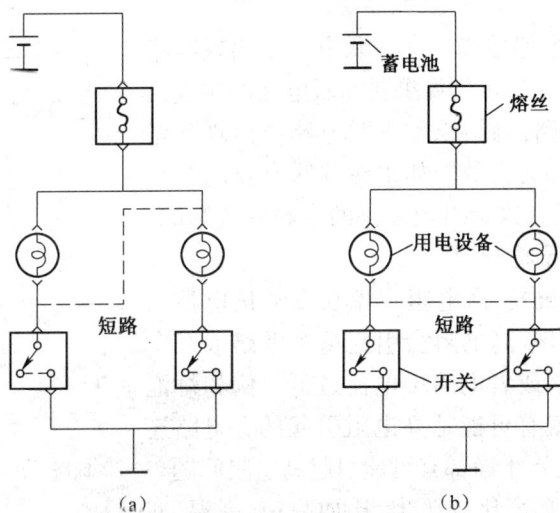

图 4-2　与电源短路故障简单示意图
(a)左边电路短路　(b)在开关前面短路

图并利用检测工具正确判断才行。

(2)断路故障。断路故障是一种不连续的、有中断的电路故障。电器部件接触不良就是一种轻微的断路现象。电路中的任何一部分出现问题都有可能导致断路,比如导线断裂、电路部件烧毁、接头松动等。

①串联电路中的断路故障。如果一个串联电路中有断路故障,则会导致整个电路都不导通。检测电路中断路的方法是分别测量电路中各个部件两端的电压。如果某一个部件的一端有电压,而另一端没有电压,则这个部件中间肯定有断路存在。例如,串联电路断路简单示意图如图 4-3 所示,用万用表测量熔丝后的电路 a 点处有电压,为 12V;再用万用表测

量开关后的电路 b 点处没有电压(电压为 0V),说明开关有故障。

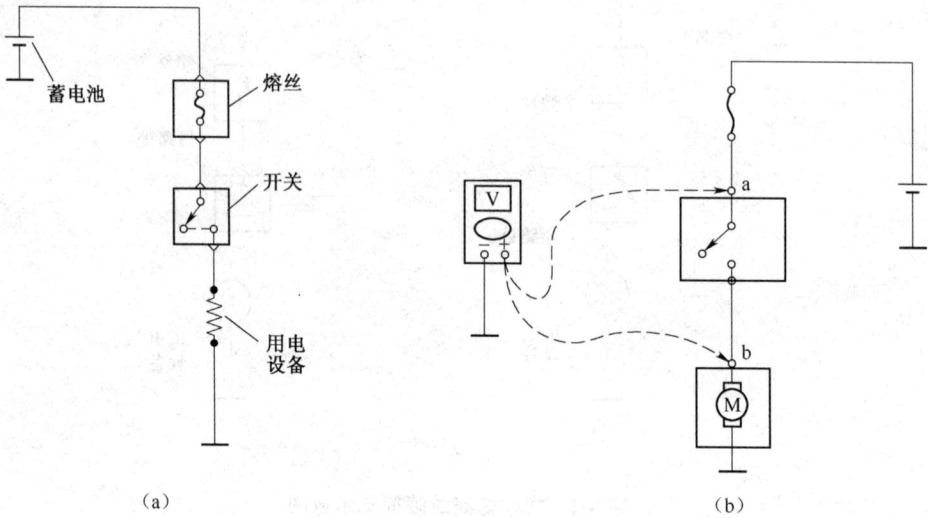

（a）　　　　　　　　　　　　　　　（b）

图 4-3　串联电路断路简单示意图

(a)串联电路　(b)串联电路断路检测方法

②并联电路中的断路故障。在并联电路中出现断路故障比较复杂,如图 4-4 所示。如果在并联电路的主线路或搭铁电路中出现断路,则结果和串联电路中出现断路是一样的,整个电路都会失效。如果在并联电路的某个支路中出现断路,则只有这个出现断路的支路受到影响,其他支路还可以正常导通。

（3）高电阻(高阻抗)。高电阻现象在发动机电控系统控制电路中经常出现,高电阻会引起整个电路或某个器件断断续续的导通,或者电路中电流过低。例如灯泡闪烁或者亮度降低,就有可能是高电阻引起的。电路连接不好,松动或者接头不干净都有可能引起高电阻问题。

由于汽车的工作环境比较恶劣,比如高速、高温、寒冷、颠簸、腐蚀等都会引起电路故障。所以在日常行车过

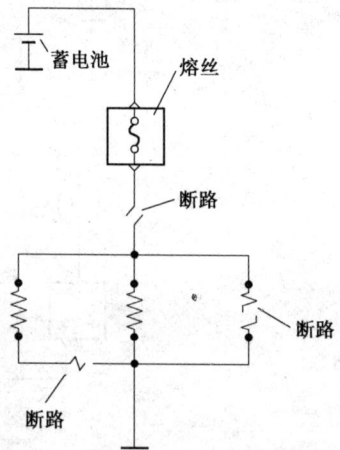

图 4-4　并联电路断路简单示意图

程中要经常检查和注意保养电器系统。如果发现电器部件有异常或导线破裂、扭结、松动等,一定要及时检修。

二、发动机电控系统维修注意事项

汽车电控系统对于高温、高湿度、高电压是十分敏感的,因此电控发动机维修时应注意以下各项:

①严禁在发动机高速运转时将蓄电池从电路中断开,以防产生瞬间变化,过电压将微机和传感器损坏。

②当发动机出现故障,仪表板上“检查发动机警示灯(CHECK ENGINE)”点亮时,不能将蓄电池从电路中断开,以防止电控单元中存储的故障码及有关资料信息被清除。只有通

过自诊断系统将故障码及有关信息资料调出并诊断出故障原因后,方可将蓄电池从电路中断开。

③当诊断出故障原因,对电控系统进行检修时,应先将点火开关关掉,并将蓄电池搭铁线拆下。如果只检查电控系统,则只需关闭点火开关。

④跨接起动其他车辆或用其他车辆跨接本车时,需先断开点火开关,才能拆装跨接线。

⑤在车身上进行电弧焊时,应先断开电控单元电源。在靠近电控单元或传感器的地方进行车身修理作业时,更应特别注意。

⑥除在测试过程中特殊指明外,不能用指针式万用表测试电控单元及传感器,应用高阻抗数字式万用表进行测试。

⑦不要用试灯去测试任何和电控单元相连接的电气装置。

⑧蓄电池搭铁极性切不可接错,必须负极搭铁。

⑨电控单元、传感器必须防止受潮,不允许将电控单元或传感器的密封装置损坏,更不允许用水冲洗电控单元和传感器。

⑩电控单元必须防止受剧烈振动。

三、故障诊断的基本原则

发动机电控系统发生故障时的检测诊断,应按照先机械后电子、先一般后专项、先易后难的原则进行处理。

虽然电控发动机的电子控制系统是一个精密而又复杂的系统,但是造成电控发动机不工作或工作不正常的原因可能是电子控制系统,也可能是其他部分的问题,故障检查的难易程度也不一样。遵循故障诊断的基本原则,就可能以较为简单的方法准确而迅速地找出故障所在。

电控发动机故障诊断排除的基本原则可概括为以下几点。

1. 先外后内

在发动机出现故障时,先对电子控制系统以外的可能故障部位予以检查。这样可避免本来是一个与电子控制系统无关的故障,却对系统的传感器、电控单元、执行器及线路等进行复杂且费力的检查,而真正的故障可能是较容易查找到却未能找到。

2. 先简后繁

先采用简单方法检查可能故障部位。比如直观检查最为简单,可以用看(用眼睛观察线路是否有松脱、断裂,油路是否漏油、进气管路有无破损漏气等)、摸(用手摸一摸可疑线路连接处有无不正常的高温以判断该处是否接触不良等)、听(用耳朵或借助于旋具、听诊器等听一听有无漏气声、发动机有无异响、喷油器有无规律的"喀嗒"声等)等直观检查方法将一些较为明显的故障迅速地找出来。

直观检查未找出故障,需借助于仪器仪表或其他专用工具来进行检查时,也应对较容易检查的内容先予以检查,能就车检查的项目先进行检查。

3. 先熟后生

由于结构和使用环境等原因,发动机的某一故障现象可能是以某些总成或部件的故障最为常见,应先对这些常见故障部位进行检查。若未找出故障,再对其他不常见的可能故障部位予以检查,这样做往往可以迅速地找到故障,省时省力。

4. 故障码优先

电子控制系统一般都有故障自诊断功能,当电子控制系统出现某种故障时,故障自诊断系统就会立刻监测到故障并通过"检测发动机警告灯"向驾驶人报警,与此同时以代码的方式储存该故障的信息。但是对于有些故障,故障自诊断系统检查前,应先按制造厂提供的方法读取故障码,并检查和排除代码所指的故障部位。待故障码所指的故障消除后如果发动机故障现象还未消除,或者开始就无故障码输出,则再对发动机可能的故障部位进行检查。

由于电控单元只能对与控制系统有关的部分进行故障自诊断,并不是对所有的故障(包括电控系统的非电性故障)都可以进行自诊断,另外,其诊断结果往往还需要对故障原因进行进一步的深入诊断与检查,所以在对电控发动机进行故障排除时,仅仅依靠故障自诊断系统是不能完全解决电控发动机所有问题的。

5. 先思后行

对发动机的故障现象先进行故障分析,在了解清楚可能的故障原因的基础上再进行故障检查,这样可避免故障检查的盲目性,既不会对与故障现象无关的部位做无效的检查,又可避免漏检一些有关部位而不能迅速排除故障。

6. 先备后用

电子控制系统一些部件的性能好坏或电气线路正常与否,常以其电压或电阻等参数来判断。如果没有这些数据资料,系统的故障诊判将会很困难,往往只能采取新件替换的方法,这些方法有时会造成维修费用猛增且费工费时。所谓先备后用是指在检修该型车辆时,应准备好维修车型的有关检修数据资料。除了从维修手册、专业书刊上收集整理这些检修数据资料外,另一个有效的途径是利用无故障车辆对其系统的有关参数进行测量,并记录下来,作为日后检修同类型车辆的检测比较参数。如果平时注意做好这项工作,会给系统的故障检查带来方便。

总之,电控发动机是比较复杂的系统,在诊断故障时需要掌握系统的检修步骤和方法。从原则上讲,在对电控发动机进行故障诊断时,需要首先系统全面地掌握电子控制系统的结构、原理和线路连接方法,明确电控系统中各部分可能产生的故障以及对整个系统的影响;运用科学的故障诊断方法对系统故障现象进行综合分析、判断,确定故障的性质和可能产生此类故障的原因和范围;制定合理的诊断程序进行深入诊断和检查。

四、发动机电控系统故障诊断流程

电控发动机在使用过程中会出现故障,在故障诊断过程中,维修技术人员需要借助故障诊断仪、万用表、示波器等仪器或设备来找出故障根源,并通过相应手段维修以恢复发动机的使用性能。可以根据电控发动机的故障诊断流程,即车辆问诊、症状确认、直观检查、读故障码诊断、数据流读取、检测测量、调整检修和试车验证等,逐项进行分析。

1. 车辆问诊——询问客户

问诊是对故障进行调查的开始,通过对驾驶人和有关人员的询问,可以了解故障发生、发展的全过程,并获得相关的信息,为进一步诊断打好基础。

合理的问诊,可以从驾驶人那里获得重要的维修参考信息,比如故障发生时间、情况、起因以及伴随着什么故障等。如果维修人员善于和驾驶人沟通,通过驾驶人所反映的车辆性能、响声和振动等细小变化,往往可以找到故障原因。

问诊过程中,维修人员不能有偏见,或单凭经验,缺乏分析推理。问诊本身是一门艺术,对询问中获得的信息去粗取精、择其要点加以联想,常常能使我们找出排除故障的正确思路或着手点。

2. 症状确认

问诊之后不能草草动手,还需要对症状进行确认。因为驾驶人为维修人员提供的信息往往不够准确,有的是因为驾驶人描述不够准确,有的是因为驾驶人本人对车况了解得不够详细,诸多因素使得问诊信息在一定程度上失真。这就需要维修人员通过路试或起动发动机对症状进行确认。

在确认症状的时候,需要设法再现或模拟故障发生的环境,让故障得以充分体现,并进行确认。当然,对于可能给车辆或人身安全带来危险的试车,是不能试验的。确认症状的过程中,对于一些偶发性故障或没有规律的故障,还需要借助模拟器或其他途径,让症状体现出来,以利于诊断。

3. 直观检查

并非所有的故障检测都需要动用诊断仪、示波器,有的时候,通过直观的检查也可以快速找到故障原因或重要线索,因此维修中需要灵活运用多种手段,确保按照由简至繁的原则进行诊断,以提高维修效率。直观检查,需要诊断人员具有丰富的实践经验和系统的专业理论,在汽车不解体或局部解体情况下,依靠直观的感觉印象、借助简单工具,采用眼观、耳听、手摸和鼻闻等手段,进行检查、试验和分析,确定汽车的技术状况,查明故障原因和故障部位。

观察仪表指示情况,并打开发动机罩,观察发动机部件是否完整,真空管有无脱落,电线插接器有无松脱,是否存在漏油、漏液、漏气及漏电现象,发动机怠速运转是否平稳,排气管是否冒黑烟或有燃油味等异常的现象。

4. 读取故障码→清除故障码→发动机运转→再读取故障码

连接故障诊断仪查询故障码,要对读出的永久性故障码或偶发性故障码进行记录,然后清除故障码,起动发动机,等冷却液温度达到 80℃以上,发动机高速运转几秒钟,创造故障再现的条件,再次查询故障码并做记录。

5. 分析故障码

根据经验分析或使用维修手册查阅故障产生的原因、影响及排除方法,不能忽视偶发性故障码。如果未存储故障码,要考虑控制单元不能监视的元件,如很多车型的点火线圈存在故障时,不会有故障码显示,应采用其他的方法判断其是否存在故障。

6. 阅读数据流

发动机要满足阅读数据流的条件,对于数据流中超出正常值的数据,应参照维修手册中列出的故障原因进行分析。数据流可以提供发动机运转状态的实时数据,能否正确全面地分析数据流体现着诊断者的技术水平。

7. 检测测量

根据故障现象、故障码及数据流中的相关数值确定测量的项目,可以使用万用表、二极管测试表、废气分析仪、燃油压力表、真空表、气缸压力表、示波器及信号发生器等进行检测,选择仪器的原则是能快速的、准确的判断故障。

8. 排除故障

根据以上的工作记录并参考维修手册或相关的资料,对故障进行分析,得出诊断的结论和修理方案,如清洗节气、气门、进气道、调整或更换元件,剥开线束查找故障点以及清洗搭铁线。

第二节　发动机电控系统故障自诊断

利用发动机电控系统自诊断功能可以诊断电控系统故障。读取故障码,是诊断电控发动机过程中非常重要的一步,故障码对维修方向的确定和检测的流程具有重要意义。读取故障码的方法可分为两种:人工读码和故障诊断仪。

人工读码一般采用跳线的方法,即通过把电路插座(常为诊断座)相应插孔短接,从相应的指示装置(故障指示灯、LED灯或万用表指针)读出故障码。这种方法无须专门的检测设备,因而可以节省投资。但会遇到一些困难,一方面是因为车型种类繁多,有亚、欧和美等几十种车系上百种车型;另一方面是电子系统繁多。具体的困难有如下几个方面。

一是诊断座的型式和位置多样。虽然车载诊断系统近些年来逐渐统一,对诊断模式和诊断座做了一致性规定。但是面对市场上不同年份的各种车辆,同一车系也往往有好几种,如奔驰的诊断座有8孔、16孔、9孔和38孔等型式,位置则有乘客侧防火墙附近、驾驶侧减振器附近和乘客侧减振器附近等。

二是跳线困难。不同的车型、不同的诊断座、不同的系统(如 EFI、ABS)需要不同的跳线方法,没有相应的资料,就会无从下手。

三是读码方法各异。同样是闪光码,不同车型编码方式各异。有的车型采用2位数字组成一个码,也有用3位和4位的。

四是故障码对应的含义无从知晓。很多情况下,虽然读出了故障码,但由于该车型不常见或较新,找不到有关的资料。

五是清除故障码较麻烦。跟读故障码一样,清除故障码也会遇到跳线的困难。有些车甚至不提供跳线清除故障码,这种情况一般要用专用的诊断仪才行。当然,清除故障码有一种简单易行的方法,大多数车都可通过拆蓄电池负极接线来清除故障码。不过拆蓄电池线之前要先记下音响密码和仪表板上的有些设置(如果有的话)。另外拆了蓄电池线后,汽车需要一段自学习的过程,因而这段时期汽车性能会有所变化。

与人工诊断的方法相比,采用故障诊断仪使得电喷发动机的修理相当轻松,维修人员只要把故障诊断仪插头插在汽车的诊断座上,然后根据诊断仪的提示操作按键,就可以了解汽车的"病因"。本书只介绍采用故障诊断仪对发动机电控系统进行故障自诊断。

这里应该强调的是,故障诊断仪的功能除了读取故障码和清除故障码之外,实际上,还具有如下功能:读取发动机动态数据流、英汉词典、执行元件测试、示波器功能等。

一、故障码的读取与清除

下面以大众车系为例,介绍故障码的读取与清除方法。

发动机 ECU 中设有故障存储器,它包括永久性存储器和暂时性存储器。当被监测的传感器或执行元件中出现故障时,则该故障的代码及种类会存入故障存储器中。

1. 故障诊断仪的连接

(1)连接故障诊断仪。大众车系故障码可用大众公司的 V. A. G1552、V. A. G1551 或 V. A. S5051 型故障诊断仪读出故障码。测试时,打开变速杆前的诊断插口盖板,将故障诊断仪用 V. A. G1551/3 电缆连接到车上位于变速器操纵杆前的诊断插座上,如图 4-5 所示。

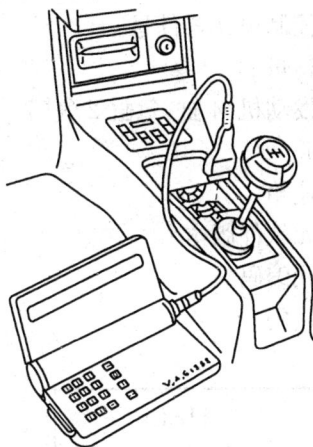

图 4-5　故障诊断仪的安装

(2)为了检查元件和控制模块间线路有无开路或短路,大众公司还配有 V. A. G1598/22 测试盒,用于和发动机控制模块线束插头相连接。

(3)大众公司的故障诊断仪功能见表 4-1。

表 4-1　故障诊断仪功能表

代号	功能	点火开关接通	发动机怠速运转
01	询问发动机电控单元版本	是	否
02	读出故障码及显示故障范围	是	是
03	最终控制诊断	是	否
04	基本设定	是	是
05	清除故障(码)存储	是	是
06	结束输出	是	是
07	电控单元编码	是	否
08	读测量数据块	是	是

(4)测试条件:蓄电池电压大于 11.5V,发动机搭铁良好,熔丝正常。

(5)如果故障已经排除,在故障存储器相应的记录内容应予以清除。或者发动机起动 50 次后,则存储器存储的故障会被自动清除。

2. 故障诊断仪的显示

(1)连接好故障诊断仪后,屏幕显示:

Test of vehicle systems	HELP
Enter address word XX	
车辆系统测试	帮助
输入地址码 XX	

（2）打开点火开关，或者发动机怠速运转。输入"发动机电子系统"地址码01，用Q键确认。屏幕显示：

```
330 907 404 1.8L R4/2V MOTR HS D01    →
Coding 08001          WSC XXXXX
```

其中，330 907 404　　发动机控制单元零件号
1.8L　　　　　　　　发动机排量
R4/2V　　　　　　　直列式发动机，4缸，每缸2气门
MOTR　　　　　　　Motronic
HS　　　　　　　　手动变速箱
D01　　　　　　　　控制单元软件版本
Coding 08001　　　控制单元编码
WSC XXXXX　　　　维修站代码

（3）按 → 键，屏幕显示：

```
Test of vehicle systems        HELP
Select function    XX

车辆系统测试                    帮助
选择功能    XX
```

3. 查询故障码和清除故障码

（1）连接 V. A. G1552 故障阅读仪，打开点火开关，发动机怠速运转，输入"发动机电子系统"的地址码01。

（2）当发动机不起动时，接通点火开关，查询故障码。屏幕显示：

```
Test of vehicle systems        HELP
Select function    XX

车辆系统测试                    帮助
选择功能    XX
```

（3）输入 02"查询故障码"，按 Q 键确认。在显示屏上首先显示出故障的数量或者"No fault recognized"（没有故障）。屏幕显示：

```
X Faults recognized!           →

X 个故障出现!                   →
```

（4）如果没有故障，按 → 键。如果有1个或几个故障：按 → 键逐一显示各个故障码和它的文字说明。按 → 键。屏幕显示：

```
Test of vehicle systems        HELP
Select function    XX

车辆系统测试                    帮助
选择功能    XX
```

（5）输入 05"清除故障码"，按 Q 键确认。屏幕显示：

Test of vehicle systems	→
Fault memory is erased!	
车辆系统测试	→
故障码已被清除！	

（6）按 → 键。屏幕显示：

Test of vehicle systems	HELP
Select function　XX	
车辆系统测试	帮助
选择功能　XX	

（7）最后断开故障诊断仪的连接电缆。

二、基本设定

基本设定是对发动机控制单元和节气门控制部件进行匹配。如果发动机控制单元被切断电源后，必须进行基本设定。

（1）当发动机不运转时，在基本设定功能可以完成节气门控制部件与发动机控制单元匹配。

当发动机运转时，在基本设定功能可以完成：借助 λ 控制功能的开、闭帮助查找故障；点火正时检查。

发动机运转时必须满足下列条件：

①冷却液温度不低于 80℃。
②测试时，散热风扇不允许转。
③空调关闭。
④其他用电设备关闭。
⑤在故障储存中没有故障存在。

（2）连接故障阅读仪 V. A. G1552 或 V. A. G1551，让发动机怠速运转。选择地址码 01"发动机电子控制系统"。屏幕显示：

Test of vehicle systems	HELP
Select function　XX	
车辆系统测试	帮助
选择功能　XX	

（3）输入 04"基本设定"功能，按 Q 键确认。屏幕显示：

Introduction of basic setting	HELP
Enter display group number XX	
引入基本设定	帮助
输入组别号　　XX	

(4)输入需要显示的组别号,可以参见"读测量数据块"部分。这里用01显示组来举例显示过程,输入01显示组。屏幕显示:

Introduction of basic setting	Q
Enter display group number 01	
引入基本设定	确认
输入组别号　01	

(5)按Q键确认。屏幕显示:

System in basic setting 1			→
1	2	3	4
引入基本设定 1			→
1	2	3	4

(6)如果全部显示区域都在标准范围内,按 → 键。屏幕显示:

Test of vehicle systems	HELP
Select function　XX	
车辆系统测试	帮助
选择功能　XX	

(7)输入06"结束输出"功能,按Q键确认。

三、控制单元编码

如果控制单元编码没有显示或者更换了控制单元之后,都必须对控制单元编码。

(1)连接故障阅读仪 V. A. G1552 或 V. A. G1551,接通点火开关,选择地址码01"发动机电子控制系统"。屏幕显示:

Test of vehicle systems	HELP
Select function　XX	
车辆系统测试	帮助
选择功能　XX	

(2)输入07"控制单元编码"功能,按Q键确认。屏幕显示:

Code control unit	Q
Feed in code number　XXXXX(0-32000)	
控制单元编码	Q
输入编码号码 XXXXX(0-32000)	

(3)输入这种车辆的编码号(手动变速箱车辆编码号为08001),按Q键确认。控制单元的识别内容将显示在 V. A. G1552 故障阅读仪的屏幕上。

（4）关闭点火开关，然后再打开。当点火开关再次打开，新输入的编码将起作用。按 →
键。屏幕显示：

Test of vehicle systems　　　　　　HELP Select function　XX	
车辆系统测试　　　　　　　　　　帮助 选择功能　XX	

（5）输入 06"结束输出"，按 Q 键确认。

四、读取测量数据块（数据流）

在利用故障诊断仪诊断故障时，很多时候必须借助一些数据流，才能找到排除故障的
线索。

1. 数据流分析简述

（1）数据流分析的重要性。在诊断电控发动故障时一般都遵循以下步骤：第一步，判断
故障原因是在电控部分还是在机械部分，使用的办法就是利用诊断仪检查控制单元的自诊
断系统中是否有故障记忆。如果有故障记忆，则可确定故障原因在电控部分；如没有，则可
初步确定故障原因是在机械部分。第二步，根据故障记忆的内容及产生故障原因的相关提
示，去确定系统中的故障部位。这些故障部位大多发生在各类信号传感器、连接导线和接插
件上。第三步，在没有故障记忆或排除了控制系统故障的基础上，按照通常发动机故障的排
除规律，根据发动机的故障现象去确定可能产生故障的部件，即检查各类机械结构部件的工
作状况，像电动燃油泵的供油能力、油路的压力状况、火花塞工作状况、点火线圈工作状况和
气缸压力等。

经过这三步工作，一般应可以解决发动机的故障了。但如果故障依旧——如怠速不良、
抖动严重、怠速冒黑烟、发动机耗油量大、发动机加速不良以及发动机空负荷时只能加速到
3000 r/min 等，使用故障诊断仪往往会发现控制单元中没有故障码，也就是说发动机的自
诊断系统没有发现本系统有故障。这种情况下，就需要利用诊断仪中的数据分析功能，根据
电控系统的一些工作参数来分析造成故障的原因，查找发动机电控系统的故障。

发动机电控系统的工作主要是依据发动机控制单元来控制发动机在各工况的供油量，
供油量的多少必须与发动机的工况相匹配，这种匹配关系必须是控制系统状况与发动机实
际状况相吻合的关系。比如，驾驶人控制节气门位置来要求发动机达到某种工况，这时控制
系统要如实地反映和保证整个系统达到所要求的工况，实际工况对于发动机来说是唯一的，
而控制系统要反映和确定这个唯一的工况需要许多个参数，这些参数还要相互统一，即实际
工况与实际标准参数要有互相对应的关系。例如，发动机在经济负荷上运转时，反映的是部
分负荷工况，那么控制系统中各种反映发动机负荷状态的传感器所提供给控制单元的参数
也是符合发动机在部分负荷状态的数据：转速为 2500r/min，节气门开度为 40%，进气量为
6g/s，喷油脉宽为 4.5ms（校正）。这些发动机负荷状态的参数必须与要求发动机达到的工
况相吻合，如果有一项参数不能达到实际要求数值，例如节气门实际开度已达 40%，但节气
门位置传感器送给控制单元的数据却是 30%，这时相对应的发动机转速也就不能提升到
2500r/min。这种匹配关系是电控装置能否满足驾驶人实际要求的一种对应关系，也是电

控装置能否按照人的意愿工作的基本保证。

（2）标准参数的范围限定。电控单元在控制发动机工作的过程中，它所接受的各种传感器信号是人们给定的一个范围，而电控单元的自诊断系统功能，就是判断这些传感器的信号是否超出了这个范围。只有信号超出规定范围后，自诊断系统才能知道这种信号不能作为控制信号使用，从而确定系统中有故障，也才能有故障记忆，给出故障码。如果信号没有超出给定范围，但却与实际情况有较大的偏差，这种不准确信号仍会使控制单元根据不准确信号控制发动机工作，自诊断系统不能给出故障码，从而造成发动机产生故障现象，这就是控制系统产生无故障码故障的根本原因。

（3）重视并了解阅读数据流中的状态信息。分析无故障码故障时要检查的参数很多，主要有：a. 发动机转速。b. 空气进气量（或进气支管绝对压力值）。c. 点火提前角。d. 喷油脉宽。e. 节气门开度值。f. 充电电压值。g. 冷却液温度值。h. 进气温度值。i. 氧传感器电压值。这些参数可分成3种类型：第1种是基础参数，如发动机转速。第2种是重要参数，如进气量（进气支管压力值）、点火提前角、喷油脉宽和节气门开度值等。第3种是修正参数，如冷却液温度、进气温度和氧传感器信号等。

数据信息的表示方式多种各样，单位也不一样。例如，大众车系节气门的开度使用"％"的形式表达；自动变速器的多功能开关等开关状态信息以8位二进制码表达；发动机的防盗电子工作状态以4组"0"和"1"的数字表示；节气门的基本设置信息有一些特定字符表示其状态等。重视和了解这些数据信息的表达方式和含义，有助于更加全面地了解控制单元的工作状态，以及一些传感器和执行元件的信息。

（4）利用数据流进行故障诊断的方法分析。当发动机在无故障码的情况下出现故障现象时，应首先检查控制系统中传感器实际显示的数据，并与正常值作比较，确定其值是否超出正常范围及偏差的程度。例如：当出现怠速不稳故障时，应首先检查进气参数和供油时间参数，同时要确定氧传感器信号是否正常。如果氧传感器信号不正常，则应先确定氧传感器自身是否损坏。氧传感器信号是控制单元判断混合气比例是否正确的依据，如果氧传感器自身损坏，会给控制单元提供错误信号，从而造成控制单元错误地控制喷油量。例如氧传感器错误地提供一个混合气偏浓的信号，则控制单元会依据这个控制信号减少供油量，从而造成实际混合气浓度偏稀，这时发动机会出现怠速运转不稳现象。如果检查氧传感器正常，而进气量测量信号出现偏差，例如给控制单元提供一个较高的进气信号电压，这时控制单元会控制喷油器喷出较多的燃油以匹配进气信号，从而造成混合气过浓引起怠速不稳的现象，同时发动机油耗增大，这时检查供油时间参数，会发现其值也偏离正常值。

有时测量进气量的传感器自身有故障时，在怠速时不反映出故障现象，只是在发动机加速时，发动机无法高速运转，严重时最高转速仅达3000～4000r/min。造成这种现象的原因是进气量信号电压太低，控制单元仅能接收到较低进气量信号，从而控制发动机在低负荷、低转速条件下运转。其他一些修正信号也会影响发动机的运转，如进气温度信号和冷却液温度信号，这两种温度信号如果出现偏差，如向控制单元提供较低温度信号，则控制单元会控制发动机按暖机工况运行，这时发动机的怠速会出现忽高忽低现象。

当检查控制系统中的信号参数都正常，而发动机仍然有故障表现时，这时应按发动机的基本检查程序进行，如检查点火系统的工作情况（如火花塞状况、高压线的阻值状况），供油压力是否正常，气缸压力是否正常等。

2. 大众车系数据块分析

(1)连接故障阅读仪 V. A. G1552(或 V. A. G1551)让发动机怠速运转。选择地址码 01 "发动机电子控制系统"。

(2)输入 08"读测量数据块"功能,按 Q 键确认。屏幕显示:

Read measuring value block	HELP
Enter display group number	XX
读测量数据块	帮助
输入组别号	XX

(3)输入相关的显示组号,按 Q 键确认。例如输入 00 显示组号,按 Q 键确认。屏幕显示:

Read measuring value block　0	→
1　2　3　4　5　6　7　8　9	10
读测量数据块	→
1　2　3　4　5　6　7　8　9	10

(4)从一个组变到另一个组按表 4-2 方法操作。

表 4-2　显示组切换操作

显示组	V. A. G1552	V. A. G1551
进一组	按↑组	按 3 键
退一组	按↓组	按 1 键
退回重输组号	按 C 键	按 C 键

(5)显示组内容见表 4-3。

表 4-3　显示组一览表

显示组号	屏幕显示	说　明
00 基本功能	Read measuring value block　0 1 2 3 4 5 6 7 8 9 10	1. 冷却液温度 2. 发动机负荷 3. 发动机转速 4. 电瓶电压 5. 节气门角度 6. 怠速空气质量控制值 7. 怠速空气质量测量值 8. 混合气成分控制值(λ控制值) 9. 混合气成分测量值(λ测量值)
01 基本功能	Read measuring value block　1 1　2　3　4	1. 发动机转速 2. 发动机负荷(每转喷射持续时间) 3. 节气门角度 4. 点火提前角

续表 4-3

显示组号	屏幕显示	说　明
02 基本功能	Read measuring value block　2 1　　2　　3　　4	1. 发动机转速 2. 发动机负荷（曲轴每转喷射持续时间） 3. 发动机每循环喷射持续时间 4. 进气质量
03 基本功能	Read measuring value block　3 1　　2　　3　　4	1. 发动机转速 2. 电瓶电压 3. 冷却液温度 4. 进气温度
04 急速稳定	Read measuring value block　4 1　　2　　3　　4	1. 节气门角度 2. 急速空气质量测量值（空挡位置） 3. 急速空气质量测量值（自动变速箱驱动挡） 4. 工作状况 Leerlauf 急速 Tetllast 部分负荷 Vollast 全负荷 Schub 加浓 Anreicherung 超速
05 急速稳定	Read measuring value block　5 1　　2　　3　　4	1. 急速转速（测量值） 2. 急速转速（规定值） 3. 急速控制 4. 进气质量
06 急速稳定	Read measuring value block　6 1　　2　　3　　4	1. 急速转速 2. 急速控制 3. 混合气 λ 控制 4. λ 点火提前角
07 λ 控制和 ACF 阀系统	Read measuring value block　7 1　　2　　3　　4	1. 混合气 λ 控制 2. λ 传感器电压 3. 活性碳罐电磁阀 N80 占空比 4. 油箱净化系统动作时混合气修正因素
08 λ 调节值	Read measuring value block　8 1　　2　　3　　4	1. 发动机每循环喷射持续时间 2. 急速时 λ 调节值 3. 部分负荷时 λ 调节值 4. 油箱净化系统 TE active　　　活性碳罐电磁阀动作 TE not active　　活性碳罐电磁阀关闭 Λ adaption　　　活性碳罐电磁阀关闭 　　　　　　　　λ 调节起作用
09 λ 调节值	Read measuring value block　9 1　　2　　3　　4	1. 发动机转速（测量值） 2. 混合气 λ 控制 3. λ 传感器电压 4. 急速时 λ 调节值

续表 4-3

显示组号	屏幕显示				说　明
10 λ 调节值	Read measuring value block　10 1　　2　　3　　4				1. 活性炭罐电磁阀 N80 占空比 2. 油箱净化系统动作时进混合气修正因素 3. 活性炭罐过滤器充满水平 4. ACF 阀供应空气的比例
11 汽油消耗	Read measuring value block　11 1　　2　　3　　4				1. 发动机转速 2. 发动机负荷(曲轴每转喷射持续时间) 3. 车速 4. 汽油消耗
12 汽油消耗	Read measuring value block　12 1　　2　　3　　4				1. 发动机转速 2. 电瓶电压 3. 汽油消耗 4. 点火提前角
13 爆燃控制	Read measuring value block　13 1　　2　　3　　4				1. 第 1 缸爆燃控制点火滞后角 2. 第 2 缸爆燃控制点火滞后角 3. 第 3 缸爆燃控制点火滞后角 4. 第 4 缸爆燃控制点火滞后角
14 爆燃控制	Read measuring value block　14 1　　2　　3　　4				1. 发动机转速 2. 发动机负荷(曲轴每转喷射持续时间) 3. 第 1 缸爆燃控制点火滞后角 4. 第 2 缸爆燃控制点火滞后角
15 爆燃控制	Read measuring value block　15 1　　2　　3　　4				1. 发动机转速 2. 发动机负荷(曲轴每转喷射持续时间) 3. 第 3 缸爆燃控制点火滞后角 4. 第 4 缸爆燃控制点火滞后角
16 爆燃控制	Read measuring value block　16 1　　2　　3　　4				1. 第 1 缸爆燃传感器信号电压 2. 第 2 缸爆燃传感器信号电压 3. 第 3 缸爆燃传感器信号电压 4. 第 4 缸爆燃传感器信号电压
17 催化转换器加热	Read measuring value block　17 1　　2　　3　　4				1. 发动机转速 2. 发动机负荷(曲轴每转喷射持续时间) 3. 催化转换器加热能量平衡 4. 点火提前角(目前催化转换器未装)
18 海拔高度适配	Read measuring value block　18 1　　2　　3　　4				1. 发动机转速 2. 发动机负荷(没有高度修正) 3. 发动机负荷(有高度修正) 4. 按空气密度来修正的高度修正因素
19 扭矩减小	Read measuring value block　19 1　　2　　3　　4				1. 发动机转速 2. 发动机负荷(曲轴每转喷射持续时间) 3. 变速箱挡位信号 4. 点火提前角

续表 4-3

显示组号	屏幕显示	说　　明
20 工作状态	Read measuring value block　20 1　　2　　　3　　　4	1. 发动机转速 2. 选挡杆位置 3. 空调开关 4. 空调压缩
21 λ控制工作状态	Read measuring value block　21 1　　2　　　3　　　4	1. 发动机转速 2. 发动机负荷(曲轴每转喷射持续时间) 3. 冷却液温度 4. λ控制关闭/打开
23 节气门控制部件	Read measuring value block　23 1　　2　　　3　　　4	1. 节气门控制部件工作状态 2. 节气门定位器最小停止位置 3. 节气门定位器紧急运行停止位置 4. 节气门定位器最大停止位置
24 爆燃控制	Read measuring value block　24 1　　2　　　3　　　4	1. 发动机转速 2. 发动机负荷(曲轴每转喷射持续时间) 3. 点火提前角 4. 第1至第4缸总点火滞后角平均值
98 节气门控制 部件匹配	Read measuring value block　98 1　　2　　　3　　　4	1. 节气门电位计电压 2. 节气门定位电位计电压 3. 工作状态:急速/部分负荷 4. 匹配状态:正在匹配 　　　　　　匹配完成 　　　　　　匹配未完成 　　　　　　匹配错误
99 λ控制	Read measuring value block　99 1　　2　　　3　　　4	1. 发动机转速 2. 冷却液温度 3. 混合气在成分λ控制 4. λ控制关闭/打开

第三节　常见故障诊断

一、间歇性故障诊断

间歇性故障是指受外界因素(如温度、受潮、振动等)影响而有时存在、有时又自动消失的故障。

1. 间歇性故障的模拟检查

由于此类故障无明显的故障现象,诊断比较困难,一般需模拟车主陈述故障出现时的条件和环境,使故障再现,以便根据故障现象查明故障原因。

(1)振动法。电控系统线路接触不良或元件安装不牢固等引发的故障,汽车行驶中由于振动往往会使故障现象时隐时现。如图4-6所示,遇此类故障可使发动机维持怠速运转,在水平和垂直方向摇动线束或线束插接器,用手轻拍装有传感器的部件,观察发动机故障是否再现,如果故障出现,说明摇动的线路或轻拍部位的传感器有故障。

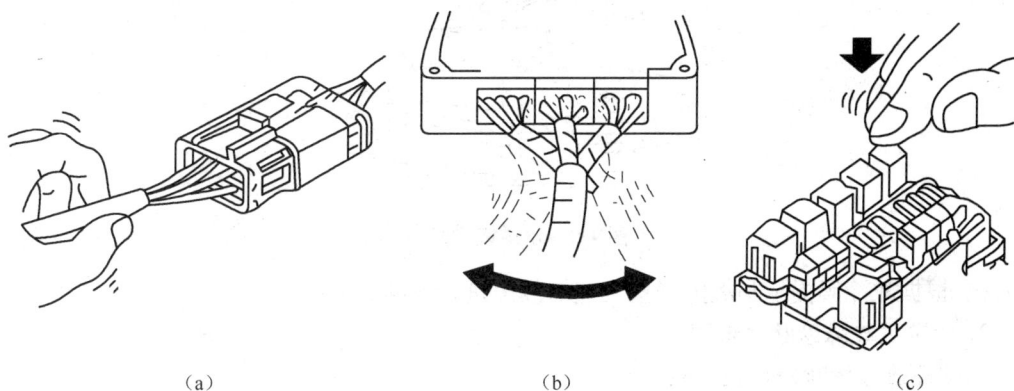

图 4-6　振动模拟试验
(a)轻轻晃动线束　(b)轻轻弯曲线束　(c)轻轻敲击继电器

注意:不能用力拍打继电器,否则可能会造成继电器断路;对传感器进行振动试验时,可用万用表测量其输出信号有无异常变化,以确定该传感器是否有故障。

(2)加热法。如果故障只在热机时出现,可用电吹风加热怀疑有故障的电控系统元件(图 4 7),如果加热某元件时故障再现,说明该元件有故障。

在使用加热法时应注意:

①加热温度不能高于 60℃(温度限制在不致损坏电子器件的范围内)。

②不可直接加热电脑中的零件。

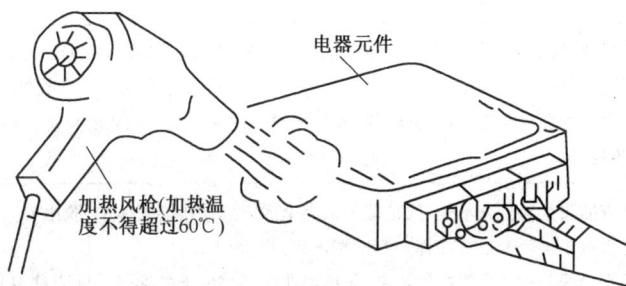

电器元件
加热风枪(加热温度不得超过60℃)

图 4-7　热敏感模拟试验

(3)水淋法。如果故障只在雨天、洗车后或高湿度环境下出现,可用水喷淋车辆使故障再现(图 4-8),以便根据故障现象分析判断故障原因。使用水淋法检查时应注意:

①不可将水直接喷在发动机零部件上,应喷在散热器前面,间接改变温度和湿度。

②不可将水直接喷在电子器件上。

③如果车辆漏水,漏入的水可能浸入电脑,当试验车辆漏水故障时,必须特别注意。

(4)电器全部接通法。当怀疑故障可能是用电负荷过大引起时,可使用此方法。接通所有电子负载,包括加热器鼓风机、前灯、后窗除雾器、空调、音响等,检查是否出现故障。

(5)道路试验法。有些故障只在特定的行驶状态下出现,则必须通过道路试验的方法使故障再现,以便查明故障原因。

间歇性故障一般不会长时间出现,所以在故障诊断时,用上述方法使故障再现后,应抓

图 4-8　水淋模拟试验

住时机,根据故障码提示和故障现象迅速对故障进行诊断。

2. 间歇性故障诊断检查表

间歇性故障诊断检查表见表 4-4。

表 4-4　间歇性故障诊断检查表

检查	操　作
初步检查	(1)在起动发动机前,先进行外观检查 (2)必须在故障出现时,才能用诊断故障代码表确定故障的位置
线束/连接器检测	许多电路因振动、发动机扭矩、撞击,道路不平等引起线束/连接器移动,而容易产生间断性开路和短路。基本检查方法如下: (1)移动相关的连接器和线束,同时监视相应的故障诊断仪数据 (2)移动相关的连接器和线束,用故障诊断仪指令部件打开(和关闭)。观察部件的操作 (3)当发动机运行时,移动相关的连接器和线束,同时监视发动机的操作 如果线束或接头的移动会影响显示的数据、部件/系统操作或发动机的操作,则对线束,连接进行必要的检查和修理
故障诊断仪快检	用故障诊断仪快检可用参数。快检功能记录一定期间内的实时数据。记录的数据可以回放和分析。故障诊断仪还能绘制单参数图和参数组合图,以便进行比较。快检既可在注意到症状时手动触发,也可设置为在诊断故障代码设置时提前触发。记录数据中捕获的异常值,可能指示系统或部件需要进一步检查
电气连接和导线	(1)检查插头是否配合不良,或是端子未完全插入到连接器壳体中(脱出) (2)检查端子是否变形或损坏。测试端子张力是否不足 (3)检查导线与端子是否接触不良,包括卷曲在绝缘体上的端子。该测试需要将端子从连接器壳体上卸下 (4)检查是否出现腐蚀、进水 (5)导线夹紧、切断或擦破 (6)布线不正确,距离高电压、高电流装置,如次级点火部件、电机、发电机等太近。这些部件会在电路中诱发电噪声,干扰电路的正常操作 (7)非制造厂(售后)加装的附件安装不当
故障指示灯间断和无诊断故障代码	(1)因继电器、ECU 驱动的电磁线圈或开关功能失效导致的电气系统干扰。它们可引起强烈的电气波动。通常,当有故障的部件工作时就会出现这样的问题 (2)非制造厂(售后)加装的附件安装不当,如车灯、收音机、电机等 (3)故障指示灯电路对接地间断性短路 (4)ECU 搭铁不良

续表 4-4

检查	操作
存储的诊断故障代码丢失	按如下测试检测诊断故障代码内存是否丢失： (1)断开发动机冷却液温度传感器 (2)起动发动机 (3)用故障诊断仪监视诊断故障代码的状态,观察是否出现故障码 (4)使发动机急速运行,直到故障码出现 (5)关闭点火开关并等待至少 30s (6)打开点火开关 (7)监视故障诊断仪上是否出现诊断故障代码 　即使关闭点火装置至少 30s,ECU 也应保存信息并将该信息保持在存储器中(只要 ECU 蓄电池输入和接地电路不受干扰,信息应被随机储存)。如果未保持诊断故障代码信息,而且 ECU 电源和接地都正常,则 ECU 有故障
附加检查	(1)测试空调压缩机离合器上跨接的二极管和其他二极管是否开路 (2)非制造厂(售后)加装的附件安装不当,如车灯、收音机、电机等 (3)测试发电机整流器是否损坏

二、无故障码故障诊断

无故障码故障是指在汽车使用中,有明显的故障现象,但"故障指示灯"不亮,按规定程序调取故障码时,显示正常码。此类故障的诊断步骤见表 4-5。

表 4-5　无故障码故障诊断步骤

步骤	检查内容	正常时状况	不正常时的处理方法
1	发动机不工作时检查蓄电池电压	不低于 11 V	充电或更换蓄电池
2	盘转发动机检查曲轴能否转动	能转动	按"故障诊断表"诊断
3	起动发动机检查能否起动	能起动	直接转到步骤 7 进行检查
4	检查空气滤清器滤芯是否过脏或损坏	滤芯良好	清洁或更换滤芯
5	检查发动机急速运转情况	急速运转良好	按"故障诊断表"诊断
6	检查发动机点火正时	点火正时准确	调整
7	检查燃油系统压力	压力正常	检查排除燃油系统故障
8	检查火花塞和高压线跳火情况	火花正常	检查排除点火系统故障
9	上述检查是否查明故障原因	查明故障原因	按"故障诊断表"诊断

三、故障诊断表

1. 常见车型故障诊断表

在对电控系统进行故障诊断时,按故障码提示或无故障码时,如果通过基本检查不能查明故障原因,则可根据故障现象按故障诊断表进行检查。

表 4-6 为 L 型电控燃油喷射汽油机故障诊断表,表 4-7 为 D 型电控燃油喷射汽油机故障诊断表。表中给出的数字为检查步骤的顺序,如:故障现象为发动机不能起动,且起动发动机时曲轴不能转动,按故障诊断表诊断故障时,第 1 步应检查起动系统,第 2 步检查防盗ECU,第 3 步检查发动机控制 ECU 电源电路;如果发生故障的汽车没有装防盗系统,则将

第2步检查跳过即可。

表4-6　L型电控燃油喷射汽油机故障诊断表

可能故障部位 \ 故障现象	不能起动			起动困难				怠速不良				性能不良				失速				
（检查顺序）	曲轴不能转动	无着火征兆	燃烧不良	汽油机转动缓慢	常温下起动困难	冷起动困难	热起动困难	基本怠速转速不正确	怠速过高	怠速过低	怠速不稳	汽油机加速不良	进气管回火	排气管放炮	爆燃	起动后失速	踩下节气门踏板后失速	松开节气门踏板后失速	空调工作时失速	由N位挂入D位时失速
开关状态信号电路								1	1	3	1	1		1		1				
点火信号电路		2	5		13							7	6							
氧传感器电路											18									
冷却液温度传感器电路			9		11	9	10				9	17		4	7	6				
进气温度传感器电路					14	10	11						5	8						
空气流量计电路										7	3	2		10		2	2			
节气门位置传感器电路													7	8						
起动机信号电路					1	1	1						6							
爆燃传感器电路															2					
空挡起动开关电路									5	4										1
起动系统	1																			
EFI主继电器电源	3	1						4												
备用电源电路								6	8	13										
喷油器电路		6	6		8	4	5				6	4	3	9	5	4		1		
冷起动喷油器电路			11		12	8	7								16					
怠速控制阀电路		5	7		2	2	2	2	1	2						3			1	2
燃油泵控制电路		3	10		3	3	4				5	9	4	8	11	1		2		
燃油压力控制VSV电路								3												
EGR系统控制电路					10		12				10	5		2		5				
可变电阻器电阻												6	5	3	6					
A/C信号电路					2				3	2									3	2
燃油质量					9		13					15				1	5			
进气管漏气			1				14					14	11	1		4				
空挡起动开关电路																				
点火线圈		2	1		4	5	6					10	7	2						
分电器			3		5	6	8					11	8	3						
火花塞		4	4		6	7	8					12		6	3					
节气门操纵装置												12								
气缸压缩压力			8				7					8								
制动系统故障（发咬）												13								
变速器故障												10								
防盗ECU		2																		
汽油机机械或其他故障		7	12	3	15							19	14	10	12	6				
汽油机控制ECU		8	13		16	11	15	3		7	11	20	15	11	13	7			4	3

表 4-7　D 型电控燃油喷射汽油机故障诊断表

故障现象／检查顺序／可能故障部位	不能起动：曲轴不能转动	不能起动：无着火征兆	不能起动：燃烧不良	起动困难：汽油机转动缓慢	起动困难：常温下起动困难	起动困难：冷起动困难	起动困难：热起动困难	怠速不良：基本怠速转速不正确	怠速不良：怠速过高	怠速不良：怠速过低	怠速不良：怠速不稳	性能不良：汽油机加速不良	性能不良：进气管回火	性能不良：排气管放炮	性能不良：爆燃	失速：起动后失速	失速：踩下节气门踏板后失速	失速：松开节气门踏板后失速	失速：空调工作时失速	失速：由N位挂入D位时失速
开关状态信号电路					9															
点火信号电路		2	5		10						12									
冷却液温度传感器电路			4		4	1	1	2	2	1	2	9	1	1		7				
进气温度传感器电路					11	5	4					10	4	5						
绝对压力传感器电路		5	1							3	10	8	3	3		6	1	2		
节气门位置传感器电路											6	7	2	4			2			
起动机信号电路					2															
爆燃传感器电路															1					
空挡起动开关电路										8										1
A/C信号电路				2						7									1	
燃油压力调节器			3		5	6	5				5	11	5	2		2	4			
燃油泵控制电路		4	8		6	7	6				6	12	6			3				
油管路					7	8	7				7	13	7			4	5			
喷油器及其电路		6	6		13	9	8		9	4	11	14				8	6			
怠速控制阀电路		8	2		3	4	3	3	3	2	8					5				
EFI 主继电器电源		3																1	2	2
节气门减速缓冲器								4	4											
燃油切断系统																				
燃油质量		7			1	3	2					1	3			2	1			
起动机继电器	1																			
空挡起动开关	3																			
起动机	2			1																
火花塞		1			2							3	4			3				
分电器					12								4	5						
节气门操纵装置																				
冷却风扇系统															4					
制动系统故障(发咬)												2								
变速器故障												1								
气缸压缩压力		9	7		8							9	6							
汽油机控制 ECU		10	9		14	10	9	5	10	5	13	15	9	7	7	9	7	3	3	3

2. 桑塔纳 2000GSi 型 AJR 型发动机常见故障诊断表

一般来说各大汽车公司的维修手册都附有故障诊断表,在进行故障诊断时,可按照表中给出的各种故障现象对应的可能故障部位的顺序号依次检查,逐渐排除。表 4-8 为桑塔纳 2000GSi 型 AJR 型发动机电控系统常见故障诊断表。

表 4-8　桑塔纳 2000GSi 型 AJR 型发动机常见故障诊断表

故障现象	可能的故障部位
发动机转不动	蓄电池电压过低;点火开关电路;起动机及继电器电路
发动机能转动但无初始燃烧	低压电路;转速传感器及其电路;点火线圈;霍尔传感器;火花塞;真空泄漏;电动汽油泵继电器;主继电器;汽油泵;燃油压力调节器;油管漏油;喷油器及电路;ECU 及保险丝;气缸压力不正常、正时不对
燃烧不完全	高压线漏电;火花塞;霍尔传感器;爆燃传感器;真空泄漏;空气滤清器堵塞;节气门控制组件怠速定位计;空气流量计;汽油泵;燃油压力调节器;冷却液温度传感器;喷油器;气缸压力、气缸盖密封性
冷起动困难	燃油质量;油管堵塞或漏油;燃油压力调节器;汽油泵;冷却液温度传感器;进气温度传感吕器;喷油器;起动信号电路;点火信号电路;点火线圈;火花塞
热起动困难	真空泄漏;节气门控制组件;冷却液温度传感器;进气温度传感器;燃油压力调节器;喷油器;点火信号电路;点火线圈;火花塞
常温起动困难	汽油泵;燃油压力调节器;喷油器;空气流量计;冷却液温度传感器;霍尔传感器;点火线圈;点火信号电路;火花塞;ECU;配气正时不对;正时齿带;气门关闭不严;气缸垫不密封;活塞环与气缸壁密封不严;火花塞处漏气
开始怠速过高	油门拉索调整不当;冷却液温度传感器;空调开关常开;节气门控制组件;ECU
怠速不稳	燃油压力调节器;喷油器;节气门控制组件;氧传感器;进气温度传感器;冷却液温度传感器;活性炭罐电磁阀;高压分线绝缘;火花塞及插孔漏电;点火信号电路;ECU;气门关闭不严;气缸磨损严重;曲轴箱通风阀
怠速过高	油门拉索失调;节气门控制组件;喷油器;冷却液温度传感器;进气温度传感器;活性炭罐电磁阀;ECU
怠速过低	进气真空泄漏;空气流量计;汽油泵;燃油压力调节器;喷油器;空调开关电路
爆燃	汽油质量;爆燃传感器;火花塞;燃烧室积炭;霍尔传感器;ECU
排气"放炮"("突突"声)	火花塞;高压线漏电;点火线圈;喷油器;燃油压力调节器;节气门控制组件;空气流量计;爆燃传感器;冷却液温度传感器
加速时发抖	点火线圈;高压漏电;霍尔传感器;汽油质量;汽油泵;节气门控制组件;喷油器;曲轴箱通风不良;离合器打滑;变速器轴松旷;气缸磨损过大

四、电控系统元件故障诊断

发动机电控系统不同元件或其电路发生故障时,会产生不同的故障现象。除掌握电控系统元件的结构原理及检修方法外,掌握各元件与发动机故障现象之间的关系,对在故障诊断时开阔思路、迅速查明故障原因,具有十分重要的意义。

1. 主要元件故障规律和故障特征

汽车总是在不同工作条件下高速运动,总有一部分零件不可靠、易损坏或易老化,装配不当、连接不牢靠的插接件都使电控喷射系统发生故障,部分功能失效,造成发动机工作不良或不工作。电控喷射系统的组成元件较多,但各种元件易出现的常见故障却是有规律的,概括起来如下。

(1)发动机电控制单元(ECU)。发动机电控单元工作一般比较可靠,故障率很低。但随着汽车运行里程和使用年限的增长(里程超过15万km,使用年限达到6~8年,尤其运行环境条件恶劣的情况下)也会出现这样或那样的故障,如个别集成块老化、损坏,电阻、电容失效,固定脚螺栓松动及电子元件焊脚接头松脱等,则会引起ECU的控制功能失效或控制系统工作不良,从而造成发动机起动困难、怠速不稳、动力性差、油耗增大及排放超标等故障。

(2)传感器与执行器。传感器种类繁多、结构不尽相同,但大致为热敏电阻式、真空压力式、机械传动式等几种形式。它随时随地监测着发动机的工作状况,并把信号即时输给ECU。传感器的零件损坏,如电阻老化迟钝、真空膜片破损、弹片弹性失效、回位弹簧失效等都将不能及时、准确地反映发动机工况,影响ECU准确及时地获得控制信息,使控制系统工作失常,导致发动机工作不良、性能下降。

空气流量传感器是关键的传感元件,由于空气流量传感器片上所装的微动开关(触点)在碳膜镀层上频繁滑动,久而久之,就会产生沟槽,使电阻值发生变化,从而导致检测的信号不准确,造成发动机工作不正常。此外,传感器转轴上装有预紧度可调的弹簧发条,如调整不当或弹力变差,则会使供油量发生变化和加油滞后,造成发动机加速不良。此故障可通过在起动时,拆下汽油滤清器进油接头,看是否泵油来确定。

若节气门位置传感器失调,就不能保证正确的点火提前角和混合气空燃比。节气门位置传感器应精确地调整至规定的电压读数,若调整过低,由于废气再循环系统没有及时提供足够的废气,加速时就要发生爆燃;若调整过高,由于废气再循环系统反应过快,提供的废气过多,使动力降低。

如冷却液温度传感器发生故障,发动机会出现怠速不稳、缺火、熄火或耗油增加等现象,应使用万用表,按厂家规定检测冷却液传感器在各种工作温度时的电阻值。

(3)电磁阀。电磁阀故障是指用电磁线圈脉冲控制的阀门闭合故障。电磁喷油阀、怠速控制电磁阀、点火装置的电磁线圈等的工作好坏,将直接影响汽车的喷油、点火、怠速、起动等工作的正常完成。

电磁喷油器由一组电磁线圈、衔铁开关、喷油针和阀座组成。由于它们工作频率很高(如发动机转速6000r/min时,则每分钟反复接通断开3000次或6000次),时间一长,有时候会因为电磁线圈工作不良、针阀卡死不喷油,造成汽油雾化不良或不雾化,使发动机工作不良或不能工作。如果汽车在运行1万~1.5万km时发现此故障,则可重点检查喷油器和火花塞的工作状况。当冷起动困难时,要重点检查喷油器的工作情况以及有关的连接电路,因为冷起动时喷油器工作不良或不工作,直接影响起动加浓作用。

(4)电动燃油泵。电动燃油泵在无油工作或油质太差时工作,会造成电动燃油泵磨损或损坏。另外,电动燃油泵受空气流量传感器上的微动开关控制,若开关工作不良,动作迟缓,会造成油泵供油不足,影响汽车起动和加速性能。

(5)油压调节器。油压调节器的作用是使燃油压力相对于进气管负压的压差经常保持恒定,从而使喷油量仅根据喷油电磁阀的通电时间确定。如果油压调节器的真空膜片损坏,或真空软管漏气,都会造成压力调节器的回油量失调,使发动机的喷油量不准确,发动机工作不良。

(6)点火线圈。正确的点火时刻和足够的点火电压是保证发动机正常工作的重要条件，当装配好基本点火正时，每一转速工况下的最佳点火时刻由 ECU 自动控制，而点火电压则和点火线圈的性能有关。一般点火线圈常见故障如线圈绕组短路、断路或搭铁，会导致不产生高压电；另外点火线圈绝缘层材料老化，绝缘性能变差，点火线圈漏电，则使电火花弱，点火能量不够，以致引起怠速不稳、间断熄火和不能着火等。遇到这种故障必须检查点火线圈的电阻和绝缘，性能是否符合要求，不符合就要更换。

(7)火花塞。火花塞承受高温、高压、冷热高频交变冲刷、燃油废气的侵蚀等，加上工作环境恶劣，随着运行里程的增加，其性能会逐渐变坏，产生电极烧损、积炭、积油等问题。所以，火花塞必须按不同车型所规定的使用寿命准时更换，同时禁止在电控发动机上装用化油器式发动机的火花塞，并且按资料规定调整好电极的跳火间隙。

(8)接插件。电控系统传感器、执行元件的插接件很多，常因老化或多次拆卸导致接头松动或接触不良，造成许多控制信号传递不良，导致发动机不能正常工作，时好时坏。例如电子控制单元的接头接触不良，空气流量传感器插接件中的电动输油泵电路开关接头接触不良，会导致发动机起动不正常；还有发动机因为电控喷油阀的电源插接线脱落而造成气缸不工作。

接触不良可能是由插接器端子氧化锈蚀、污物进入端子或插接器插头与插座之间接触压力过小所致。把插接器分开后，对其进行检查、清洁、打磨和修整后再重新插上，可能会恢复正常接触。如果在进行故障诊断时，检查配线和插接器均正常，将插接器插回原位后检查，故障消失，则故障有可能是由配线和插接器接触不良所致。

经验证明，凡是控制系统中工作时好时坏的故障，绝大多数是接触不良引起的。因此在拆装电控系统的元件时，注意不可弄坏连线，并插牢接插件。由故障码指出某传感器信号不良时，注意检查传感器的连线和插接件是否连接良好。有时故障码的含义是传感器故障，而实际上是传感器的连线或插接件出了问题。

(9)连线。断路故障主要由导线折断、插接器接触不良、插接器端子被拔出等造成。检查线路断路故障时，应先脱开 ECU 和相应传感器的插接器，然后测量插接器相应端子间的电阻以确定是否断路或接触不良。一般导线中间折断的情况很少见，大多是在连接处断开，因此尤其应仔细检查传感器和插接器连接处的导线。

短路故障主要由电气配线与车身搭铁，或者由开关内部短路所致。检查电气配线与车身之间是否短路时，应检查有无导线卡在车身内，有无导线与车身车架摩擦使其绝缘层磨损漏电。检查导线是否有搭铁短路故障时，应拆开线路两端的插接器，然后测量插接器被测端子与车身搭铁之间的电阻值，电阻值大于 $1\ M\Omega$ 为合格。

(10)高低压线路。线路接头、插座连接牢固才能保证接触可靠，传递信息准确。由于发动机本身运转时的振动和汽车在不平路面上运行时的震动，会引起高低压线路接触不良，必须经常检查。此外，就是高压线是否损伤，是否漏电都是产生常见故障的原因。

(11)气、油、水管路。长期运行中发动机的振动和工作环境侵蚀，会使管路密封不严，如胶管老化、管口破裂、卡子松弛等，造成漏油、漏水、漏气、漏真空的故障，结果会导致混合气过稀，从而使发动机起动困难，怠速运转不稳，加速无力。甚至还会造成润滑、冷却系统工作失常，发生因冷却、润滑不良的机械事故。

(12)空气、汽油滤清器。空气滤清器堵塞造成空气进气量减少，使混合气相应变浓。汽油滤清器堵塞不通畅,会造成混合气过稀,致使起动困难,转速不平稳,发动机运转无力。

2. 主要元件故障与发动机故障表现之间的对应关系

主要元件故障与发动机故障表现之间的对应关系见表4-9。

表 4-9　电控系统主要元件故障与发动机故障表现之间的对应关系

元件名称		故 障 现 象
电控单元(ECU)		发动机无法起动;发动机工作不良、性能失常
点火线圈		无高压火花;高压火花强度不足;发动机无法起动
点火控制器		无高压火花;高压火花强度不足;发动机起动困难
空气流量传感器(L型)		发动机起动困难;怠速不稳;发动机动力不足,加速不良;发动机易爆燃;发动机油耗增大
进气支管绝对压力传感器		发动机起动困难;怠速不稳;发动机动力不足,加速不良;发动机油耗增加
大气压力传感器		发动机怠速不稳;发动机工作不良
节气门位置传感器	可变电阻式	发动机起动困难;怠速不稳易熄火;发动机工作不良,加速性差;发动机动力性下降
	触点开关式	发动机起动困难;怠速不稳、无怠速、易熄火;发动机动力性差,爬坡无力,不能进行减速断油控制
进气温度传感器		怠速不稳,易熄火;起动困难;发动机性能不佳,混合气过浓,油耗过大
冷却液温度传感器		起动困难,特别是冷起动;怠速不稳,易熄火;发动机性能不佳
怠速控制电动机		起动困难;怠速不稳,易熄火;怠速过高;发动机易失速
怠速电动机位置传感器		怠速不稳;易熄火,起动困难;加速不良
氧传感器		怠速不稳;油耗量大;排放高
曲轴箱通风阀(PCV阀)		发动机不易起动;无怠速或怠速不稳;加速无力、油耗增加
废气再循环阀(EGR)		发动机温度过高;发动机不易起动;发动机无力、油耗量大;易爆燃;加速不良;NO_x排放量高;减速熄火
废气再循环阀位置传感器		怠速不稳,易熄火;NO_x排放量高;发动机性能不佳
活性炭罐电磁阀		发动机性能不佳;怠速不良;空燃比不正确
爆燃传感器		发动机易爆燃,特别是加速时爆燃明显;点火正时不准,发动机工作不良
点火信号发生器	磁感应式	发动机无法起动;发动机工作不良,运转无力;怠速不稳,间歇性熄火;发动机不易起动;点火高压较低
	霍尔式	
	光电式	
曲轴位置传感器		发动机无法起动或起动困难;加速不良,怠速不稳;间歇性熄火
电动燃油泵		发动机起动困难或无法起动;发动机工作不良,运转不稳,发动机运转中有"打嗝"现象;喷油器不喷油;发动机运转无力,汽车加速性差
燃油滤清器		发动机起动困难或无法起动;发动机起动后熄火或运转中熄火;发动机运转无力,汽车加速性差
燃油压力调节器		发动机起动困难或无法起动;发动机加速无力,高速性能差
喷油器		发动机工作不稳;发动机加速无力,动力性差
冷起动喷油器		怠速不良;发动机起动困难,冬季尤为严重

第四节 典型故障诊断方法

一、发动机不能起动,且无着车征兆

1. 故障现象

接通起动开关时,起动机能带动发动机正常转动,但发动机不能发动,且无着车征兆。

2. 故障原因

(1)油箱中无油。

(2)起动时节气门全开。

(3)电动燃油泵不工作。

(4)喷油器不工作。

(5)油路压力过低。

(6)点火系统故障。

(7)发动机气缸压缩压力过低。

3. 故障诊断

故障诊断排除可按图 4-9 所示的流程进行。

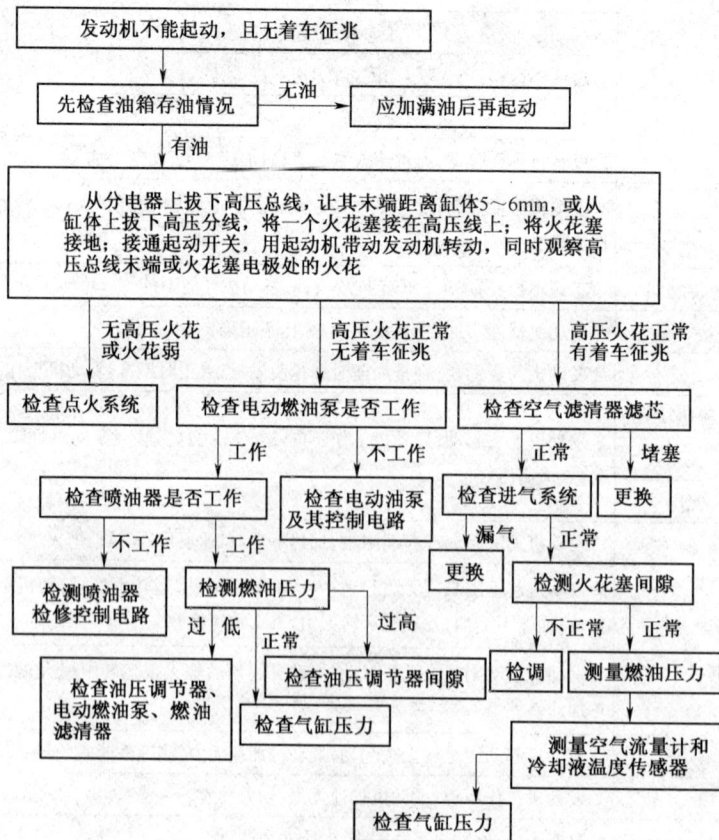

图 4-9 发动机不起动,且无着车征兆故障诊断排除

4. 说明

(1)对于不能起动的故障,一般应先检查油箱存油情况。打开点火开关,若燃油表指针不动或油量警告灯亮,则说明油箱内无油,应加满油后再起动。

(2)应采用正确的起动操作方法。通常电子控制燃油喷射式发动机的起动控制系统要求在起动时不踩加速踏板。如果在起动时将加速踏板完全踩下或反复踩加速踏板以求增加供油量,往往会使控制系统的溢油消除功能起作用,从而导致喷油器不喷油,造成不能起动。

(3)检查点火系统。导致发动机不能起动的最常见原因是点火系统不能点火。因此,在做进一步的检查之前,应先排除点火系统的故障。

如果高压无火花或火花很弱,说明点火系统有故障。可先进行发动机故障自诊断,检查有无故障码。现代电控燃油喷射式发动机的故障自诊断系统通常能检测出点火系统中的曲轴位置传感器(点火信号发生器)及点火器的故障。如有故障码,则可按显示的故障码查找故障部位;如无故障码,则应分别检查点火系统中的高压线、分电器盖、高压线圈、点火器、分电器、曲轴位置传感器及点火控制系统。点火系统最容易损坏的零件是点火器,应重点检查。

(4)检查电动燃油泵的工作。电动燃油泵不工作也是造成发动机不能起动的最常见原因之一。用一根导线将电动燃油泵的两个检测插孔短接,然后打开点火开关,此时应能从油箱口处听到燃油泵运转的声音;或用手捏住进油管时能感觉到进油管的油压脉动;或拆下油压调节器上的回油管,应有汽油流出。如果电动燃油泵不工作,应检查熔断器、油泵继电器及电动燃油泵控制电路等。如果电路正常,则说明电动燃油泵有故障,应更换。

(5)检查喷油器是否喷油。在起动发动机时,检查各喷油器有无工作的声音。如果喷油器不工作,可用一个大阻抗的试灯接在喷油器的线束插头上。如果在起动发动机时试灯能闪亮,说明喷油控制系统工作正常,喷油器有故障,应更换。

如果试灯不闪亮,则说明喷油控制系统或控制线路有故障。对此,应检查喷油器电源熔断器有无烧断,喷油器降压电阻有无烧断,喷油器与电源之间的接线是否良好,计算机的电源继电器与计算机之间的接线是否良好。如果外部电路均正常,则可能是计算机内部有故障,可用计算机故障检测仪或采用测量计算机各接脚电压的方法来检测计算机有无故障;也可以用一个好的计算机换上试一下,如能起动,可确定为计算机故障,应更换。

(6)检查燃油系统压力。燃油系统油压过低会造成喷油量太少,也会导致不能起动。在电动燃油泵运转时检查燃油系统油压。在发动机未运转的状态下正常燃油压力应达到300kPa左右。如果燃油压力过低可用钳子包上软布,将油压调节器的回油管夹住,阻断回油通路。

若燃油压力迅速上升,说明是油压调节器漏油,造成油压过低,应更换油压调节器;若油压力上升缓慢或基本不上升,则说明油路堵塞或电动燃油泵有故障,应先拆检燃油滤清器。如燃油滤清器堵塞,应更换;如滤清器良好,则应更换电动燃油泵。

(7)检查气缸压缩压力。若上述检查均为正常,则应进一步检查发动机气缸压缩压力。若气缸压缩压力低于 0.81MPa,则说明发动机机械部分有故障,应进一步拆检发动机本体。

二、发动机不能起动,但有着车征兆

1. 故障现象

起动发动机时,起动机能带动发动机正常转动,有轻微着车征兆,但不能起动。

2. 故障原因

(1)进气管有漏气。

(2)点火提前角不正确。

(3)高压火花太弱。

(4)冷起动喷油器不工作。

(5)燃油压力太低。

(6)冷却液温度传感器有故障。

(7)空气滤清器堵塞。

(8)空气流量计有故障。

(9)喷油器漏油。

(10)喷油控制系统有故障。

(11)气缸压力太低。

3. 故障诊断

有着车征兆而不能起动,说明点火系统、燃油喷射系统和控制系统虽然工作失常,但并没有完全丧失功能。这种不能起动故障的原因主要是高压火花太弱或点火正时不正确、混合气太稀、混合气太浓、气缸压力太低等。一般先检查点火系统,然后再检查进气系统、燃油系统、控制系统,最后检查发动机气缸压力。其诊断排除按图 4-10 所示的程序进行。

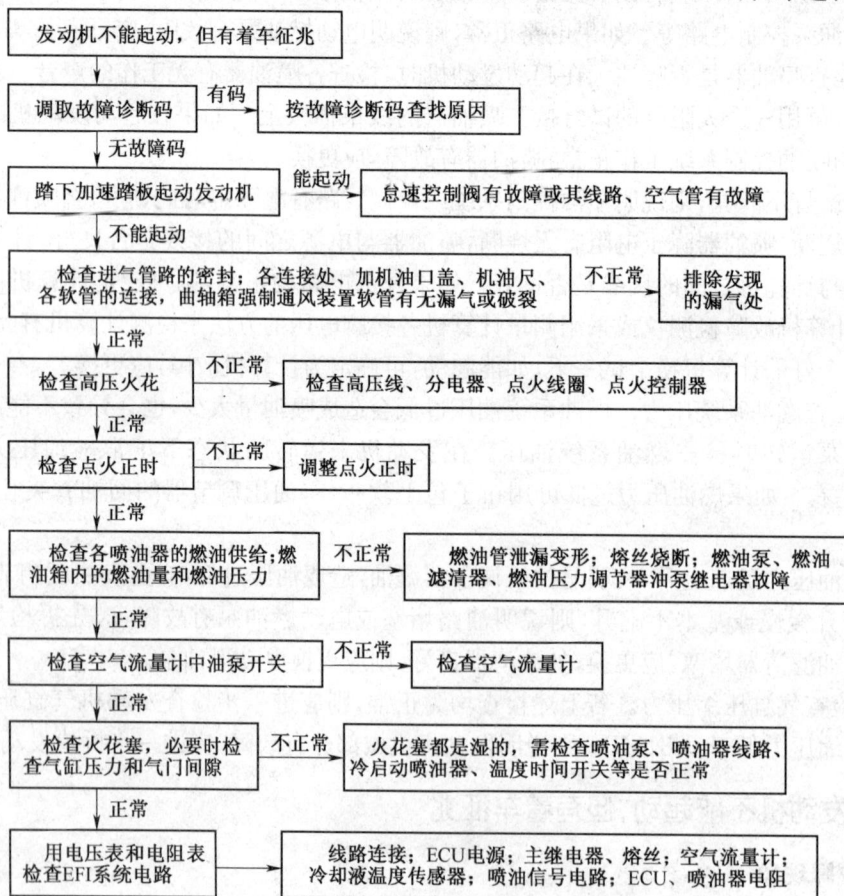

发动机不能起动,但有着车征兆

调取故障诊断码 → 有码 → 按故障诊断码查找原因

↓ 无故障码

踏下加速踏板起动发动机 → 能起动 → 怠速控制阀有故障或其线路、空气管有故障

↓ 不能起动

检查进气管路的密封;各连接处、加机油口盖、机油尺、各软管的连接,曲轴箱强制通风装置软管有无漏气或破裂 → 不正常 → 排除发现的漏气处

↓ 正常

检查高压火花 → 不正常 → 检查高压线、分电器、点火线圈、点火控制器

↓ 正常

检查点火正时 → 不正常 → 调整点火正时

↓ 正常

检查各喷油器的燃油供给;燃油箱内的燃油量和燃油压力 → 不正常 → 燃油管泄漏变形;熔丝烧断;燃油泵、燃油滤清器、燃油压力调节器油泵继电器故障

↓ 正常

检查空气流量计中油泵开关 → 不正常 → 检查空气流量计

↓ 正常

检查火花塞,必要时检查气缸压力和气门间隙 → 不正常 → 火花塞都是湿的,需检查喷油泵、喷油器线路、冷启动喷油器、温度时间开关等是否正常

↓ 正常

用电压表和电阻表检查EFI系统电路 → 线路连接;ECU电源;主继电器、熔丝;空气流量计;冷却液温度传感器;喷油信号电路;ECU、喷油器电阻

图 4-10　发动机不能起动,但有着车征兆诊断排除

4. 说明

(1)先进行故障自诊断,检查有无故障码。如有故障码,则可按显示的故障码查找相应的故障原因。必须指出的是,所显示出的故障码不一定都与发动机不能起动有关系,有些故障码是发动机在由以往的运行过程中的偶发性故障所留下的,有些故障码所表示的故障则不会影响发动机的起动性能。会影响起动性能的部件有:曲轴位置传感器、冷却液温度传感器、空气流量计等。

(2)检查高压火花。除了检查分电器高压总线上的高压火花是否正常外,还要进一步检查各缸高压分线上的高压火花是否正常。若高压总线火花太弱,应更换高压线圈;若总线火花正常而分线火花较弱或断火,说明分电器盖或分火头漏电,应更换。

(3)检查空气滤清器。如果滤芯过脏堵塞,可拆掉滤芯后再起动发动机。如能正常起动,则应更换滤芯。

(4)检查进气系统有无漏气。采用空气流量计测量进气量的燃油喷射系统,只要在空气流量计之后的进气管道有漏气就会影响进气量计量的准确性,从而使混合气变稀。严重的漏气会导致发动机不能起动。检查中应仔细查看空气流量计之后的进气软管有无破裂,各处接头卡箍有无松脱,谐振腔有无破裂,曲轴箱通风软管是否接好。

此外,燃油蒸发回收系统和废气再循环系统在起动及怠速运转中是不工作的。如因某种原因而使他们在起动时就进入工作状态,也会影响起动性能。将燃油蒸发回收软管或废气再循环管道堵塞住,再起动发动机。如在这种状态下发动机能正常起动,说明该系统有故障,应认真检查。

(5)检查火花塞。火花塞间隙太大也会影响起动性能。火花塞正常间隙一般为0.8mm,有些高能量的电子点火系统火花塞间隙较大,可达1.2mm。如火花塞间隙太大,应按车型维修手册所示标准值进行调整。

(6)如果火花塞表面只有少量潮湿的汽油,说明喷油器喷油量太少。对此,应先检查起动时电动燃油泵是否工作。可用一根导线将电动燃油泵的两个检测插孔短接,再起动发动机。如果能起动,则说明电动燃油泵在起动时不工作,应检查控制电路。如果电动燃油泵工作而不能起动,应进一步检查燃油压力,如果燃油压力太低,应检查燃油滤清器、油压调节器及燃油泵有无故障。

(7)如果火花塞表面有大量潮湿汽油,说明气缸中已出现"呛油"现象,这也会造成发动机不能起动。对此,可拆下所有火花塞,将其烤干,再让气缸中的汽油全部挥发掉,然后装上火花塞重新起动。如果仍会出现"呛油"现象,应拆卸喷油器,检查喷油器有无漏油。

(8)喷油量太大或太小也可能是空气流量计或冷却液温度传感器故障所致。如出现这种情况,应对照车型维修手册中的有关数据测量这两个传感器。

(9)调整点火正时。如果将点火提前角调大或调小后就能起动,则说明点火正时不正确,对此,应将点火正时调整准确。

(10)检查冷起动喷油器。拔下冷起动喷油器线束插头,用试灯或电压表测量。在起动时,线束插头内应有电压。如无电压,应检查冷起动喷油器控制电路。

(11)检查气缸压缩压力。若低于0.8MPa,则说明气缸压力过低,需拆检发动机。

三、发动机怠速不稳,易熄火

发动机怠速不稳是电控燃油喷射发动机最常见的故障之一。

1. 故障现象

发动机起动正常,但无论冷车或热车,怠速均不稳、转速过低,易熄火。

2. 故障原因

(1)进气系统漏气。

(2)燃油压力太低。

(3)空气滤清器滤芯堵塞。

(4)喷油器漏油或堵塞。

(5)空气流量计故障。

(6)怠速控制阀或附加空气阀工作不良。

(7)怠速调整不当。

(8)气缸压缩压力太低。

3. 故障诊断

发动机怠速不稳,易熄火的故障诊断按图 4-11 所示的程序进行。

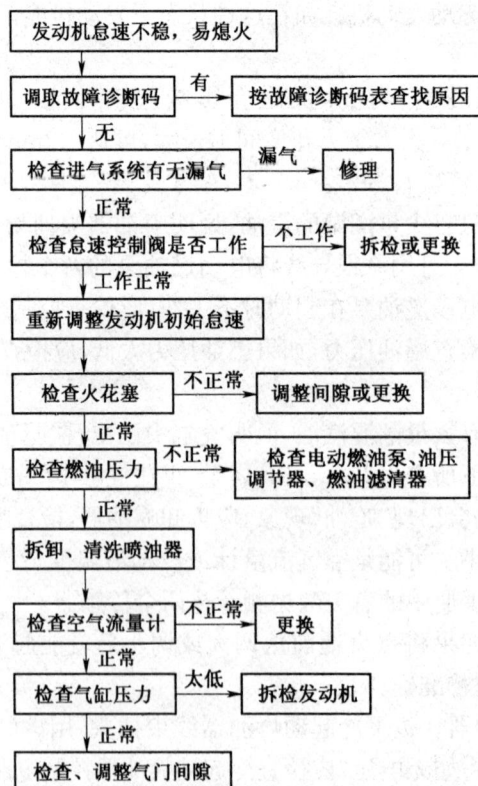

图 4-11　发动机怠速不稳,易熄火的故障诊断程序

4. 说明

(1)检查怠速控制阀。拔下怠速控制阀的接线插头或者在冷车怠速运转时将附加空气阀进气软管用钳子夹住。如果发动机转速无变化,说明怠速控制阀或控制电路有故障,应检修或更换。

(2)检查系统有无漏气。检查各软管、各真空管接头,及废气再循环系统和燃油蒸发回收系统。

(3)怠速时逐个拔下各缸高压线,如某缸在拔下高压线时,发动机转速基本不变,说明该缸工作不良或不工作,应检查该缸火花塞、喷油器或控制电路。

(4)如果各缸喷油器工作声音不均匀,说明各缸喷油不均匀,应拆检、清洗或更换。

(5)检查燃油压力。用一根导线将电动燃油泵的两个检测插孔短接,然后打开点火开关,让电动燃油泵怠速运转。在这种状态下,燃油压力应达 250kPa 左右。

四、发动机动力不足,加速不良

1. 故障现象

发动机运转不平稳,怠速时尤甚,运转无力,加速困难,油耗增加,排气管发出有节奏的"突突"声,有时伴有回火、放炮现象;节气门突然开大加速时,发动机转速不能及时升高,反而下降、熄火,并伴有爆燃声、排气管"突突"回火声。

2. 故障原因

(1)点火过迟、高压火弱。

(2)汽油质量差、汽油压力不足。

(3)喷油器工作不良、油压调节器损坏。

(4)空气滤清器脏堵、三元催化转换器或排气消声器堵塞。

(5)进气系统漏气。

(6)EGR 系统工作不正常。

(7)氧传感器、爆燃传感器、节气门位置传感器、曲轴位置传感器及凸轮轴位置传感器信号失准。

(8)空气流量计、进气压力传感器信号不良。

(9)进排气门密封不良,气缸压力过低。

(10)个别缸不工作。

(11)ECU 有故障。

3. 故障诊断

发动机动力不足的故障诊断按图 4-12 所示的程序进行。

图 4-12 中内容：

```
发动机动力不足
    ↓
发动机故障灯是否常亮 ──是──→ 读取故障码 ──有码──→ 按故障码提示排除
    ↓否                                            电子控制系统故障
观察发动机故障征兆 ←──无码──┘
```

主要分支：

发动机各种转速下工作不良
- 排气管是否发出有节奏的"突突"声
  - 是 → 是否伴随有回火"放炮"现象
    - 是 → 正时失准 ①
    - 否 → 个别缸不工作 ②
      - 曲轴、凸轮轴位置传感器、爆燃传感器及线路是否正常
        - 否 → 更换
        - 是 → 调整正时或更换ECU
      - 用单缸断油法诊断出故障缸
        - 检查此缸火花塞、高压线并检测气缸压力，排除机械故障
  - 否 → 汽油压力是否正常
    - 否 → 检查油压调节器是否正常
      - 否 → 检修、更换油泵 → 更换
      - 是 → 检查进气系统是否堵塞或严重漏气
    - 是 → 喷油器及雾化质量是否正常
      - 是 → 清洗或更换喷油器 ③
      - 否 → 更换ECU

发动机加速不良
- 检查点火正时
  - 过迟 → 曲轴、凸轮轴位置传感器、爆燃传感器及控制线路是否正常
    - 是 → 更换传感器
  - 正常 → 有无爆燃现象
    - 有 → 汽油牌号过低，更换汽油，清洗油泵
    - 无 → 接③

进气管回火
- 检查进气支管、真空管是否严重漏气
  - 是 → 排除
  - 否 → 点火正时是否正常
    - 否 → 接①
    - 是 → 汽油压力及喷雾质量是否正常
      - 否 → 排除供油系统故障
      - 是 → 检查进气门是否关闭不严 → 排除故障
        - 拆检缸盖，检查火花塞、燃烧室是否积炭过多，形成不良点火

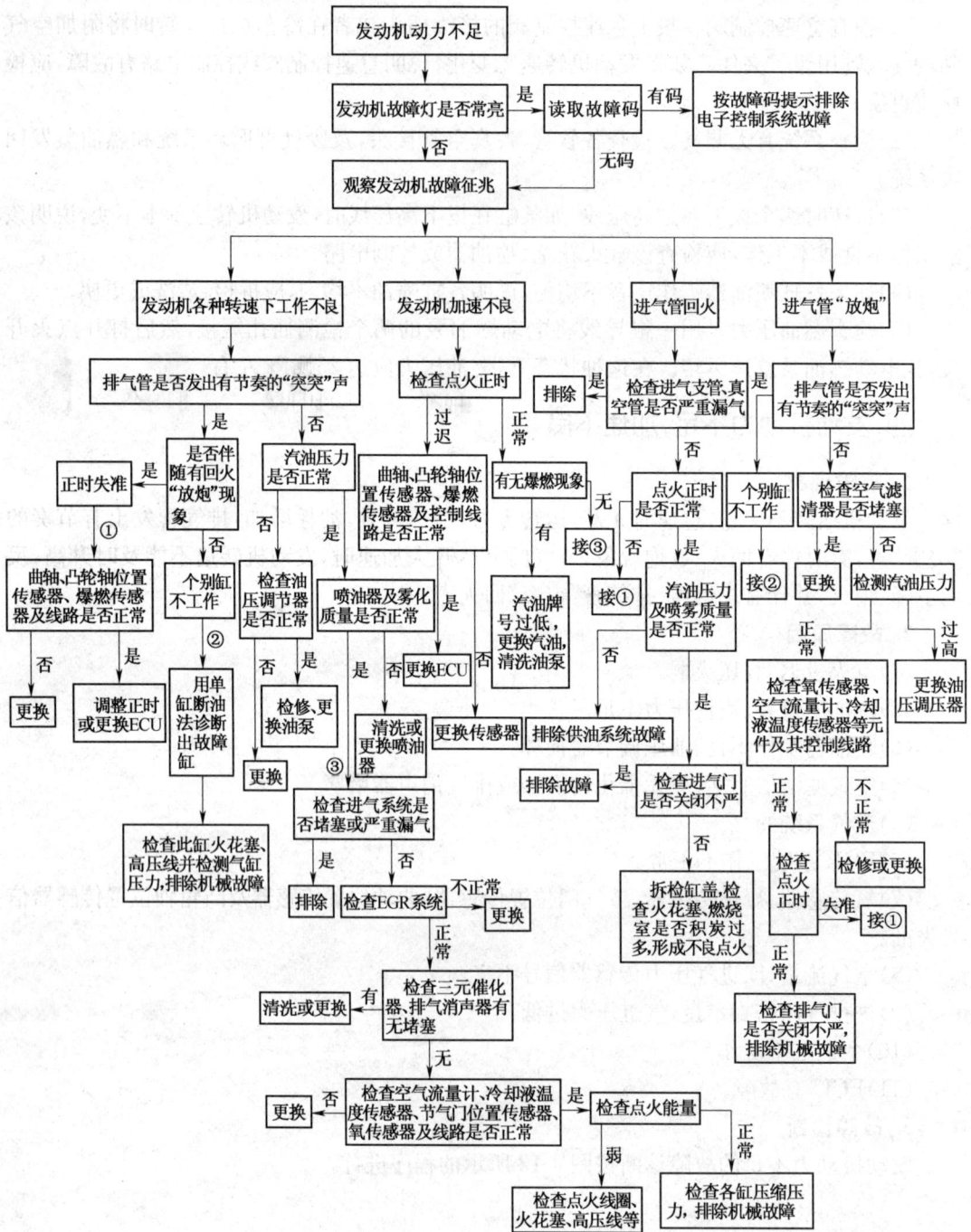

进气管"放炮"
- 排气管是否发出有节奏的"突突"声
  - 是 → 个别缸不工作 → 更换
  - 否 → 检查空气滤清器是否堵塞
    - 是 → 更换
    - 否 → 检测汽油压力
      - 正常 → 检查氧传感器、空气流量计、冷却液温度传感器等元件及其控制线路
      - 过高 → 更换油压调压器
        - 正常 → 检查点火正时
          - 失准 → 接①
          - 正常 → 检查排气门是否关闭不严，排除机械故障
        - 不正常 → 检修或更换
```

下部流程：
```
检查进气系统是否堵塞或严重漏气
  - 是 → 排除
  - 否 → 检查EGR系统
    - 不正常 → 更换
    - 正常 → 检查三元催化器、排气消声器有无堵塞
      - 有 → 清洗或更换
      - 无 → 检查空气流量计、冷却液温度传感器、节气门位置传感器、氧传感器及线路是否正常
        - 否 → 更换
        - 是 → 检查点火能量
          - 弱 → 检查点火线圈、火花塞、高压线等
          - 正常 → 检查各缸压缩压力，排除机械故障
```

**图 4-12　发动机动力不足的故障诊断程序**
```

第五章　发动机维护与调整

第一节　发动机冷却系统维护

一、冷却液泄漏的检查

为防止灼伤,在发动机和散热器总成仍很热时,不要拆下散热器盖分总成。热膨胀可能导致热冷却液和蒸气从散热器总成中喷出。

(1)向散热器总成内加注冷却液,然后连接散热器盖检测仪,如图 5-1 所示。

(2)用加压手柄向冷却系统施加 118kPa,然后检查压力是否没有下降。如果压力下降,则检查软管、散热器总成和水泵总成是否泄漏;如果外部无冷却液泄漏的迹象,则检查散热器芯、气缸体和盖。

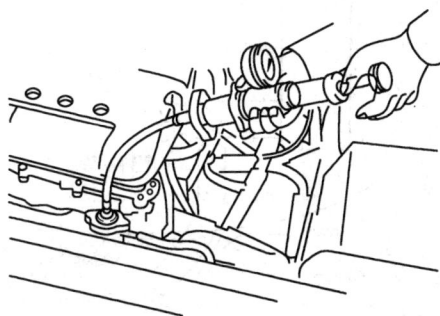

图 5-1　冷却液泄漏检查

二、检查与更换冷却液

1. 检查膨胀水箱(又称储液罐)冷却液液位

发动机冷机时,冷却液应在膨胀水箱上外侧 LOW 和 FULL 线间,如图 5-2a 所示。如果低于 LOW 线,则检查有无泄漏并添加该车型指定品牌的防冻液至 FULL 线。注意:不要用水代替发动机冷却液。有的膨胀水箱上外侧标记的是 MAX(最高)和 MIN(最低)标记,如图 5-2b 所示。凯越(1.6L)轿车(手动变速器车型)的冷却液加注量应为 7.0L。

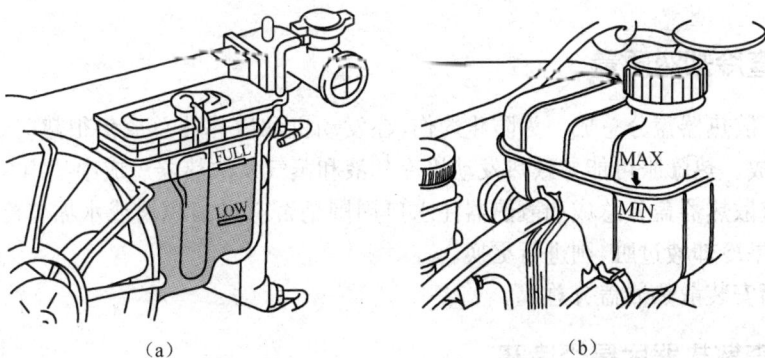

(a)　　　　　　　　　　(b)

图 5-2　冷却液液位的检查
(a)LOW 和 FULL 标记　(b)MAX 和 MIN 标记

2. 更换冷却液

(1)排空发动机冷却液。注意：为防止灼伤，在发动机和散热器总成仍很热时，不要拆下散热器盖分总成。热膨胀可能导致热发动机冷却液和蒸气从散热器总成中喷出。将塑料软管安装到散热器排水阀上如图 5-3 所示。松开散热器放水螺塞。拆下散热器盖总成。松开放水螺塞，然后排空冷却液。上述各件位置如图 5-4 所示。

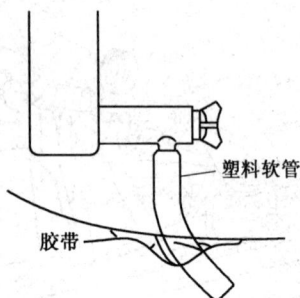

图 5-3　塑料软管安装位置

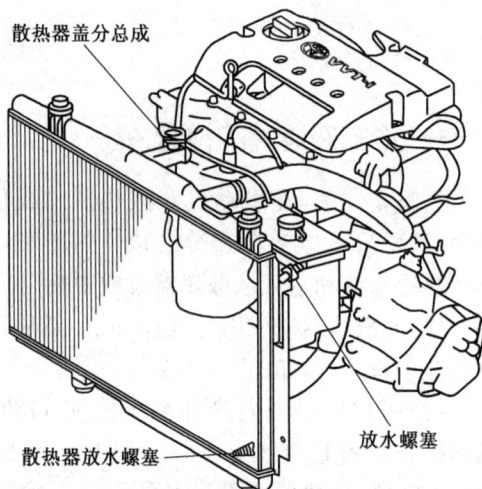

图 5-4　丰田威驰轿车排水阀位置图

(2)添加发动机冷却液。拧紧放水螺塞和散热器放水螺塞，力矩：30N·m。断开塑料软管。将发动机冷却液注入散热器总成内，直到其溢出。用手捏住散热器进水和出水软管数次，检查散热器总成内的发动机冷却液液位。如果发动机冷却液液位下降，则添加发动机冷却液。安装散热器盖分总成。将发动机冷却液缓慢注入散热器膨胀水箱中，直到冷却液液位到 FULL 线。

预热发动机，直到冷却风扇运转。停止发动机并等至冷却液冷却。检查膨胀水箱中冷却液的液位。如果液位低于 FULL 线，则再次进行补充加注直到发动机冷却液液位保持在FULL 线。

三、检查冷却液质量

(1)拆下散热器盖分总成。为防止灼伤，在发动机和散热器总成仍很热时，不要拆下散热器盖分总成。热膨胀可能导致热发动机冷却液和蒸气从散热器总成中喷出。

(2)检查散热器盖分总成和散热器注水口周围是否有过多积锈或水垢。冷却液中应没有机油。如果冷却液过脏，则进行更换。

(3)重新安装散热器盖分总成。

四、检查散热器片是否堵塞

如果散热器片堵塞，则用水或蒸气清洁器清洁，并用压缩空气吹干。注意：为避免损坏散热器片，喷射方向应与散热器芯表面保持一定角度，如图 5-5 所示。

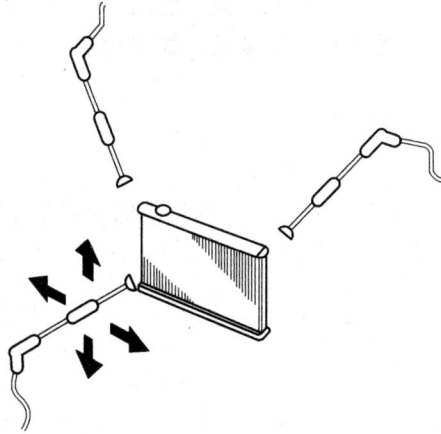

图5-5　散热器片总成的清洁

如果蒸汽清洁器离散热器芯过近,则可能损坏散热器片,因此应保持一定的喷射距离见表5-1。如果散热器片弯曲,则用螺钉旋具或钳子校直。

表5-1　喷射压力与喷射距离对应表

喷射压力(kPa)	喷射距离(mm)
2.942~4.903	300
4.903~7.845	500

五、冷却风扇系统的就车检查

(1)低温时(低于83℃),检查冷却风扇是否运转。将点火开关扭至ON(IG)且关闭空调开关,检查冷却风扇运转是否停止。如果未停止,则检查冷却风扇继电器和发动机冷却液温度传感器,并确认两者之间是否断路。

断开发动机冷却液温度传感器插接器,检查冷却风扇是否运转。如果未运转,则检查熔丝、冷却风扇到ECM电路和冷却风扇本身,并确认冷却风扇继电器和发动机冷却液温度传感器间是否短路。重新连接发动机冷却液温度传感器插接器。

(2)高温时(高于93℃),检查冷却风扇是否运转。起动发动机并关闭空调开关,然后将发动机冷却液温度升高至93℃以上。注意:发动机冷却液温度由出水口的发动机冷却温度传感器来检测。检查冷却风扇是否运转。如果未运转,则更换发动机冷却液温度传感器。

(3)检查冷却风扇电动机。断开冷却风扇电动机插接器。将冷却风扇插接器连接到蓄电池,并检查风扇电动机是否平稳运转。用电流表测量端子间的电流。标准电流为5.8~7.4A(12V时)。连接冷却风扇电动机插接器。

第二节　发动机润滑系统维护

丰田威驰轿车润滑系统零件位置如图5-6所示。

一、检查机油质量

在机油使用过程中,由于杂质污染、燃油稀释、高温氧化、添加剂消耗或性能丧失等原因,其品质会逐渐变坏。在外观上,还表现为颜色变黑、黏度下降。

检查机油是否变质、进水、颜色不正或过稀。如果机油质量过差,则更换机油和机油滤清器。

二、检查机油压力

(1)断开机油压力开关连接器。用24mm的长套筒扳手拆下机油压力开关。

(2)安装机油压力表。如图5-7所示。

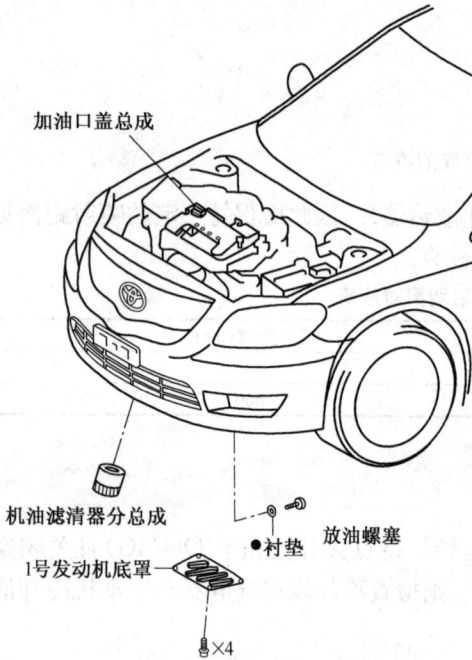

图5-6　丰田威驰轿车润滑系统零件位置

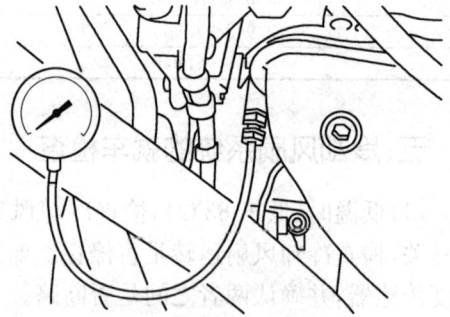

图5-7　机油压力表的连接

(3)起动发动机并暖机。

(4)检查机油压力。如果油压不符合规定,则检查机油泵。桑塔纳轿车机油压力标准值见表5-2。

表5-2　机油压力标准值

发动机转速(r/min)	机油压力(kPa)
700	49
3000	206

(5)拆下机油压力表。

(6)安装机油压力开关。在机油压力开关的2个或3个螺纹上涂抹粘合剂。安装机油压力开关并至少等待1h以使粘合剂干燥。力矩:15N·m。连接插接器。

(7)起动发动机并检查机油是否泄漏。

三、发动机机油液面高度的检查

（1）起动发动机并怠速运转 3～5min（冷却水温度达到 60℃～70℃），停止发动机运转 2～3min。

（2）拔出机油尺用抹布擦拭后，重新将机油尺完全插入，再次拔出机油尺观察，如图 5-8 所示。如果机油处于上限（MAX 或 F 标记）、下限（MIN 或 L 标记）之间（图 5-9），说明不缺少机油；如果机油在下限左右，应添加机油接近上限。

（a）　　　　　　　　　　　（b）

图 5-8　检查机油液面高度

（a）先擦拭　（b）再观察

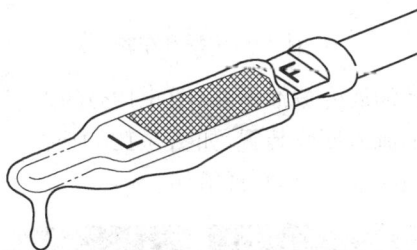

图 5-9　液面接近上限

四、发动机机油及机油滤清器的更换

（1）起动发动机，并保持怠速运转 3～5min。当水温表指示达到 60℃～70℃时，关闭点火开关，停止发动机运转。

（2）用棉纱擦净机油加注口盖周围，旋下加注口盖，如图 5-10 所示。

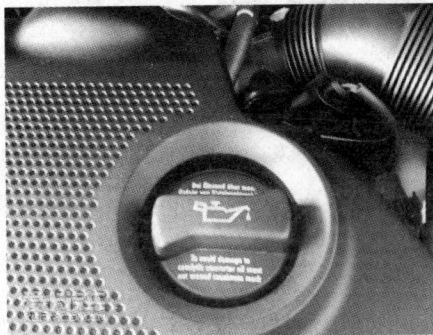

图 5-10　旋下机油加注口盖

　　(3)举升车辆。调整举升机提升臂的角度和长度，使4个提升臂托垫对正汽车底部的举升支撑点。操纵举升机，将汽车升到适当高度(图5-11)。确认汽车可靠固定在提升臂上后，方可进入车下作业。

　　注意：汽车举升前，卸下承载物；汽车举升时，车内不得有乘员，并关闭好车门；汽车举升中，严禁车下站人或穿梭，不得晃动车辆。

图 5-11　举升车辆

　　(4)将机油回收装置放在油底壳放油螺塞(图5-12a)的正下方，拧松放油螺塞，然后用手缓缓旋出放油螺塞，让废机油流入回收装置，如图5-12b所示。

　　注意：不要让机油溅出回收盆，并小心被烫伤。

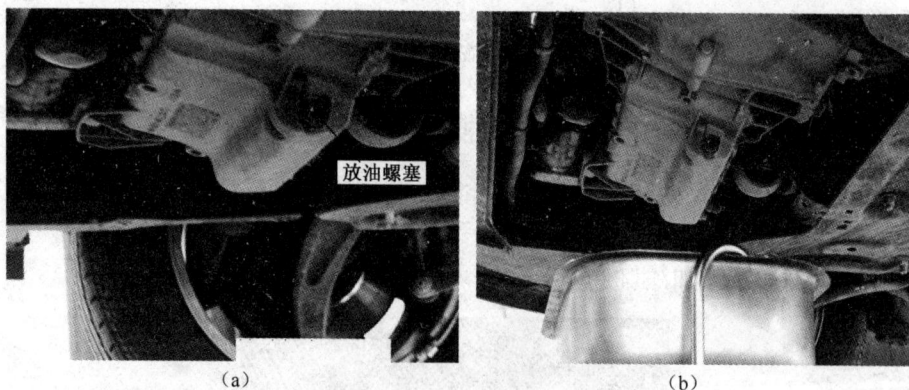

(a)　　　　　　　　　　　　　　　　　　(b)

图 5-12　放出机油

(a)放油螺塞　(b)放置机油回收装置

　　(5)如图5-13所示，用机油滤清器专用扳手拆下机油滤清器，将残存在机油滤清器的机油倒入回收盆中，如图5-14所示。

　　(6)检查并清洁机油滤清器的安装面。

　　(7)在新的机油滤清器O形圈上涂抹一薄层干净的机油，如图5-15所示。若不涂机油，安装时密封圈与接合面发生干摩擦，密封圈易翘曲和损坏，造成密封不良而漏油。先用手拧入机油滤清器,然后用专用扳手将机油滤清器拧至规定力矩7～8N·m。

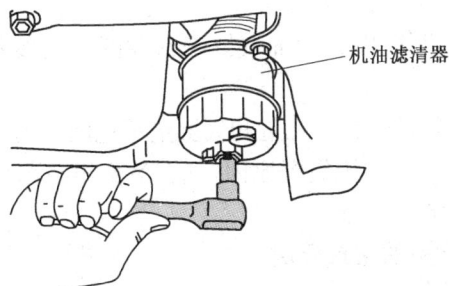

图5-13　拆下机油滤清器

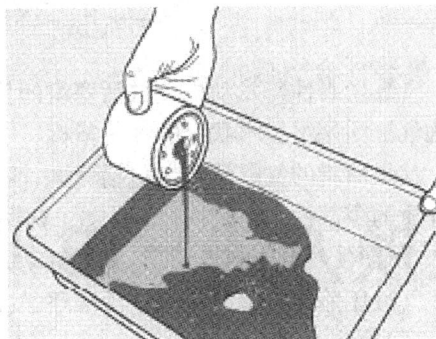

图5-14　将残存机油倒入回收盆

(8)检查放油螺塞垫片是否损坏(图5-16),如有断裂应进行更换。用棉纱擦净放油螺塞上吸附的金属屑。先用手拧入放油螺塞,然后用梅花扳手将放油螺塞拧至规定力矩35N·m。

图5-15　在新的机油滤清器O形圈上涂抹机油

图5-16　检查放油螺塞垫片

(9)操纵举升机,将汽车平稳降至地面。

(10)加注机油(可利用漏斗),如图5-17所示。当加注量接近油桶容量(4L)的3/4时,停止加注机油。2～3min后,拔出机油尺,擦净机油尺后重新将其插入到位,再次拔出机油尺,机油液面高度应位于机油尺上、下限之间。边检查液面高度,边加注机油,但不允许液面高于机油尺上限。

(11)检查机油液面高度,液面偏上限为正常,偏下限应添加适量机油,高于上限就放出适量机油。

(12)预热发动机并检查机油是否泄漏。如有泄漏部位,应及时检查排除。

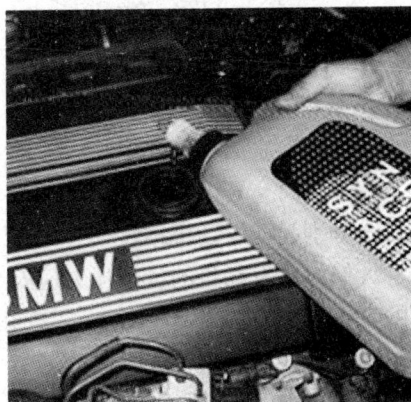

图5-17　机油的加注

第三节　气缸压缩压力检查

　　气缸密封性与发动机气缸活塞组的技术状况直接相关,因而气缸密封性的检测参数可作为气缸活塞组技术状况的评价指标。

　　这里所指的气缸活塞组包括气缸、活塞、活塞环、气门、气缸盖和气缸垫等包围发动机工作介质的零部件。在使用过程中,由于磨损、烧蚀、结胶、积炭等原因,气缸活塞组技术状况变坏,从而使气缸密封性不良,发动机动力性和经济性下降。

　　气缸压缩压力检测是检查活塞环、气门及燃烧室的密封质量。

　　(1)预热并停止发动机。

　　(2)拆下发动机罩盖。

　　(3)将点火系统的正极与初级点火线圈断开,使其不起作用,并将其他电线用电工胶带绝缘,使其不能与接地线接触。对无分电器的点火系统,拆下 4 个点火线圈,如图 5-18 所示。

　　(4)拆下 4 个火花塞,并用空气枪吹掉其凹坑内所有的尘土。

　　(5)将发动机的燃油泵关掉使其不起作用或断开 4 个喷油器连接器。注意:在进行气缸压缩压力检查时,若喷射系统不停止工作,燃料喷射发动机喷出的燃料会进入气缸。若燃料蒸气从火花塞孔喷出,可能会导致严重的爆炸,造成人身伤害。

　　(6)检查气缸压缩压力,如图 5-19 所示。

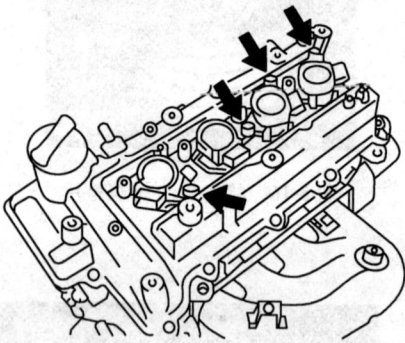

图 5-18　点火线圈的拆装

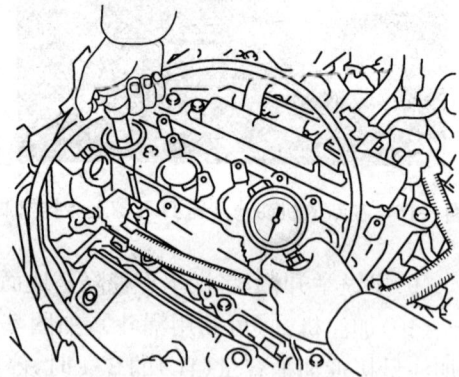

图 5-19　气缸压力表连接

　　①将压力表插入火花塞孔。

　　②节气门全开。

　　③分别起动发动机运转 3~5s,记录各个气缸的压缩压力。

　　大修竣工发动机的气缸压力应符合原设计规定,汽油机各缸压差应不超过各缸平均压力的 8%,柴油机应不超过 10%。在用车气缸压力不得低于原设计的 25%。下面为丰田威驰汽车标准技术数据。

　　压缩压力:1470kPa;

　　最小压力:1078kPa;

　　各气缸相差:147kPa 或更小。

④如果气缸的压缩压力低,则从火花塞孔向气缸内注入少量发动机机油,然后再次检查。如果添加机油后压力升高,则活塞环和气缸孔可能磨损或损坏。如果压力仍然较低,则可能是气门卡住或就位不当,或者是衬垫漏气。

第四节 进气系统真空度检查

利用真空表(图 5-20)对发动机进气支管真空度进行检测,并通过真空表数值对发动机故障进行分析和诊断是一种行之有效的方法。

利用真空表检测进气支管真空度的方法,可以对发动机因机械部分(如气缸盖、气缸垫、气缸体、活塞、活塞环、气门、气门座、气门导管、气门弹簧、液压气门挺杆、节气门体衬垫、进气支管垫)和喷油器密封圈以及各真空管路的密封不良造成的发动机故障进行有效的检测。同时,还可对因发动机点火正时、配气相位和可燃气体混合比不正确所产生的故障进行检

图 5-20 汽车真空表

测。另外,还能检测到废气再循环系统(EGR)和曲轴强制通风装置的密封性不良所造成的故障。

1. 利用真空表检测发动机进气支管真空度的机理

对于汽油发动机来讲,在运转过程中由于进气行程的作用,在进气支管中就会产生真空度。这个真空度是由各缸交替处于进气行程时造成的。如果该数值较高且真空表指针表现也较稳定,反映到发动机的工作中就是平稳、有力、加速性良好。但由于现代汽车发动机在结构上存在着很大差异,所以,进气支管真空度的大小及其稳定性与发动机的结构及性能(进气系统密封性、发动机转速、气缸的数量等)、点火系统的工作性能、可燃混合气的品质(空燃比的大小)有着密切的联系,并与它们的变化成正比关系。另外,进气支管真空度还受到节气门开度的影响,并与其成反比。根据这个原理,利用真空表对进气支管真空度进行检测并分析故障成因就成了一种可行的方法。

2. 用真空表对进气支管真空度进行检测的方法

用真空表检测发动机进气支管真空度的数值大小非常简单:

(1)把真空表接于节气门的后方。

(2)起动发动机,在正常的状态下进行怠速运转,即可从真空表中获取其真空数值。

(3)如果随意改变节气门的开度(急加速或急减速)就会获取真空度的变化值,根据这些数值的变化,就可分析和判断发动机存在的故障。

3. 用真空表读数分析发动机故障的方法

在不同的发动机转速下,可检测到不同数值的进气支管真空度。就大多数汽油发动机而言,在正常怠速状态下运转时,如果各系统均工作正常,则真空表指针应稳定在 64~

71kPa 之间,如果在迅速开闭节气门时,真空表指针应在 7～85kPa 之间灵敏摆动,这时表明进气支管真空度对节气门开度的随动性较好。同时,也说明发动机各系统(特别是进气系统的密封性)工作良好。假如发动机存在故障(特别是机械故障中的密封性变差)就会出现与上述数值不同的进气支管真空度,这时表明发动机存在故障。

第五节　发动机正时齿带与 V 形带调整

一、发动机正时齿带及 V 形带的拆卸

正时齿带及 V 形带的拆卸,如图 5-21 所示,具体步骤如下:

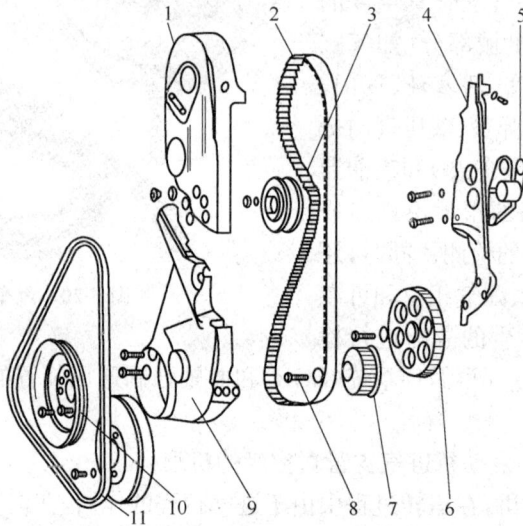

图 5-21　正时齿带和 V 形带等零件的分解图

1. 正时齿带上护罩　2. 正时齿带　3. 正时齿带张紧轮　4. 正时齿带后护罩　5. 塞盖　6. 中间轴正时齿带轮　7. 曲轴正时齿带轮　8. 曲轴正时齿带轮紧固螺栓(拧紧力矩 80N·m)　9. 正时齿带下护罩　10. 曲轴 V 形带轮　11. V 形带

(1)旋松发电机支承臂的紧固螺栓,拆下发动机上的水泵 V 形带。

(2)拆下水泵 V 形带轮,拆下曲轴 V 形带轮。两种带轮的紧固螺栓的拧紧力矩均为 20N·m。

(3)拆下正时齿带上护罩,再拆下正时齿带下护罩。

(4)旋松正时齿带张紧轮紧固螺栓,转动张紧轮的偏心轴,使正时齿带松弛,取下正时齿带。

(5)拆下曲轴正时齿带轮,拆下中间轴正时齿带轮。

(6)拆下正时齿带后护罩。

二、发动机正时齿带及 V 形带的安装与调整

正时齿带及 V 形带安装,如图 5-22 所示,按拆卸相反的步骤进行。但应注意以下几点:

(1)将正时齿带套在曲轴和中间轴正时齿带轮上。

（2）用一只螺栓固定曲轴V形带轮，注意V形带轮的定位。

（3）使凸轮轴正时齿带轮上的标记与气门罩盖平面对齐，如图5-23所示。

注意：在转动凸轮轴时，曲轴不可位于上止点位置，以防气门可能碰坏活塞顶部。

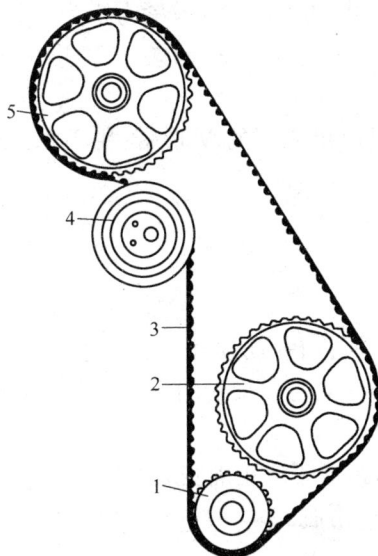

图5-22　正时齿带的安装示意图

1. 曲轴正时齿带轮　2. 中间轴正时齿带轮
3. 正时齿带　4. 张紧轮　5. 凸轮轴正时齿带轮

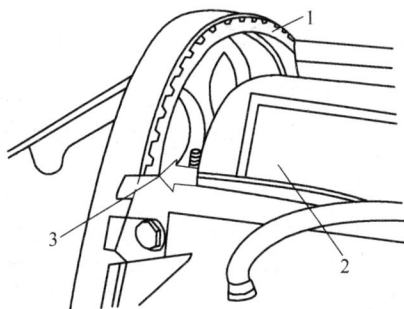

图5-23　凸轮轴正时齿带轮标记
与气门罩盖平面对齐

1. 凸轮轴正时齿带轮
2. 气门罩盖　3. 对齐记号

（4）使曲轴V形带轮上的上止点记号和中间轴正时齿带轮上的记号对齐，如图5-24所示。

（5）将正时齿带装到凸轮轴正时齿带轮上。

（6）按图5-25箭头方向转动张紧轮，以张紧正时齿带。

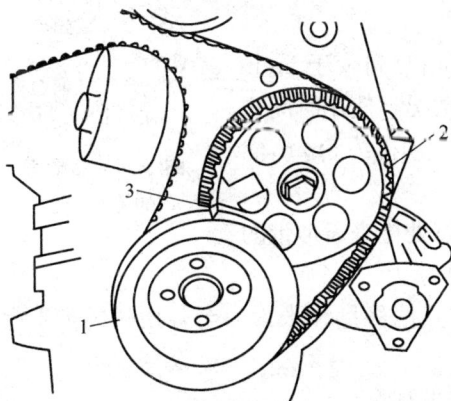

图5-24　对齐中间轴正时齿带轮上的标记

1. 曲轴V形带轮　2. 中间轴齿轮　3. 对齐记号

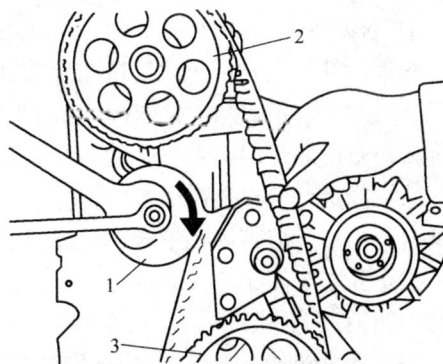

图5-25　调整正时齿带张紧度

1. 张紧轮　2. 凸轮轴正时齿带轮
3. 中间轴正时齿带轮

（7）用拇指和食指捏住凸轮轴正时齿带轮和中间轴正时齿带轮之间的正时齿带中间，刚好可以转 90°为合适,如图 5-25 所示。

(8)拧紧张紧轮的紧固螺母,拧紧力矩为 45N·m。

(9)把曲轴转动两圈,检查调整是否正确。

(10)拆下曲轴的 V 形带轮,装上正时齿带上防护罩,其紧固螺栓拧紧力矩为 10N·m。

(11)装上正时齿带下防护罩,其紧固螺栓拧紧力矩为 10N·m,装上 V 形带轮和 V 形带。

(12)检查 V 形带的张紧度,用拇指按下水泵与发电机之间的 V 形带,用 100N 力可按压下 10~15mm 为宜。

(13)检查点火正时,必要时进行调整。

三、齿形带的检查(车上检查)

(1)如图 5-26 所示,目视检查齿形带是否过度磨损、加强筋损坏等。如果发现任何损坏,则更换齿形带。注意:齿形带的带棱侧出现一些裂纹是可以接受的。如果齿形带棱上有脱落,则更换齿形带。

(2)如图 5-27 所示,安装好齿形带后,检查并确认齿形带应正确安装在楔形槽中。用手检查,以确认齿形带没有从曲轴齿形带轮底部的凹槽中滑脱。

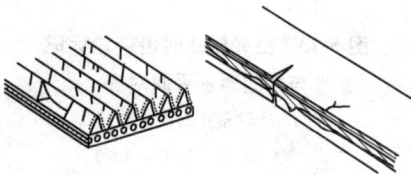

图 5-26 齿形带的检查(1)

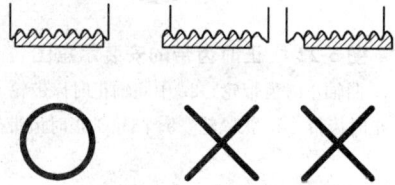

图 5-27 齿形带的检查(2)

(3)如图 5-28 所示,检查齿形带的偏移量和张紧力。新齿形带的偏移量:7.5~8.6mm;用过的齿形带偏移量:8.0~10.0mm。新齿形带的张紧力:637~735N;用过的齿形带张紧力:392~588N。

(4)注意事项。

①"新齿形带"是指在发动机运转的情况下使用时间少于 5min 的齿形带。"用过的齿形带"是指在发动机运转的情况下使用时间长达 5min 或以上的齿形带。安装新齿形带后,运转发动机约 5min,然后重新检查齿形带偏移量和张紧力。

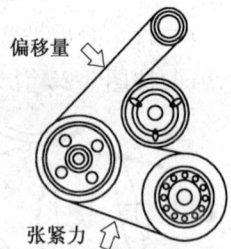

图 5-28 齿形带的检查(3)

②在规定点处检查齿形带的偏移量。在规定点处检查齿形带的张紧力。检查齿形带偏移量时,向其施加 98N 的张紧力。

③重新安装使用超过 5min 的齿形带时,调整其偏移量和张紧力至各用过的齿形带规格的中间值。

④发动机转动 2 圈后,应检查齿形带张紧力和偏移量。

⑤使用齿形带张力计时,首先用基准仪表确认其精确度。

第六章　底盘结构与维修

第一节　底盘组成及总体构造

一、底盘的基本组成

汽车底盘由传动系统、行驶系统、转向系统和制动系统等四大系统组成,其功用为接受发动机的动力,使汽车运动并保证汽车能够按照驾驶人的操纵而正常行驶。如图 6-1 所示为常见货车的底盘结构图。

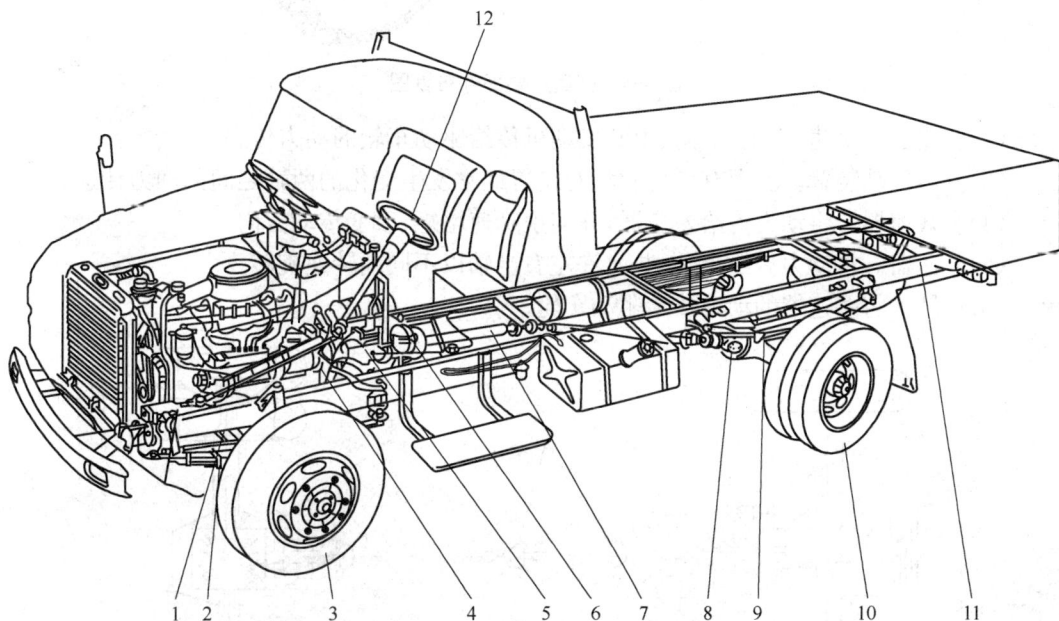

图 6-1　货车底盘结构

1. 前轴　2. 前悬架　3. 前轮　4. 离合器　5. 变速器　6. 驻车制动器　7. 传动轴　8. 驱动桥
9. 后悬架　10. 后轮　11. 车架　12. 转向盘

如图 6-2 所示为轿车的底盘主要部件布置图。

二、底盘的总体构造

1. 传动系统

汽车传动系统是指从发动机到驱动车轮之间所有动力传递装置的总称。传动系统的功用是将发动机的动力传给驱动车轮。

典型汽车传动系统的结构如图 6-3 所示。传动系统主要部件的功用如下:

(1)离合器。保证变速器换挡平顺,必要时中断发动机的动力传递。

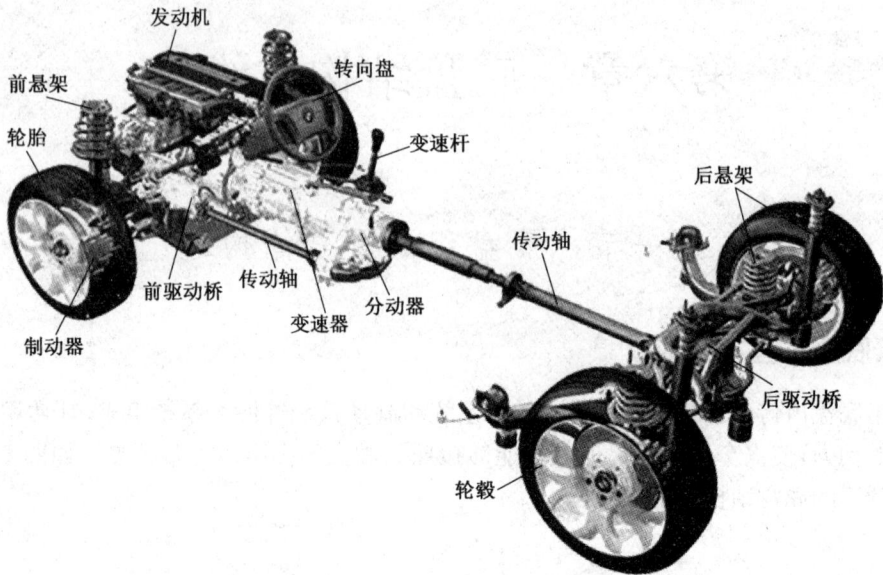

图6-2 底盘主要部件布置图

（2）变速器。变速、变矩、变向、中断发动机传给驱动车轮的动力传递。

（3）万向传动装置。实现有夹角和相对位置经常发生变化的两轴之间的动力传递。

（4）主减速器。将动力传给差速器，并实现降速增矩、改变传动方向。

（5）差速器。将动力传给半轴，并允许左右半轴以不同的转速旋转。

（6）半轴。将差速器的动力传给驱动车轮。

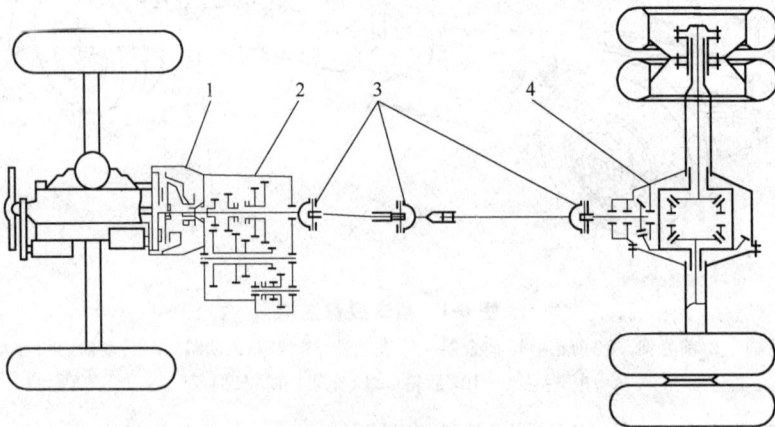

图6-3 传动系统的结构

1. 离合器　2. 变速器　3. 万向传动装置　4. 驱动桥

2. 行驶系统

汽车行驶系统的功用是支承、安装汽车的各零部件总成，传递和承受车上、车下各种载荷的作用，以保证汽车的正常行驶。行驶系统主要由车架（车身）、车桥、悬架、车轮等组成，如图6-4所示。

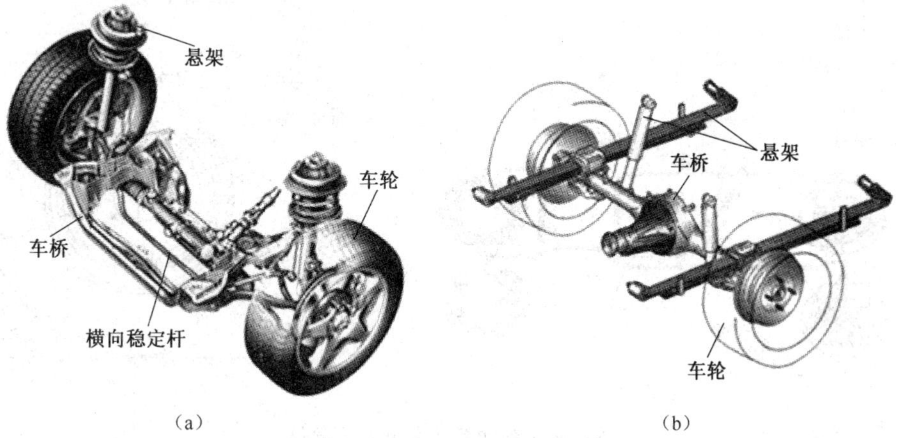

图 6-4　行驶系统结构
(a)轿车行驶系统　　(b)货车行驶系统

3. 转向系统

转向系统的功用是保证汽车能够按照驾驶人选定的方向行驶,主要由转向操纵机构(包括转向盘、转向轴等)、转向器、转向传动机构(包括转向横拉杆、转向节臂、转向节、转向轮等)组成,如图 6-5 所示。现在的汽车普遍采用动力转向装置。

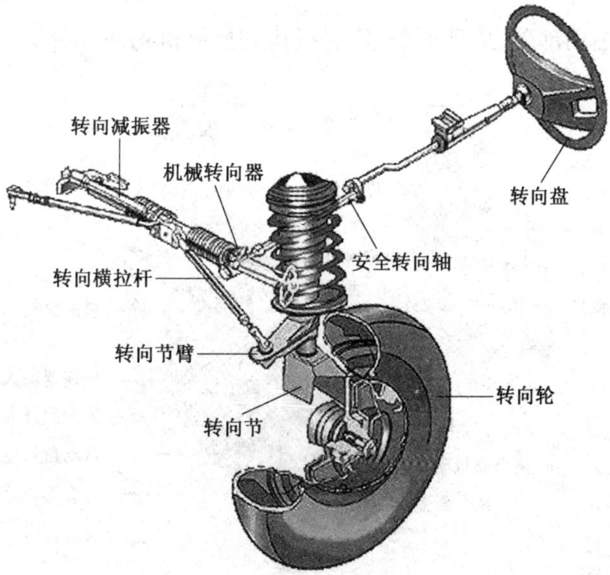

图 6-5　转向系统的结构

4. 制动系统

制动系统的功用是使汽车减速、停车并能保证可靠地驻停。汽车制动系统一般包括行车制动系统和驻车制动系统等两套相互独立的制动系统,每套制动系统都包括制动器和制动传动机构。现在汽车的行车制动系统都普遍装有制动防抱死系统(ABS)。制动系统基本组成示意图如图 6-6 所示。

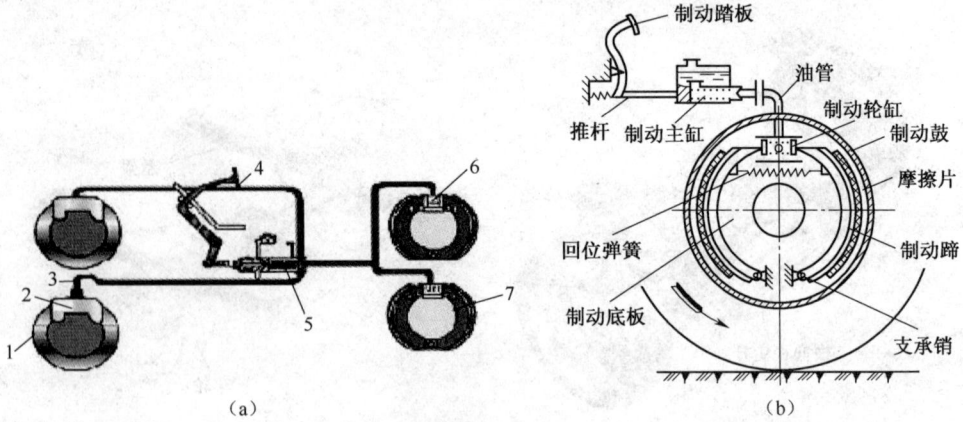

图 6-6　制动系基本组成示意图

(a)组成示意图　(b)系统的组成

1、7. 制动器　2. 制动钳　3. 制动油管　4. 制动踏板　5. 制动总泵　6. 制动分泵

第二节　离合器结构与维修

一、离合器的结构

摩擦离合器由主动部分、从动部分、压紧机构和操纵机构四部分组成,如图 6-7 所示。

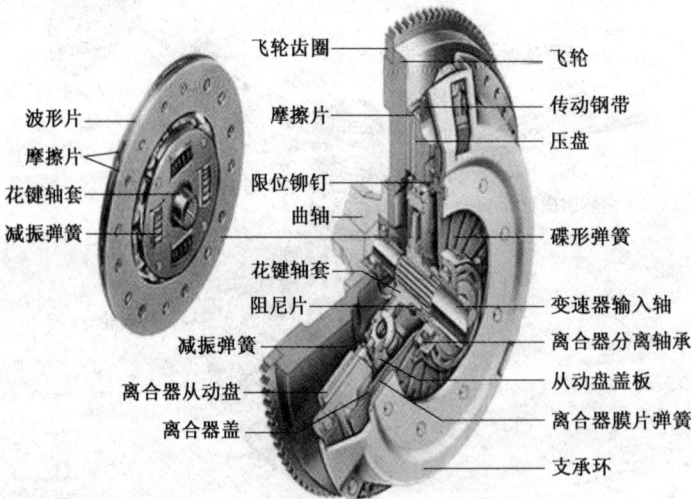

图 6-7　离合器结构剖面图

1. 主动部分

包括飞轮、离合器盖和压盘。离合器盖用螺栓固定在飞轮上,压盘后端圆周上的凸台伸入离合器盖的窗口中,并可沿窗口轴向移动。这样,当发动机转动,动力便经飞轮、离合器盖传到压盘,并一起转动。

2. 从动部分

包括从动盘和从动轴。从动盘带有双面的摩擦衬片,离合器正常接合时分别与飞轮和压盘相接触；从动盘通过花键毂装在从动轴的花键上，从动轴是手动变速器的输入轴（一轴），其前端通过轴承支承在曲轴后端的中心孔中，后端支承在变速器壳体上。

3. 压紧机构

由若干根沿圆周均匀布置的压紧弹簧，它们装在压盘与离合器盖之间，用来将压盘和从动盘压向飞轮，使飞轮、从动盘和压盘三者压紧在一起。

4. 操纵机构

包括离合器踏板、主缸、工作缸、变速器一轴（输入轴）、分离套筒、分离轴承、分离杠杆、回位弹簧等组成，如图6-8所示。

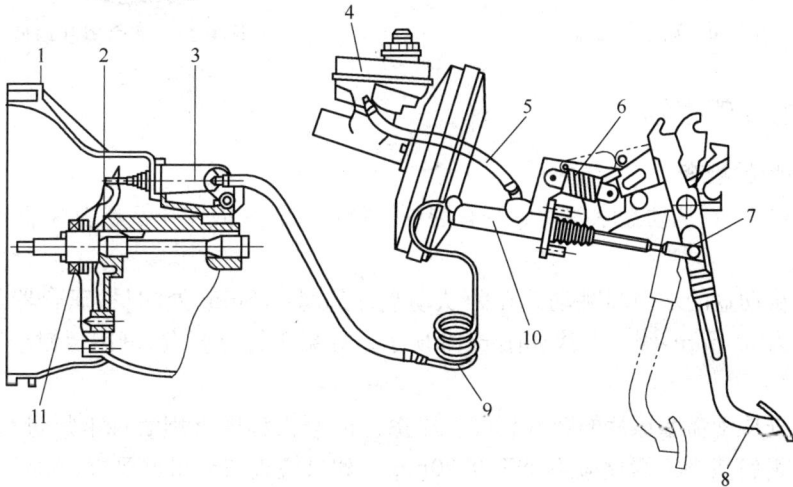

图6-8　离合器液压操纵系统
1. 变速器壳体　2. 分离叉　3. 工作缸　4. 储液罐　5. 进油软管　6. 助力弹簧　7. 推杆接头
8. 离合器踏板　9. 油管总成　10. 主缸　11. 分离轴承

离合器安装示意图如图6-9所示。离合器压盘实物如图6-10所示，从动盘实物如图6-11所示。

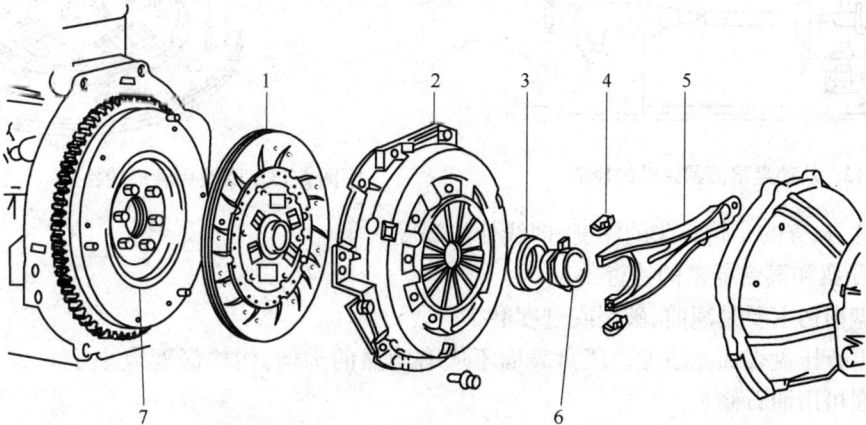

图6-9　离合器安装示意图
1. 从动盘　2. 离合器盖和压盘　3. 分离轴承　4. 卡环　5. 分离叉　6. 分离套筒　7. 飞轮

图 6-10　离合器压盘

图 6-11　离合器从动盘

二、离合器的检修

1. 从动盘的检查

先目视检查,看从动盘摩擦片是否有裂纹、铆钉外露、减振器弹簧断裂等情况,如果有则更换从动盘。

再检查从动盘的端面圆跳动。在距从动盘外边缘 2.5mm 处测量,离合器从动盘最大端面圆跳动为 0.4mm,测量方法如图 6-12 所示。如果不符合要求,可用扳钳校正或更换从动盘。

最后检查从动盘摩擦片的磨损程度。摩擦片的磨损程度可用游标卡尺进行测量,如图 6-13 所示。铆钉头埋入深度应不小于 0.20mm。如果检查结果超过要求,则应更换从动盘。

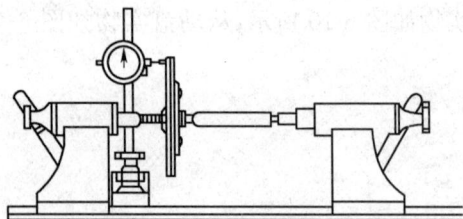

图 6-12　从动盘端面圆跳动的检查

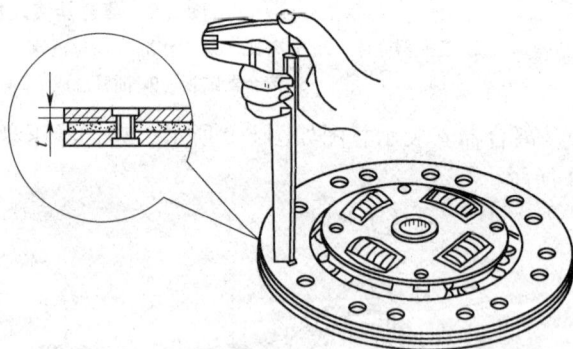

图 6-13　摩擦片磨损的检查

注意:检查的是铆钉头的深度,即浅处的深度。

2. 压盘和离合器盖的检查

压盘损伤主要是翘曲、破裂或过度磨损等。

先检查压盘表面光洁度。压盘表面不应有明显的沟槽,沟槽深度应小于 0.30mm。轻微的磨损可用油石修平。

再检查压盘平面度。检查方法如图 6-14 所示,用钢直尺压在压盘上,然后用塞尺测量。离合器压盘平面度不应超过 0.2mm。

压盘平面度或表面光洁度超过要求可用平面磨床磨平或车床车平,但磨、车的厚度应小于 2mm,否则应更换压盘。

离合器盖与飞轮的接合面的平面度应小于 0.5mm,如有翘曲、裂纹、螺纹磨损等应更换离合器盖。

3. 膜片弹簧的检查

先检查膜片弹簧的磨损程度。如图 6-15 所示,用游标卡尺测量膜片弹簧与分离轴承接触部位磨损的深度和宽度。深度应小于 0.6mm,宽度应小于 5mm,否则应更换。

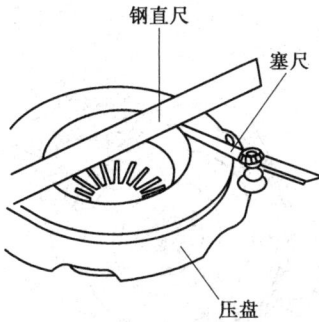

图 6-14　压盘平面度的检查

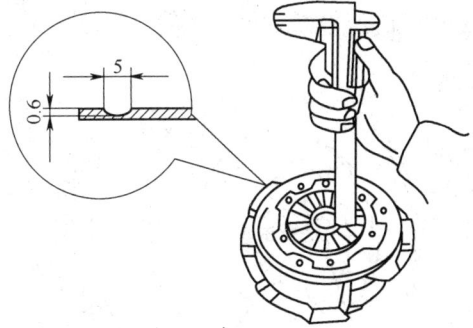

图 6-15　膜片弹簧磨损的检查

再检查膜片弹簧的变形。如图 6-16 所示用专业工具盖住弹簧分离指内端(小端),然后用塞尺测量弹簧分离指内端与专用工具之间的间隙。弹簧分离指内端应在同一平面内,间隙不应超过 0.5mm。否则用维修工具将变形过大的弹簧分离指翘起以进行调整。

4. 分离轴承的检查

如图 6-17 所示用手固定分离轴承内圈,转动外圈,同时在轴向施加压力,如有阻滞或有明显间隙感时,应更换分离轴承。

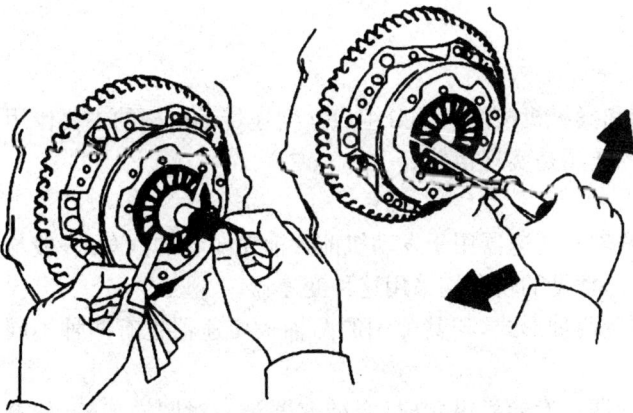

图 6-16　膜片弹簧变形的检修

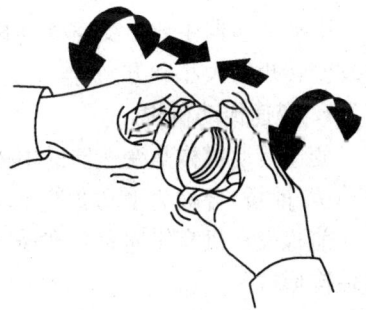

图 6-17　分离轴承的检查

分离轴承通常是一次性加注润滑脂。维护时切勿随意拆卸清洗。若有脏污,可用干净抹布擦净表面。

5. 飞轮的检查

首先进行目视检查,检查齿圈轮齿是否磨损或打齿,检查飞轮端面是否有烧蚀、沟槽、翘曲和裂纹等,如果有则应修理或更换飞轮。

再检查飞轮上轴承。如图 6-18 所示用手转动轴承,在轴向加力,如果有阻滞或有明显间隙感,则应更换轴承。

最后检查飞轮端面的圆跳动。如图 6-19 所示将百分表安装在发动机机体上,百分表表针抵在飞轮的最外圈,转动飞轮,测量飞轮的端面圆跳动,应小于 0.1mm。如果端面圆跳动超过标准,应修磨或更换飞轮。

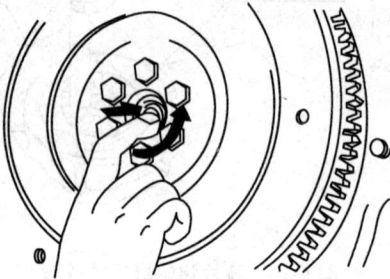

图 6-18　飞轮上轴承的检查　　　　图 6-19　飞轮端面圆跳动的检查

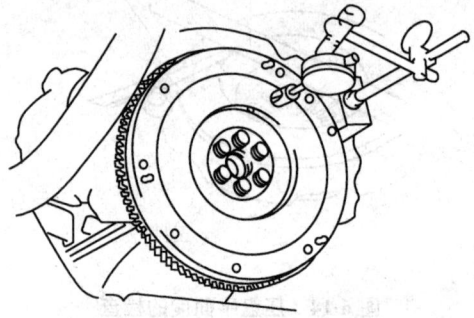

飞轮每次拆卸后,应更换连接螺栓。将飞轮安装到曲轴上时,应按对角线逐次以规定的力矩拧紧。

第三节　手动变速器结构与维修

一、手动变速器的结构

手动变速器主要由变速传动机构和操纵机构两大部分组成。变速传动机构的主要作用是改变转矩的大小和方向;操纵机构的作用是实现换挡。

1. 变速传动机构

变速传动机构是变速器的主体,两轴式变速器用于发动机前置前轮驱动的汽车,一般与驱动桥(前桥)合称为手动变速驱动桥。常见的轿车均采用这种变速器。

前置发动机有纵向布置和横向布置两种形式,与其配用的两轴式变速器也有两种不同的结构形式。

(1)发动机纵向布置的两轴式变速器。发动机纵置时,主减速器为一对圆锥齿轮,如桑塔纳 2000 轿车示意图如图 6-20 所示。

如图 6-21 所示为桑塔纳 2000 轿车两轴式变速器传动机构的结构图。

(2)发动机横向布置的两轴式变速器。发动机横置时,主减速器采用一对圆柱齿轮,如捷达轿车结构示意图如图 6-22 所示。

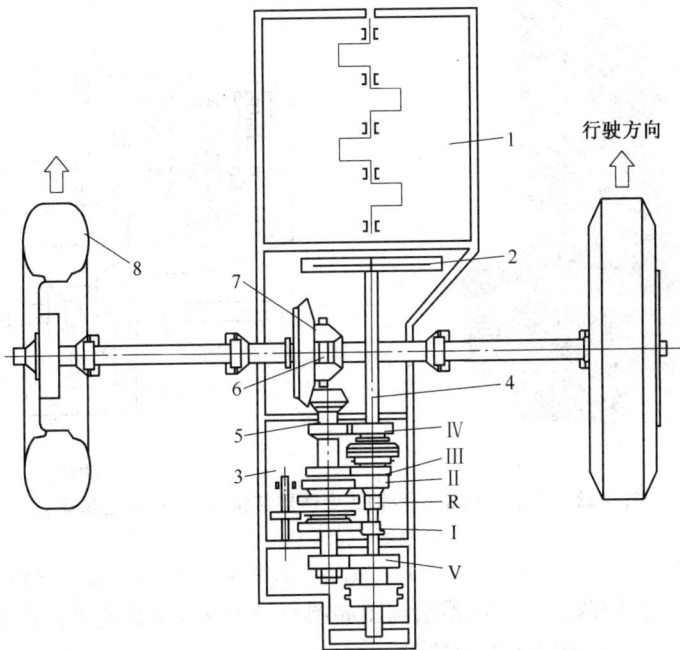

图 6-20　发动机纵置的两轴式变速器传动示意图（桑塔纳 2000）

1. 纵置发动机　2. 离合器　3. 变速器　4. 变速器输入轴　5. 变速器输出轴（主减速器主动锥齿轮）

6. 差速器　7. 主减速器从动锥齿轮　8. 前轮　Ⅰ、Ⅱ、Ⅲ、Ⅳ、Ⅴ. 一、二、三、四、五挡齿轮　R. 倒挡齿轮

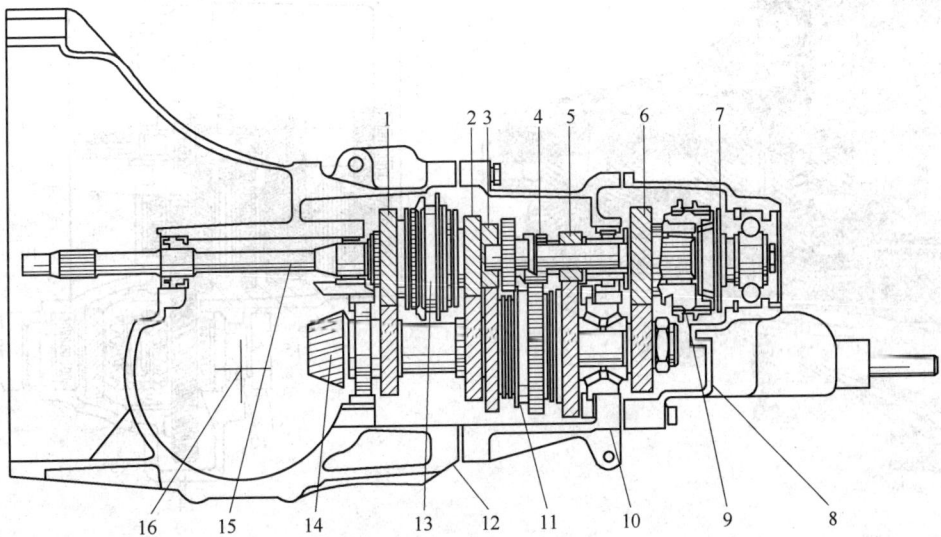

图 6-21　桑塔纳 2000 轿车两轴式变速器传动机构的结构图

1. 四挡齿轮　2. 三挡齿轮　3. 二挡齿轮　4. 倒挡齿轮　5. 一挡齿轮　6. 五挡齿轮　7. 五挡运行齿环　8. 换挡
机构壳体　9. 五挡同步器　10. 齿轮箱体　11. 一、二挡同步器　12. 变速器壳体　13. 三、四挡同步器　14. 输出轴
15. 输入轴　16. 差速器

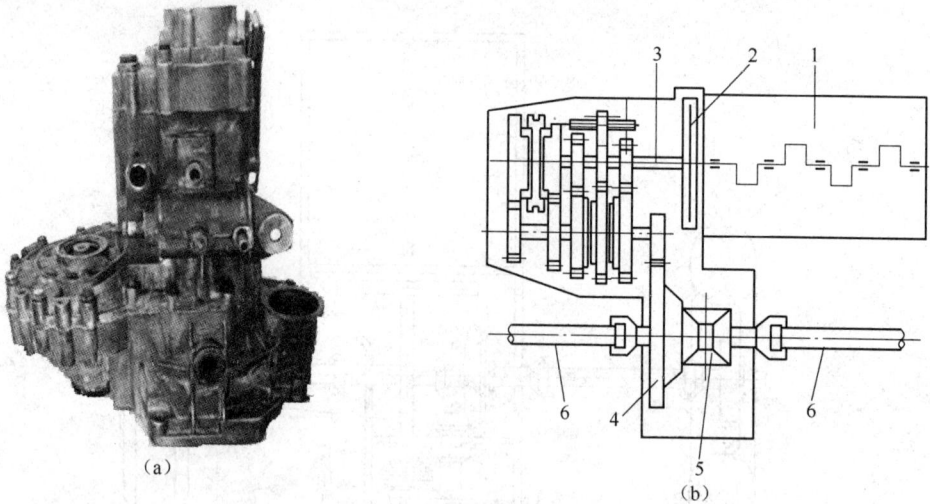

图 6-22　发动机横置的两轴式变速器结构示意图(捷达轿车)
(a)实物图　(b)结构示意图
1. 发动机　2. 离合器　3. 变速器　4. 主减速器　5. 差速器　6. 带等角速万向节的半轴

发动机横向布置的两轴式变速器结构图如图 6-23 所示,所有前进挡齿轮和倒挡齿轮都采用常啮合斜齿轮,并采用同步器换挡。

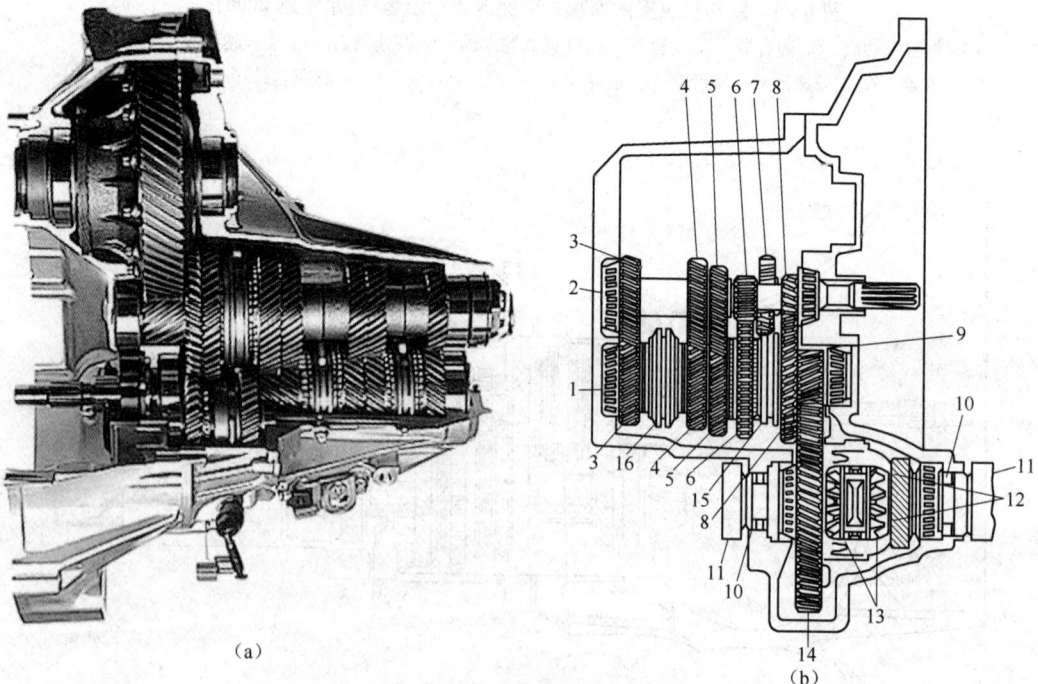

图 6-23　发动机横向布置的两轴式变速器结构图
(a)实物图　(b)结构图
1. 输出轴　2. 输入轴　3. 四挡齿轮　4. 三挡齿轮　5. 二挡齿轮　6. 倒挡齿轮　7. 倒挡惰轮
8. 一挡齿轮　9. 主减速器主动齿轮　10. 差速器油封　11. 等速万向节轴　12. 差速行星齿轮
13. 差速半轴齿轮　14. 主减速器从动齿轮　15. 一、二挡同步器　16. 三、四挡同步器

(3)三轴式变速器的变速传动机构。三轴式变速器用于发动机前置后轮驱动的汽车。

如东风 EQ1092 中型货车的变速器结构示意图如图 6-24 所示,其有三根主要的传动轴,一轴、二轴和中间轴,所以称为三轴式变速器。另外还有倒挡轴。

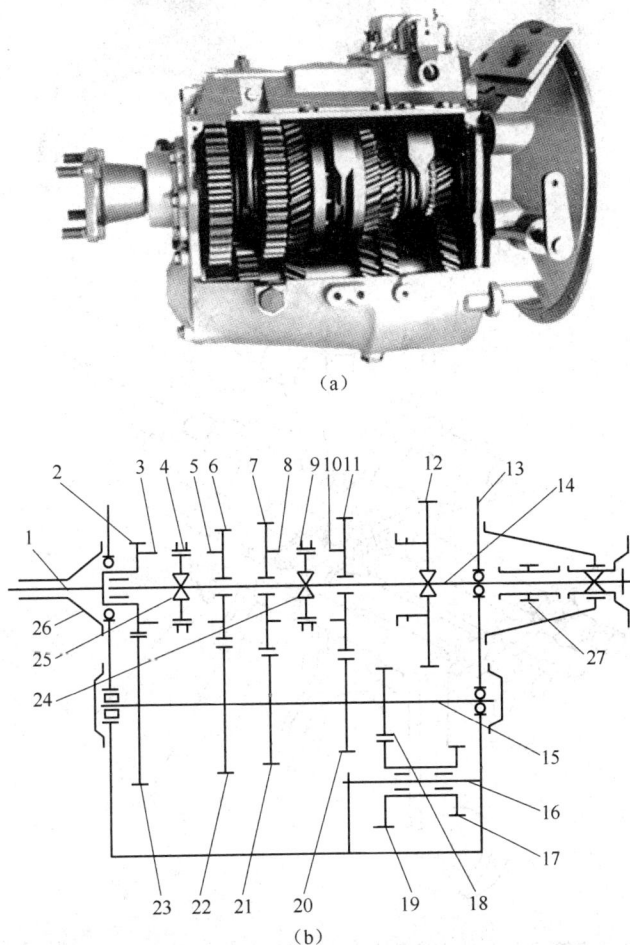

(a)

(b)

图 6-24　东风 EQ1092 中型货车的三轴式变速器结构示意图

(a)实物图　(b)结构示意图

1. 一轴　2. 轴常啮合齿轮　3. 轴常啮合齿轮接合齿圈　4、9. 接合套　5. 四挡齿轮接合齿圈　6. 二轴四挡齿轮　7. 二轴三挡齿轮　8. 三挡齿轮接合齿圈　10. 二挡齿轮接合齿圈　11. 二轴二挡齿轮　12. 二轴一、倒挡直齿滑动齿轮　13. 变速器壳体　14. 二轴　15. 中间轴　16. 倒挡轴　17、19. 倒挡中间齿轮　18. 中间轴一、倒挡齿轮　20. 中间轴二挡齿轮　21. 中间轴三挡齿轮　22. 中间轴四挡齿轮　23. 中间轴常啮合齿轮　24、25. 花键毂　26. 一轴轴承盖　27. 回油螺纹

2. 手动变速器操纵机构

(1)直接操纵式。这种形式的变速器布置在驾驶人座椅附近,变速杆由驾驶室底板伸出,驾驶人可以直接操纵。如图 6-25 所示为中型货车六挡变速器操纵机构,多用于发动机前置后轮驱动的车辆。

(2)远距离操纵式。在有些汽车上,由于变速器离驾驶人座位较远,则需要在变速杆与拨叉之间加装一些辅助杠杆或一套传动机构,构成远距离操纵机构。这种操纵机构多用于发动机前置前轮驱动的轿车,如桑塔纳 2000 轿车的五挡手动变速器,由于其变速器安装在前驱动桥处,远离驾驶人座椅,需要采用这种操纵方式,如图 6-26 所示。

(a)　　　　　　　　　　(b)

(c)

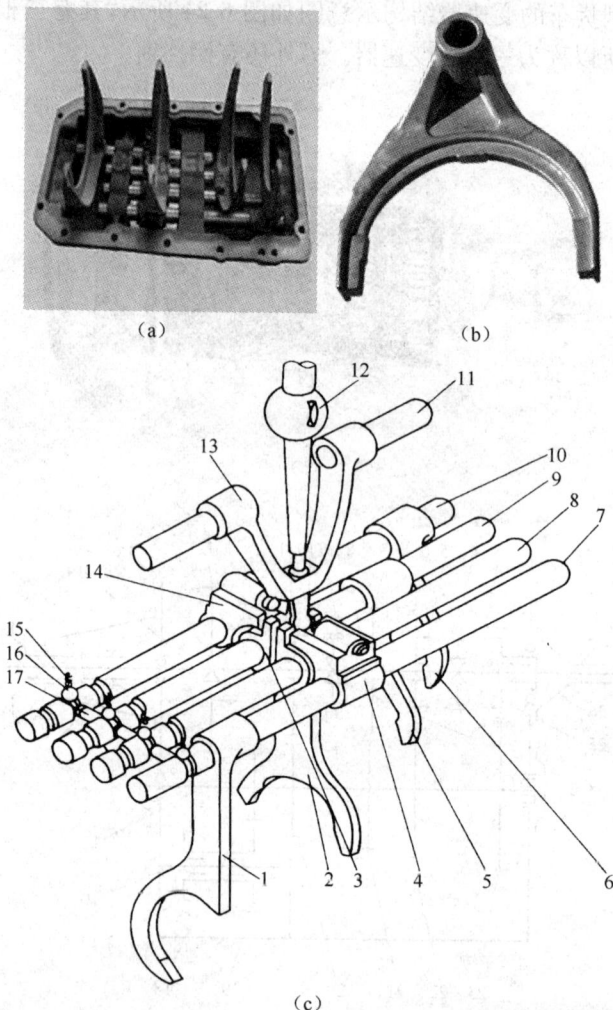

图 6-25　中型货车六挡变速器直接操纵式操纵机构(解放 CA1091 货车)

(a)带操纵机构的变速器上盖　(b)拨叉　(c)操纵机构结构示意图

1. 五、六挡拨叉　2. 三、四挡拨叉　3. 一、二挡拨块　4. 五、六挡拨块　5. 一、二挡拨叉　6. 倒挡拨叉
7. 五、六挡拨叉轴　8. 三、四挡拨叉轴　9. 一、二挡拨叉轴　10. 倒挡拨叉轴　11. 换挡轴　12. 变速杆
13. 叉形拨杆　14. 倒挡拨块　15. 自锁弹簧　16. 自锁钢球　17. 互锁销

　　而在变速器壳体上具有类似于直接操纵式的内换挡机构,如图 6-27 所示。

　　(3)操纵机构的换挡锁装置。为了保证变速器在任何情况下都能准确、安全、可靠地工作,变速器操纵机构一般都具有换挡锁装置,包括自锁装置、互锁装置和倒挡锁装置。

　　①自锁装置。自锁装置用于防止变速器自动脱挡或挂挡,并保证轮齿以全齿宽啮合。大多数变速器的自锁装置都是采用自锁钢球对拨叉轴进行轴向定位锁止,如图 6-28 所示。

　　②互锁装置。互锁装置用于防止同时挂上两个挡位。如图 6-29 所示,互锁装置由互锁钢球和互锁销组成。

　　③倒挡锁装置。倒挡锁装置用于防止误挂倒挡。如图 6-30 所示为常见的锁销式倒挡锁装置。当驾驶人想挂倒挡时,必须用较大的力使变速杆 4 下端压缩弹簧 2,将锁销推入锁销孔内,才能使变速杆下端进入拨块 3 的凹槽中进行换挡。由此可见,倒挡锁的作用是使驾

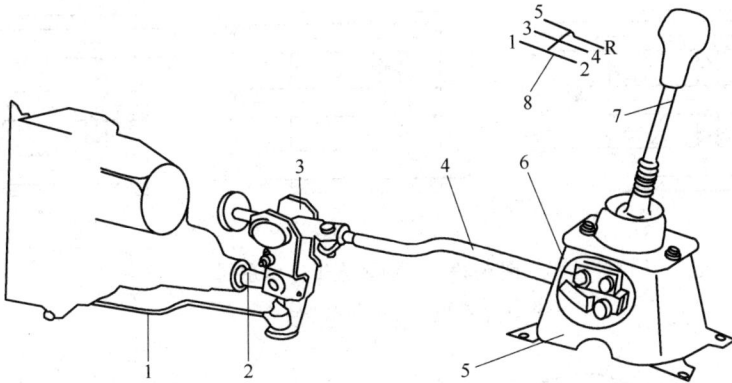

图 6-26　五挡手动变速器的远距离操纵机构（桑塔纳 2000 轿车）

1. 支撑杆　2. 内换挡杆　3. 换挡杆接合器　4. 外换挡杆　5. 倒挡保险挡块
6. 换挡手柄座　7. 变速杆　8. 换挡标记

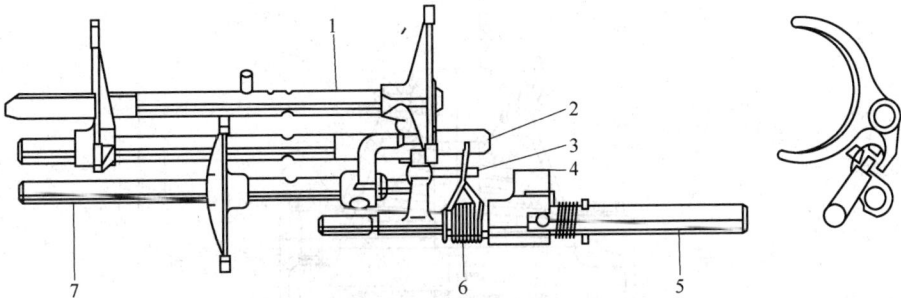

图 6-27　五挡手动变速器的内换挡机构（桑塔纳 2000 轿车）

1. 五、倒挡拨叉轴　2. 三、四挡拨叉轴　3. 定位拨销　4. 倒挡保险挡块
5. 内换挡杆　6. 定位弹簧　7. 一、二挡拨叉轴

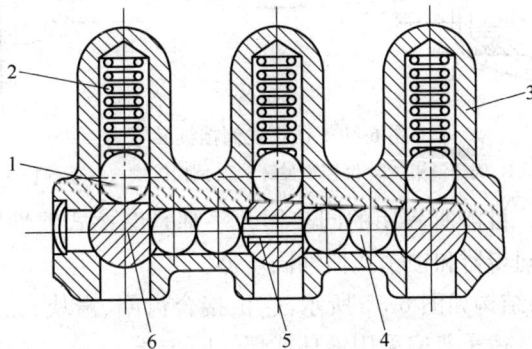

图 6-28　自锁和互锁装置

1. 自锁钢球　2. 自锁弹簧　3. 变速器盖　4. 互锁钢球　5. 互锁销　6. 拨叉轴

驶人必须对变速杆施加更大的力，才能挂入倒挡，起到警示注意作用，以防误挂倒挡。

3. 同步器的结构

（1）同步器的功用。同步器的功用是使接合套与待啮合的齿圈迅速同步，缩短换挡时间；防止换挡齿轮在同步前啮合而产生换挡冲击。

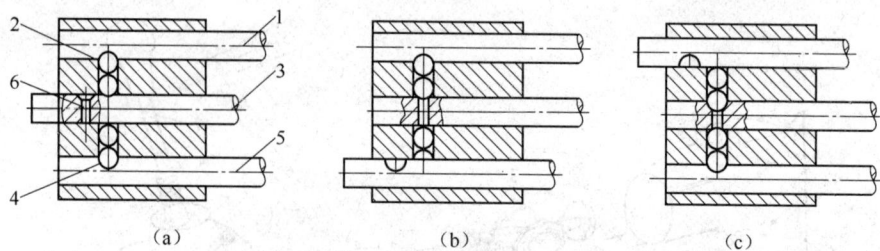

图 6-29　互锁装置工作示意图

1、3、5. 拨叉轴　2、4. 互锁钢球　6. 互锁销

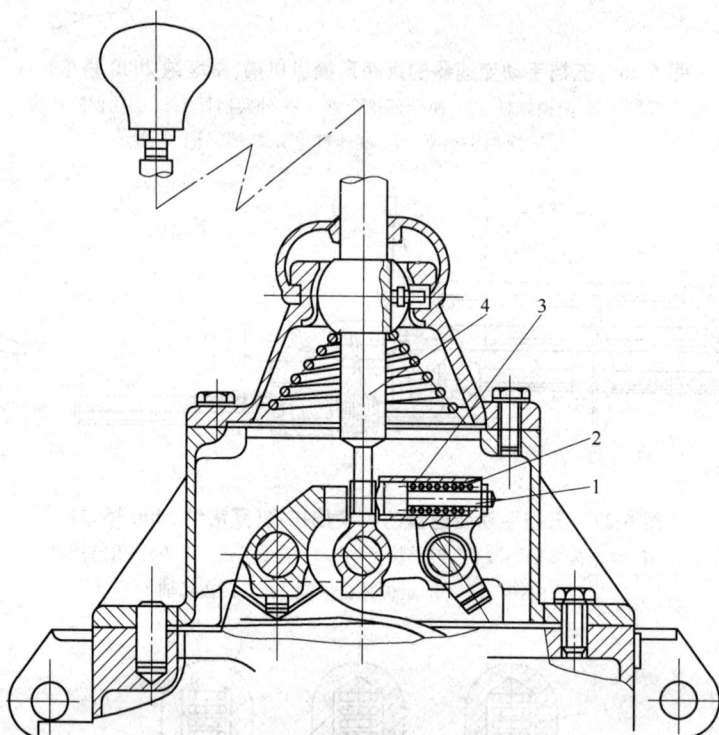

图 6-30　锁销式倒挡锁装置

1. 倒挡锁销　2. 倒挡锁弹簧　3. 倒挡拨块　4. 变速杆

　　(2)同步器的构造。目前所采用的同步器几乎都是摩擦式惯性同步器,按锁止装置不同,可分为锁环式惯性同步器和锁销式惯性同步器。

　　①锁环式同步器的结构如图 6-31 所示,它由接合齿圈、滑块、锁环(同步环)、弹簧圈 、花键毂、接合套等组成。轿车普遍采用锁环式惯性同步器。

　　②锁销式惯性同步器的结构如图 6-32 所示,它由摩擦锥盘、摩擦锥环、定位销、接合套、锁销、花键毂、钢球和弹簧组成。大、中型货车普遍采用锁销式惯性同步器。

二、手动变速器的检修

　　手动变速器变速传动机构零件安装关系(不包括五挡)如图 6-33 所示。

(a)

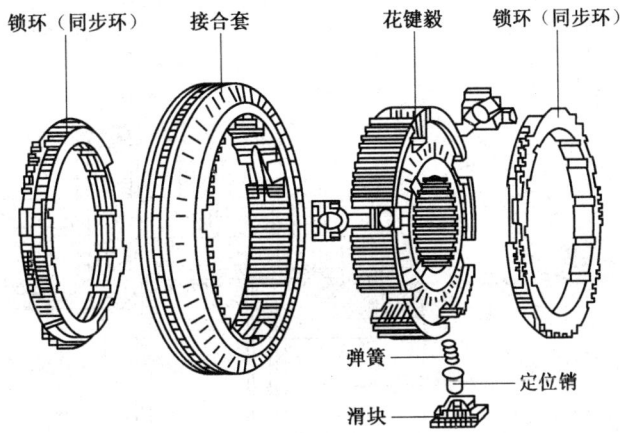

(b)

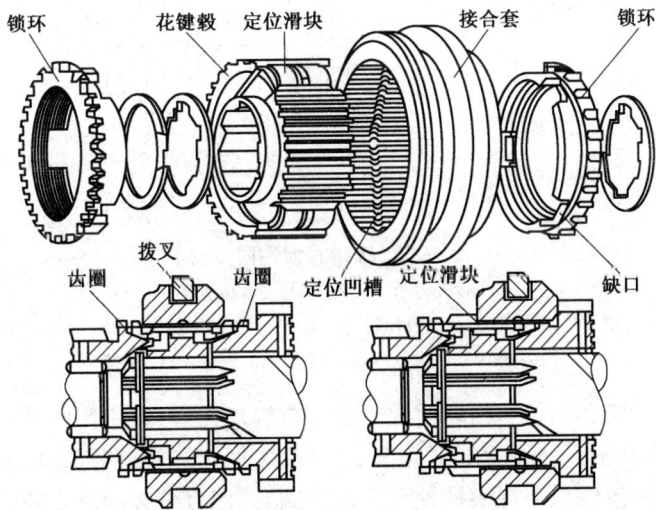

(c)

图 6-31 锁环式惯性同步器

(a)实物图 (b)分解图 (c)安装位置图

（a）

（b）

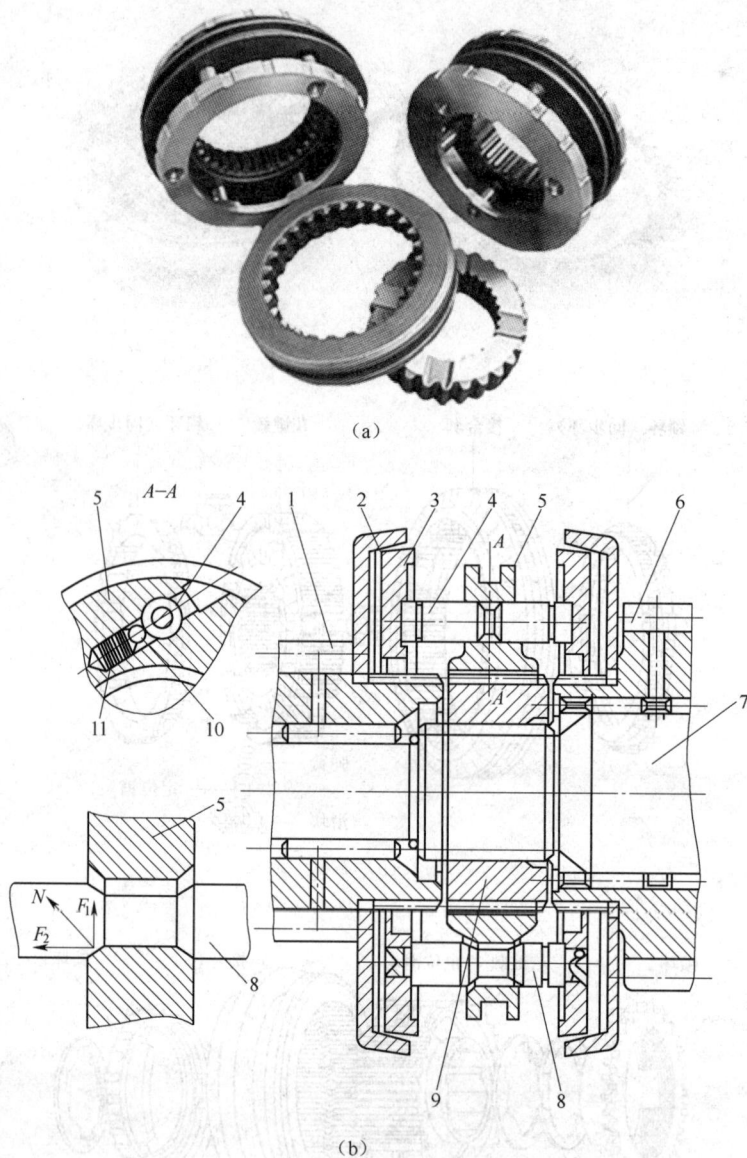

图 6-32　锁销式惯性同步器

（a）实物图　（b）分解与安装位置图

1. 一轴齿轮　2. 摩擦锥盘　3. 摩擦锥环　4. 定位销　5. 接合套　6. 二轴四挡齿轮
7. 二轴　8. 锁销　9. 花键毂　10. 钢球　11. 弹簧

（1）检查所有齿轮和轴承的损坏情况。齿面有轻微斑点，在不影响使用的情况下可以用油石修磨。当齿厚磨损超过 0.2mm，齿长磨损超过原齿长的 15%，或斑点面积超过齿面 15% 以上，则应更换齿轮。装好滚针轴承和内座圈后，用百分表检查齿轮与内座圈之间的间隙，如图 6-34 所示。标准间隙为 0.009～0.060mm，极限间隙为 0.15mm，超过极限应更换轴承。

注意：齿轮应成对更换。

（2）检查输入轴和输出轴，不应有裂纹，轴径及花键不应有严重磨损，轴上的齿轮不应有

图 6-33　变速传动机构零件安装关系（不包括五挡）

断齿和严重磨损,否则应更换。检查轴的径向圆跳动,如图 6-35 所示,不应超过 0.05mm,否则应更换或校正。

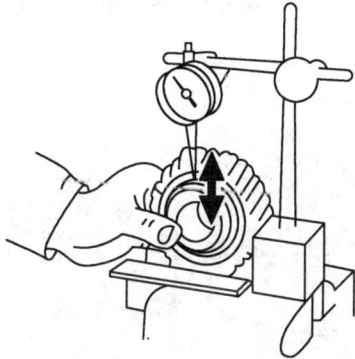

图 6-34　检查齿轮与内座圈之间的间隙

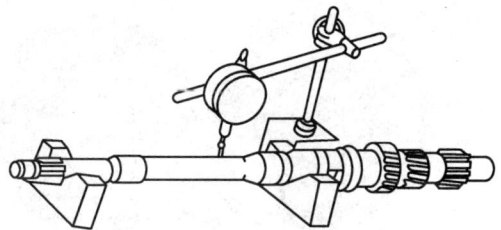

图 6-35　检查轴的径向圆跳动

（3）用钢丝刷清洗同步环的内锥面。在更换一挡齿轮滚针轴承的内座圈或输出轴的后轴承时,计算输出轴的调整垫片厚度。

（4）将同步环压在各自齿轮的锥面上,按压转动同步环时要有阻力,用塞尺测量环齿与轮齿之间的间隙 a,如图 6-36 所示。间隙 a 的规定值见表 6-1。如果不符合规定,应更换同步环。

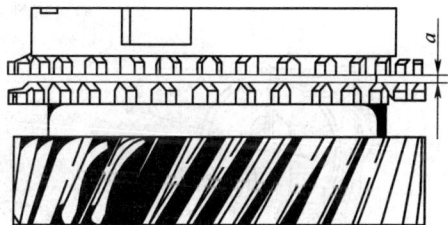

图 6-36　检查同步器间隙

表 6-1　同步器环齿与轮齿之间的间隙 a

同步环	间隙 a（mm）	
	新的零件	磨损的限度
一挡和二挡	1.10～1.17	0.05
三挡和四挡	1.35～1.90	0.05
五挡	1.10～1.70	0.05

第四节　自动变速器结构与维修

一、自动变速器的结构

　　本节所说的自动变速器都是特指液力自动变速器。液力自动变速器主要由液力变矩器、行星齿轮变速器、液压控制系统、冷却滤油装置等组成。电控液力自动变速器除上述四部分外还有电子控制系统。其主要零部件结构如下：

1. 液力变矩器

　　液力变矩器实物如图 6-37 所示。如图 6-38 所示，液力变矩器通常由泵轮、涡轮和导轮三个元件组成。

　　为提高汽车的传动效率，减少燃油消耗，现代很多轿车自动变速器采用一种带锁止离合器的综合式液力变矩器，如图 6-39 所示。

图 6-37　液力变矩器实物

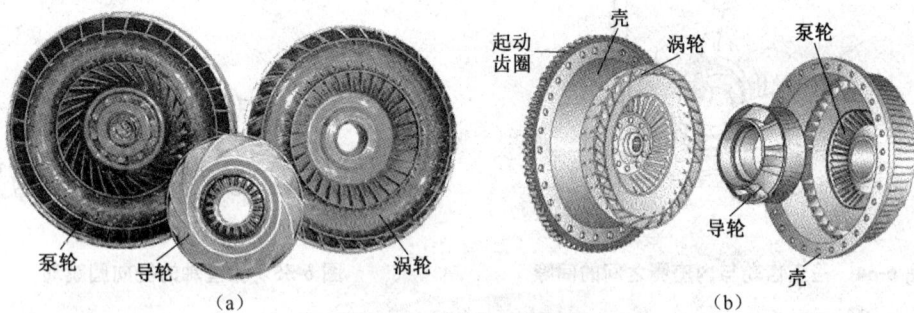

(a)

(b)

图 6-38　液力变矩器结构

(a)实物图　(b)结构示意图

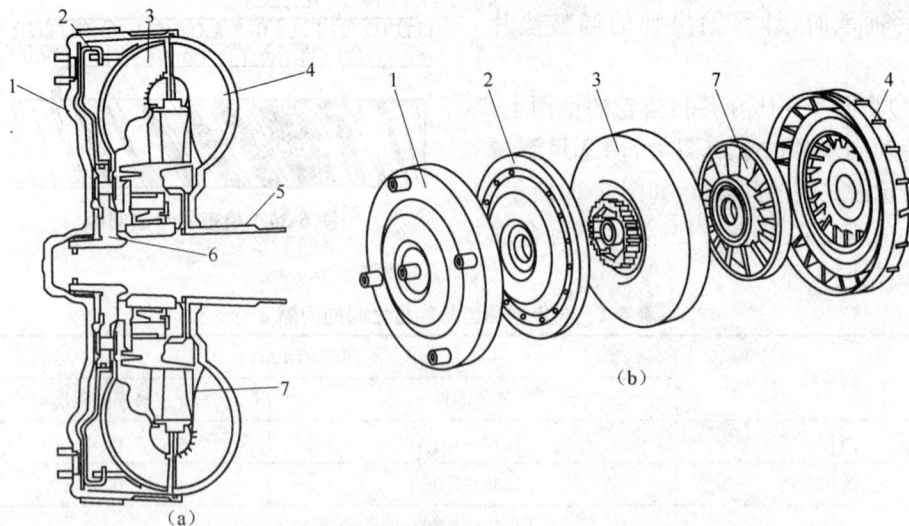

(a)

(b)

图 6-39　带锁止离合器的综合式液力变矩器

1. 变矩器壳　2. 锁止离合器压盘　3. 涡轮　4. 泵轮　5. 变矩器轴套　6. 输出轴花键套　7. 导轮

2. 行星齿轮变速机构

行星齿轮变速机构由行星齿轮机构和换挡执行机构两部分组成,行星齿轮机构由2~3排行星齿轮构成2~5种传动比;换挡执行机构实现传动比的变化,即自动换挡动作。

行星齿轮机构一般由太阳轮、齿圈、行星架和行星轮组成,如图6-40和图6-41所示。换挡执行机构一般由单向离合器、离合器和制动器组成。

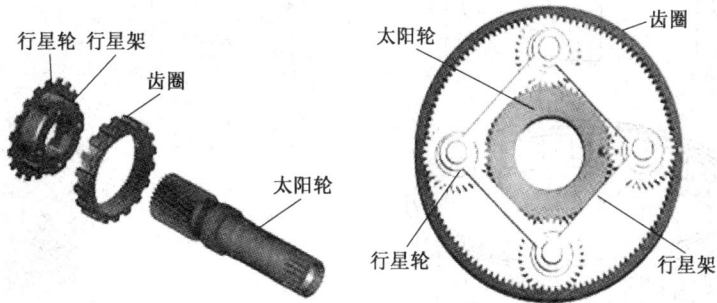

图 6-40　行星齿轮机构(1)

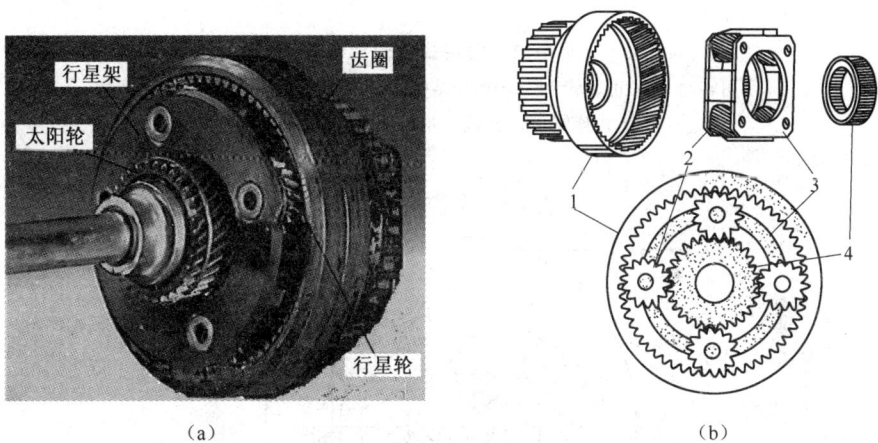

(a)　　　　　　　　　　　(b)

图 6-41　行星齿轮机构(2)

(a)实物　(b)示意图

1. 齿圈　2. 行星轮　3. 行星架　4. 太阳轮

3. 单向离合器

单向离合器又称为自由轮机构或超越离合器,其功用是实现导轮的单向锁止,即导轮只能顺时针转动而不能逆时针转动,使得液力变矩器在高速区实现偶合传动。常见的单向离合器有楔块式和滚柱式两种结构形式。

(1)楔块式单向离合器。楔块式单向离合器结构和工作原理如图6-42所示,它由内座圈、外座圈、楔块、保持架等组成。

(2)滚柱式单向离合器。滚柱式单向离合器如图6-43所示,它由内座圈、外座圈、滚柱、叠片弹簧等组成。

4. 离合器

离合器是连接轴和行星齿轮机构中的元件或是连接行星齿轮机构中的不同元件。离合器主要由离合器鼓、花键毂、活塞、主动摩擦片、从动钢片、回位弹簧等组成,如图6-44所示。

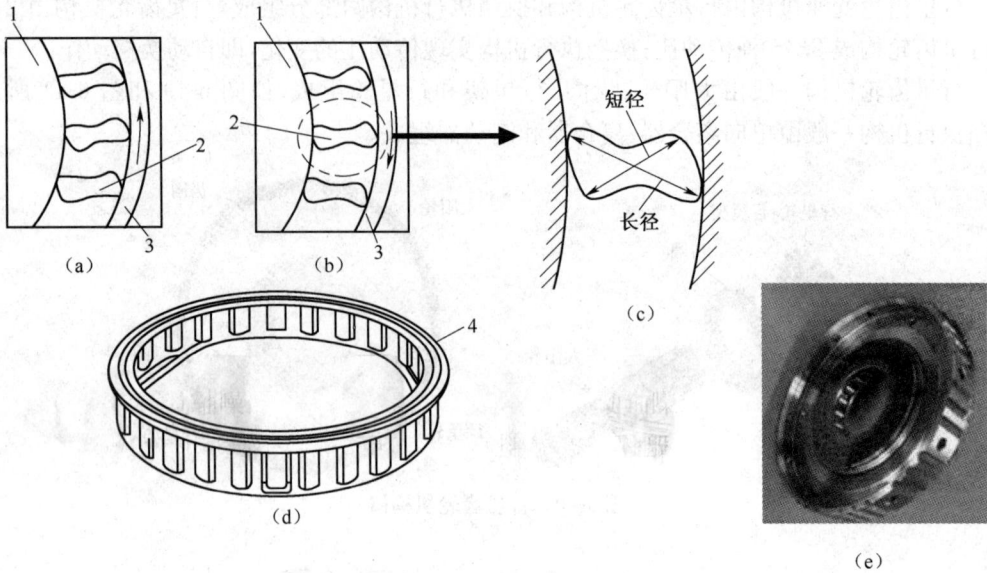

图 6-42　楔块式单向离合器

(a)不可转动　(b)可以转动　(c)楔块结构　(d)楔块式单向离合器　(e)实物
1. 内座圈　2. 楔块　3. 外座圈　4. 保持架

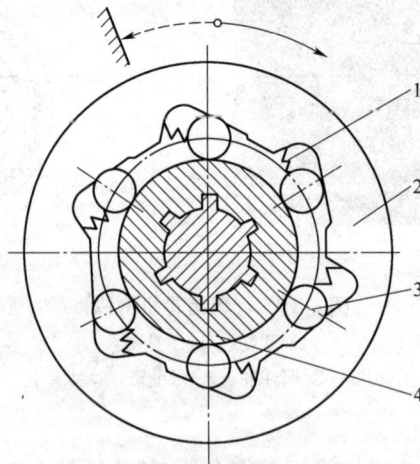

图 6-43　滚柱式单向离合器
1. 叠片弹簧　2. 外座圈　3. 滚柱　4. 内座圈

5. 制动器

制动器有片式和带式两种形式。片式制动器与离合器的结构和原理相同,不同之处是离合器是起连接作用而传递动力,而片式制动器是通过连接而起制动作用。下面仅介绍带式制动器的结构。带式制动器由制动带和控制油缸组成,图 6-45 所示为带式制动器的零件分解图。制动带是内表面带有镀层的开口式环形钢带。制动带的一端支承在与变速器壳体固连的支座上,另一端与控制油缸的活塞杆相连。

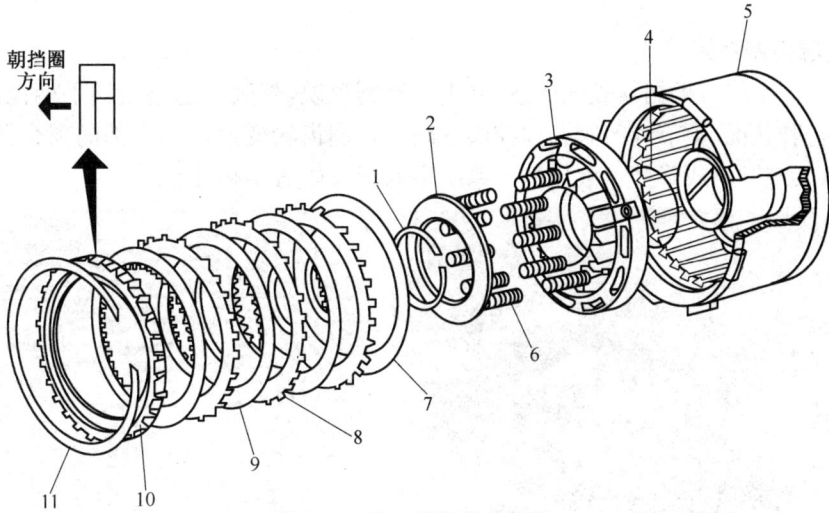

图 6-44　离合器零件分解图

1. 卡环　2. 弹簧座　3. 活塞　4. O 形圈　5. 离合器鼓　6. 回位弹簧　7. 碟形弹簧

8. 从动钢片　9. 主动摩擦片　10. 压盘　11. 卡环

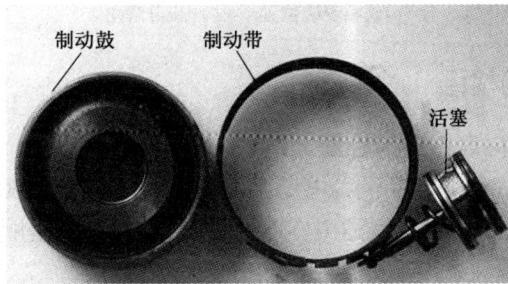

（a）

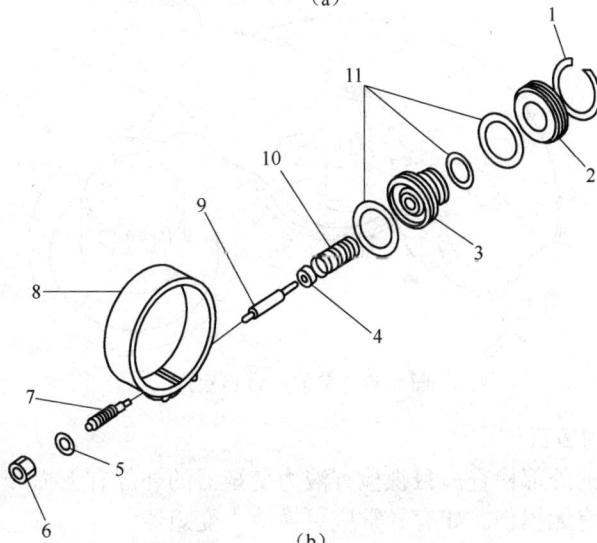

（b）

图 6-45　带式制动器的零件分解图

(a)实物图　　(b)零件分解图

1. 卡环　2. 活塞定位架　3. 活塞　4. 止推垫圈　5. 垫圈　6. 锁紧螺母

7. 调整螺钉　8. 制动带　9. 活塞杆　10. 回位弹簧　11. O 形圈

6. 液压控制系统

液压控制系统可根据驾驶人的意图（由手动阀反映，驾驶人通过换挡手柄控制手动阀）和汽车的行驶状况（由节气门阀和速控阀反映），控制齿轮变速机构内部的离合器接合或制动器制动，实现升挡或降挡。液压控制系统中的阀板如图 6-46 所示。

（a） （b）

图 6-46 液压控制系统中的阀板
(a)阀板安装位置 (b)阀板分解图

二、自动变速器的检修

1. 液力变矩器内单向离合器的检查

单向离合器的检查如图 6-47 所示，用专用工具插入油泵驱动毂和单向离合器外座圈的槽口中，然后用手指压住单向离合器的内座圈并转动它，检查是否顺时针转动平稳而逆时针方向锁止。如果单向离合器损坏则需要更换液力变矩器总成。

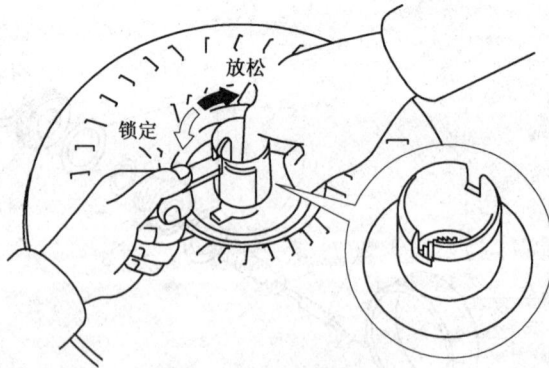

图 6-47 单向离合器检查

2. 液力变矩器的检查

（1）液力变矩器的外部检查。目视检查液力变矩器的外部有无损坏和裂纹，油泵驱动毂外径有无磨损、缺口有无损伤。如有异常应更换液力变矩器。

（2）液力变矩器的清洗。当自动变速器曾有过热现象或 ATF 被污染后，应该清洗液力变矩器。清洗液力变矩器可以采用专用的冲洗机进行，也可以手工清洗，方法是加入干净的 ATF，用力摇晃、振荡液力变矩器，然后排净油液，反复进行这样的操作，直到排出的油液干净为止。

（3）液力变矩器内部干涉的检查。液力变矩器内部干涉主要指导轮和涡轮、导轮和泵轮之间的干涉。如果有干涉，液力变矩器运转时会有噪声。

导轮和涡轮之间的干涉检查如图 6-48 所示。将液力变矩器与飞轮连接侧朝下放在台架上，然后装入油泵总成，确保液力变矩器油泵驱动毂与油泵主动部分接合好。把变速器输入轴（涡轮轴）插入涡轮轮毂中，使油泵和液力变矩器保持不动，然后顺时针、逆时针反复转动涡轮轴，如果转动不顺畅或有噪声，则更换液力变矩器。

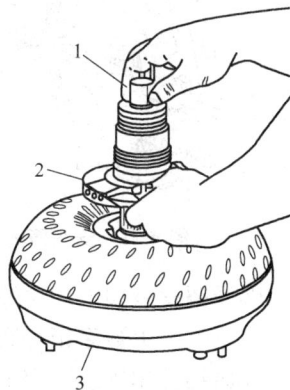

**图 6-48　导轮和涡轮
之间的干涉检查**
1. 涡轮轴　2. 油泵总成
3. 液力变矩器总成

导轮和泵轮之间的干涉检查如图 6-49 所示，将油泵放在台架上，并把液力变矩器安装在油泵上，旋转液力变矩器使液力变矩器的油泵驱动毂与油泵主动部分接合好，然后固定住油泵并逆时针转动液力变矩器，如果转动不顺畅或有噪声，则更换液力变矩器。

（4）液力变矩器轴套径向跳动检查。将液力变矩器所在位置做个标记，暂时装到飞轮上，用千分表检查变矩器轴套的径向跳动误差，如图 6-50 所示。如果径向跳动超过 0.30mm，则重新调整液力变矩器的安装方位；如果径向跳动过大，而仍然得不到修正，则应更换液力变矩器。

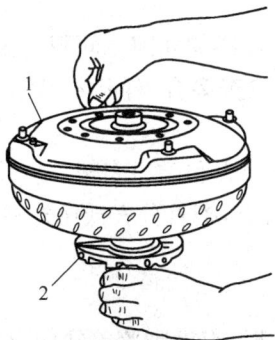

图 6-49　导轮和泵轮之间的干涉检查
1. 液力变矩器总成　2. 油泵总成

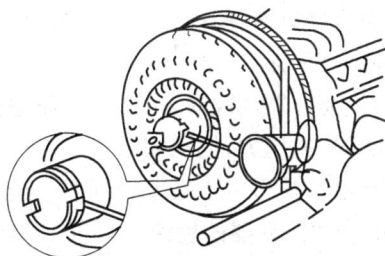

图 6-50　液力变矩器轴套径向跳动检查

（5）液力变矩器的安装。把液力变矩器安装到变速器上时，要使油泵驱动毂的缺口完全落入在油泵主动齿轮的凸块内，并检查自动变速器壳体前端面与液力变矩器前端面的距离，如图 6-51 所示。如果该距离小于标准值，自动变速器装到车辆上之后会压坏油泵齿轮。

3. 行星齿轮机构单向离合器的检查

行星齿轮机构单向离合器如果滚柱破裂、滚珠保持架断裂或内外圈滚道磨损起槽，应更换新件。如图 6-52 所示，要求在箭头所示的方向自由转动，而反方向锁止，必要时更换或重新安装。

4. 离合器的检修

（1）离合器摩擦片的检查。

①摩擦片上的沟槽磨平后必须更换。

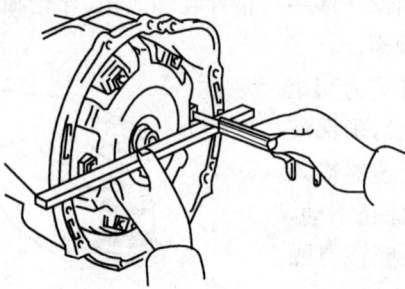

图 6-51　安装液力变矩器

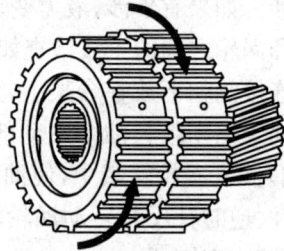

图 6-52　单向离合器的检查

②摩擦片表面上的含油层(隔离层)若被抛光,则必须更换。

③摩擦片上数字记号磨掉后必须更换。

④摩擦片出现翘曲变形必须更换。

⑤摩擦片表面发黑(烧蚀)必须更换。

⑥摩擦片表面出现剥落、有裂纹、内花键被拉毛(拉毛容易造成卡滞)、内花键齿掉齿等现象都必须更换。

(2)离合器活塞回位弹簧变形、过短、折断,则必须更换。

(3)压盘和钢片上的齿要完好,不能拉毛,拉毛容易造成卡滞。压盘和钢片表面如有蓝色过热的斑迹,则应在平台上用高度尺测量其高度,或将两片叠在一起,检查其是否变形。若压盘和钢片出现变形或表面有裂纹,必须更换。

(4)离合器间隙的检查。离合器重新装配后要检查离合器的间隙。间隙过大会使换挡滞后、离合器打滑;间隙过小会使得离合器分离不彻底。检查离合器间隙一般是用塞尺进行,如图 6-53 所示。

检查离合器间隙时,可用空气压缩机、压缩空气枪、百分表和磁力表架。压缩空气保持在 0.4MPa 的压力,把压缩空气枪对准进油孔,固定好离合器,把百分表抵住外侧压板,开动压缩空气枪,从百分表摆差得到离合器间隙。

5. 带式制动器的检修

(1)外观检查。检查制动带是否破裂、过热、不均匀磨损、表面剥落等缺陷,检查制动带磨损是否均匀,检查摩擦材料上印刷的数字是否磨掉,如果有任何一种,制动带都应更换。

(2)检查制动带摩擦片表面的含油能力。擦净制动带摩擦片上的油,然后用手指轻压制动带摩擦片,应有油渗出,如轻压后无油渗出,说明制动带摩擦片表面含油能力下降,应更换,否则易烧蚀和造成制动鼓干磨。拆检修理带式制动器时,不要将制动带随意展平或叠压,以免造成摩擦表面的裂纹剥落等,不要将制动带随意弯曲或扭转,以免造成制动带变形,安装时不能复位,使配合间隙发生变化,造成制动器工作不良。

(3)制动鼓的检查。检查制动鼓表面是否磨损严重,是否有烧蚀,如果磨损严重或有烧蚀,应更换制动鼓。

(4)制动器装配后工作间隙的调整。间隙过小会造成换挡冲击以及摩擦片和制动鼓之间分离不彻底,间隙过大易造成制动带打滑。调整时可将调整螺钉松开,先使制动带完全抱死,然后将调整螺钉退回 1.5～2.5 圈锁死。对于倒挡制动带,因油压较高,制动带与制动鼓的间隙应稍大一些,一般是扭紧后将调整螺钉退回 5 圈锁死。

（5）带式制动器组装后检查。可用 400～800kPa 的气压向伺服缸内施压，此时制动带应抱紧制动鼓，说明伺服液压缸正常。继续加压到伺服液压缸工作通道的同时，有另一把压缩空气枪加压到伺服装置的释放通道，此时伺服装置应松开制动带。

在检查制动带能否箍紧时，可用塞尺在加压前先测一下制动带的开口间隙，加压箍紧后再测一下制动带的开口间隙，便可推算出伺服推杆实际的工作行程。

检查时如发现异常现象，应分解检查。检查伺服装置钢制或铝制活塞是否有裂纹、毛刺、划伤和磨损等缺陷。活塞与活塞孔的正常工作间隙应在 0.008～0.013mm。活塞与活塞孔间隙过大，会造成液压压力的损失。而活塞卡滞会造成工作粗暴或制动带打滑。

6. 行星排的检修

（1）检查太阳轮、行星齿轮和齿圈的齿面，如有磨损或疲劳剥落，应更换整个行星排。

（2）检查行星齿轮与行星架之间的间隙，如图 6-54 所示，其标准间隙为 0.2～0.6mm，最大不得超过 1.0mm，否则应更换止推垫片或行星架和行星轮组件。

（3）检查太阳轮、行星架、齿圈等零件的轴径或滑动轴承处有无磨损，如图 6-55 所示，如有异常应更换新件。

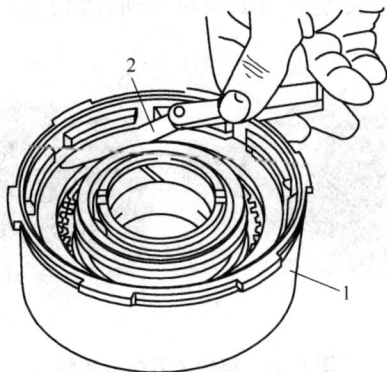

图 6-53　检查离合器间隙

1. 离合器总成　2. 塞尺

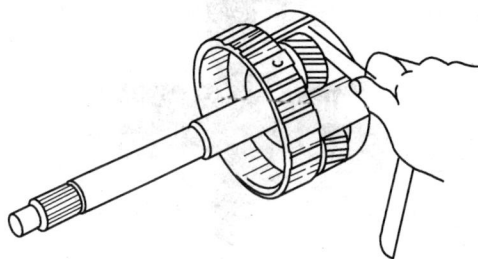

图 6-54　行星齿轮与行星架间隙检查

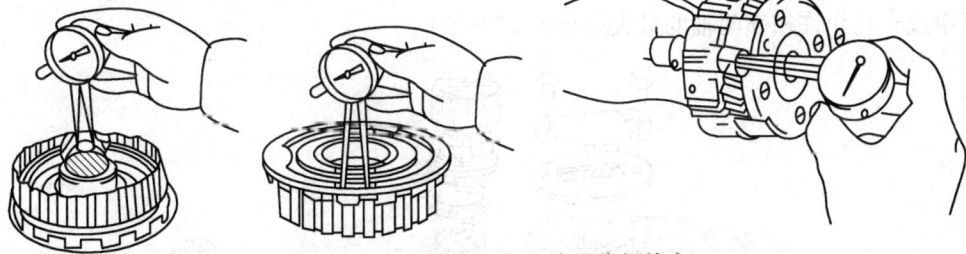

图 6-55　太阳轮、行星架、齿圈磨损检查

第五节　万向传动装置与驱动桥结构与维修

一、万向传动装置

1. 万向传动装置的结构

万向传动装置主要包括万向节和传动轴，对于传动距离较远的分段式传动轴，为了提高

传动轴的刚度,还设置有中间支承,如图 6-56 所示。

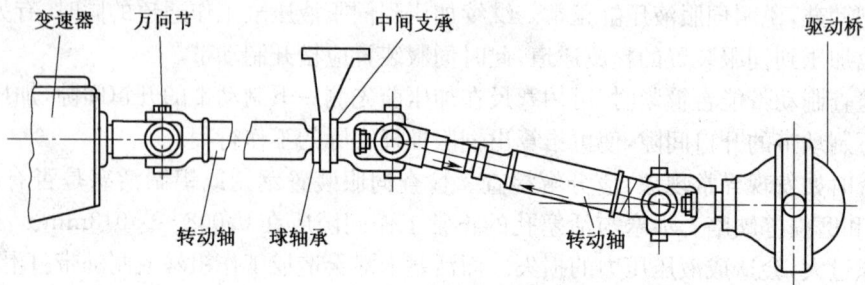

图 6-56　万向传动装置的组成

(1)万向节。按其刚度大小,可分为刚性万向节和柔性万向节。刚性万向节按其速度特性分为不等速万向节(常用的为十字轴式)、准等角速万向节(双联式和三销轴式)等角速万向节(包括球叉式和球笼式)。

目前在汽车上应用较多的是十字轴式刚性万向节(图 6-57)和等角速万向节(图 6-58)。十字轴式刚性万向节主要用于发动机前置后轮驱动的变速器与驱动桥之间,等角速万向节主要用于发动机前置前轮驱动的内、外半轴之间。

图 6-57　十字轴式刚性万向节实物

图 6-58　等角速万向节实物

(a)外球笼实物　(b)内球笼实物

①十字轴式刚性万向节。十字轴式刚性万向节如图 6-59 所示,主要由十字轴、万向节叉等组成。它允许相邻两轴的最大交角为 15°~20°。

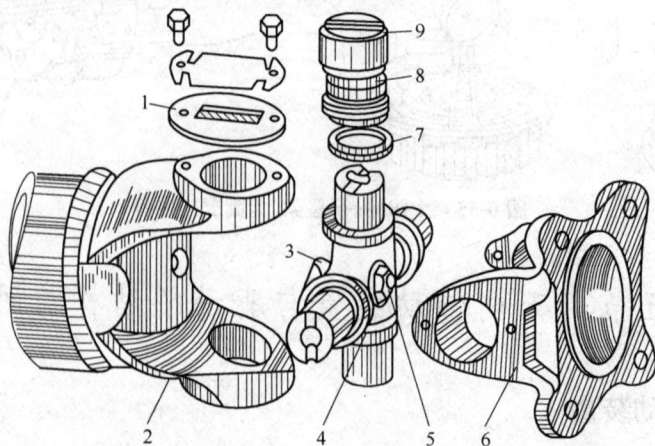

图 6-59　十字轴式刚性万向节

1.轴承盖　2、6.万向节叉　3.油嘴　4.十字轴　5.安全阀　7.油封　8.滚针　9.套筒

②等速万向节。等速万向节的常见结构形式有球笼式和球叉式。

a. 球笼式等速万向节。如图 6-60 所示,球笼式万向节由六个钢球、星形套、球形壳和保持架等组成。万向节星形套与主动轴用花键固接在一起,星形套外表面有六条弧形凹槽滚道,球形壳的内表面有相应的六条凹槽,六个钢球分别装在各条凹槽中,由球笼使其保持在同一平面内。动力由主动轴、钢球、球形壳输出。

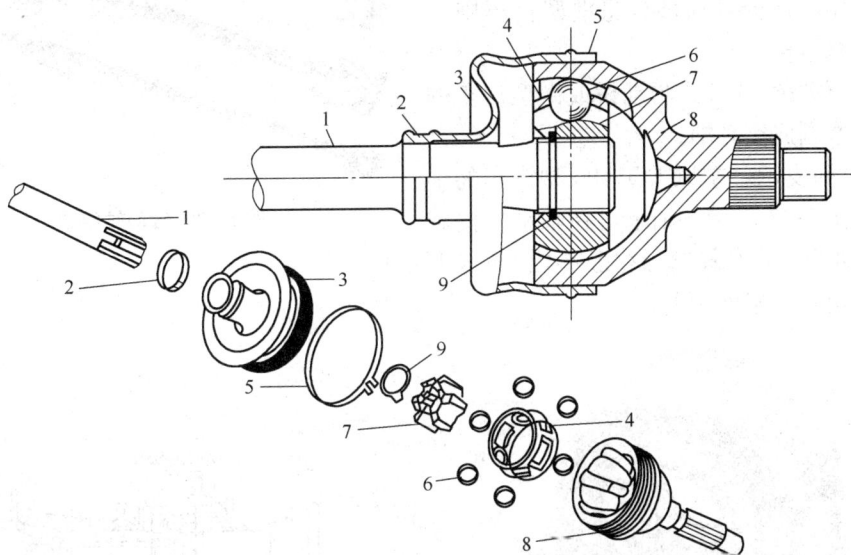

图 6-60　球笼式万向节

1. 主动轴　2、5. 钢带箍　3. 外罩　4. 保持架(球笼)　5. 钢球　7. 星形套(内滚道)　8. 球形壳(外滚道)　9. 卡环

球笼式万向节工作时六个钢球都参与传力,故承载能力强、磨损小、寿命长。它被广泛应用于各种型号的转向驱动桥和独立悬架的驱动桥。

b. 球叉式等速万向节。球叉式万向节如图 6-61 所示,它是由主动叉、从动叉、四个传动钢球、中心钢球、定位销、锁止销组成。主动叉与从动叉分别与内、外半轴制成一体。在主、从叉上,分别有四个曲面凹槽,装配后,则形成两个相交的环形槽,作为钢球滚道。四个传动钢球放在槽中,中心钢球放在两叉中心的凹槽内,以定中心。

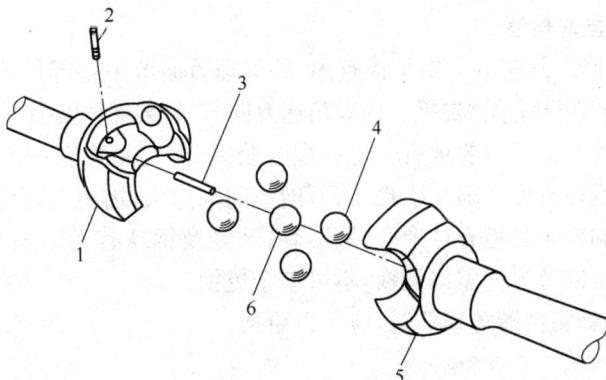

图 6-61　球叉式万向节

1. 从动叉　2. 锁止销　3. 定位销　4. 传动钢球　5. 主动叉　6. 中心钢球

球叉式万向节在工作的时候,只有两个钢球传力,磨损快,影响使用寿命,现在应用越来

越少。

　　(2)传动轴。传动轴实物如图 6-62 所示。传动轴有实心轴和空心轴之分。为了减轻传动轴的质量,节省材料,提高轴的强度、刚度,传动轴多为空心轴,一般用厚度为 1.5～3.0mm 的薄钢板卷焊而成,超重型货车则直接采用无缝钢管。

　　转向驱动桥、断开式驱动桥或微型汽车的传动轴通常制成实心轴。

　　(3)中间支承。东风 EQ1090 型汽车的中间支承如图 6-63 所示。轴承可在轴承座内轴向滑动,轴承座装在蜂窝形橡胶垫内,通过 U 形支架固定在车架横梁上。

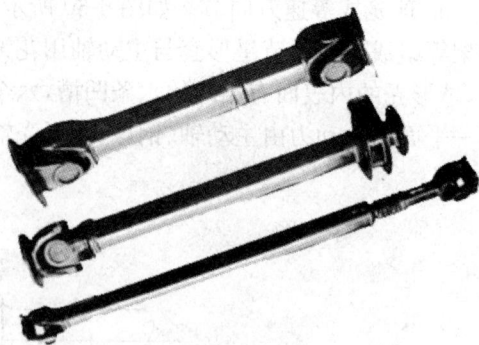

图 6-62　传动轴实物

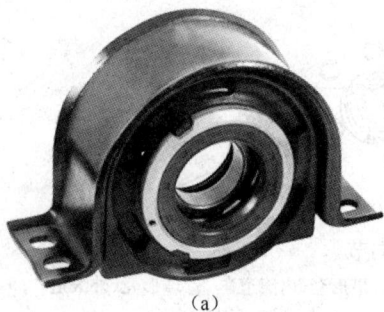

(a)

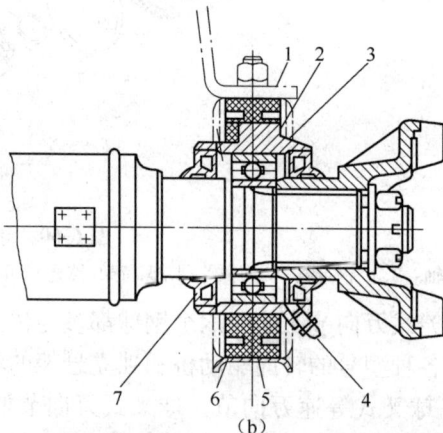

(b)

图 6-63　东风 EQ1090 型汽车的中间支承

(a)实物　(b)结构示意图

1. 车架横梁　2. 轴承座　3. 轴承　4. 注油嘴　5. 蜂窝形橡胶　6. U 形支架　7. 油封

2. 万向传动装置的检修

　　(1)万向节的检修。万向节主要是检查内、外等速万向节中各部件的磨损情况和装配间隙。一般外等速万向节酌情单件更换。内等角速万向节,如某部件磨损严重,则应整体更换。

　　外等速万向节的 6 颗钢球要求有一定的配合公差,并与星形套一起组成配合件。检查轴、球笼、星形套与钢球有无凹陷与磨损,若万向节间隙过大,需更换万向节。

　　内等速万向节的检修要检查球形壳、星形套、球笼及钢球有无凹陷与磨损,如磨损严重则应更换。内等速万向节只能整体调换,不可单个更换。

　　防尘罩及卡箍、弹簧挡圈等损坏时,应予以更换。

　　(2)传动轴的检查。

　　①传动轴弯曲检查。如图 6-64 所示,用专用工具百分表和百分表固定座检查传动轴弯曲,弯曲限度应在 0.5mm 以下。若超过该值,应当进行校正,并需经动平衡校正,也可直接更换。

②传动轴轴颈轴向侧隙检查。如图 6-65 所示,用塞尺检查传动轴轴颈轴向侧隙,应符合标准值。若超过极限,应当进行校正或更换。

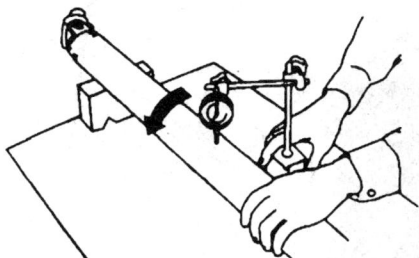

图 6-64　传动轴弯曲的检查

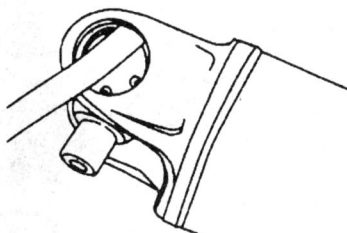

图 6-65　传动轴轴颈轴向侧隙的检查

③传动轴噪声检查。

a. 在高速时出现的噪声。整车有抖动感觉,一般是传动轴总成动平衡超过规定或已弯曲变形引起。应当进行校正,并需经动平衡校正,或是更换。

b. 在低速或变速时出现的噪声一般是零件磨损松动引起。如系滑动叉花键十字轴和滚针轴承磨损严重,则应更换整根传动轴。

维修提示:在安装十字轴轴承前,要对十字轴轴承座圈涂润滑脂。

(3)中间支承的检修。检查中间支承的橡胶垫环是否开裂、油封磨损是否过甚而失效、轴承松旷或内孔磨损是否严重,如图 6-66 所示,如果是,均应更换新的中间支承。

图 6-66　检查中间支承

二、驱动桥

1. 驱动桥的结构

(1)驱动桥总体结构。驱动桥一般是由主减速器、差速器、半轴、桥壳等组成,如图 6-67 所示。

驱动桥是传动系统的最后一个总成,发动机的动力传到驱动桥后,首先传到主减速器,在这里将转矩放大并降低转速后,经差速器分配给左右半轴,最后通过半轴外端的凸缘传到驱动车轮的轮毂。驱动桥的主要零部件都装在驱动桥的桥壳中。桥壳由主减速器壳和半轴套管组成。

(2)驱动桥主要部件结构。

①主减速器。图 6-68 所示为东风 EQ1090 型汽车单级主减速器。它由主、从动锥齿轮及其支承调整装置、主减速器壳等组成。

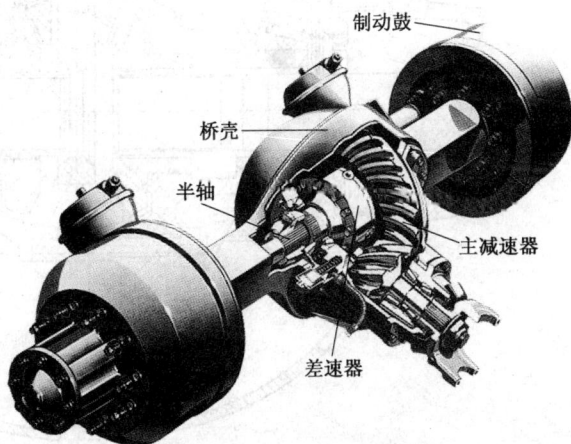

图 6-67　驱动桥的组成

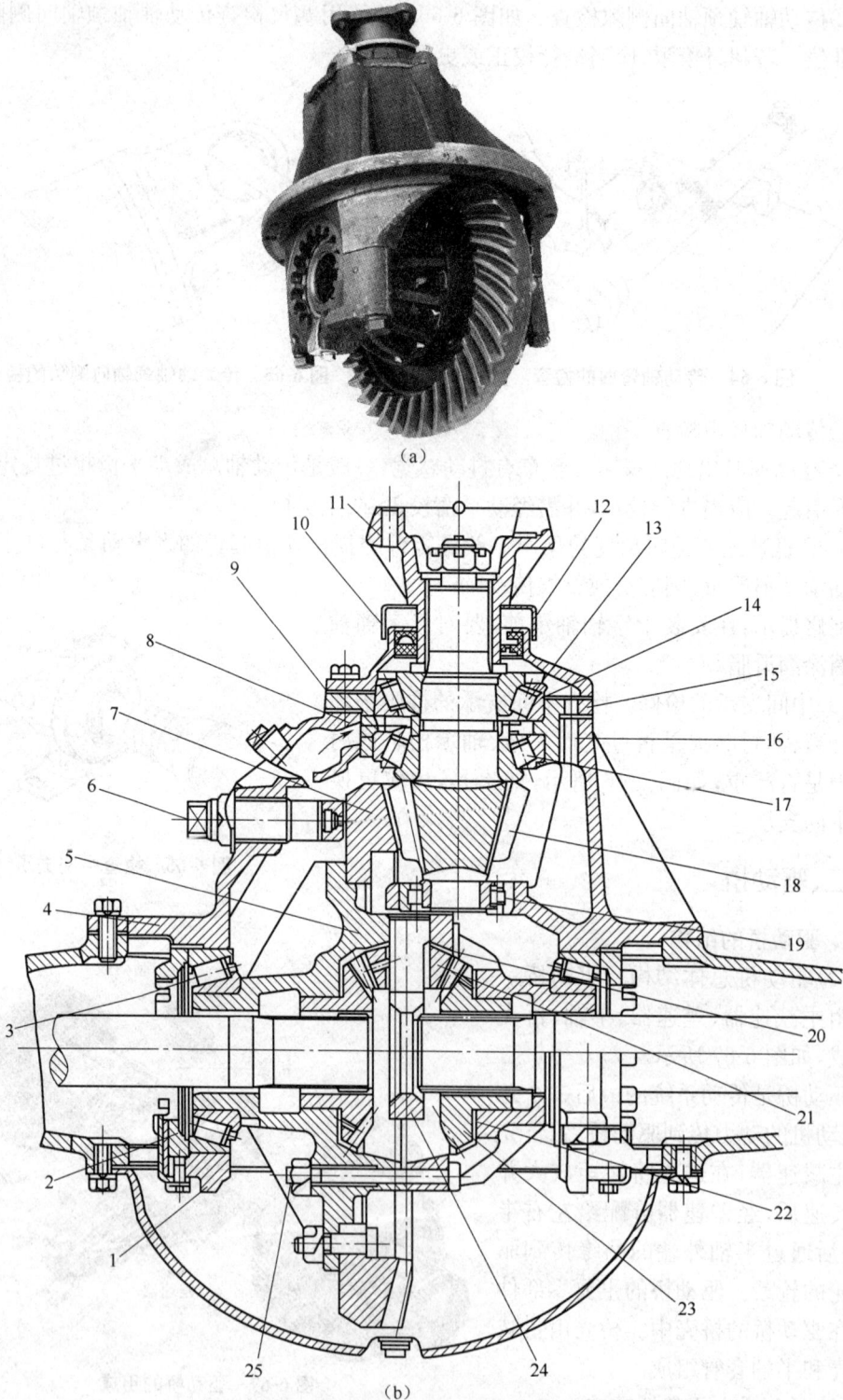

图 6-68　东风 EQ1090 型汽车单级主减速器

(a)实物　(b)结构图

1. 差速器轴承盖　2. 轴承调整螺母　3、13、17. 圆锥滚子轴承　4. 主减速器壳　5. 差速器壳　6. 支承螺柱　7. 从动锥齿轮
8. 进油道　9、14. 调整垫片　10. 防尘罩　11. 叉形凸缘　12. 油封　15. 轴承座　16. 回油道　18. 主动锥齿轮　19. 圆柱
滚子轴承　20. 行星齿轮垫片　21. 行星齿轮　22. 半轴齿轮推力垫片　23. 半轴齿轮　24. 行星齿轮轴(十字轴)　25. 螺栓

②差速器。差速器主要由差速器壳、半轴齿轮、行星齿轮、十字轴(有的差速器省略十字轴)组成,结构如图 6-69 所示。

③半轴。半轴的功用是将差速器传来的动力传给驱动轮。半轴的结构如图 6-70 所示。

2. 驱动桥的检修

(1)半轴的检修。

①半轴应进行隐伤检查,不得有任何形式的裂纹存在。

②半轴花键应无明显的扭转变形。

图 6-69　差速器结构

(a)　　　　　　　　　　(b)

图 6-70　半轴的结构
(a)货车半轴(后驱)　(b)轿车半轴(前驱)

③以半轴轴线为基准,半轴中段未加工圆柱体的径向圆跳动误差不得大于 1.3 mm;花键外圆柱面的径向圆跳动误差不得大于 0.25 mm;半轴凸缘内侧的端面圆跳动误差不得大于 0.15mm。径向圆跳动超限,应进行冷压校正;端面圆跳动超限,可车削端面进行修正。

④半轴花键的侧隙增大量较原厂规定不得大于 0.15 mm。

⑤对前轮驱动汽车的半轴总成(带两侧等角速万向节)还应进行以下作业内容:

a. 外端球笼万向节用手感检查应无径向间隙,否则应予更换。

b. 内侧三叉式万向节可沿轴向滑动,但应无明显的径向间隙感,否则换新。

c. 检查防尘套是否有老化破裂,卡箍是否有效可靠。如失效,应予换新。

(2)桥壳的检修。

①桥壳和半轴套管不允许有裂纹存在,半轴套管应进行探伤处理。各部螺纹损伤不得超过 2 牙。

②钢板弹簧座定位孔的磨损不得大于 1.5mm,超限时先进行补焊,然后按原位置重新钻孔。

③整体式桥壳以半轴套管的两内端轴颈的公共轴线为基准,两外轴颈的径向圆跳动误差超过 0.30mm 时应进行校正,校正后的径向圆跳动误差不得大于 0.08mm。

④分段式桥壳以桥壳的接合圆柱面、接合平面及另一端内锥面为基准,轮毂的内外轴颈的径向圆跳动误差超过 0.25 mm 时应进行校正,校正后的径向圆跳动误差不得大于 0.08mm。

⑤桥壳承孔与半轴套管的配合及伸出长度应符合原厂规定,如半轴套管承孔的磨损严重,可将座孔镗至修理尺寸,更换相应的修理尺寸的半轴套管。

⑥滚动轴承与桥壳的配合应符合原厂规定。

第六节　行驶系统结构与维修

一、行驶系统的结构

1. 车桥的结构

按车桥上车轮的作用不同,车桥分为转向桥、驱动桥、转向驱动桥和支持桥四种类型,如图 6-71 所示。在后轮驱动的汽车中,前桥不仅用于承载,而且兼起转向作用,称为转向桥;后桥不仅用于承载,而且兼起驱动的作用,称为驱动桥;越野汽车和前轮驱动汽车的前桥,除了承载和转向的作用外,还兼起驱动作用,所以称为转向驱动桥。

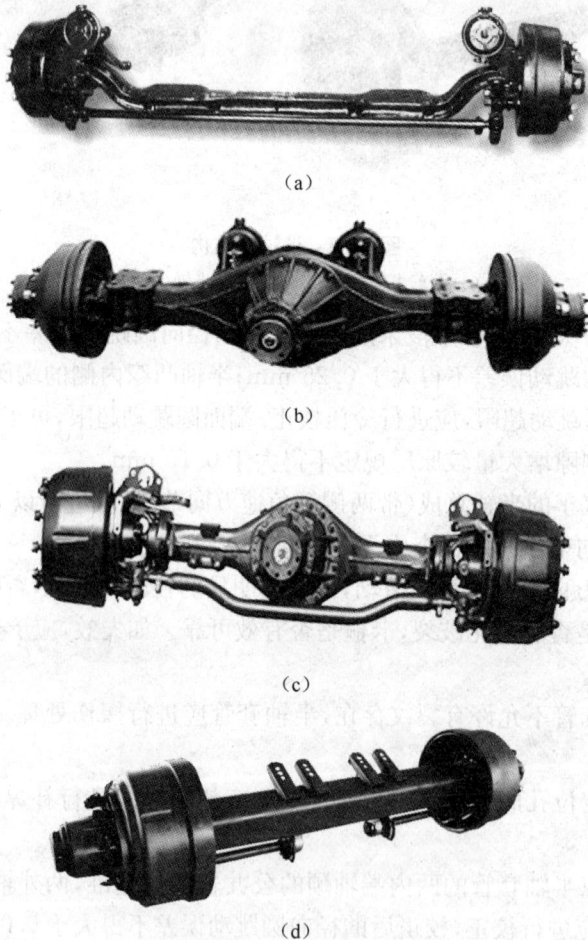

(a)

(b)

(c)

(d)

图 6-71　车桥的类型

(a)转向桥　(b)驱动桥　(c)转向驱动桥　(d)支持桥

说明:只起支承作用的车桥称为支持桥。挂车的车桥就是支持桥。支持桥除不能转向外,其他功能和结构与转向桥相同。

(1)转向桥的结构。各种车型的转向桥结构基本相同,主要由前轴、转向节和主销等组成,如图 6-72 所示。

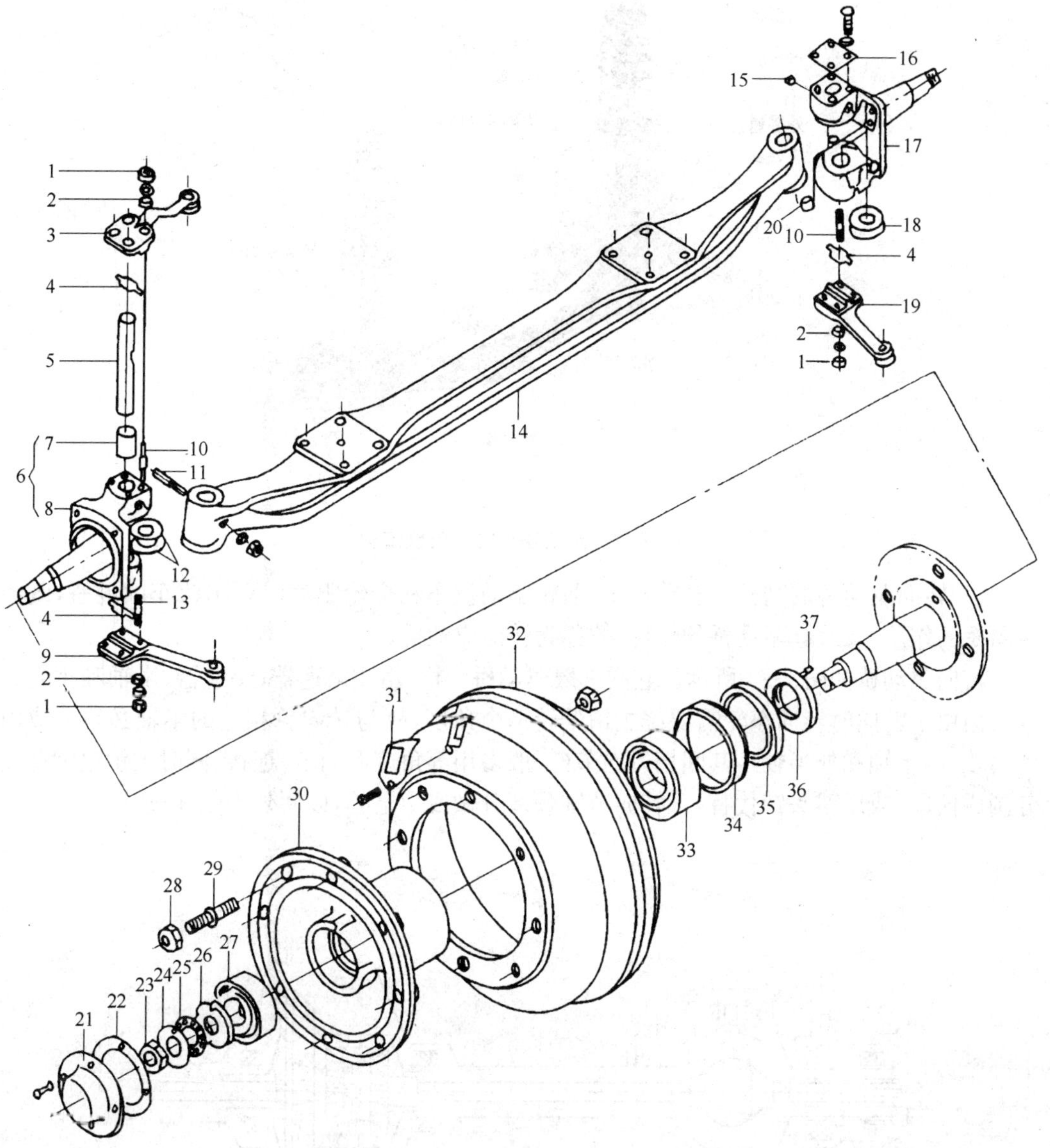

图 6-72　转向桥

1. 紧固螺母　2. 锥套　3. 转向节臂　4. 密封垫　5. 主销　6. 左转向节总成　7. 衬套　8. 左转向节　9. 左转向梯形臂　10、13. 双头螺柱　11. 楔形锁销　12. 调整垫片　14. 前轴　15. 油嘴　16. 右转向节上盖　17. 右转向节　18. 止推轴承　19. 右转向梯形臂　20. 限位螺栓　21. 轮毂盖　22. 衬垫　23. 锁紧螺母　24. 止动垫圈　25. 锁紧垫圈　26. 调整螺母　27. 前轮毂外轴承　28. 螺母　29. 螺栓　30. 车轮轮毂　31. 检查孔堵塞　32. 制动鼓　33. 前轮毂内轴承　34. 轮毂油封外圈　35. 轮毂油封总成　36. 轮毂油封内圈　37. 定位销

前轴是转向桥的主体,一般由中碳钢经模锻而成。转向节是一个叉形部件。上下两叉制有同轴销孔,通过主销与前轴的拳部相连,使前轮可以绕主销偏转一定角度而使汽车转向。车轮轮毂通过两个圆锥滚子轴承支承在转向节轴颈上。

典型轿车的转向桥结构如图 6-73 所示。

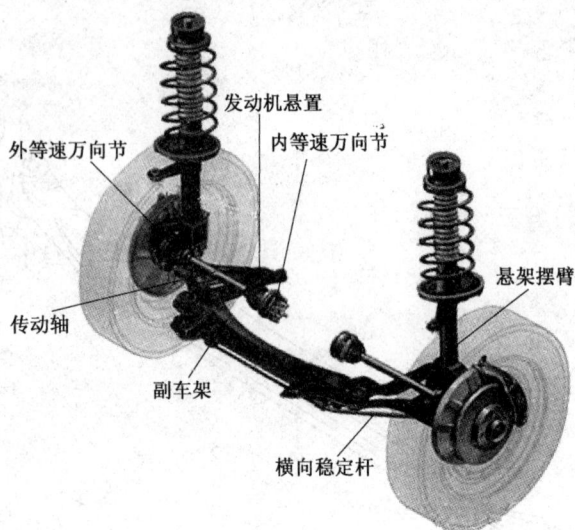

图 6-73　典型轿车的转向桥结构

（2）转向驱动桥的结构。越野汽车、前轮驱动汽车和全轮驱动（4WD）汽车的前桥,既起转向桥的作用,又兼起驱动桥的作用,故称为转向驱动桥。

转向驱动桥如图 6-74 所示。它同一般驱动桥一样,由主减速器、差速器、半轴和桥壳组成。但由于转向时转向车轮需要绕主销偏转一个角度,故与转向轮相连的半轴必须分成内外两段（内半轴和外半轴）,其间用万向节（一般多用等角速万向节）连接,同时主销也因此而分制成两段（或用球头销代替）。转向节轴颈部分做成中空的,以便外半轴穿过其中。

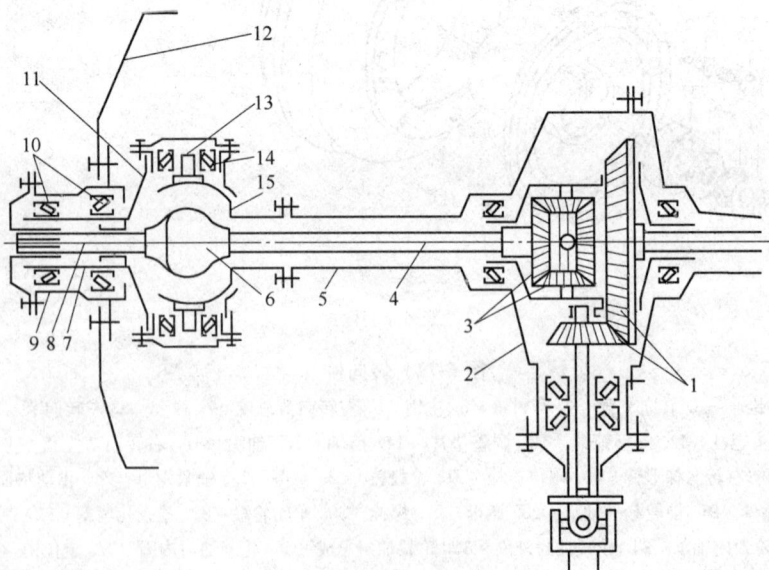

图 6-74　转向驱动桥示意图

1. 主减速器　2. 主减速器壳　3. 差速器　4. 内半轴　5. 半轴套管　6. 万向节　7. 转向节轴颈　8. 外半轴
9. 轮毂　10. 轮毂轴承　11. 转向节壳体　12. 车轮　13. 主销　14. 主销轴承　15. 球形支座

2. 车轮定位

为了保证汽车直线行驶的稳定性和操纵的轻便性,减少轮胎和其他机件的磨损,转向轮、转向节和前轴三者与车架的安装应保持一定的相对位置关系,这种安装位置关系称为转向车轮定位,也称前轮定位。

转向轮定位包括车轮外倾、主销后倾、主销内倾及前束四个参数。

3. 车架与悬架的结构

汽车上采用的车架有四种类型:边梁式车架、中梁式车架、综合式车架和无梁式车架。目前汽车上多采用边梁式车架和无梁式车架。

(1)边梁式车架。边梁式车架如图 6-75 所示,它有两根纵梁和若干根横梁构成。纵梁和横梁之间通过铆接或焊接的方法连接起来。这种车架结构简单、便于整车的布置,所以在各种类型的汽车上都广泛应用。

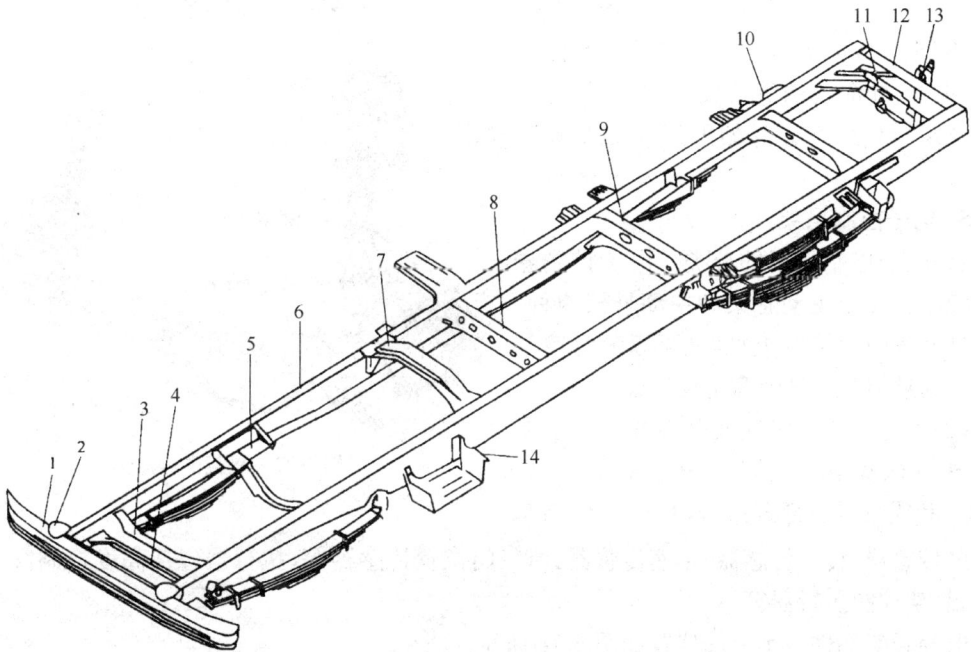

图 6-75　边梁式车架

1. 保险杠　2. 挂钩　3. 前横梁　4. 发动机前悬置横梁　5. 发动机后悬支架及横梁　6. 纵梁　7. 驾驶室后悬置横梁　8. 第四横梁　9. 后钢板弹簧前支架横梁　10. 后钢板弹簧后支架横梁　11. 角撑横梁组件　12. 后横梁　13. 拖钩　14. 蓄电池托架

(2)无梁式车架。无梁式车架是用车身兼做车架,汽车的所有零部件、总成都安装在车身上,车身要承受各种载荷的作用,因而这种车身又成为承载式车身,广泛用于轿车和客车,如图 6-76 所示。

(3)中梁式车架和综合式车架。由于这两种车架结构复杂,加工制造及维修困难,所以目前很少应用。

4. 悬架

悬架是车架(或车身)与车桥(或车轮)之间一切传力连接装置的总称。现代汽车的悬架

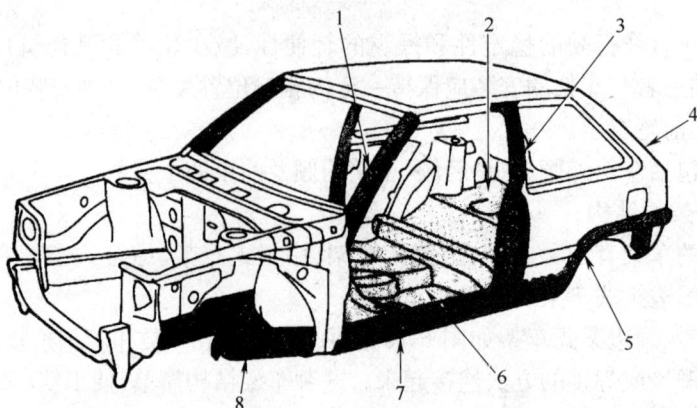

图 6-76 承载式车身

1.A柱 2.行李舱底板 3.B柱 4.后围侧板 5.后纵梁 6.底板 7.车门栏板 8.前纵梁

虽有不同的结构形式,但一般都由弹性元件、减振器、导向机构等组成,轿车一般还有横向稳定器(杆)等。悬架的组成如图 6-77 所示。

5. 电子控制悬架

(1)电子控制悬架的分类。电子控制悬架系统主要有半主动悬架和主动悬架两种。主动悬架按照弹簧的类型,又可以分为空气弹簧主动悬架和油气弹簧主动悬架。

(2)电控悬架的组成及部件在车上的布置。电控悬架由传感器、电子控制单元(ECU)和执行器三部分组成,传感器包括车

图 6-77 悬架的组成

身高度传感器、转向传感器、车速传感器、节气门位置传感器等,执行器包括高度控制阀、排气阀、悬架控制执行器等。

电控悬架部件在车上的位置如图 6-78 所示。

6. 车轮与轮胎的结构

(1)车轮总成的组成。汽车车轮总成如图 6-79 所示,是由车轮和轮胎两大部分组成,是汽车行驶系统的重要部件。

(2)车轮的组成。车轮一般是由轮毂、轮辋和轮辐组成,如图 6-80 所示。轮毂通过圆锥滚子轴承装在车桥或转向节轴径上,用于连接车轮与车桥。轮辋用于安装和固定轮胎。轮辐将轮毂和轮辋连接起来,并通过螺栓与轮毂连接起来。

(3)轮胎。

①有内胎轮胎。有内胎轮胎由外胎、内胎和垫带等组成,使用时安装在汽车车轮的轮辋上,如图 6-81 所示。

内胎是一个环形的橡胶管,上面装有气门嘴,以便充入或排出空气。垫带是一个环形的橡胶带,它垫在内胎与轮辋之间,以保护内胎不被轮辋和胎圈磨伤。

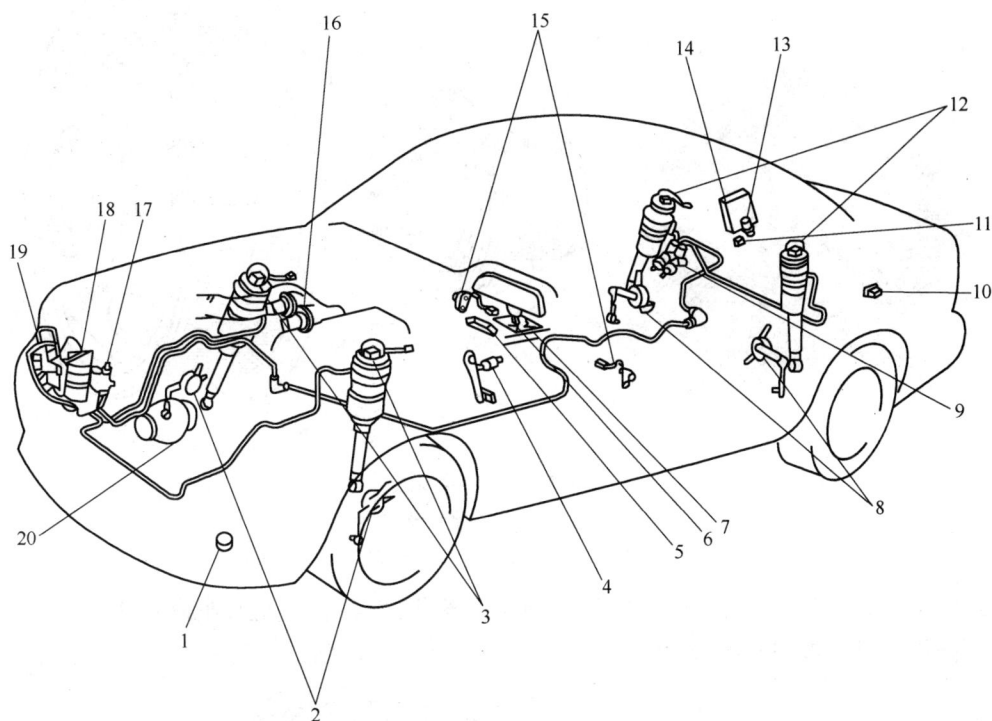

图 6-78 电控悬架部件在车上的位置

1.1 号高度控制继电器 2. 前车身高度传感器 3. 前悬架控制执行器 4. 制动灯开关 5. 转向传感器 6. 高度控制开关 7. LRC 开关 8. 后车身高度传感器 9.2 号高度控制阀和溢流阀 10. 高度控制 ON/OFF 开关

11. 高度控制连接器 12. 后悬架控制执行器 13.2 号高度控制继电器 14. 悬架 ECU 15. 门控灯开关

16. 主节气门位置传感器 17.1 号高度控制阀 18. 高度控制压缩机 19. 干燥器和排气阀 20.IC 调节器

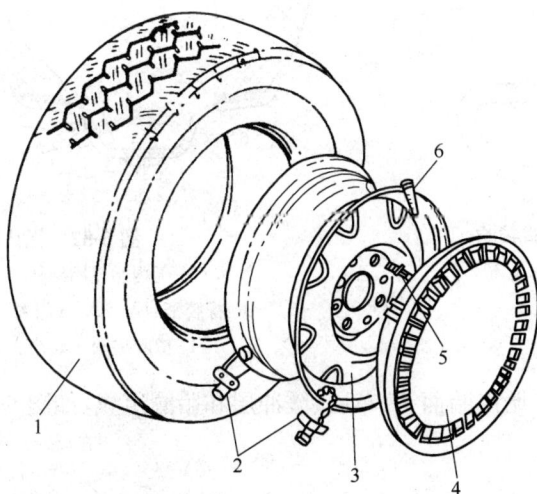

图 6-79 车轮总成

1. 轮胎 2. 平衡块 3. 车轮 4. 装饰罩 5. 螺栓 6. 气门嘴

②无内胎轮胎。无内胎轮胎俗称真空胎,在外观上与普通轮胎相似,但是没有内胎及垫

(a)　　　　　　　　　(b)

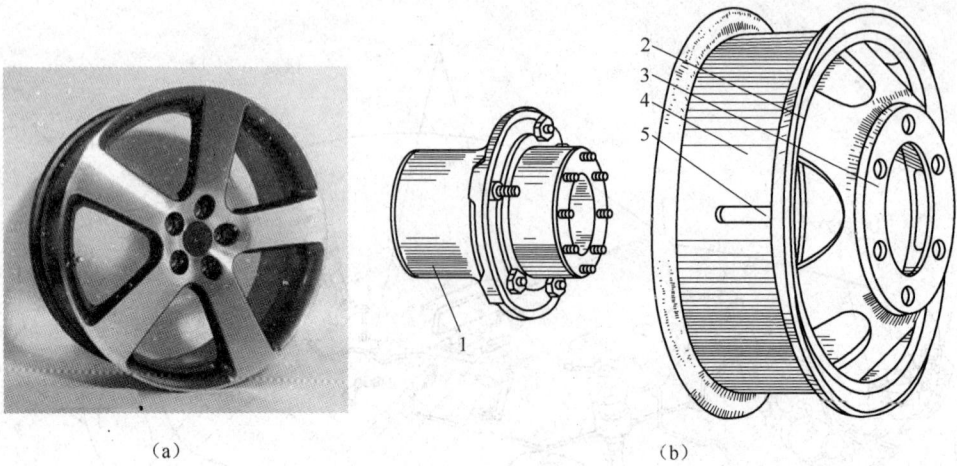

图 6-80　车轮的组成

(a)实物　(b)结构图

1. 轮毂　2. 挡圈　3. 轮辐(辐板式)　4. 轮辋　5. 气门嘴出口

带。它的气门嘴用橡胶垫圈和螺母直接固定在轮辋上,空气直接充入外胎中,其密封性由外胎和轮辋来保证,如图 6-82 所示。

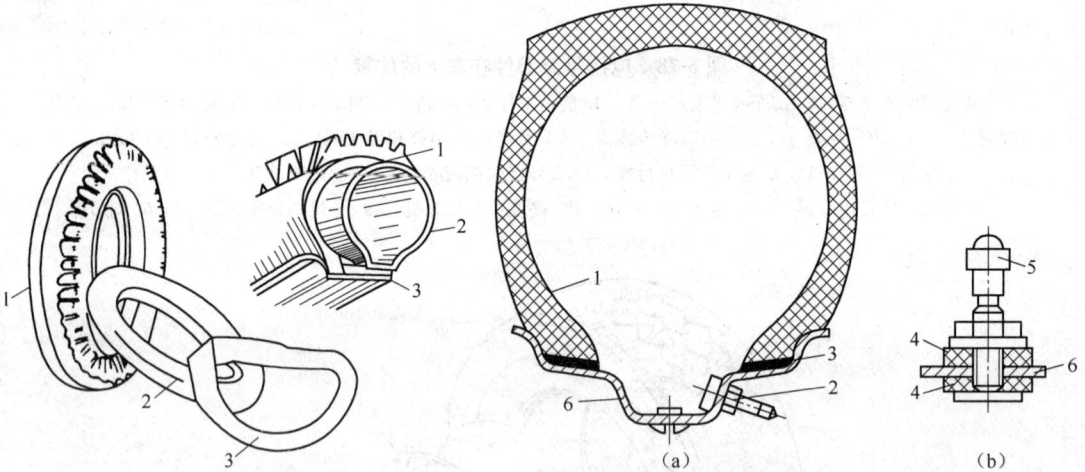

图 6-81　有内胎轮胎

1. 外胎　2. 内胎　3. 垫带

(a)　　　　　　(b)

图 6-82　无内胎轮胎

(a) 无内胎轮胎结构　(b) 气门嘴结构

1. 橡胶密封层　2. 气门嘴　3. 胎圈橡胶密封层

4. 橡胶垫圈　5. 气门螺母　6. 轮辋

③外胎的结构。外胎由胎面、帘布层、缓冲层和胎圈组成,如图 6-83 所示。

二、行驶系统维修

1. 前轴的检修

前轴的结构如图 6-84 所示。

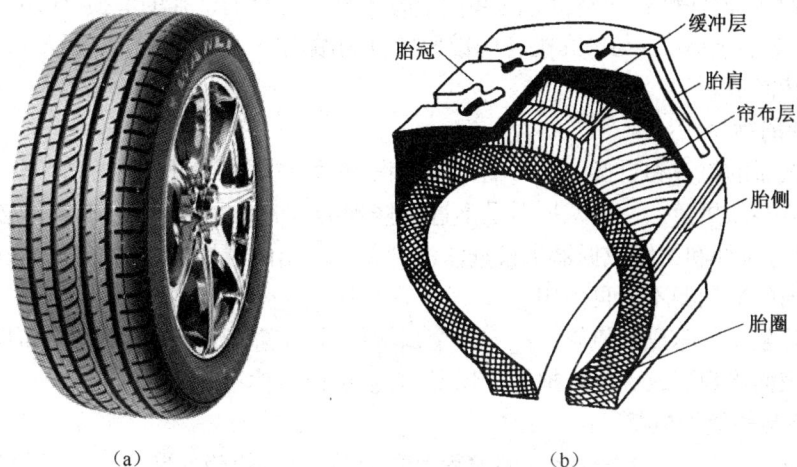

图 6-83　外胎的结构
(a)实物　(b)结构

图 6-84　前轴的结构

(1)磨损的检修。若钢板弹簧座平面磨损大于 2mm,定位孔磨损大于 1mm,应堆焊后加工修复或更换新件。

(2)主销承孔磨损的检修。承孔与主销的配合间隙标准值:轿车不大于 0.10mm,载货汽车不大于 0.20mm。磨损超过标准,可采用镶套法修复。

(3)前轴变形的检修。

①前轴变形的检验。可通过角尺测量出的数值判断前轴是否有弯曲和扭转变形。

②前轴校正方法。前轴变形校正必须在钢板弹簧座和定位孔、主销孔磨损修复后进行,以便减少检验、校正的积累误差,提高生产率。一般是采用冷压校正法。

2. 转向节的检修

(1)隐伤的检验。应重点对转向节的油封轴颈处进行隐伤检验,一旦发现疲劳裂纹,只能更换,不许焊修。

(2)磨损的检修。转向节的结构如图 6-85 所示。

①转向节轴磨损的检修。轴颈与轴承的配合间隙:轴颈直径不大于 40mm 时,配合间隙为 0.040mm;轴颈直径大于 40mm 时,配合间隙为 0.055mm。转向节轴轴颈磨损超标后应更换新件。

②转向节轴锁止螺纹的检验。损伤不多于 2 牙。锁止螺母只能用扳手拧入,若能用手拧入,说明螺纹中径磨损松旷,应予以修复或更换转向节。

图 6-85　转向节的结构
1. 转向节锥孔　2. 转向节轴
3. 转向节锁上螺纹

③转向节上面的锥孔的检验。与转向节臂等杆件配合的锥孔的磨损,应用塞尺检验,其接触面积不得小于 70%,与锥孔配合的锥颈的推力端面沉入锥孔的沉入量不得小于 2mm。否则,更换转向节。

3. 悬架的检修

(1)减振器的检查和更换。在车辆行驶过程中,如减振器发出异常的响声,则说明该减振器已损坏,必须更换。一般减振器是不进行修理的,如有很小的渗油现象不必调换,如漏油较多可通过拉伸和压缩减振器来检查渗油现象。漏出的减振器油不能再加入减振器内重新使用,漏油的减振器不能再使用。

(2)前悬架支柱总成的检修。在零件全部解体后,应进行清洗、检查,必要时测量。如有严重磨损、表面出现裂纹、变形、损坏等情况,必须更换新件。

4. 车轮与轮胎的检修

轮胎的检查主要是检查轮胎的磨损程度和轮胎气压,轮胎的磨损程度的检查包括胎面花纹深度的检查和轮胎异常磨损的检查。

(1)胎面花纹深度的检查。GB 7258—1997《机动车运行安全技术条件》规定,轿车轮胎胎冠上花纹磨损至花纹深度小于 1.6mm(磨损标志),载货汽车转向轮胎冠上的花纹深度小于 3.2mm,其余轮胎胎冠花纹深度小于 1.6mm 时,应停止使用。轮胎花纹深度可用深度尺进行测量。

(2)轮胎异常磨损的检查。检查轮胎的异常磨损,可以发现故障的早期征兆和原因,以便及时排除影响轮胎寿命的不良因素,防止早期磨损和损坏。具体内容见下面的轮胎常见故障诊断。

(3)轮胎气压的检查。轮胎气压可用气压表进行检查。注意:不同的车辆,轮胎的气压值也许不同,检查时应参看相应车辆的维修手册。一般桑塔纳 2000 轿车前轮的胎压为 0.18MPa,后轮的胎压为 0.22MPa。

第七节　转向系统结构与维修

一、转向系统的结构

1. 机械转向系统的组成与结构

机械转向系统由转向器、转向操纵机构和转向传动机构三大部分组成,如图 6-86 所示,机械转向系统机件名称和一般布置情况如图 6-87 所示。

(1)转向器。转向器的种类较多,一般按转向器中的传动副的结构形式分类。目前应用较广泛的有循环球式、齿轮齿条式和蜗杆曲柄指销式等几种转向器,实物如图 6-88 所示。

图 6-86　转向系统的组成

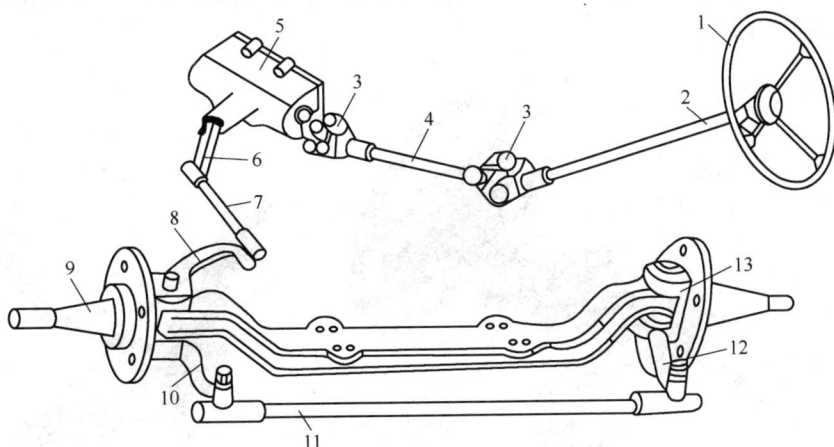

图 6-87 机械转向系统示意图

1.转向盘 2.转向轴 3.转向万向节 4.转向传动轴 5.转向器 6.转向摇臂 7.转向直拉杆
8.转向节臂 9.左转向节 10、12.梯形臂 11.转向横拉杆 13.右转向节

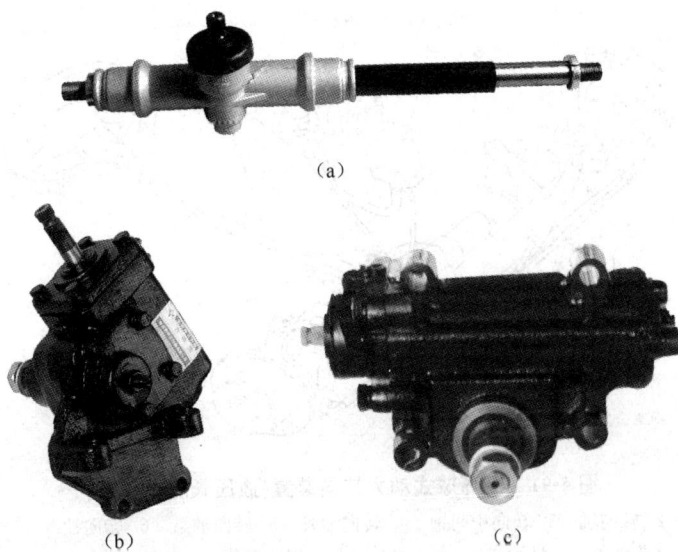

(a)

(b) (c)

图 6-88 转向器实物

(a)齿轮齿条式转向器 (b)循环球式转向器 (c)蜗杆曲柄指销式转向器

(2)转向操纵机构。转向操纵机构一般由转向盘、转向轴及转向节叉等组成。轿车转向操纵机构如图 6-89 所示。

(3)转向传动机构。如图 6-90 所示,转向传动机构一般由转向摇臂、转向直拉杆、转向节臂、梯形臂和转向横拉杆等组成。各杆件之间都采用球形铰链连接,并设有防止松动、缓冲吸振、自动消除磨损后的间隙等的结构。

2. 动力转向系统的结构

(1)液压式动力转向装置的组成。如图 6-91 所示,循环球式转向器液压动力转向装置的部件有:转向油泵5、转向油管4、转向油罐6以及位于整体式动力转向器10内部的转向控制阀及转向动力缸等。

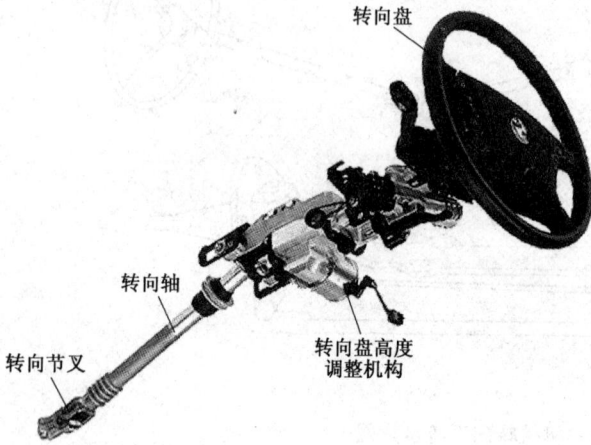

图6-89　轿车转向操纵机构

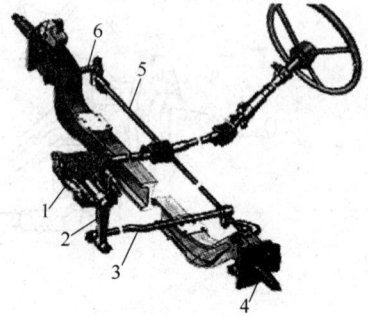

图6-90　转向传动机构

1.转向器　2.转向摇臂　3.转向直拉杆
4.转向节　5.转向横拉杆　6.梯形臂

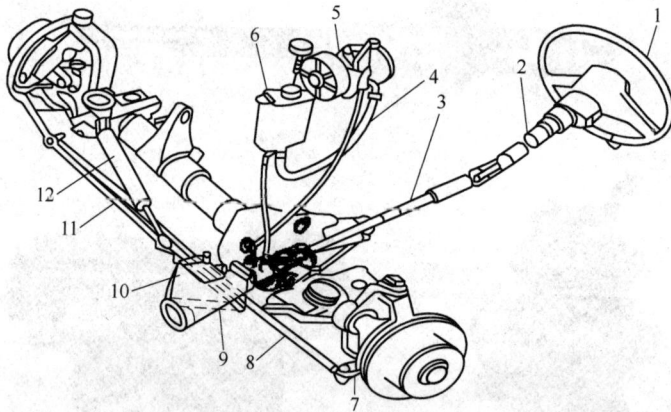

图6-91　循环球式动力转向装置(液压长流转阀式)

1.转向盘　2.转向轴　3.转向中间轴　4.转向油管　5.转向油泵　6.转向油罐　7.转向节臂
8.转向横拉杆　9.转向摇臂　10.整体式转向器　11.转向直拉杆　12.转向减振器

桑塔纳2000型轿车和马自达6轿车的液压动力转向装置分别如图6-92、图6-93所示,这是一种十分常见的齿轮齿条式动力转向系统。

图6-94所示为常见的齿轮齿条式动力转向器实物。

(2)动力转向油泵的类型。转向油泵可分以下几种类型:齿轮式(图6-95)、叶片式(图6-96)、转子式(图6-97)。

3. 电动动力转向系统组成与结构

电动动力转向系统(简称EPS)系统利用直流电动机提供转向动力,辅助驾驶人进行转向操作。电动动力转向系统根据其助力机构的不同可以分为电动液压式(简称EPHS)和电动机直接助力式两种。

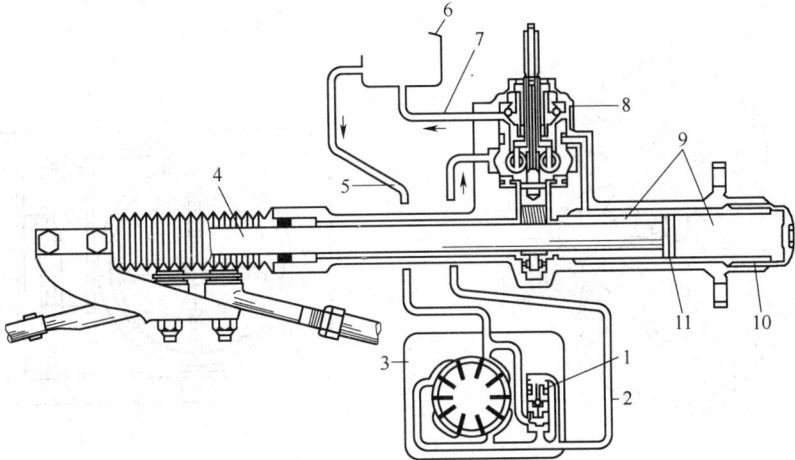

图 6-92　齿轮齿条式动力转向系统机构示意

1. 压力和流量限制阀　2. 高压油管　3. 转向油泵(叶轮泵)　4. 齿条　5. 吸油管
6. 储油罐　7. 回油管　8. 转向控制阀　9. 压力室　10. 动力油缸　11. 活塞

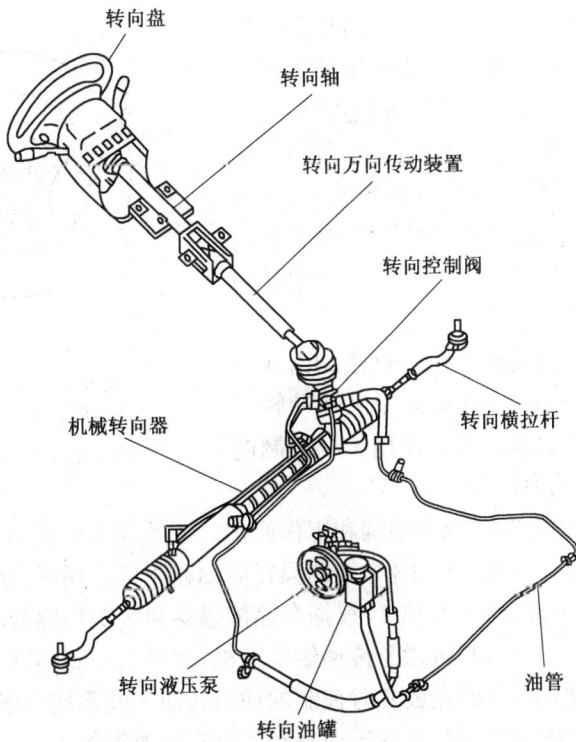

图 6-93　马自达 6 轿车动力转向系统的组成

图 6-94　常见的齿轮齿条式动力转向器实物

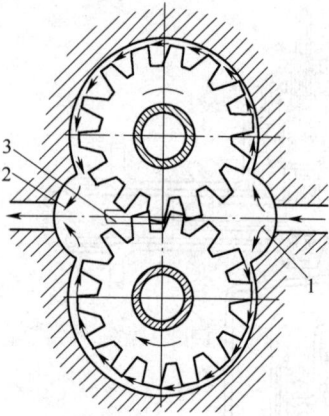

图 6-95　齿轮式转向油泵
1. 进油口　2. 出油口　3. 卸荷槽

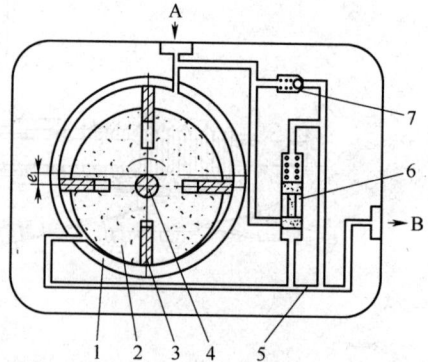

图 6-96　叶片式转向油泵
1. 定子　2. 转子　3. 叶片　4. 转子轴　5. 节流孔
6. 溢流阀　7. 安全阀　A. 进油孔　B. 出油孔

(1)电动液压动力转向系统(简称 EHPS)。图 6-98 所示为上汽大众波罗轿车电动液压动力转向系统组成示意图,其特点是由 ECU 提供供油特性,汽车低速行驶时助力作用大,驾驶人操纵轻便灵活;在高速行驶时转向系统的助力作用减弱,驾驶人的操纵力增大,具有明显的"路感",既保证转向操纵的舒适性和灵活性,又提高了高速行驶中转向的稳定性和安全感。

(2)直接助力式电动转向系统。直接助力式电动转向系统是一种直接依靠电动机提供辅助转矩的动力转向系统,可以根据不同的使用工况控制电动机提供不同的辅助动力。

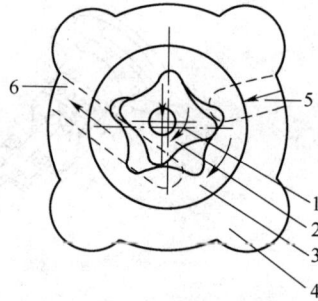

图 6-97　转子式转向油泵
1. 主动轴　2. 内转子　3. 外转子
4. 油泵壳体　5. 进油口　6. 出油口

①直接助力式电动转向系统的结构和工作原理。该系统的组成示意图如图 6-99 所示,当转向轴转动时,转矩传感器开始工作,把两段转向轴在扭杆作用下产生的相对转角转变成电信号传给电子控制单元(ECU),ECU 根据车速传感器和转矩传感器的信号决定电动机的旋转方向和助力电流的大小,并将指令传递给电动机,通过离合器和减速机构将辅助动力施加到转向系统(转向轴)中,从而完成实时控制的动力转向。此系统一般由转矩传感器、电控单元(微处理器)、电动机、减速器、机械转向器和蓄电池电源等组成。

②直接助力式电动转向系统的分类。根据电动机布置位置的不同,直接助力式电动转向系统可以分为转向轴助力式、齿轮助力式、齿条助力式三种类型,如图 6-100 所示。

齿轮助力式电动转向器实物(奇瑞 QQ 车型)如图 6-101 所示。

有的车型(如本田雅阁、一汽奔腾轿车)的前轮载荷较大,所需要的转向辅助力也大,因此辅助力直接作用在齿条上,结构如图 6-102 所示。

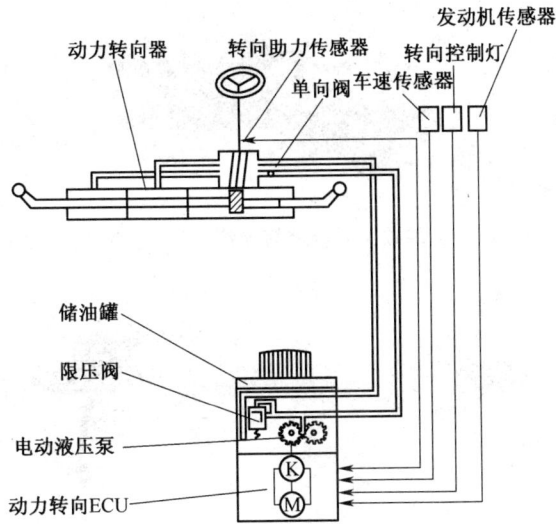

图 6-98　上汽大众波罗轿车电动液压动力转向系统组成示意图

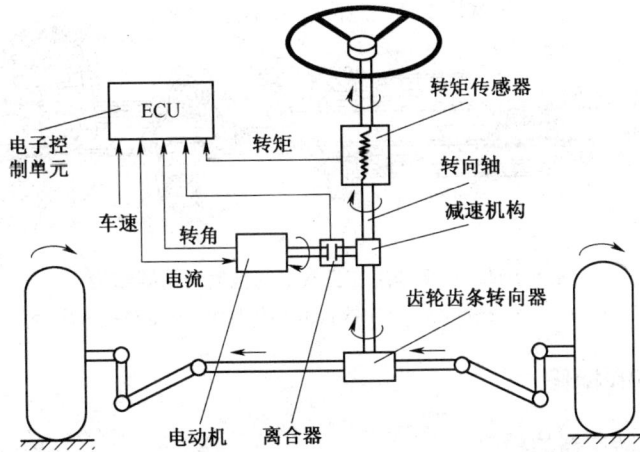

图 6-99　直接助力式电动转向系统组成示意图

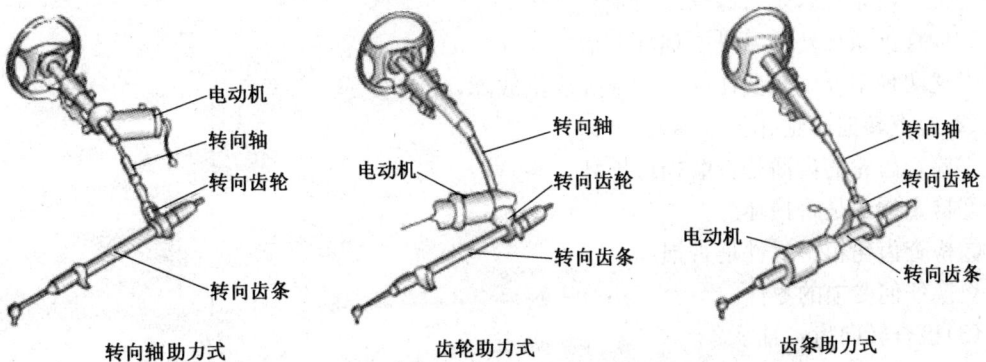

转向轴助力式　　　　齿轮助力式　　　　齿条助力式

图 6-100　直接助力式电动转向系统的分类

图 6-101　齿轮助力式电动转向器实物(奇瑞 QQ 车型)

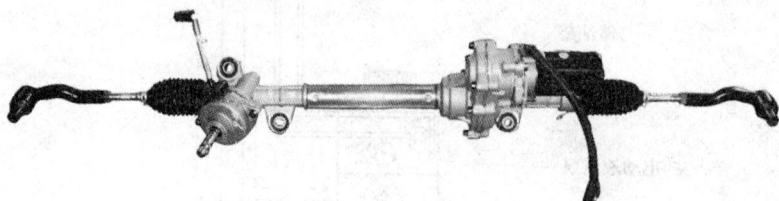

(a)

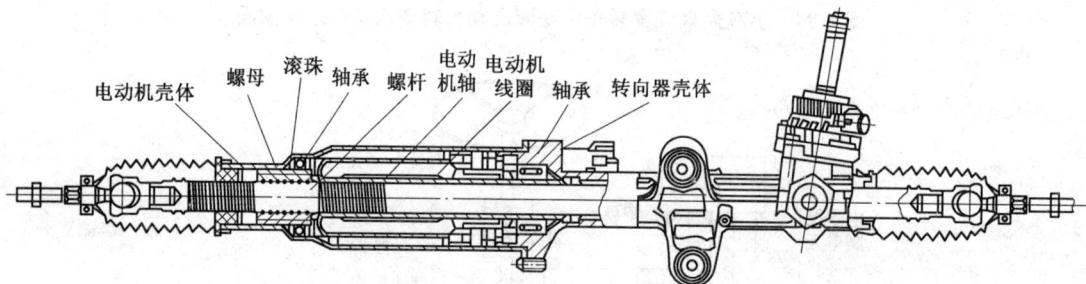

(b)

图 6-102　直接作用在齿条上的电动转向器结构
(a)一汽奔腾轿车电动转向器　(b)本田雅阁轿车电动转向器

二、转向系统的检修

1. 齿轮齿条式转向器的检查

(1)检查齿条柱塞(图 6-103)。

①检查齿条柱塞是否磨损或者损坏。

②检查齿条柱塞弹簧是否损坏变形。

上述两种情况中只要任何一种情况发生故障,应予以更换。

(2)检查转向齿轮(图 6-104)。

①检查齿轮的齿面是否磨损或损坏。

②检查油封是否损坏。

③检查齿轮箱密封件是否损坏。

更换任何受损的零件。

(3)检查转向齿轮轴承。

①检查轴承的旋转状态。

②检查零件是否磨损。

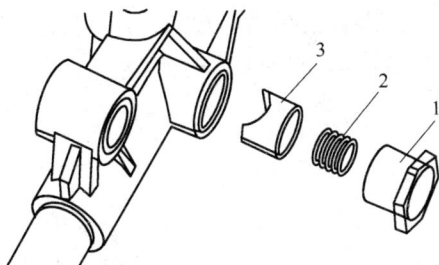

图 6-103 检查齿条柱塞
1. 齿条减振垫螺钉 2. 齿条柱塞弹簧
3. 齿条柱塞

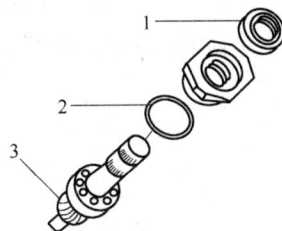

图 6-104 检查转向齿轮
1. 齿轮箱油封 2. O形环
3. 转向齿轮

如果发现损坏,更换齿轮箱总成。

(4)检查转向齿条(图 6-105)。检查齿条是否有偏差,磨损或者损坏,检查背面是否磨损或者损坏。齿条偏差范围:0.1mm。如果偏差超过范围,应更换齿条。

(5)齿轮齿条式转向器的调整。调整转向齿条与转向齿轮的啮合间隙。常见的有两类:一是改变转向齿条导块与盖之间的垫片厚度来调整转向齿条与转向齿轮轮齿的啮合深度,完成预紧力的调整;另一种方法是用盖上的调整螺塞改变转向齿条导块与弹簧座之间的间隙值,完成啮合深度,即预紧力的调整。

2. 循环球式转向器的检查

(1)转向器壳体的检修:若壳体、侧盖产生裂纹,应更换。

(2)转动螺杆与转向螺母的维修。转向螺杆与转向螺母的钢球滚道无疲劳磨损、划痕等耗损,钢球与滚道的配合间隙不得大于 0.10mm。转向螺杆若产生隐伤、滚道疲劳剥落、三角键有台阶形损伤或扭曲,应更换。

(3)摇臂轴的检修。摇臂若产生裂纹应更换,不许焊修。轴端花键出现台阶形磨损、扭曲变形,应更换。支承轴颈磨损超限,应更换。

(4)循环球转向器的调整。

①检查用于转向螺母与齿扇啮合间隙的调整螺钉的轴向间隙,此间隙若大于 0.12mm,在调整螺钉与摇臂上的轴孔端面间加推力垫片调整。

②通过增减下盖调整垫片或用下盖上的调整螺塞调整转向螺杆的轴承紧度。然后检查转向盘的转向力矩,一般为 0.6~0.9N·m。

③调整转向器啮合间隙。使转向器的传动副处于中间位置(直行位置)。通过调整螺钉,调整转向器传动副的啮合间隙,在直线位置上应呈无间隙啮合。

3. 蜗杆曲柄指销式转向器的检查

(1)转向蜗杆的检修。滚道表面严重磨损或出现严重压痕、疲劳剥落和裂纹等耗损时,轴承轴颈出现疲劳磨损时,均应更换新件。

(2)摇臂轴的检修。扇形块、花键出现明显的扭曲时应更换;摇臂轴任何部位出现裂纹都应更换,禁止焊修;支承轴颈磨损逾限,须刷镀修理或更换。

(3)检查指销轴承组件。指销头部产生疲劳剥落或已经产生偏磨或破裂,更换组件;用两个手指捏住指销头部转动,应转动自如,指销在轴承内若有轴向窜动,视情况进行调整。

（4）转向器的调整。

①调整指销轴承的紧度，调整时，把指销上的螺母拧紧，使指销能转动自如，并无轴向间隙为合适。调整后，将止动垫片翻起 1～2 齿，将螺母锁紧，如图 6-106 所示。

②指销与蜗杆啮合间隙的调整。

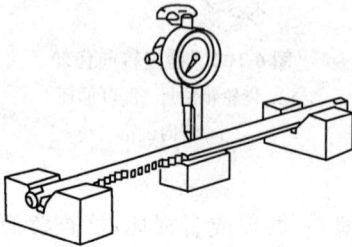

图 6-105　检查转向齿条

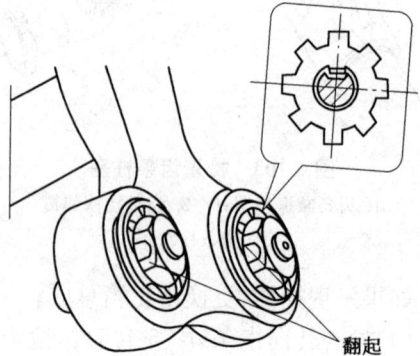

图 6-106　调整指销轴承的预紧度

a. 先松开摇臂轴调整螺钉的锁紧螺母。将蜗杆轴转到转不动位置后，再退回 3 圈左右，使指销处于蜗杆的中间位置，如图 6-107 所示。

b. 顺时针旋转调整螺钉，同时来回转动蜗杆，直到感觉有阻力为止。在蜗杆的输入端检查转动力矩，应≤2.7N·m。

c. 在调整螺钉的周围涂上密封胶，然后拧紧锁紧螺母。拧紧力矩≥49N·m。

d. 复查蜗杆输入端的转动力矩，如有变化应重新调整，直到符合要求为止。经验方法：指销处于蜗杆的中间位置，用旋具将调整螺钉拧到底，再退回 1/8 圈；轴向推、拉摇臂轴，无明显间隙感觉；转动摇臂时，灵活自如、无卡滞现象为合适。

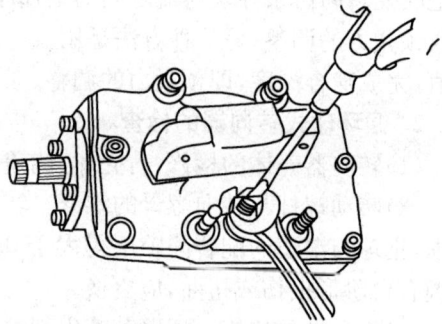

图 6-107　指销与蜗杆啮合间隙的调整

4. 动力转向系统的检查

（1）检查转向操纵力。

①检查转向操纵力时，将汽车停放在水平干燥的路面上，油液温度达到 40℃～80℃，轮胎气压正常，并使前轮处于直线行驶位置。

②发动机怠速运转，将一弹簧秤钩在转向盘边缘上，拉动转向盘，检查转向盘左右转动一圈所需拉力变化。一般来说，如果转向操纵力超过 44.5N，说明动力转向工作不正常，应检查有无 V 带打滑或损坏、转向油泵输出油压或油量是否低于标准、油液中是否渗入空气、油管是否有压瘪或弯曲变形等故障。

（2）转向盘回位检查。检查时，一面行驶一面察看下列各项：

①缓慢或迅速转动转向盘，检查两种情况下的转向盘操纵力有无明显的差别，并检查转向盘能否回到中间位置。

②使汽车以约 3.5km/h 的速度行驶,将转向盘顺时针或逆时针转动 90°,然后放开手1~2s,如果转向盘能自动回转 70°以上,说明工作正常,否则应查明故障原因并予以排除。

(3)转向油泵压力的检查。

①将量程为 15MPa 的压力表和节流阀串接到转向油泵和转向阀之间的管路中,如图6-108 所示。

②起动发动机,如果需要,向储油罐中补充 ATF 油。

③起动发动机,使发动机怠速运转,转动转向盘数次。

④急速关闭节流阀(不超过 5~10s),并读出压力数,桑塔纳 2000 轿车额定值应为:6.8~8.2MPa。

若压力足够,说明转向油泵正常。

⑤如果没有达到额定值,就应检查压力和流量限制阀是否完好。如不正常就应更换溢流阀、安全阀或更换转向油泵。

(4)系统压力的检查。

①如图 6-109 所示,接好压力表和节流阀。

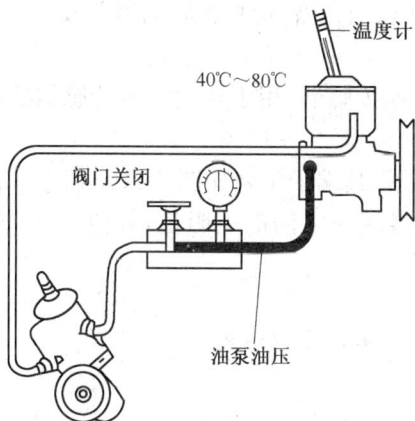

图 6-108　转向油泵压力的检查　　　　　图 6-109　转向系统压力的检查

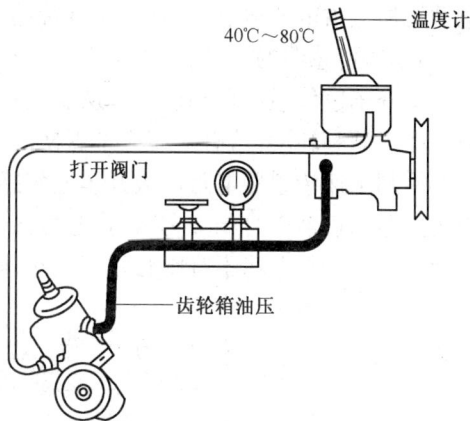

②将节流阀打开,起动发动机并以怠速运转,使转向盘向左、右旋转到极限位置,同时读出压力表上的压力,额定值为 6.8~8.2MPa。

如果向左或向右的额定值达不到要求,就要修理转向器或更换总成。

5. 电动动力转向系统部件的检查

下面以三菱微型汽车使用的电动动力转向系统为例,介绍电动动力转向装置部件技术状况的检测方法。

(1)转向力矩传感器的检查。

①检测转向力矩传感器线圈电阻。从转向器总成上拔开力矩传感器插接器,其端子排列如图 6-110b 所示。测量转向力矩传感器 3 号与 5 号端子之间、8 号与 10 号端子之间的电阻,其标准值应为 2.18±0.66kΩ。若不符合要求,则为转向力矩传感器异常。

②检测转向力矩传感器电压。用万用表直流电压挡测量上述各端子之间的电压,将转

向盘置于中间位置,测得电压约 2.5V 为良好,4.7V 以上为断路,0.3V 以下为短路。

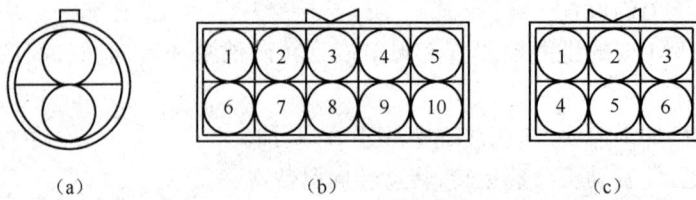

图 6-110　EPS 各部件插接器端子排列
(a) 电动机插接器　　(b) 转向力矩传感器与电磁离合器　　(c) 车速传感器

(2)电磁离合器的检查。从转向器上断开电磁离合器插接器,其端子排列参见图 6-110b。将蓄电池的正极接到 1 号端子上,蓄电池的负极与 6 号端子相接,在接通与断开 6 号端子的瞬间,离合器应有工作声音。若没有声音,表明电磁离合器有故障,应更换转向器总成。

(3)直流电动机的检查。从转向器上断开电动机插接器,其端子排列如图 6-110a 所示。给电动机加上蓄电池电压时,电机应有转动声音。若没有声音,应更换转向器总成。

(4)车速传感器的检查。

①检查车速传感器转动情况。从变速器拆下车速传感器,用手转动车速传感器的转子检查其能否顺利转动,若有卡滞应予更换。

②检测车速传感器电阻。拔开车速传感器插接器,其端子排列如图 6-110c 所示。测量车速传感器插接器 1 号与 2 号端子之间、4 号与 5 号端子之间的电阻值,其值等于 $165\pm20\Omega$ 为良好。若与上述不符则必须更换车速传感器。

第八节　制动系统结构与维修

一、制动系统的结构

1. 制动系统的组成

制动系统是汽车上用以使外界(主要是路面)在汽车某些部分(主要是车轮)施加一定的力,从而对其进行一定程度的强制制动的一系列专门装置。制动系统主要部件布置如图 6-111 所示。

2. 分类

(1)行车制动系统。用于使行驶中的车辆减速或停车,制动器安装在全部的车轮上,通常由驾驶人用脚操纵。包括制动器(左右前轮制动器、后轮制动器)、真空助力器、制动管路、制动总泵、制动液罐和踏板。

(2)驻车制动系统。用于停驶的汽车驻留原地,通常由驾驶人用手操纵。包括驻车操纵机构总成,制动拉索,驻车制动器。

(3) ABS 系统:包括 ABS 制动压力调节器、车轮转速传感器和 ABS 控制单元(ECU)等。

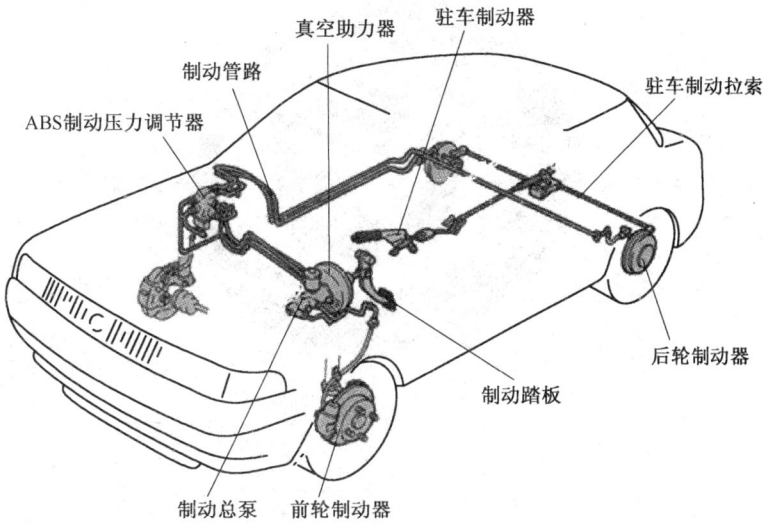

图 6-111　制动系统的布置

3. 制动系统主要部件结构

(1)盘式制动器。盘式制动器一般由制动盘、制动钳、制动底板等组成,如图 6-112 所示。

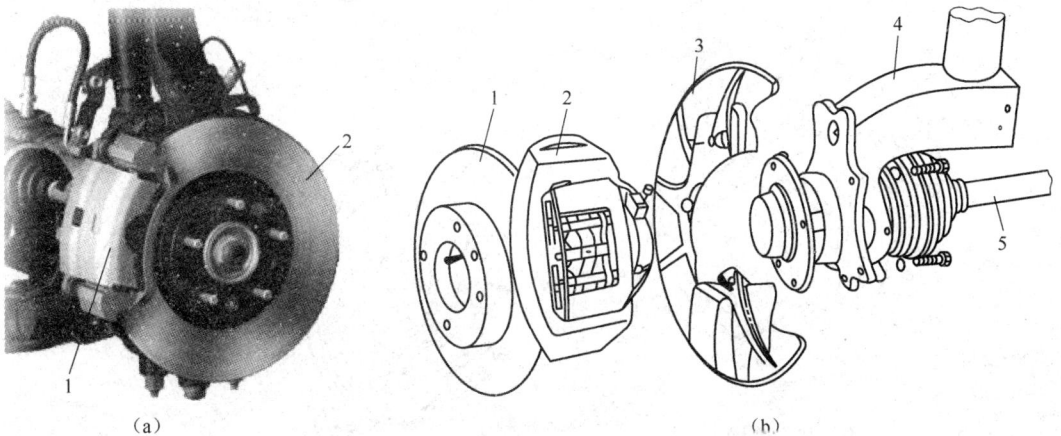

(a)　　　　　　　　　　　　　　　　　　　　　　　　(b)

图 6-112　盘式制动器

(a)实物图　(b)分解图

1. 制动盘　2. 制动钳　3. 制动底板　4. 车轮支承壳总成　5. 传动轴

(2)鼓式车轮制动器。鼓式制动器一般由制动鼓、制动蹄、回位弹簧、固定板、制动轮缸、制动底板、定位销、车轮支承短轴等组成,如图 6-113 所示。

(3)驻车制动器。驻车制动器按其安装位置可分为中央制动式和车轮制动式两种。中央制动式通常安装在变速器的后面,其制动力矩作用在传动轴上;车轮制动式通常与车轮制动器共用一个制动器总成,只是传动机构是相互独立的。

驻车制动器按其结构形式可分为鼓式、盘式、带式和弹簧作用式。图 6-114 所示为鼓式驻车制动器。

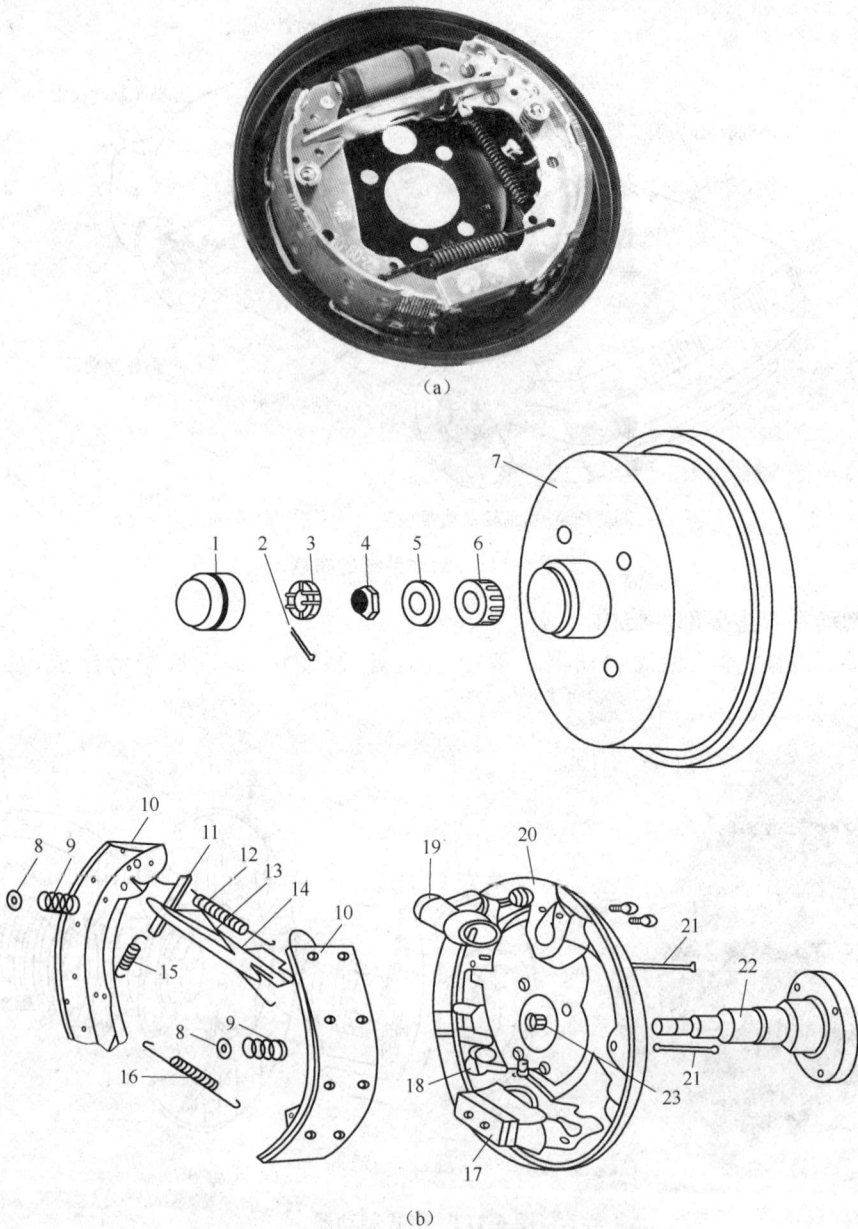

（a）

（b）

图6-113　鼓式车轮制动器

（a）实物图　（b）分解图

1. 轮毂盖　2. 开口销　3. 开槽垫圈　4. 调整螺母　5. 止推垫圈　6. 轴承　7. 制动鼓　8. 弹簧座
9. 弹簧　10. 制动蹄　11. 楔形件　12. 回位弹簧　13. 上回位弹簧　14. 压力杆　15. 用于楔形件
回位弹簧　16. 下回位弹簧　17. 固定板　18. 螺栓（拧紧力矩60N·m）　19. 后制动轮缸　20. 制
动底板　21. 定位销　22. 后桥车轮支承短轴　23. 观察孔橡胶塞

　　（4）液压式制动传动装置。如图6-115所示。液压式制动传动装置由制动踏板、推杆、
制动主缸、储油罐、制动轮缸、油管、制动开关、指示灯、比例阀等组成。

　　串联式双腔制动主缸主要由储油罐、制动主缸外壳、前活塞、后活塞及前后活塞弹簧、推

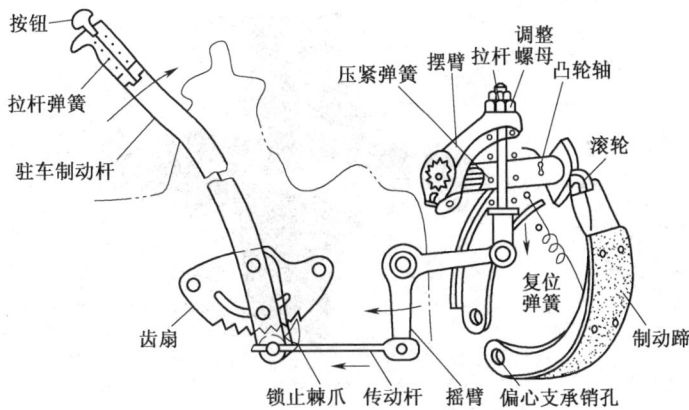

图 6-114　鼓式驻车制动器

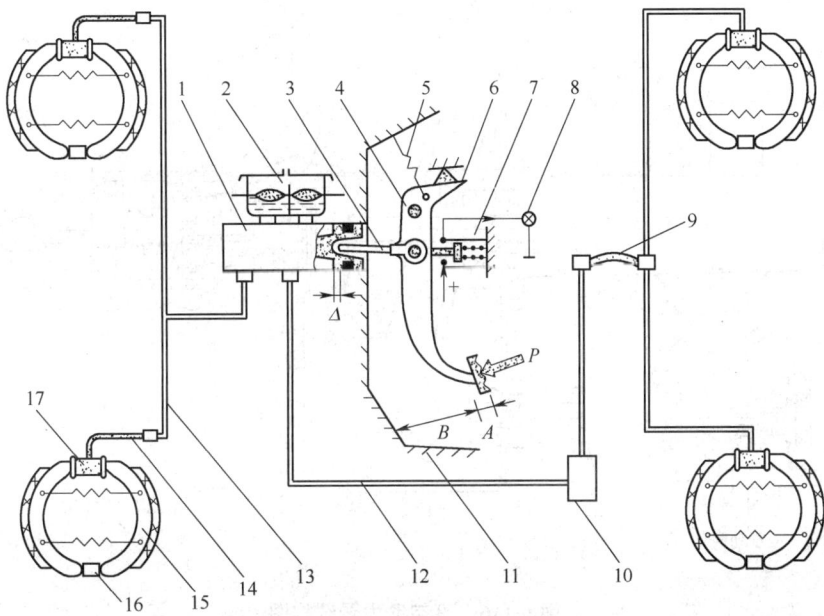

图 6-115　液压式制动传动装置的组成

1. 制动主缸　2. 储油罐　3. 推杆　4. 支承销　5. 复位弹簧　6. 制动踏板　7. 制动灯开关 8. 指示灯　9. 软管　10. 比例阀　11. 地板　12. 后桥油管　13. 前桥油管　14. 软管　15. 制 动蹄　16. 支承座　17. 轮缸　Δ. 自由间隙　A. 自由行程　B. 有效行程

杆、皮碗等组成。制动轮缸的作用是将制动主缸传来的液压力转变为使制动蹄张开的机械推力。

(5)真空助力器。如图 6-116 所示为桑塔纳轿车所用的真空助力器的结构图。真空助力器和制动主缸用 4 个螺钉固定在车身前围上,借推杆与制动踏板连接。伺服气室由前、后壳体组成,其间夹装有膜片和座,它的前腔经单向阀通进气支管或真空罐;后腔膜片座毂筒中装有控制阀,空气阀 2 与推杆 6 固接,橡胶阀门 8 与在膜片座上加工出来的阀座组成真空阀。

(a)

(b)

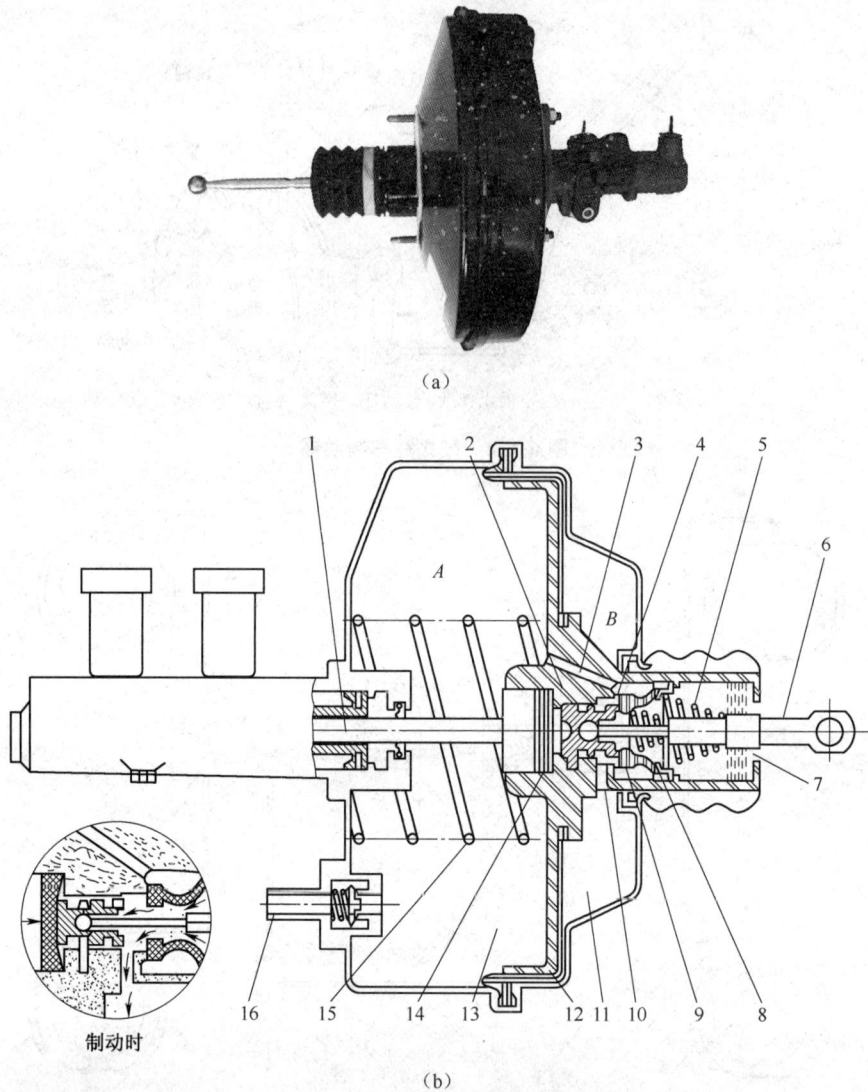

图 6-116　真空助力器结构图

(a)实物图　(b)分解图

1. 推杆　2. 空气阀　3. 真空通道　4. 真空阀座　5. 回位弹簧　6. 制动踏板推杆　7. 空气滤芯　8. 橡胶阀门　9. 空气阀座　10. 通气道　11. 加力气室后腔　12. 膜片座　13. 加力气室前腔　14. 橡胶反作用盘　15. 膜片回位弹簧　16. 真空口和单向阀

(6)气压式制动传动装置。气压式制动传动装置是利用压缩空气作动力源的动力制动装置。如图 6-117 所示为解放 CA1092 型汽车双管路制动系示意图。它由气源和控制装置两部分组成。气源部分包括空气压缩机、调压装置、双针气压表、储气筒、低压报警开关和安全阀等。控制装置包括制动踏板、制动控制阀等。

4. ABS 制动系统

(1)ABS 制动系统组成。无论是气压制动系统还是液压制动系统,ABS 均是在普通制动系统的基础上增加了传感器、ABS 电子控制单元(ECU)和 ABS 执行器三部分,部件组成如图 6-118 所示。

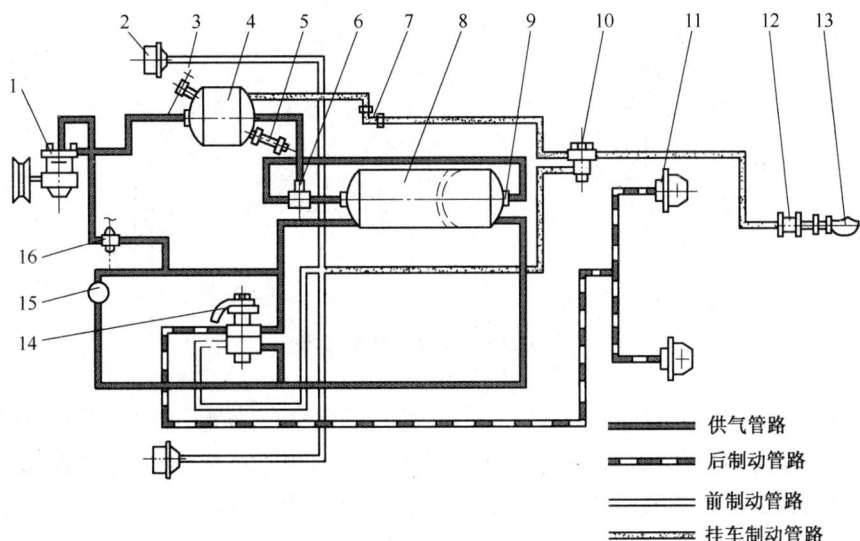

图 6-117　解放 CA1092 型汽车双管路制动系示意图

1. 空气压缩机　2. 前制动气室　3. 放气阀　4. 湿储气筒　5. 安全阀　6. 三通管　7. 低压警报开关　8. 储气筒　9. 单向阀　10. 挂车制动阀　11. 后制动气室　12. 分离开关　13. 连接头　14. 制动控制阀　15. 气压表　16. 低压调节器

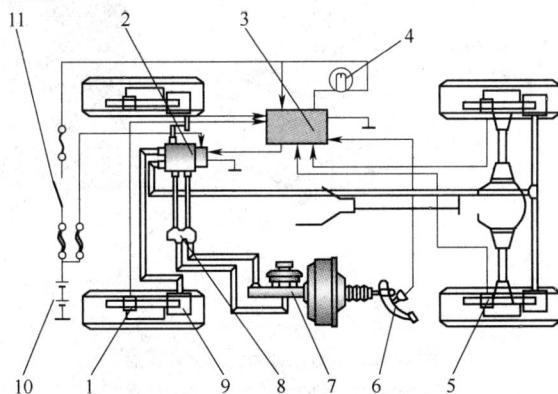

图 6-118　ABS 制动系统的组成

1. 前轮速度传感器　2. 制动压力调节装置　3. ABS 电控单元　4. ABS 警告灯　5. 后轮速度传感器　6. 停车灯开关　7. 制动主缸　8. 比例分配阀　9. 制动轮缸　10. 蓄电池　11. 点火开关

(2)车轮转速传感器的结构。常用的车轮速度传感器主要有电磁式和霍尔式两种。

①电磁式车轮转速传感器。电磁式车轮转速传感器主要由传感器头和齿圈两部分组成。齿圈一般安装在轮毂或轴座上，随车轮或传动轴一起转动，如图 6-119 所示(后轮驱动的汽车，齿圈也可安装在差速器或传动轴上)。传感头通常由永久磁铁、电磁线圈和磁极等组成，它对应安装在靠近齿圈而又不随齿圈转动的部件上。传感头与齿圈的端面有一空气间隙，此间隙一般为 1mm，通常可移动传感头的位置来调整间隙。

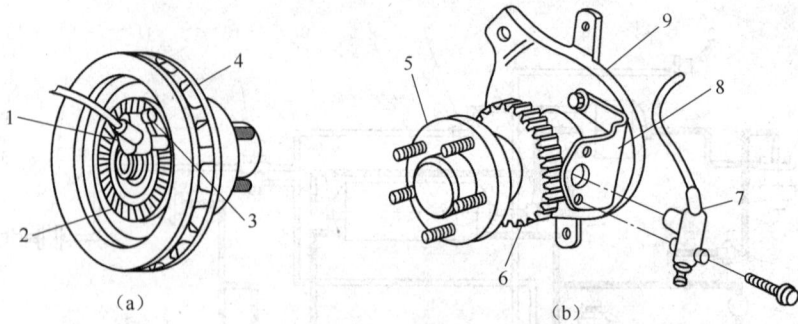

图 6-119　车轮转速传感器

(a)前轮　(b)后轮

1、7. 传感器　2、6. 传感器齿圈　3. 定位螺钉　4. 轮毂和组件　5. 半轴　8. 传感器支架　9. 后制动器连接装置

②霍尔式车轮转速传感器。霍尔式车轮转速传感器也是由传感头、齿圈组成。其齿圈的结构及安装方式与电磁式车轮转速传感器的齿圈相同,传感头由永磁体、霍尔元件和电子电路等组成。

(3)制动压力调节器。ABS制动压力调节器采用整体式结构、循环式调压。它与ABS的电子控制单元(ECU)组合为一体后安装于制动主缸与制动轮缸之间,其外形如图6-120所示。

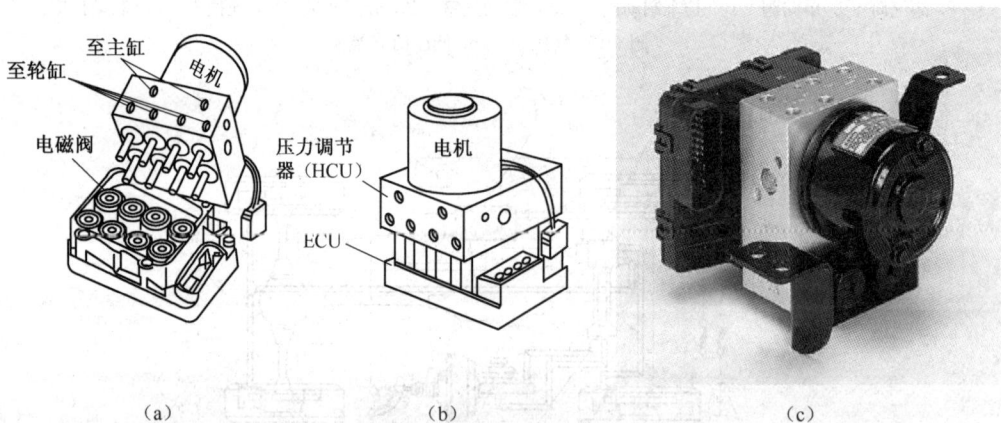

图 6-120　ABS 制动压力调节器

(a)组合前　(b)组合后　(c)实物图

压力调节器的基本组成包括电磁阀、液压泵及低压储液器。低压储液器与电动液压泵合为一体装于液控单元上,液控单元内包括8个电磁阀,每个回路一对,其中一个是常开进油阀,一个是常闭出油阀。

二、制动系统的检修

1. 制动总泵的检查

制动总泵结构如图 6-121 所示。

(1)检查制动总泵壳体。检查总泵壳体是否磨蚀、擦伤或有裂纹等缺陷。如有不良情况,更换制动总泵。

(2)检查制动总泵进、出油管组件。检查进油管接头是否老化、开裂或漏油,O形密封圈是否密封可靠,出油橡胶阀是否失效,弹簧是否变软。如有不良情况,应予更换。

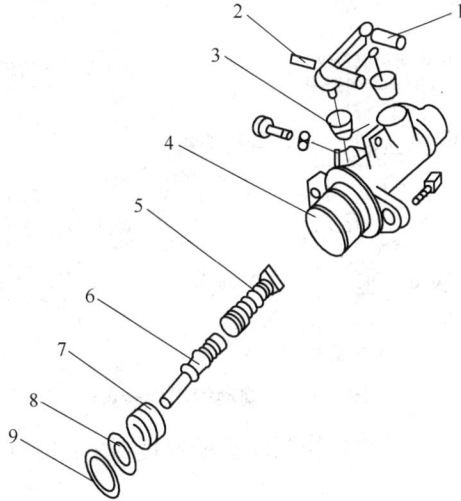

图 6-121 制动总泵

1. 进油接头 2. 卡销 3. 密封圈 4. 主缸缸体 5. 前活塞组件
6. 后活塞组件 7. 导套 8. 挡圈 9. O 形密封圈

(3)检查制动总泵活塞组件。检查制动总泵活塞是否严重磨损,回位弹簧弹力是否下降,活塞皮碗是否有老化失效、破裂等缺陷。如有不良情况,应更换。

2. 制动分泵的检查

制动分泵的结构如图 6-122 所示。

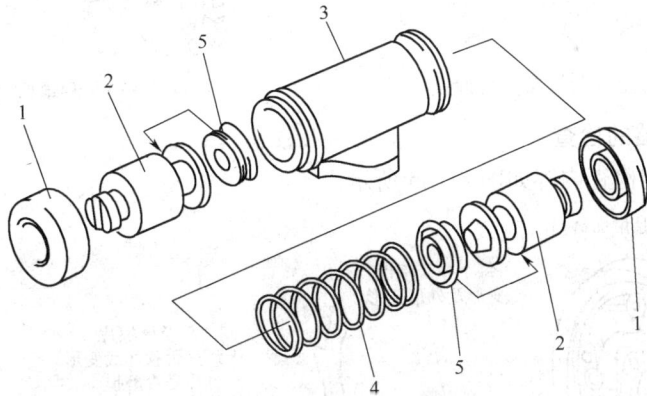

图 6-122 制动分泵的检查

1. 防尘罩 2. 活塞 3. 制动分泵壳体 4. 回位弹簧 5. 皮碗

(1)检查制动分泵壳体。检查制动分泵壳体和缸孔是否腐蚀、擦伤或有裂纹等缺陷。如有不良情况,应予以更换。

(2)检查皮碗及防尘罩。检查皮碗及防尘罩有无破损、老化变形、严重磨损等缺陷。如有不良情况,应予更换,若制动分泵漏油,也应更换皮碗。

(3)检查活塞回位弹簧。检查活塞回位弹簧是否有弹力下降、变形、折断等缺陷。如有,应更换。

3. 盘式制动器的检查

(1)如图 6-123 所示,检查钳体、导套防尘罩、连接套、短导套和消声片等应无不均匀磨损、变形、裂损,否则应更换。

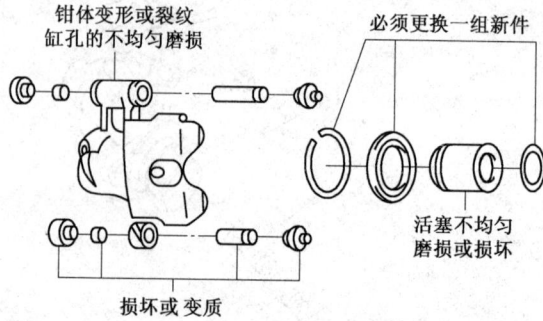

图 6-123　制动钳组件检查

　　(2)检查制动块摩擦片(图 6-124)和制动盘的厚度(图 6-125),应不小于使用极限值,否则,应更换。

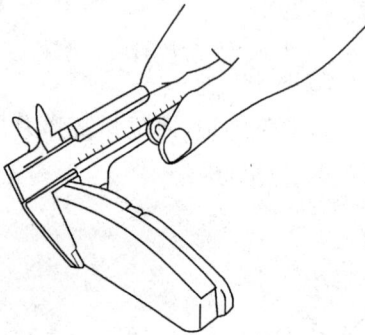

图 6-124　检查制动块摩擦片厚度

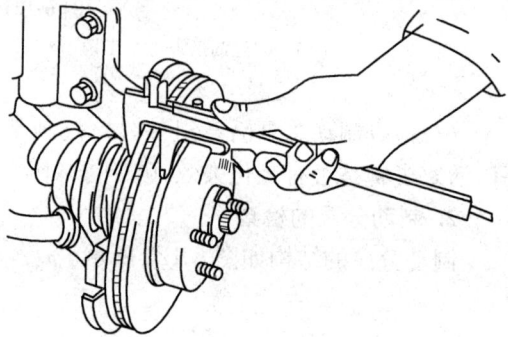

图 6-125　测量制动盘厚度

4. 鼓式制动器的检查

　　鼓式制动器的检查内容如图 6-126 所示。

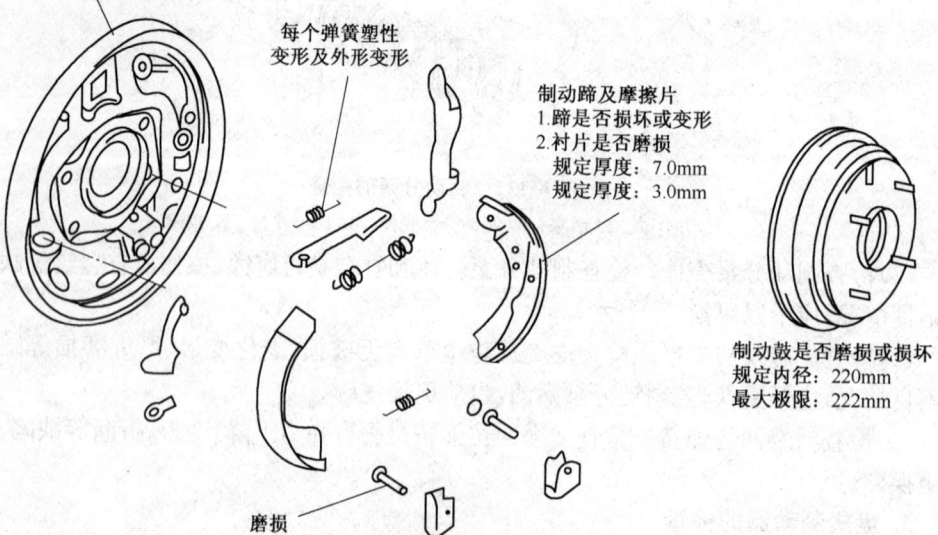

图 6-126　鼓式制动器的检查内容

（1）检查制动底板。检查制动底板是否变形，或制动蹄接触面磨损、机械损伤等缺陷。如有不良情况，应更换或修复制动底板。

（2）检查各制动蹄回位弹簧。检查制动蹄回位弹簧是否有塑性变形、弹力下降或外形变形等损伤。如有不良情况，应更换回位弹簧。

（3）检查制动蹄摩擦片。检查制动蹄摩擦片表面有无龟裂、严重磨损，制动蹄变形或裂纹等缺陷。如有，应更换制动蹄摩擦片总成。

若制动蹄摩擦片的厚度小于使用极限值时，应予更换。

（4）检查制动鼓。清洁制动鼓表面，检查是否有裂纹，制动鼓摩擦表面是否擦伤或有深槽痕。如图 6-127 所示，通过测量制动鼓内径，检查其制动表面是否磨损。如有裂纹或严重磨损，应更换。

5. 驻车制动装置的检查

（1）检查制动拉索。清洁制动拉索表面，检查拉索外层有无破裂，拉索接头是否损坏，芯线钢丝有无折断。如有缺陷，应更换拉索总成。

（2）检查驻车制动装置。检查驻车制动手柄锁止齿板与棘爪是否变形或损坏，锁止是否可靠，放松是否灵活。如有缺陷，应更换制动手柄总成。

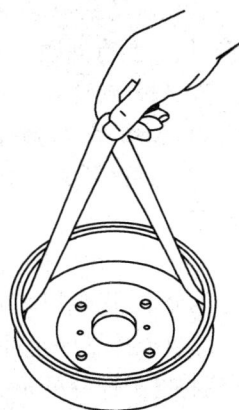

图 6-127　测量制动鼓内径

（3）检查制动手柄套。检查制动手柄套是否破裂或损伤、松脱。如有不良情况，应更换制动手柄套，并装配稳固可靠。

（4）检查制动手柄按钮。拉起制动手柄时，手柄锁止应可靠；放松驻车制动时，按下制动手柄按钮应解除锁止，制动手柄回位正常。否则，应调整制动手柄按钮或制动系统。

（5）检查制动拉索回位弹簧。检查制动拉索回位弹簧挂钩是否正确，弹簧弹力有无下降，弹簧是否被折断或变形。如有缺陷，应予更换。

6. 真空助力器工作情况检查

（1）检查气密性（图 6-128）。

①起动发动机。

②发动机运行 1～2min 后，关闭发动机。

③用相同的一般制动力踩动制动踏板几次，并观察踏板行程。如果第一次踏板下沉很深，第二次和第三次踩下踏板时，其行程减小，表示气密形成。

④如果踏板行程不变，表明气密并未形成。

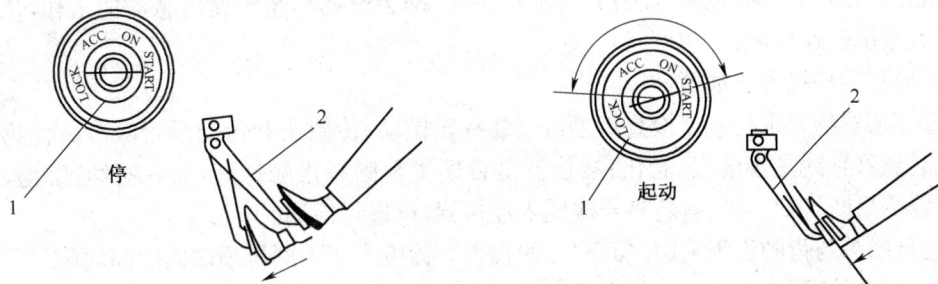

图 6-128　真空助力器气密性检查

1. 点火开关　2. 制动踏板

(2)检查工作情况。

①发动机停止运转后,用相同的力,踩动制动踏板几次,确认踏板行程未改变。

②起动发动机的同时,踩制动踏板。如果踏板行程有少许增大,则表明操作良好。但是如踏板行程无变化,则表明有故障。

(3)负荷条件下气密性检查。

①在发动机运转的同时,踩动制动踏板,然后让发动机停止运转而制动踏板仍保持踩下状态。

②让制动踏板保持踩下状态30s,如果踏板高度不发生变化,则表明条件良好。如踩板升高,则表明有问题。

7. ABS制动系统的检查

(1)ABS系统检修注意事项。

①在点火开关处于点火位置时,不要拆装系统中的电器元件和线束插头,以免损坏电子控制单元。

②在车上用外接电源给蓄电池充电时,要先断开蓄电池正(负)极柱上的电缆线,然后对蓄电池充电,以免损坏电子控制单元。

③电子控制单元对高温环境和静电都很敏感,为防止其损坏,在对汽车进行烤漆作业时,应将电子控制单元从车上拆下;在对车体进行电焊之前,应拔下电子控制单元的插接器,并戴好防静电器。

④在拆卸制动管路或与其关联的部件之前,应首先释放ABS系统蓄电器内的压力,防上高压制动液喷射伤人。

⑤在更换ABS系统的制动管路或橡胶件时,应按规定使用标准件(高压耐腐蚀件),以免管路破损而引起制动突然失灵。

⑥为保证维修质量,应保持维修场地和拆卸之器件的清洁干净,防止尘埃物进入压力调节器或制动管路中。

⑦制动液侵蚀油漆能力较强,因此在维修液压部件和加注制动液时,应防止制动液溅污油漆表面而使油漆失去光泽和变色。

⑧在维修车轮转速传感器时,应防止碰伤齿圈的轮齿和传感头;也不可将齿圈作为支点撬动。否则,将造成轮齿变形,致使车轮转速传感器信号不正常,影响ABS系统的正常工作。

(2)车轮转速传感器的检测。车轮转速传感器的导线、插接器或传感头松动,电磁线圈等出现接触不良、断路、短路或脏污、间隙不正常,都会影响车轮转速传感器的工作,从而造成ABS系统工作异常。

传感器的检测方法如下:

①传感器的外观检查。检查传感器安装有无松动;传感头和齿圈是否吸有磁性物质和污垢;传感器导线是否破损、老化;插接器是否连接牢固和接触良好,如有锈蚀、脏污,应清除,并涂少量防护剂,然后重新将导线插入连接器,再进行检测。

②传感头与齿圈齿顶端面之间间隙的检查。传感头与齿圈齿顶端面之间间隙可用无磁性塞尺或合适的硬纸片检查。将齿圈上的一个齿正对着传感器的头部,选择规定厚度的塞尺片或合适的硬纸片,将放入轮齿与传感器的头部之间,来回拉动塞尺片,其阻力应合适。

若阻力较小,说明间隙过大;若阻力较大,说明间隙过小。

③传感器电磁线圈及其电路检测。使点火开关处于 OFF 位置,将 ABS 电子控制单元插接器插头拆下,查出各传感器与电子控制单元连接的相应端子,在相应端子上用万用表电阻挡检测传感器线圈与其连接电路的电阻值是否正常。桑塔纳 2000 轿车 ABS 系统车轮转速传感器电磁线圈的电阻正常值应为 1.0~1.2kΩ。若阻值无穷大,表明传感器线圈或连接电路有断路故障;若电阻值很小,表明有短路故障。为了区分故障是在电磁线圈或在连接电路,应拆下传感器插接器插头,用万用表电阻挡直接测试电磁线圈的阻值。若所测阻值正常,表明传感器连接电路或插接器有故障,应修复或更换。

④模拟检查。为进一步证实传感器是否能产生正常的转速信号,可用示波器检测传感器的信号电压及其波形。其方法是:使车轮离开地面,将示波器测试线接于 ABS 电子控制单元(ECU)插接器插头的被测传感器对应端子上,用手转动被测车轮(传感器装在差速器上则应挂上前进挡起动发动机低速运转),观察信号电压及其波形是否与车轮转速相当,以及波形是否残缺变形,以判定传感头或齿圈是否脏污或损坏。桑塔纳 2000 轿车 ABS 系统车轮转速传感器,当车轮以约 1r/s 的速度转动,应输出 190~1140mV 的交流电压。若信号电压值或波形不正常,则应更换和修理传感头或齿圈。

(3)制动调节器的检测。制动压力调节器的检测包括电磁阀、电动液压泵及继电器的检测。如桑塔纳 2000 轿车制动压力调节器可用 V. A. G1552 仪器进行检测,操作步骤及项目见表 6-2。

表 6-2　桑塔纳 2000 轿车制动压力调节器的电磁阀、油泵测试操作步骤及项目

步骤	操作	屏幕显示	电磁阀、油泵动作正常时的结果	电磁阀密封性测试结果
1	连接诊断线	输入地址码:XX	—	—
2	输入"03"确认	输入功能码:XX	—	—
3	输入"03"确认	液压泵 V64 测试	听到油泵工作噪声	—
4	按"→"键	踩下制动踏板	—	—
5		进油阀 0V 出油阀 0V 车轮抱死	车轮无法自由转动	踏板不下沉,出油阀良好
6		进油阀 0V 出油阀 0V 车轮抱死	车轮无法自由转动	—
7	踩住制动踏板不放	进油阀通电出油阀通电 车轮可以自由转动	车轮可自由转动,踏板回弹,可听见油泵工作噪声	踏板不下沉,进油阀良好
8		进油阀通电出油阀通电 车轮可以自由转动	车轮可以自由转动	—
9		进油阀 0V 出油阀 0V 车轮抱死	车轮无法自由转动,踏板自动微微下沉	—
10	松开制动踏板	—	—	—

提示:使用仪器检测时,进入诊断功能后仪器将按"左前轮→右前轮→左后轮→右后轮"的顺序进行。

(4)ABS 系统常规检查的内容。

①检查制动液面是否在规定范围内。

②检查所有继电器、熔丝是否完好,插接是否牢固。

③检查电子控制装置导线插头、插座是否连接良好,有无损坏,搭铁是否良好。

④检查下列各部件导线插头、插座和导线的连接是否良好:电动液压泵;液压单元;4个车轮转速传感器;制动液面指示灯开关。

⑤检查传感器头与齿圈间隙是否符合规定,传感器头有无脏污。

⑥检查蓄电池电压是否在规定范围内。

⑦检查驻车制动器是否完全释放。

⑧检查轮胎花纹高度是否符合要求。

第七章　底盘故障诊断

第一节　离合器故障诊断

离合器的常见故障有离合器打滑、分离不彻底、发抖、异响等。

一、离合器打滑故障

1. 故障现象

汽车用低速挡起步时,放松离合器踏板后,汽车不能起步或起步困难;汽车加速行驶时,车速不能随发动机转速的提高而提高,感到行驶无力,严重时产生焦煳味或冒烟等现象。

2. 故障原因

(1)离合器踏板没有自由行程,使分离轴承压在分离杠杆上。

(2)从动盘摩擦片、压盘或飞轮工作面磨损严重,离合器盖与飞轮的连接松动,使压紧力减弱。

(3)从动盘摩擦片油污、烧蚀、表面硬化、铆钉外露、表面不平,使摩擦系数下降。

(4)压力弹簧疲劳或折断,膜片弹簧疲劳或开裂,使压紧力下降。

(5)离合器操纵杆系卡滞,分离轴承套筒与导管间油污、尘腻严重,甚至造成卡滞,使分离轴承不能回位。

(6)分离杠杆弯曲变形,出现运动干涉,不能回位。

3. 故障诊断

(1)检查离合器踏板自由行程,如不符合规定应予以调整。

(2)如果自由行程正常,应拆下变速器壳,检查离合器与飞轮连接螺栓是否松动,如松动则予以拧紧。

(3)如果离合器仍然打滑,应拆下离合器检查从动盘摩擦片的状况。如果有油污,一般可用汽油清洗并烘干,然后找出油污来源并设法排除。如果摩擦片磨损严重或有铆钉外露,应更换从动盘。

(4)如果从动盘完好,则应分解离合器,检查压紧弹簧,如果弹力过软则应更换。

总结:离合器打滑主要可以从从动盘压不紧、从动盘摩擦系数下降等方面加以考虑。

二、离合器分离不彻底故障

1. 故障现象

发动机怠速运转时,踩下离合器踏板,挂挡有齿轮撞击声,且难以挂入;如果勉强挂上挡,则在离合器踏板尚未完全放松时,发动机熄火。

2. 故障原因

(1)离合器踏板自由行程过大。

（2）分离杠杆弯曲变形、支座松动、支座轴销脱出，使分离杠杆内端高度难以调整。

（3）分离杠杆调整不当，其内端不在同一平面内或内端高度太低。

（4）双片离合器中间压盘限位螺钉调整不当，个别分离弹簧疲劳、高度不足或折断，中间压盘在传动销上或在离合器驱动窗口内轴向移动不灵活。

（5）从动盘钢片翘曲、摩擦片破裂或铆钉松动。

（6）新换的摩擦片太厚或从动盘正反装错。

（7）从动盘花键孔与变速器第一轴花键轴卡滞。

（8）离合器液压操纵机构漏油、有空气或油量不足。

（9）膜片弹簧弹力减弱。

（10）发动机支承磨损或损坏，发动机与变速器不同心。

3. 故障诊断

（1）检查离合器踏板自由行程，如果自由行程过大则进行调整。否则对于液压操纵机构检查是否储液罐油量不足或管路中有空气，并进行必要的排除。如果不是上述问题应继续检查。

（2）检查分离杠杆内端高度，如果分离杠杆高度太低或不在同一平面，则进行调整。否则检查从动盘是否装反，如果都没问题则继续检查。

（3）检查从动盘是否翘曲变形、铆钉脱落，从动盘是否轴向运动卡滞等，如果是则进行更换或修理。

总结：离合器分离不彻底主要可以从离合器踏板自由行程、分离杠杆高度、从动盘等几个方面考虑。

三、起步发抖故障

1. 故障现象

汽车用低速挡起步时，按操作规程逐渐放松离合器踏板并徐徐踩下加速踏板，离合器不能平稳接合且产生抖振，严重时甚至整车产生抖振现象。

2. 故障原因

（1）分离杠杆内端高度不处在同一平面内。

（2）从动盘或压盘翘曲变形，飞轮工作端面的端面圆跳动严重。

（3）从动盘摩擦片厚度不均匀、油污、烧焦、表面不平整、表面硬化、铆钉头露出、铆钉松动或切断、波形弹簧片损坏。

（4）压紧弹簧的弹力不均、疲劳或个别折断，膜片弹簧疲劳或开裂。

（5）从动盘上的缓冲片破裂或减振弹簧疲劳、折断。

（6）发动机支架、变速器、飞轮、飞轮壳等的固定螺栓松动。

（7）分离轴承套筒与导管油污、尘腻严重，使分离轴承不能回位。

3. 故障诊断

（1）检查离合器踏板、分离轴承等回位是否正常，如果正常则继续检查。

（2）检查发动机支架、变速器、飞轮、飞轮壳等的固定螺栓是否松动，如果是则紧固螺栓，否则继续检查。

（3）检查分离杠杆的内端是否在同一平面，如果是则继续检查。

（4）检查压盘、从动盘是否变形，铆钉是否松动、外露，压紧弹簧的弹力是否不在允许范围内，如果是则更换或修理。

总结：起步发抖主要可以从起步时离合器在接合过程中不平稳来考虑，即发动机在匀速转动，而由于离合器接合不平稳使离合器的从动部分转动不平稳，从而反应为离合器乃至整车的抖振。

四、离合器异响故障

1. 故障现象

离合器分离或接合时发出不正常的响声。

2. 故障原因

（1）分离轴承缺少润滑剂，造成干磨或轴承损坏。

（2）分离轴承与分离杠杆内端之间无间隙。

（3）分离轴承套筒与导管之间油污、尘腻严重或分离轴承回位弹簧与踏板回位弹簧疲劳、折断、脱落，使分离轴承回位不佳。

（4）从动盘花键孔与其花键轴配合松旷。

（5）从动盘减振弹簧退火、疲劳或折断。

（6）从动盘摩擦片铆钉松动或铆钉头外露。

（7）双片离合器传动销与中间压盘和压盘的销孔磨损松旷。

3. 故障诊断

（1）稍稍踩下离合器踏板，使分离轴承与分离杠杆接触，如果有"沙沙"的响声则为分离轴承响；如果加油后仍响，说明轴承磨损过度、松旷或损坏，应更换。

（2）踩下、抬起离合器踏板，如果出现间断的碰撞声，说明分离轴承前后有窜动，应更换分离轴承回位弹簧。

（3）连踩踏板，如果离合器刚接合或刚分开时有响声，说明从动盘铆钉松动或外露，应更换从动盘。

第二节　手动变速器故障诊断

手动变速器的常见故障主要有跳挡、乱挡、挂挡困难、异响等。

一、跳挡故障诊断

1. 故障现象

汽车在加速、减速、爬坡或汽车剧烈振动时，变速杆自动跳回空挡位置。

2. 故障原因

（1）自锁装置的钢球未进入凹槽内或挂挡后齿轮未达到全齿长啮合。

（2）自锁装置的钢球或凹槽磨损严重，自锁弹簧疲劳过软或折断。

（3）齿轮沿齿长方向磨损成锥形。

（4）一、二轴轴承过于松旷，使一、二轴和曲轴三者轴线不同心或变速器壳与离合器壳接合平面相对曲轴轴线的垂直变动。

（5）二轴上的常啮合齿轮轴向或径向间隙过大。

（6）各轴轴向或径向间隙过大。

3. 故障诊断方法

先确知跳挡挡位：走热全车后，采用连续加、减速的方法逐挡进行路试便可确定。

将变速杆挂入跳挡挡位，发动机熄火，小心拆下变速器盖，观察跳挡齿轮的啮合情况。

（1）未达到全长啮合，则故障由此引起。

（2）达到全长啮合，应继续检查。

（3）检查啮合部位磨损情况：磨损成锥形，则故障可能由此引起。

（4）检查二轴上该挡齿轮和各轴的轴向和径向间隙，间隙过大，则故障可能由此引起。

（5）检查自锁装置，若自锁装置的止动阻力很小，甚至手感钢球未插入凹槽（把变速器盖夹在虎钳上，用手摇动换挡杆），则故障为自锁效能不良；否则，故障为离合器壳与变速器接合平面与曲轴轴线垂直变动等引起。

二、乱挡故障诊断

1. 故障现象

在离合器技术状况正常的情况下，变速器同时挂上两个挡或挂需要挡位时，结果挂入别的挡位。

2. 故障原因

（1）互锁装置失效：如拨叉轴、互锁销或互锁钢球磨损过甚等。

（2）变速杆下端弧形工作面磨损过大或拨叉轴上拨块的凹槽磨损过大。

（3）变速杆球头定位销折断或球孔、球头磨损过于松旷。

总之，乱挡的主要原因是变速器操纵机构失效。

3. 故障诊断方法

（1）挂需要挡位时，结果挂入了别的挡位：摇动变速杆，检查其摆转角度，若超出正常范围，则故障由变速杆下端球头定位销与定位槽配合松旷或球头、球孔磨损过大引起。变速杆摆转360°，则为定位销折断。

（2）如摆转角度正常，仍挂不上或摘不下挡，则故障由变速杆下端从凹槽中脱出引起（脱出的原因是下端弧形工作面磨损或导槽磨损）。

（3）同时挂入两个挡：则故障由互锁装置失效引起。

三、挂挡困难故障诊断

1. 故障现象

离合器技术状况良好，但挂挡时不能顺利挂入挡位，常发生齿轮撞击声。

2. 故障原因

（1）同步器故障。

（2）拨叉轴弯曲、锁紧弹簧过硬、钢球损伤等。

（3）一轴花键损伤或一轴弯曲。

（4）齿轮油不足或过量、齿轮油不符合规格。

3. 故障诊断方法

(1)检查同步器是否散架、锥环内锥面螺旋槽是否磨损、滑块是否磨损、弹簧弹力是否过软等。

(2)如果同步器正常,检查一轴是否弯曲、花键是否磨损严重。

(3)检查拨叉轴是否移动正常。

四、变速器异响故障诊断

1. 故障现象

变速器异响是指变速器工作时发出的不正常的响声。

2. 故障原因

(1)齿轮异响。齿轮磨损过甚变薄,间隙过大,运转中有冲击;齿面啮合不良,如修理时没有成对更换齿轮。新、旧齿轮搭配,齿轮不能正确啮合;齿面有金属疲劳剥落或个别齿损坏折断;齿轮与轴上的花键配合松旷,或齿轮的轴向间隙过大;轴弯曲或轴承松旷引起齿轮啮合间隙改变。

(2)轴承响。轴承磨损严重;轴承内(外)座圈与轴颈(孔)配合松动;轴承滚珠碎裂或有烧蚀麻点。

(3)其他原因发响。如变速器内缺油,润滑油过稀、过稠或质量变坏;变速器内掉入异物;某些紧固螺栓松动;里程表软轴或里程表齿轮发响等。

3. 故障诊断

(1)变速器发出金属干摩擦声,即为缺油和油的质量不好。应加油和检查油的质量,必要时更换。

(2)行驶时换入某挡若响声明显,即为该挡齿轮轮齿磨损;若发生周期性的响声,则为个别齿损坏。

(3)空挡时响,而踏下离合器踏板后响声消失,一般为一轴前、后轴承或常啮合齿轮响;如换入任何挡都响,多为二轴后轴承响。

(4)变速器工作时发生突然撞击声,多为轮齿断裂,应及时拆下变速器盖检查,以防机件损坏。

(5)行驶时,变速器只有在换入某挡时齿轮发响,在上述完好的前提下,应检查啮合齿轮是否搭配不当,必要时应重新装配一对新齿轮。此外,也可能是同步器齿轮磨损或损坏,应视情况修复或更换。

(6)换挡时齿轮相撞击而发响,则可能是离合器不能分离或离合器踏板行程不正确、同步器损坏、怠速过高、变速杆调整不当或导向衬套紧等。遇到这种情况,先检查离合器能否分离,再分别调整怠速或变速杆位置,检查导向衬套与分离轴承配合的松紧度。

如经上述检查排除后,变速器仍发响,应检查各轴轴承与轴孔配合情况、轴承本身的技术状态等;如完好,再查看里程表软轴及齿轮是否发响,必要时予以修理或更换。

五、变速器漏油故障诊断

1. 故障现象

变速器周围出现齿轮润滑油,变速器齿轮箱的油量减少,则可判断为润滑油泄漏。

2. 故障原因及排除方法

(1)润滑油选用不当,产生过多泡沫,或润滑油量太多,此时需更换润滑油或调节润滑油。

(2)侧盖太松,密封垫损坏,油封损坏,密封和油封损坏应更换新件。

(3)放油塞和变速器箱体及盖的固定螺栓松动,应按规定力矩拧紧。

(4)变速器壳体破裂或延伸壳油封磨损而引起的漏油,必须更换。

(5)里程表齿轮限位器松脱破损,必须锁紧或更换;变速杆油封漏油应更换油封。

第三节　自动变速器故障诊断

一、自动变速器故障诊断流程

自动变速器的维修一般包括故障诊断和故障维修两部分。故障诊断是利用各种故障诊断方法,对自动变速器的电子控制系统、液压控制系统、机械操纵系统等进行测试和分析,最后确定故障的具体部位和具体故障部件;故障维修是对已确定有故障的部件进行调整、修理和更换。

电控自动变速器故障的诊断可参考下列流程:

(1)首先要排除由于油位不当、油质不佳、联动机构及发动机本身等的"状态"不佳和漏油等引起的自动变速器故障,所以故障诊断的第一步往往是自动变速器的基本检查。

(2)要区分故障是电子控制系统引起的,还是由机械操纵系统或液压控制系统引起的,可以通过电控自动变速器的手动换挡试验来鉴别。

(3)机械操纵系统和液压控制系统故障的区别要通过机械试验(即液压试验、失速试验、时间滞后试验、变矩器试验、道路试验等)来进行。

(4)最后,对不同系统的故障采用不同的诊断方法,以确定故障的具体部位。

根据上述故障诊断流程,可总结出电控自动变速器的具体故障诊断的程序框图,如图7-1所示。

二、电控自动变速器故障自诊断

下面以大众01N型自动变速器为例,介绍电控自动变速器的故障自诊断检查方法。

01N型自动变速器电子控制系统的核心是控制单元(J217,俗称电脑)。J217中装有故障存储器,如果被监测的传感器或部件发生了故障,传感器或部件以及故障的类型被存储在故障存储器内。仅发生一次的故障被称为偶然(临时)故障,偶然故障是作为补充信号加以识别的。可以利用故障诊断仪 V. A. G1551 或 V. A. G1552 对自动变速器故障进行查找,具体步骤如图7-2所示。

三、自动变速器打滑故障诊断

1. 故障现象

(1)起步时踩下加速踏板,发动机转速升高很快但车速升高缓慢。

(2)行驶中踩下加速踏板加速时,发动机转速升高但车速没有很快提高。

(3)平路行驶基本正常,但上坡无力,且发动机转速很高。

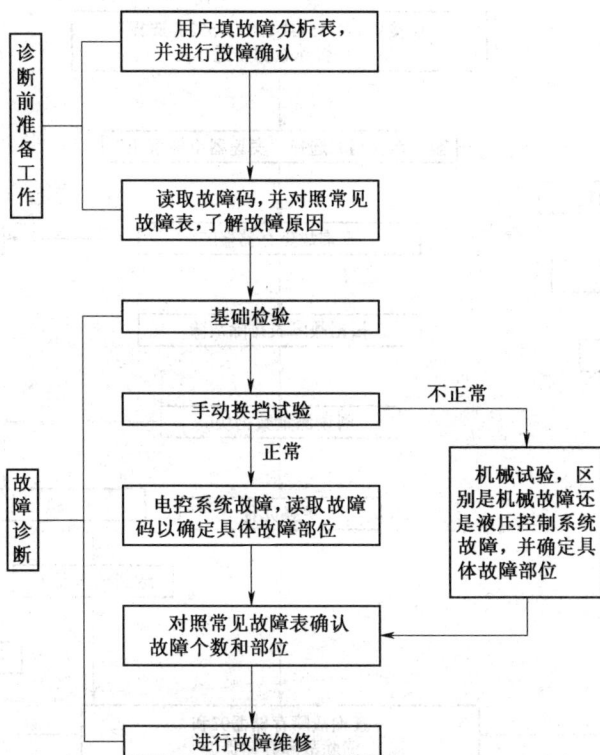

图 7-1　电控自动变速器故障诊断流程框图

2. 故障原因

(1)ATF(自动变速器)油油面太低。

(2)ATF 油油面太高,运转中被行星排剧烈搅动后产生大量气泡。

(3)离合器或制动器摩擦片、制动带磨损严重或烧蚀。

(4)油泵磨损严重或主油路泄漏,造成油路油压过低。

(5)单向离合器打滑。

(6)离合器或制动器活塞密封圈损坏,导致漏油。

3. 故障诊断

打滑是自动变速器最常见的故障之一,虽然自动变速器打滑往往都伴有离合器或制动器摩擦片严重磨损甚至烧蚀等现象,但如果只是简单地更换磨损的摩擦片而没有找出打滑的真正原因,则会使维修后的自动变速器使用一段时间后又出现打滑现象。因此,对于出现打滑的自动变速器,不要急于拆卸分解,应先做各种检查测试,以找出造成打滑的真正原因。

(1)对于出现打滑现象的自动变速器,应先检查其 ATF 油的油面高度。若油面过低或过高,应先调整至正常后再做检查。如果油面调整正常后自动变速器不再打滑,可不必拆修自动变速器。

(2)检查 ATF 油的品质。如果 ATF 油呈棕黑色或有烧焦味,说明离合器或制动器的摩擦片或制动带烧蚀,应拆检自动变速器。

(3)做道路试验,以确定自动变速器是否打滑,并检查出现打滑的挡位和打滑的程度。将选挡杆置于不同的位置,让汽车行驶。如果自动变速器升至某一挡位时发动机转速突然

```
┌─────────────────────────────┐
│ 连接V.A.G1551或V.A.G1552并选择 │
│      1-快速数据传递           │
└─────────────────────────────┘
```

```
┌──────────────────────────────┐
│ 输入地址码02选择"变速器电控系统" │
└──────────────────────────────┘
```

```
┌──────────────────┐          ┌──────────────────┐          ┌──────────┐
│ 比较控制单元的识别代号 │          │  查询故障存储器02  │─────────▶│ 没有故障 │
└──────────────────┘          └──────────────────┘          └──────────┘
```

```
┌──────────────┐              ┌──────────────────┐          ┌──────┐
│  识别代号不对  │              │ 根据故障表排除故障 │          │ 结束 │
└──────────────┘              └──────────────────┘          └──────┘
```

```
┌──────────────┐              ┌──────────────────┐
│  更换控制单元  │              │  阅读测量数据块08  │
└──────────────┘              └──────────────────┘
```

```
              ┌──────────┐          ┌──────────────┐
              │ 更换元件 │          │  执行电气检测  │
              └──────────┘          └──────────────┘
```

```
          ┌──────────────┐      ┌──────────────────┐
          │  达到技术要求  │      │  未达到技术要求  │
          └──────────────┘      └──────────────────┘
```

```
                              ┌──────────────────┐
                              │ 根据电路图检查导线 │
                              └──────────────────┘
```

```
┌──────────────────────┐              ┌──────────┐
│   查询故障存储器02和    │              │ 更换元件 │
│   清除故障存储器05      │              └──────────┘
└──────────────────────┘
```

```
┌──────────────────────┐
│      基本设定04        │
│ (仅需要执行基本设定时)  │
└──────────────────────┘
```

```
┌──────────────────────┐
│   进行汽车的道路试车和   │
│  再一次查询故障存储器02  │
└──────────────────────┘
```

```
┌─────────────────────────────────────┐
│ 如果显示屏上显示"没有显示故障",自诊断结束 │
└─────────────────────────────────────┘
```

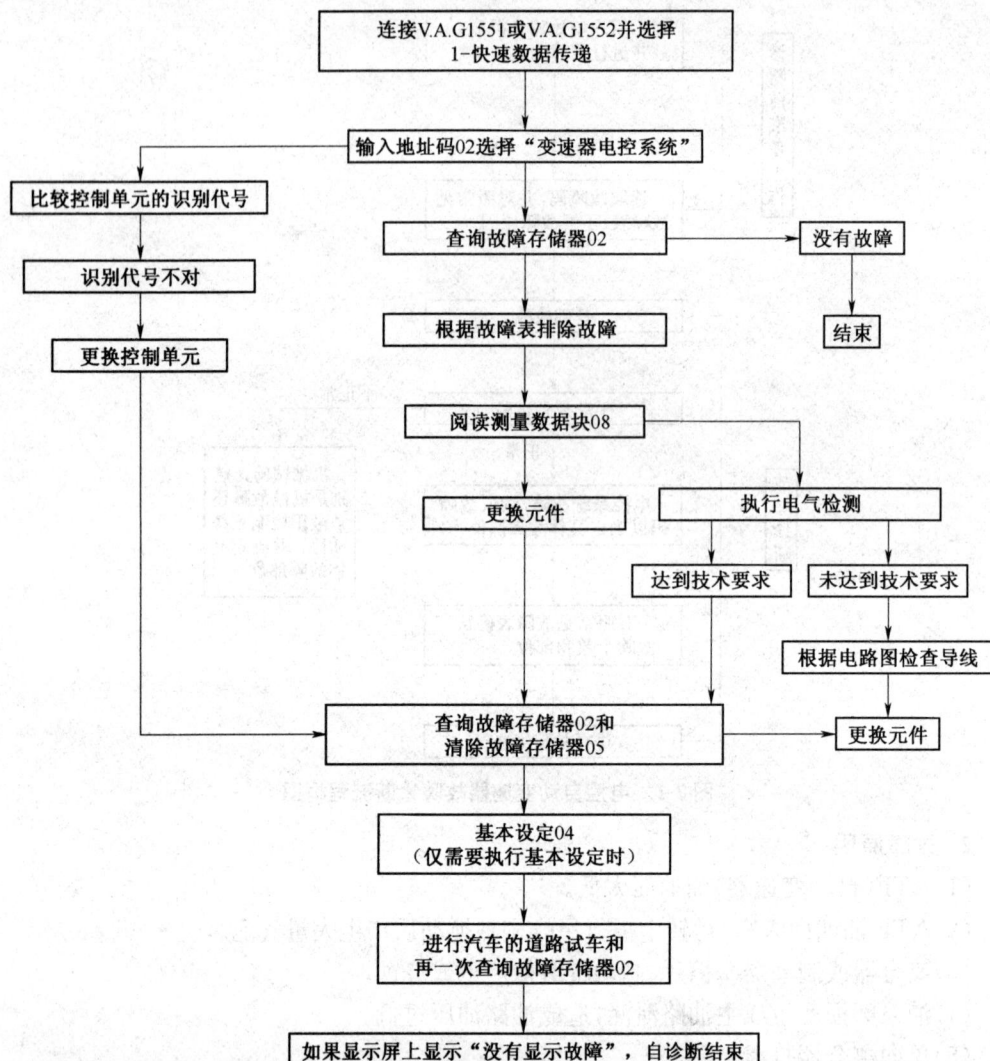

图 7-2　电控自动变速器故障自诊断检查框图

升高,但车速没有相应提高,即说明该挡位有打滑故障。打滑时发动机的转速越容易升高,说明打滑越严重。

　　根据出现打滑的规律,还可以判断产生打滑的是哪一个换挡执行元件。

　　(4)对于有打滑故障的自动变速器,在拆卸分解之前,应先检查自动变速器的主油路油压,以找出造成自动变速器打滑的原因。自动变速器不论前进挡还是倒挡均打滑,其原因往往是主油路油压过低。若主油路油压正常,则只要更换磨损或烧蚀的摩擦元件即可。若主油路油压不正常,则在拆修自动变速器的过程中,应根据主油路油压,相应地对油泵或阀体进行检修,并更换自动变速器的所有密封圈和密封环。

四、汽车不能行驶故障诊断

1. 故障现象

　　(1)选挡杆置于任何动力挡(D 位、R 位、2 位、L 位),汽车都不能行驶。

(2)冷车起动后汽车能行驶一小段路程,但热车状态下汽车不能行驶。

2. 故障原因

(1)自动变速器油底壳漏油,ATF 油全部漏光。

(2)选挡杆和手动阀之间的连接松脱,手动阀保持在空挡位置。

(3)油泵进油滤网堵塞。

(4)主油路严重泄漏。

(5)油泵损坏。

3. 故障诊断

(1)检查自动变速器内有无 ATF 油。其方法是:拔出自动变速器的油尺,观察油尺上有无 ATF 油。如果油尺上没有 ATF 油,说明自动变速器内的 ATF 油已漏光。此时应进行自动变速器的漏油检查。

(2)检查自动变速器选挡杆与手动阀之间是否松脱。如果松脱,应予以装复,并重新调整好选挡杆的位置。

(3)拆下主油路测试孔上的螺塞,起动发动机,将选挡杆置于 D 位或 R 位,检查测试孔内有无 ATF 油流出。

(4)如果主油路测试孔内没有 ATF 油流出,应打开油底壳,检查手动阀是否工作正常。如果手动阀工作正常,则说明油泵损坏。此时应拆卸分解自动变速器,更换油泵总成。

(5)如果主油路测压孔内只有少量 ATF 油流出,油压很低或基本上没有油压,应打开油底壳,检查油泵进油滤网是否堵塞。如无堵塞,说明油泵损坏或主油路严重泄漏。此时应拆卸分解自动变速器,予以修理。

(6)如果冷车起动时主油路有一定的油压,但热车后油压明显下降,说明油泵磨损严重。此时应更换油泵总成。

(7)如果测试孔内有大量 ATF 油喷出,说明主油路油压正常,故障出在自动变速器中的输入轴、行星排或输出轴。此时应拆检自动变速器。

五、自动变速器异响故障诊断

1. 故障现象

(1)在汽车运转过程中,自动变速器内始终有一异常响声。

(2)汽车行驶中自动变速器有异响,停车挂空挡后异响消失。

2. 故障原因

(1)油泵因磨损过甚或液压油油面高度过低、过高而产生异响。

(2)变矩器因锁止离合器、导轮单向超越离合器等损坏而产生异响。

(3)行星齿轮机构异响。

(4)换挡执行元件异响。

3. 故障诊断

(1)检查自动变速器液压油油面高度。若太高或太低,应调整至正常高度。

(2)用举升器将汽车升起,起动发动机,在空挡、前进挡、倒挡等状态下检查自动变速器产生异响的部位和时刻。

(3)若在任何挡位下自动变速器中始终有一连续的异响,通常为油泵或变矩器异响。对此,应拆检自动变速器,检查油泵有无磨损、变矩器内有无大量摩擦粉末。如有异常,应更换油泵或变矩器。

(4)若自动变速器只在行驶中才有异响,空挡时无异响,则为行星齿轮机构异响。对此,应分解自动变速器,检查行星排各个零件有无磨损痕迹,齿轮有无断裂,单向超越离合器有无磨损、卡滞,轴承或止推垫片有无损坏。如有异常,应予以更换。

六、自动变速器换挡冲击过大故障诊断

1. 故障现象

(1)在起步时,选挡杆由 P 位或 N 位置于 D 位或 R 位时,汽车振动较严重。

(2)行驶中,在自动变速器升挡的瞬间汽车有较明显的闯动。

2. 故障原因

导致自动变速器换挡冲击大的原因很多,主要原因在于调整不当,机构元件性能下降或损坏,电子控制系统有故障。具体原因有以下几种:

(1)发动机怠速转速过高。

(2)节气门拉线或节气门位置传感器调整不当。

(3)升挡过迟。

(4)真空式节气门阀的真空软管破裂或松脱。

(5)主调压阀有故障,使主油压过高。

(6)蓄能器活塞卡住,不起作用。

(7)单向阀钢球漏装,换挡执行元件接合过快。

(8)换挡执行元件打滑。

(9)油压电磁阀不工作。

(10)电脑有故障。

3. 故障诊断

由于引起换挡冲击过大故障的原因较多,因此,在诊断故障的过程中,必须循序渐进,对自动变速器的各个部分做认真的检查。一定要在全面检测的基础上,有针对性地进行分解修理,切不可盲目拆修。总体而言,故障若是由于调整不当所造成的,只要稍作调整即可排除;若是自动变速器内部控制阀、蓄能器或换挡执行元件有故障,应分解自动变速器,予以修理;若是电子控制系统有故障,应对电子控制系统进行检测,找出具体原因,加以排除。具体的故障诊断步骤如下:

(1)检查发动机怠速转速。装有自动变速器汽车的发动机怠速转速一般为 750r/min 左右。如果怠速过高,应按标准予以调整。

(2)检查节气门拉线或节气门位置传感器的调整情况。如果不符合标准,应重新予以调整。

(3)检查真空式节气门阀的真空软管。如有破裂,应更换;如有松脱,应重新连接。

(4)做道路试验。如果有升挡过迟的现象,则说明换挡冲击大的故障是升挡过迟所致。如果在升挡之前发动机转速异常升高,导致在升挡的瞬间有较大的换挡冲击,则说明离合器或制动器打滑,应分解自动变速器,予以修理。

(5)检测主油压。如果怠速时的主油压高,则说明主调压阀或节气门阀有故障,可能是

调压弹簧的预紧力过大或阀芯卡滞所致;如果怠速时主油压正常,但起步进挡时有较大的冲击,则说明前进挡离合器或倒挡及高挡离合器的单向阀球阀损坏或漏装。此时应拆卸阀板,予以修理。

(6)检测换挡时的主油压。在正常情况下,换挡时的主油压会有瞬时的下降。如果换挡时主油压没有下降,则说明蓄能器活塞卡滞。此时应拆检阀板和蓄能器。

(7)电控自动变速器如果出现换挡冲击过大的故障,应检查油压电磁阀的线路以及油压电磁阀工作是否正常、电脑是否在换挡的瞬间向油压电磁阀发出控制信号。如果线路有故障,应予以修复;如果电磁阀损坏,应更换电磁阀;如果电脑在换挡的瞬间没有向油压电磁阀发出控制信号,说明电脑有故障,应更换电脑。

七、自动变速器升挡过迟故障诊断

1. 故障现象

(1)在汽车行驶中,升挡车速明显高于标准值,升挡前发动机转速偏高。

(2)须采用"松油门"提前升挡的操作方法,才能使自动变速器升入高挡或超速挡。

2. 故障原因

(1)节气门拉线或节气门位置传感器调整不当。

(2)节气门位置传感器损坏。

(3)速控阀卡滞。

(4)速控阀弹簧预紧力过大。

(5)速控阀壳体螺栓松动或速控阀进出油孔处的密封环磨损,导致速控阀漏油。

(6)真空式节气门阀推杆调整不当。

(7)真空式节气门阀的真空软管破裂或真空膜片室漏气。

(8)主油压或节气门油压太高。

(9)强制降挡开关短路。

(10)电脑或传感器有故障。

3. 故障诊断

(1)对于电控自动变速器,应先进行故障自诊断,如果有故障码则按故障码的提示查找故障原因。

(2)检查节气门拉线或节气门位置传感器的调整情况。如果不符合标准,应重新进行调整。

(3)测量节气门位置传感器的电阻。如果不符合标准,应予以更换。

(4)对于采用真空式节气门阀的自动变速器,应拔下真空式节气门阀上的真空软管,检查在发动机运转时真空软管内有无吸力。如果没有吸力,说明真空软管破裂、松脱或堵塞。此时应予以修复。

(5)检查强制降挡开关。如果短路,应予以修复或更换。

(6)测量怠速时的主油压,并与标准值进行比较。如果油压太高,应通过节气门拉线或节气门位置传感器予以调整。采用真空式节气门阀的自动变速器,应采用减少节气门阀推杆长度的方法予以调整。如果调整无效,应拆检主调压阀或节气门阀。

(7)用举升器将汽车升起,让驱动轮悬空,然后起动发动机,挂上前进挡,让自动变速器运转,同时测量速控油压。速控油压应能随车速的升高而增大。如果油压值低于标准值,说明速控阀有故障或速控阀油路有泄漏。此时应拆卸自动变速器,检查速控阀固定螺栓有无松动、速控阀油路上的各处密封圈或密封环有无磨损漏油、速控阀阀芯有无卡滞或磨损严重、速控阀弹簧是否太硬。

(8)如果速控阀油压正常,则升挡过迟的故障原因为换挡阀工作不良。此时应拆检、更换阀板。

八、自动变速器不能升挡故障诊断

1. 故障现象

(1)汽车行驶中自动变速器始终保持在一挡,不能升入二挡和高速挡。

(2)行驶中自动变速器可以升入二挡,但不能升入三挡和超速挡。

2. 故障原因

(1)节气门拉线或节气门位置传感器调整不当。

(2)速控阀有故障。

(3)速控阀油路严重泄漏。

(4)车速传感器有故障。

(5)二挡制动器或高挡离合器有故障。

(6)换挡阀卡滞。

(7)空挡起动开关有故障。

3. 故障诊断

(1)对于电控自动变速器,应先进行故障自诊断。影响换挡控制的传感器有气门位置传感器、车速传感器等。按故障码的提示查找故障原因。

(2)按标准重新调整节气门拉线或节气门位置传感器。

(3)检查车速传感器。如有损坏,应予以更换。

(4)检查空挡起动开关。如有异常,应予以调整或更换。

(5)测量速控油压。如果车速升高后速控油压仍为零或很低,则说明速控阀有故障或速控阀油路严重泄漏。此时应拆检速控阀。

(6)用压缩空气检查速控阀油路有无泄漏。如有泄漏,应更换密封圈或密封环。

(7)如果速控油压正常,应拆卸阀板,检修各个换挡阀。

(8)人工控制系统无故障,应分解自动变速器,检查各个换挡执行元件有无打滑现象,用压缩空气检查各个离合器、制动器油路或活塞有无泄漏。

九、自动变速器无前进挡故障诊断

1. 故障现象

(1)汽车倒挡行驶正常,在前进挡时不能行驶。

(2)选挡杆在 D 位时不能起步,在 2 位、L 位时可以起步。

2. 故障原因

(1)前进挡离合器严重打滑。

(2)前进挡单向离合器打滑或装反。

(3)前进挡离合器油路严重泄漏。

(4)选挡杆调整不当。

3. 故障诊断

(1)检查选挡杆的调整情况。如果异常,应按规定程序重新调整。

(2)测量前进挡主油压。如果油压过低,则说明主油路严重泄漏,应拆检自动变速器,更换前进挡油路上各处的密封圈和密封环。

(3)如果前进挡主油压正常,应拆检前进挡离合器。如果摩擦材料磨损严重或烧蚀,应更换摩擦片。

(4)如果主油压和前进挡离合器都正常,应拆检前进挡单向离合器,检查是否装反及打滑。如果装反,应重新安装;如有打滑,应更换新部件。

十、自动变速器无锁止故障诊断

1. 故障现象

(1)汽车行驶中,车速、挡位等已满足锁止离合器起作用的条件,但锁止离合器仍没有产生锁止作用。

(2)汽车油耗较大。

2. 故障原因

(1)ATF 油温传感器有故障。

(2)节气门位置传感器有故障。

(3)锁止电磁阀有故障或线路短路。

(4)锁止控制阀有故障。

(5)变矩器中的锁止离合器损坏。

3. 故障诊断

(1)对于电控自动变速器,应先进行故障自诊断,检查有无故障码。如有故障码,则可按故障码的提示查找相应的故障原因。与锁止控制有关的部件包括 ATF 油温传感器、节气门位置传感器、锁止离合器电磁阀等。

(2)检查节气门位置传感器。如果在一定节气门开度下的节气门位置传感器输出电压过高或电位计电阻过大,应予以调整。如果调整无效,应更换节气门位置传感器。

(3)打开油底壳,拆下 ATF 油温传感器。检测 ATF 油温传感器,如不符合标准,应更换。

(4)测量锁止离合器电磁阀。如有短路或断路,应检查电路。如电路正常,则应更换电磁阀。

(5)拆下锁止离合器电磁阀,进行检查。如有异常,应予以更换。

(6)拆下阀板,分解并清洗锁止控制阀。如有卡滞,应修复或更换阀板。

(7)如果控制系统无故障,则应更换变矩器。

十一、自动变速器无倒挡故障诊断

1. 故障现象

无倒挡的故障现象为汽车在前进挡能正常行驶,但在倒挡不能行驶。

2. 故障原因

(1)选挡杆调整不当。

(2)倒挡油路泄漏。

(3)倒挡及高挡离合器或低挡及倒挡制动器打滑。

3. 故障诊断

(1)检查选挡杆的位置。如有异常,应按规定程序重新调整。

(2)检查倒挡油路油压。如果油压过低,则说明倒挡油路泄漏。此时应拆检自动变速器,予以修复。

(3)如果倒挡油路油压正常,则应拆检自动变速器,更换损坏的离合器或制动器。

十二、自动变速器跳挡故障诊断

1. 故障现象

跳挡的故障现象为汽车以前进挡行驶时,即使加速踏板保持不动,变速器仍会经常出现突然降挡现象,降挡后发动机转速异常升高,并产生换挡冲击。

2. 故障原因

(1)节气门位置传感器有故障。

(2)车速传感器有故障。

(3)控制系统电路搭铁不良。

(4)换挡电磁阀接触不良。

(5)电脑有故障。

3. 故障诊断

(1)对于电控自动变速器,应先进行故障自诊断。如果有故障码,则按故障码的提示查找故障原因。

(2)测量节气门位置传感器。如有异常,应更换。

(3)测量车速传感器。如有异常,应更换。

(4)检查控制系统电路各搭铁线。如有搭铁不良现象,应予以修复。

(5)拆下自动变速器油底壳,检查各个换挡电磁阀线束接头的连接情况。如有松动,应予以修复。

(6)检查控制系统电脑各端子的工作电压。如有异常,应予以修复或更换。

(7)更换阀板或电脑。如果故障消失,说明原阀板或电脑损坏。

(8)更换控制系统所有线束。

第四节　万向传动装置与驱动桥故障诊断

一、万向传动装置故障诊断

1. 传动轴动不平衡故障

(1)故障现象。在万向节和伸缩叉技术状况良好时,汽车行驶中发出周期性的响声;车速越高响声越大,甚至伴随有车身振动,握转向盘的手感觉麻木。

(2)故障可能原因。

①传动轴上的平衡块脱落。

②传动轴弯曲或传动轴管凹陷。

③传动轴管与万向节叉焊接不正或传动轴未进行过动平衡试验和校准。

④伸缩叉安装错位,造成传动轴两端的万向节叉不在同一平面内,不满足等速传动条件。

(3)故障诊断。

①检查传动轴管是否凹陷:有凹陷,则故障由此引起;无凹陷,则继续检查。

②检查传动轴管上的平衡片是否脱落,如脱落,则故障由此引起;否则继续检查。

③检查伸缩叉安装是否正确,不正确,则故障由此引起;否则继续检查。

④拆下传动轴进行动平衡试验,动不平衡,则应校准以消除故障。弯曲应校直。

2. 万向节松旷故障

(1)故障现象。在汽车起步或突然改变车速时,传动轴发出"喱"的响声;在汽车缓行时,发出"咣当、咣当"的响声。

(2)故障可能原因。

①凸缘盘连接螺栓松动。

②万向节主、从动部分游动角度太大。

③万向节十字轴磨损严重。

(3)故障诊断。

①用榔头轻轻敲击各万向节凸缘盘连接处,检查其松紧度。太松旷则故障由连接螺栓松动引起,否则继续检查。

②用双手分别握住万向节主、从动部分转动,检查游动角度。游动角度太大,则故障由此引起。

3. 中间支承松旷故障

(1)故障现象。汽车运行中出现一种连续的"呜呜"响声,车速越高响声越大。

(2)故障可能原因。

①滚动轴承缺油烧蚀或磨损严重。

②中间支承安装方法不当,造成附加载荷而产生异常磨损。

③橡胶圆环损坏。

④车架变形,造成前后连接部分的轴线在水平面内的投影不同线而产生异常磨损。

(3)故障诊断。

①给中间支承轴承加注润滑脂,响声消失,则故障由缺油引起;否则继续检查。

②松开夹紧橡胶圆环的所有螺钉,待传动轴转动数圈后再拧紧,若响声消失,则故障由中间支承安装方法不当引起。否则故障可能是:橡胶圆环损坏;或滚动轴承技术状况不佳;或车架变形等引起。

4. 传动轴异响故障

(1)故障现象。汽车行驶中传动装置发出周期性的响声;车速越高响声越大,严重时伴随有车身振抖。

(2)故障可能原因。主要原因是传动轴动不平衡;由于变形或平衡块脱落等,其次是中间支承吊架固定螺栓松动或万向节凸缘盘连接螺栓松动,使传动轴偏斜。

(3)故障诊断。除"传动轴动不平衡"诊断方法外,再检查中间支承吊架固定螺栓和万向节凸缘盘连接螺栓是否松动,若有松动,则异响由此引起。

二、驱动桥故障诊断

1. 驱动桥过热的故障

(1)故障现象。汽车行驶一段里程后,用手探试驱动桥壳中部或主减速器壳,有无法忍受的烫手感觉。

(2)故障原因。

①齿轮油变质、油量不足或牌号不符合要求。

②轴承调整过紧。

③齿轮啮合间隙和行星齿轮与半轴齿轮啮合间隙调整太小。

④推力垫片与主减速器从动齿轮背隙过小。

⑤油封过紧和各运动副、轴承润滑不良而产生干(或半干)摩擦。

(3)故障诊断。

①局部过热。油封处过热,则故障由油封过紧引起;轴承处过热,则故障由轴承损坏或调整不当引起;油封和轴承处均不过热,则故障由推力垫片与主减速器从动齿轮背隙过小引起。

②普遍过热。

a. 检查齿轮油油面高度:油面太低,则故障由齿轮油油量不足引起;否则检查齿轮油的规格、黏度或润滑性能。

b. 检查结果不符合要求,则故障由齿轮油变质或规格不符引起;否则检查主减速器齿轮啮合间隙的大小。

c. 松开驻车制动器,变速器置于空挡,轻轻转动主减速器的凸缘盘;若转动角度太小,则故障由主减速器齿轮啮合间隙太小引起;若转动角度正常,则故障由差速器行星齿轮与半轴齿轮啮合间隙太小引起。

2. 驱动桥漏油的故障

(1)故障现象。从驱动桥加油口、放油口螺塞处或油封、各接合面处可见到明显的漏油痕迹。

(2)故障原因。

①加油口、放油口螺塞松动或损坏。

②油封磨损、硬化,油封装反,油封与轴颈不同轴,油封轴颈磨成沟槽。

③接合平面变形、加工粗糙,密封衬垫太薄、硬化或损坏,紧固螺钉松动或损坏。

④通气孔堵塞。

⑤桥壳有铸造缺陷或裂纹。

⑥齿轮油加注过多,运转中壳体内压增高,使齿轮油渗出。

(3)故障排除。

①紧固或更换加油口、放油口螺塞。

②更换或重新安装油封。

③修磨变形的接合平面,更换有问题的密封衬垫,紧固或更换螺钉。

④疏通堵塞的通气孔。

⑤更换有铸造缺陷或裂纹的桥壳。

⑥按规定量加注齿轮油。

3. 驱动桥异响的故障

(1)故障现象。

①行驶时驱动桥有异响,脱挡滑行时异响减弱或消失。

②行驶时驱动桥有异响,脱挡滑行时亦有异响。

③汽车直线行驶时无异响,当汽车转弯时驱动桥处有异响。

④汽车上坡或下坡时后桥有异响,或上、下坡时驱动桥都有异响。

⑤车轮有运转噪声或沉重的异响。

(2)故障原因。

①圆锥和圆柱主、从动齿轮,行星齿轮,半轴齿轮啮合间隙过大;半轴齿轮花键槽与半轴的配合松旷;主、从动锥齿轮啮合不良;圆锥和圆柱主、从动齿轮啮合间隙不均;齿轮齿面损伤或轮齿折断。

②主动锥齿轮轴承松旷;主动圆柱齿轮轴承松旷;差速器圆锥滚子轴承松旷;后桥中某个轴承由于预紧力过大,导致间隙过小;主、从动锥齿轮调整不当,间隙过小。

③差速器行星齿轮与半轴齿轮不匹配,使其啮合不良;行星齿轮、半轴齿轮磨损或折断;差速器十字轴轴颈磨损;行星齿轮支承垫圈磨薄;行星齿轮与差速器十字轴卡滞或装配不当(如行星齿轮支承垫圈过厚),使行星齿轮转动困难;减速器从动齿轮与差速器壳的紧固铆钉松动。

④驱动桥某一部位的齿轮啮合间隙过小,导致汽车上坡时发响;后桥某一部位的齿轮啮合间隙过大,导致汽车下坡时发响;后桥某一部位的齿轮啮合印痕不当或齿轮轴支承轴承松旷,导致汽车上、下坡时都发响。

⑤车轮轮毂轴承损坏,轴承外圈松动;制动鼓内有异物;车轮轮辋破碎;车轮轮辋轮胎螺栓孔磨损过大,使轮辋固定不牢。

(3)故障排除。

①重新调整驱动桥齿轮的啮合间隙。

②更换损坏的齿轮。

③更换损坏的差速器。

④调整车轮轮毂轴承的预紧度,更换损坏的相关零件。

第五节　行驶系统的故障诊断

一、车桥的故障诊断

1. 转向沉重的故障

(1)故障现象。车桥转向沉重的故障现象为汽车转向时,转动转向盘感到沉重费力,并且没有回正感。

（2）故障原因。

①转向节臂变形。

②转向节止推轴承缺油或损坏。

③转向节主销与衬套间隙过小或缺油。

④前轴或车架变形引起前轮定位失准。

⑤轮胎气压不足。

（3）故障诊断。诊断时先支起前桥，用手转动转向盘，若感到转向很容易，不再有转动困难的感觉，则说明故障部位在前桥与车轮。因为支起前桥后，转向时已不存在车轮与路面的摩擦阻力，转动只取决于转向器等的工作状况。此时应仔细检查前轮胎气压是否过低，前轴有无变形；同时也要考虑检查前钢板弹簧是否良好，车架有无变形。必要时，检查车轮定位角度是否正确。

2. 低速摆头的故障

（1）故障现象。车桥低速摆头的故障现象为汽车低速直线行驶时前轮摇摆，驾驶人会感到方向不稳，转弯时需大幅度转动转向盘才能控制汽车的行驶方向。

（2）故障原因。

①转向节臂装置松动。

②转向节主销与衬套磨损松旷。

③轮毂轴承间隙过大。

④前束过大。

⑤轮毂螺栓松动或数量不全。

⑥主销后倾角过大。

⑦前减振器失效。

⑧故障诊断。如前轮低速摆头和转向盘自由空程大，一般是各部分间隙过大或有连接松动现象，诊断时应采用分段区分的方法进行检查。可支起前桥，并用手沿转向节轴轴向推拉前轮，凭感觉判断是否松旷。若松旷，说明转向节主销与衬套的配合间隙过大或前轴主销孔与主销配合间隙过大。若此处不松旷，说明前轮毂轴承松旷，应重新调整轴承的预紧度。若非上述原因，应检查前轮定位是否正确，检查前轴是否变形。如果前轮轮胎异常磨损，则应检查前束是否正确。

3. 高速摆振的故障

（1）故障现象。车桥高速摆振的故障现象为随着车速的提高，摆振逐渐增大；在某一较高车速范围内出现摆振，行驶不稳，甚至还会有转向盘抖动。

（2）故障原因。

①轮毂轴承松旷，使车轮歪斜，在运行时摇摆。

②轮盘不正或制动鼓磨损过度失圆，歪斜失正。

③使用翻新轮胎。

④转向节主销或止推轴承磨损松旷。

⑤横、直拉杆弯曲。

⑥前轮定位值调整不当；前束失调，两前轮主销后倾角或内倾角不一致等，汽车向前行驶时，前轮摇摆晃动。

⑦车轮不平衡。

⑧转向节弯曲。

⑨前钢板弹簧刚度不一致。

(3)故障诊断。

①在进行高速摆振故障的诊断时,应先检查前桥、转向器以及转向传动机构连接是否松动,悬架弹簧是否固定可靠。

②支起驱动桥,用楔块固定非驱动轮,起动发动机并逐步换入高速挡,使驱动轮达到产生摆振的转速。若这时转向盘出现抖动,则说明故障是传动轴不平衡引起的,应拆下传动轴进行检查;若此时不出现明显抖动,则说明摆振原因在汽车转向桥部分。

③怀疑摆振的原因在前桥部分时,应架起前桥试转车轮,检查车轮是否晃动,车轮静平衡是否良好,以及车轮轮辋是否偏摆过大。

④检查车架是否变形,铆钉有无松动以及前轴是否变形。另外还需检查前钢板弹簧的刚度。

⑤检查前轮定位是否正确。

⑥检查高速摆振故障,有时还需借助一定的测试仪具。当缺少必要的测试仪具时,也可以采用替换法。例如在怀疑某车轮有动不平衡时,可以另换一车轮试验,或者将可能引起高速摆振的车轮拆装到不发生摆振的车辆上进行对比试验。

4. 行驶跑偏的故障

(1)故障现象。车桥跑偏的故障现象为汽车在直线行驶时驾驶人必须紧握转向盘才能保持直线行驶,若稍放松转向盘,汽车会自动偏向一边行驶。

(2)故障原因。

①前轮定位值不正确,前束调整不当(过大或过小)。

②左、右前轮主销后倾角或车轮外倾角不相等。

③制动鼓与制动蹄摩擦片间隙调整不均匀,一边过紧,一边过松。

④钢板弹簧一边折断,造成两边弹力不等。

⑤转向节或转向节臂弯曲变形。

⑥前轴或车架弯曲或扭转。

⑦左、右两边轮胎气压不相等。

⑧前轮毂轴承调整不当,左、右轮毂轴承松紧度不一致。

⑨两侧车轮线速度不等。

(3)故障诊断。

①检查左、右前轮轮胎气压是否一致;如果是在换上新轮胎后出现跑偏现象,则应检查左、右轮胎规格以及轮胎花纹是否一致。

②用手触摸一下跑偏一侧的制动鼓和轮毂轴承部位是否发热。若发热,说明制动拖滞或是车轮轮毂轴承调整过紧,造成一边紧一边松的现象。

③测量左、右轴距是否相等。

④检查前钢板弹簧有无折断,前轴是否变形。

⑤若以上均属正常,应对前轮定位进行检查调整。

二、车架与悬架的故障诊断

1. 非独立悬架的常见故障

(1)钢板弹簧折断。钢板弹簧折断,会因弹力不足等原因,使车身歪斜。前钢板弹簧一侧主片折断时,车身在横向平面内倾斜;后钢板弹簧一侧主片折断时,车身在纵向平面内倾斜。

(2)钢板弹簧弹力过小或刚度不一致。当某一侧的钢板弹簧由于疲劳导致弹力下降,或者更换的钢板弹簧与原弹簧刚度不一致时,会使车身倾斜。

(3)钢板弹簧销、衬套和吊耳磨损过量。此时,会出现以下故障现象:车身倾斜(不严重)、行驶跑偏、汽车行驶摆振、异响等。

(4)U形螺栓松动或折断。此时,会由于车辆移位倾斜,导致汽车跑偏。

2. 独立悬架和减振器的常见故障

(1)独立悬架总成常见故障。

①异响,尤其在不平路面上转弯时。

②车身倾斜,汽车在转弯时车身过度倾斜等。

③前轮定位参数改变。

④轮胎异常磨损。

⑤车辆摆振及行驶不稳。

(2)当汽车产生上述故障时,应对悬架系统进行仔细检查,即可发现故障部位及原因。产生故障的原因有:

①螺旋弹簧弹力不足。

②稳定杆变形。

③上、下摆臂变形。

④各铰接点磨损、松旷。

(3)减振器的常见故障。

①减振器衬套磨损。

②减振器泄漏。

③衬套磨损后,因松旷易产生响声。

④减振器轻微的泄漏是允许的,但泄漏过多会使减振器失去减振作用。应更换新件。

3. 电控悬架的故障自诊断

(1)故障指示灯检查。

①点火开关置于 ON 位置。

②LRC 指示灯(SPORT 指示灯)和 HEIGHT 指示灯(NORM 和 HI 指示灯)应点亮 2s,指示灯的位置如图 7-3 所示。

③如果 NORM 指示灯以每 1s 的间隔闪亮时,表明 ECU 中存有故障码。

(2)读取故障码。

①点火开关置于 ON。

②跨接 TDCL 或检查连接器的 T_c 与 E_1 端子,如图 7-4 所示。

③从 NORM 指示灯的闪烁读取故障码,NORM 指示灯的位置如图 7-5 所示。

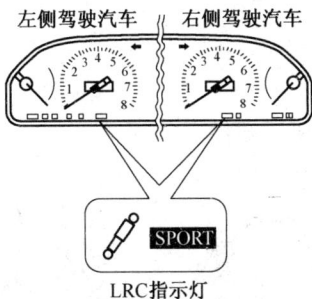

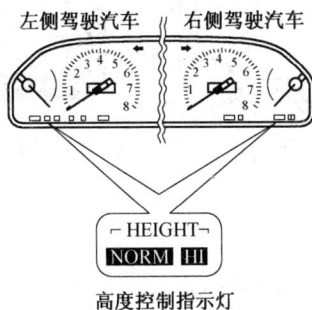

图 7-3　指示灯的位置

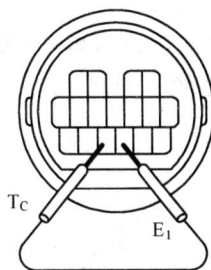

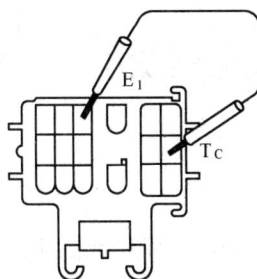

图 7-4　跨接 TDCL 或检查连接器的 T_C 与 E_1 端子

如果高度控制 ON/OFF 开关置于 OFF 位置,会输出代码 71,这是正常的。

如果出现故障码,应按故障码的提示内容检查相应电路或元件。

(3)清除故障码。点火开关置于 OFF 位置,拆下 1 号接线盒中的 ECU-B 熔丝 10s 以上,如图 7-6 所示;或点火开关置于 OFF,跨接高度控制连接器的端子 9 与端子 8 约 10s 以上,如图 7-7 所示。

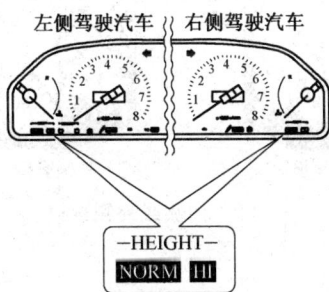

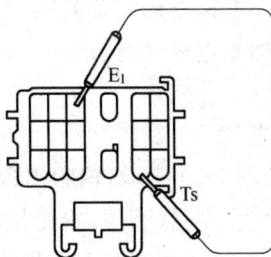

图 7-5　NORM 指示灯的位置

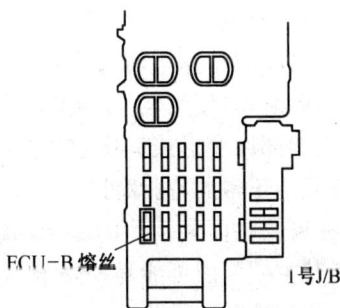

图 7-6　拆下 1 号接线盒中的 ECU-B 熔丝

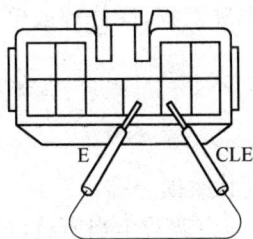

图 7-7　跨接高度控制连接器的端子 9 与端子 8

三、车轮总成的故障诊断

1. 轮胎的胎肩或胎面中间磨损故障

(1)故障现象。如图 7-8 所示,轮胎的胎肩和胎面出现了磨损。

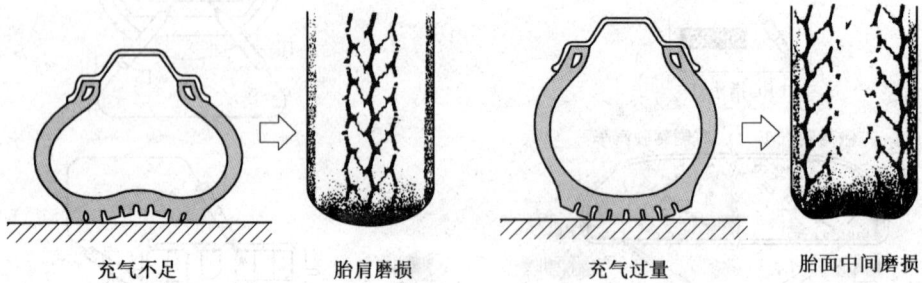

充气不足　　　胎肩磨损　　　充气过量　　　胎面中间磨损

图 7-8　胎肩或胎面中间磨损

(2)故障原因。轮胎充气压力过低或过高。

(3)故障诊断。

①检查是否超载。

②检查充气压力。如果充气过量或充气不足,应调整充气压力。

③调换轮胎位置。

2. 轮胎的内侧或外侧磨损的故障诊断

(1)故障现象。如图 7-9 所示,轮胎出现了内侧或外侧磨损。

(2)故障原因。

①在过高的车速下转弯会造成转弯磨损。转弯时轮胎滑动,便产生了斜形磨损。

②悬架部件变形或间隙过大,会影响前轮定位,造成不正常的轮胎磨损。

③如果轮胎面某一侧的磨损,快于另一侧的磨损,其主要原因可能是外倾角不正确。

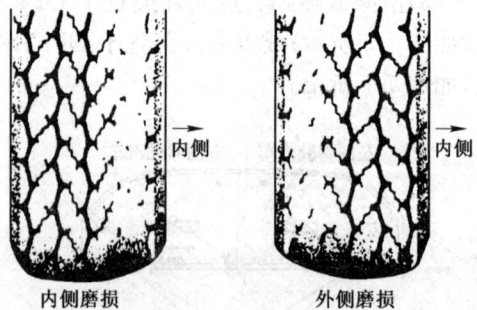

内侧磨损　　　外侧磨损

图 7-9　内侧或外侧磨损

(3)故障诊断与排除。

①询问驾驶人是否高速转弯,如果是则要避免。

②检查悬架部件。如松动则将其紧固;如变形和磨损,应修理或更换。

③检查外倾角。如不正常,应校正。

④调换轮胎位置。

3. 轮胎羽状磨损故障

(1)故障现象。如图 7-10 所示,轮胎出现了羽状磨损。

(2)故障原因。胎面的羽状磨损,主要是由于前束调节不当所致,过量的前束,会迫使轮胎向外滑动,并使胎面的接触面在路面上朝内拖动,造成前束磨损,胎面呈明显的羽毛形,用手指从轮胎的内侧至外侧划过胎面,便可加以辨别。另外,过量的后束,会将轮胎向内拉动,

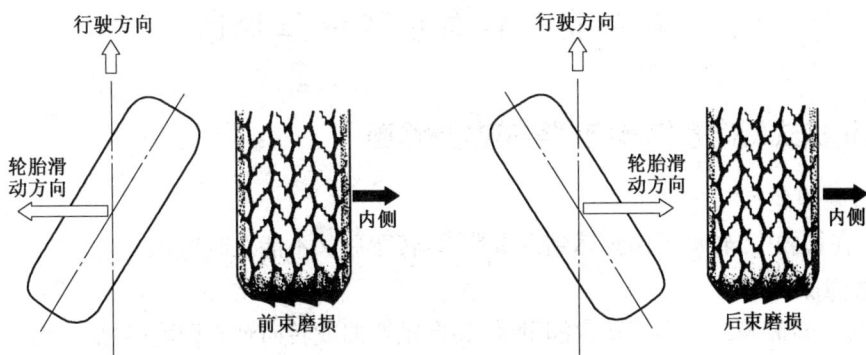

图 7-10　轮胎出现了羽状磨损

并使胎面的接触面在路面上朝外拖动,造成后束磨损。

(3)故障诊断与排除。

①检查前束和后束。如果前束过量或后束过量,应该加以调整。

②调换轮胎位置。

4. 轮胎的前端和后端磨损故障

(1)故障现象。如图 7-11 所示,轮胎出现了前端和后端磨损。

(2)故障原因。

①前端和后端磨损是一种局部磨损,常常出现在具有横向花纹和区间花纹的轮胎上,胎面上的区间发生斜向磨损(与鞋跟的磨损方式相同),最终变成锯齿状。

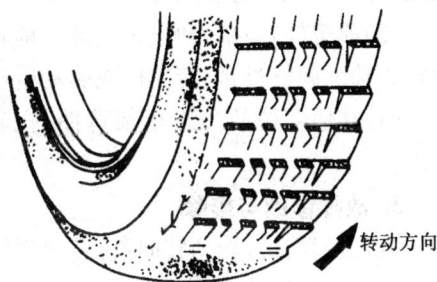

图 7-11　前端和后端磨损

②具有纵向折线花纹的胎面,磨损时会产生波状花纹。

③非驱动轮的轮胎只受制动力的影响,而不受驱动力的影响,因此往往会有前后端形式的磨损,如反复使用和放开制动器,便会使轮胎每次发生短距离滑动而磨损,前后端磨损的形式便与这种磨损相似。

④另一方面,如果是驱动轮的轮胎,则驱动力所造成的磨损,会在制动力所造成的磨损的相反的方向上出现,所以驱动轮轮胎极少出现前后端磨损。客车和大货车由于制动时产生了大得多的摩擦力,故具有横向花纹的轮胎,便会出现与非驱动轮相似的前后端磨损。

(3)故障诊断与排除。

①检查充气压力。如果充气不足,就将其充至规定值。

②检查车轮轴承。如果磨损或松动,应更换或调整。

③检查外倾角和前束。如果不正确,应加以调整。

④检查轴颈或悬架部件。如果损坏,应修理或更换。

⑤调换轮胎位置。

第六节　转向系统故障诊断

一、机械式转向系统转向沉重的故障诊断

1. 故障现象

汽车在行驶中,转动转向盘感到沉重费力,转弯后又不能及时回正方向。

2. 故障原因

(1)转向器故障。转向器缺少润滑油、转向轴弯曲或转向轴管凹陷碰擦,有时会发出"吱吱"的摩擦声、转向摇臂与衬套配合间隙过小或无间隙、转向器输入轴上下轴承调整过紧,或轴承损坏受阻、转向器啮合间隙调整过小。

(2)转向传动机构故障。各处球销缺少润滑油、转向直拉杆和横拉杆上球销调整过紧,压紧弹簧过硬或折断、转向直拉杆或横拉杆弯曲变形、转向节主销与衬套配合间隙过小,或衬套转动使油道堵塞,润滑油无法进入,使衬套与转向节主销烧蚀、转向节止推轴承调整过紧或缺少润滑油或损坏、转向节臂变形。

(3)前桥(转向桥)和车轮故障。前轴变形、扭转,引起前轮定位失准、轮胎气压不足、前轮轮毂轴承调整过紧、转向桥或驱动桥超载。

(4)其他部位故障。车架弯曲、扭转变形、前钢板弹簧或是前悬架变形、前轮定位不正确。

3. 故障诊断与排除

(1)顶起前桥,转动转向盘,若感到转向盘变轻,则说明故障部位在前桥、车轮或其他部位。此时应首先检查轮胎气压,如气压偏低,则应充气使之达到正常值,接下来应用前轮定位仪检查前轮定位,尤其应注意后倾角和前束值,如果是因为前束过大造成的转向沉重,同时还能发现轮胎有严重的磨损。

(2)若转向仍感沉重,说明故障在转向器或转向传动机构,可进一步拆下转向摇臂与直拉杆的连接,此时若转向变轻,说明故障在转向传动机构,应检查各球头销是否装配过紧或止推轴承是否缺油损坏,各拉杆是否弯曲变形等,通常检查时,可用手扳动两个车轮左右转动察看各传动部分,并转动车轮检查车轮轴承松紧度。

(3)拆下转向摇臂后,若转向仍沉重。则转向器本身有故障,可检查转向器是否缺油,转动转向盘时倾听有无转向轴与柱管的碰擦声,检查调整转向器主动轴上下轴承预紧度和啮合间隙,转向摇臂轴转动是否发卡等,如不能解决就将转向器解体检查内部有无部件损坏。

(4)经过上述检查,如仍不见减轻,可检查车桥、车架或下控制臂(独立悬架式)与转向节臂,看其有无变形,如发现变形,应予修整或更换。同时检查前弹簧(板簧或螺旋弹簧),看其是否折断,否则应更换。

二、机械式转向系统低速摆头的故障诊断

1. 故障现象

汽车在低速行驶时,感到方向不稳,产生前轮摆振。

2. 故障原因

(1)转向器传动副啮合间隙过大。

(2)转向传动机构横、直拉杆各球头销磨损松旷、弹簧折断或调整过松。

(3)转向节主销与衬套的配合间隙过大或前轴主销孔与主销配合间隙过大。

(4)前轮轮毂轴承装配过松或紧固螺母松动。

(5)后轮胎气压过低。

(6)车辆装载货物超长,使前轮承载过小。

(7)前悬架弹簧错位、折断或固定不良。

3. 故障诊断与排除

(1)外观检查:检查车辆是否装载货物超长,而引起前轮承载过小;检查后轮胎气压是否过低,若轮胎气压过低,应充气使之达到规定值;检查前悬架弹簧是否错位、折断或固定不良,若错位应拆卸修复,若折断应更换,若固定不良,应按规定力矩拧紧。

(2)检查转向盘自由行程。

①由一人握紧转向摇臂,另一人转动转向盘试验,若自由行程过大,说明转向器啮合传动副间隙过大,应调整。

②放开转向摇臂,仍有一人转动转向盘,另一人在车下观察转向拉杆球头销,若有松旷现象,说明球头销或球碗磨损过甚、弹簧折断或调整过松,应先更换损坏的零件,再进行调整。

(3)通过以上检查均正常,可支起前桥,并用手沿转向节轴轴向推拉前轮,凭感觉判断是否松旷。若有松旷感觉,可由另一人观察前轴与转向节连接部位。

①若此处松旷,说明转向节主销与衬套的配合间隙过大或前轴主销孔与主销配合间隙过大,应更换主销及衬套。

②若此处不松旷,说明前轮毂轴承松旷,应重新调整轴承的预紧度。

三、机械式转向系统高速摆头的故障诊断

1. 故障现象

汽车行驶中出现转向盘发抖,车头在横向平面内左右摆动、行驶不稳等。有下面两种情况:在高速范围内某一转速时出现;转速越高,上述现象越严重。

2. 故障原因

(1)转向轮动不平衡。

(2)前轮定位不正确。

(3)车轮偏摆量大。

(4)转向传动机构运动干涉。

(5)车架、车桥变形。

(6)悬架装置出现左右悬架刚度不等、弹簧折断,减振器失效,导向装置失效等故障。

3. 故障诊断与排除

(1)外观检查。检查减振器是否失效,若漏油或失效,应更换;检查左右悬架弹簧是否折断、刚度是否一致,若有折断或弹力减弱,应更换;检查悬架弹簧是否固定可靠,转向传动机构有无运动干涉等,若有应排除。

（2）支起驱动桥，用三角架塞住非驱动轮，起动发动机并逐步使汽车换入高速挡，使驱动轮达到车身摆振的车速。

①若此时车身和转向盘出现抖动，说明传动轴严重弯曲或松旷，转向轮动不平衡或偏摆量大（前驱动）。

②若此时车身和转向盘不抖动，说明故障在车架、车桥变形或前轮定位不正确。

（3）检查前轮是否偏摆。

①支起前桥，在前轮轮辋边上放一划针，慢慢地转动车轮，察看轮辋是否偏摆过大，若轮辋偏摆量过大，应更换。

②拆下前轮，在车轮动平衡仪上检查前轮的动平衡情况，若不平衡量过大，应加装平衡块予以平衡。

（4）经上述检查均正常，应检查车架、车桥是否变形，并用前轮定位仪检查调整前轮定位。

四、机械式转向系统行驶跑偏的故障诊断

1. 故障现象

汽车直线行驶时，转向盘不居中间位置；必须紧握转向盘，预先校正一角度后，汽车才能保持直线行驶，若稍放松转向盘，汽车会自动向一侧跑偏。

2. 故障原因

（1）左右前轮气压不相等或轮胎直径不等。

（2）两前轮的定位角不等。

（3）两前轮轮毂轴承的松紧度不等。

（4）前束过大或过小。

（5）前桥（整轴式）弯曲变形或下控制臂（独立悬架式）安装位置不一致。

（6）前后车轴不平行。

（7）车架变形或左右轮距相差太大。

（8）一边车轮制动拖滞。

（9）转向轴两侧悬架弹簧弹力不等。

3. 故障诊断与排除

（1）外观检查。

①检查左、右两前轮轮胎气压是否一致，若不一致，应按规定充气，使两前轮轮胎气压保持一致。

②检查左、右两前轮轮胎的磨损程度，若磨损程度不一致，应更换磨损严重的轮胎。

③检查左、右两前轮轮胎的花纹是否一致，若花纹不一致，应更换轮胎，使花纹一致。

④将汽车停放在平坦的地面上，察看汽车前部高度是否一致，若高度不一致，说明悬架弹簧折断或弹力不一致，应更换。

（2）用手触摸跑偏一方的车轮制动鼓和轮毂轴承部位，感觉温度情况。

①若感觉车轮制动鼓特别热，说明该轮制动器间隙过小或制动回位不彻底，应检查调整。

②若感觉轮毂特别热，说明该轮轴承过紧，应重新调整轴承预紧度。

（3）测量前后桥左右两端中心的距离是否相等，若不相等，说明轴距短的一边钢板弹簧错位，车轴或半轴套管弯曲等，应检查维修。

（4）用前轮定位仪检查前轮定位是否正确，若不正确，应调整。

五、机械式转向系统单边转向不足的故障诊断

1. 故障现象

汽车转弯时，有时会出现转向盘左右转动量或车轮转角不等。

2. 故障原因

（1）转向摇臂安装位置不对。

（2）转向角限位螺钉调整不当。

（3）前钢板弹簧、骑马螺栓松动，或中心螺栓松动。

（4）直拉杆弯曲变形。

（5）钢板弹簧安装时位置不正，或是中心不对称的前钢板弹簧装反。

3. 故障诊断与排除

（1）若汽车转向原来良好，由于行驶中的碰撞而造成转向角不足或一边大一边小时，应检查直拉杆、前轴、前钢板弹簧有无变形和中心螺栓是否折断等现象。

（2）若维修后出现转角不足，可架起前桥，先检查转向摇臂安装是否正确。将转向盘从左边极限位置转到右边极限位置，记住总圈数，再回转总圈数的一半，察看转向轮是否处于直线行驶位置，如不是则应重新安装转向摇臂。

①若左右转向角不等，则应相应调整。

②当前轮转向已靠到转向限位螺栓时，最大转向角还不够，则转向限位螺栓过长，应予调整或更换。

③如前钢板弹簧中心不对称，则应检查是否装反。

六、液压动力转向系统转向沉重的故障诊断

1. 故障现象

装有液压动力转向系统的汽车，在行驶中突然感到转向沉重。

2. 故障原因

一般是液压转向助力系统失效或助力不足所造成的，其根本原因在于液压不足，引起转向系统油压不足的主要原因有：

（1）储油罐缺油或油液高度低于规定要求。

（2）液压回路中渗入了空气。

（3）油泵驱动 V 带过松或打滑。

（4）各油管接头处密封不良，有泄漏现象。

（5）油路堵塞或滤清器污物太多。

（6）油泵磨损、内部泄漏严重。

（7）油泵安全阀、溢流阀泄漏、弹簧弹力减弱或调整不当。

（8）动力缸或转向控制阀密封损坏。

3. 故障诊断与排除

(1)用手压下转向油泵的驱动 V 带,检查 V 带的松紧度,若 V 带过松,应调整。

(2)起动发动机,使发动机处于怠速运转,突然提高发动机的转速,检查转向油泵驱动 V 带有无打滑现象,其他驱动型式的齿轮传动有无损坏,发现问题后应按规定更换性能不良的部件。

(3)检查储油罐内的油液质量和液面高度,若油液变质则应重新更换规定油液。若只是液面低于规定高度,应加油使油面达到规定位置。

(4)检查转向油液储油罐内的滤清器。若发现滤网过脏,说明滤清器堵塞,应清洗;若发现滤网破裂,说明滤清器损坏,应更换。

(5)检查油路中是否渗入空气,如果发现储油罐中的油液有气泡时,说明油路中有空气渗入,应检查各油管接头和接合面的螺栓是否松动,各密封件是否损坏,有无泄漏现象,油管是否破裂等。对于出现故障的部位应进行修整和更换,并进行排气操作,最后重新加入油液。

(6)检查各油管接头等处有无泄漏,油路中是否有堵塞,查明故障后按规定力矩拧紧有关接头或清除污物。

(7)对转向油泵进行输出油压检查,如果油泵输出压力不足,说明油泵有故障,此时应分解油泵,检查油泵是否磨损或内部泄漏严重、安全阀、溢流阀是否泄漏或卡滞、弹簧弹力是否减弱或调整不当、各轴承是否烧结或严重磨损等。对于叶片泵还应检查转子上的密封环或油封是否损坏,对于齿轮泵应检查齿轮间隙是否过大等,查明故障予以修理,必要时更换油泵。

七、液压动力转向系统有噪声的故障诊断

1. 故障现象

汽车转向时,转向系统有不太大的噪声是正常现象,但当噪声过大或影响汽车的转向性能时,必须对转向系统进行检查,并排除故障。

2. 故障原因

(1)储油罐中液面太低,油泵在工作时容易渗入空气。

(2)液压系统中渗入空气。

(3)储油罐滤网堵塞,或液压回路中有过多的沉积物。

(4)油管接头松动或油管破裂。

(5)油泵严重磨损或损坏。

(6)转向控制阀性能不良。

3. 故障诊断与排除

(1)当转向盘处于极限位置或原地慢慢转动转向盘时转向器发出"嘶嘶"声,如果这种异响严重则可能为转向控制阀性能不良,应更换转向控制阀。

(2)当转向油泵发出"嘶嘶"声或尖叫声时,应进行以下检查:

①检查储油罐液面高度,液面高度不够时应查明泄漏部位并修理,然后按规定加足油液。

②检查转向油泵驱动 V 带是否打滑,若打滑应查明原因更换 V 带或调整 V 带紧度。

③察看油液中有无泡沫,若有泡沫,应查找漏气部位并予以修理,然后排除空气。若无漏气,则说明油路有堵塞处或油泵严重磨损及损坏,应予以修复或更换。

八、液压动力转向系统左右转向轻重不同的故障诊断

1. 故障现象

汽车行驶时,向左和向右转向操纵力不相等。

2. 故障原因

(1)转向控制阀阀芯(或滑阀)偏离中间位置,或虽然在中间位置但与阀体槽肩的缝隙大小不一致。

(2)控制阀内有污物阻滞,使左右转动阻力不同。

(3)液压系统中动力缸的某一油腔渗入空气。

(4)油路漏损。

3. 故障诊断与排除

这种故障多是油液脏污所致,应按规定更换新油后再进行检查。

(1)如果油质良好或更换新油后故障没有消除,应对液压系统进行排气并检查系统有无油液泄漏,液压系统中出现泄漏时,应更换泄漏部位的零部件。

(2)如果故障仍不能排除,则可能是由于控制阀定中不良造成的。滑阀式转向控制阀可在动力转向器外部进行排除,通过改变转向控制阀阀体的位置来实现。如果滑阀位置调整后仍不见好转,应拆检滑阀测量其尺寸,若偏差较大,应更换滑阀;对于转阀式转向控制阀必须通过分解检查来排除故障。

九、液压动力转向系统直线行驶转向盘发飘或跑偏的故障诊断

1. 故障现象

汽车直线行驶时,难以保持正前方向而总向一边跑偏。

2. 故障原因

(1)油液脏污、转向控制阀回位弹簧折断或变软,使转向控制阀不能及时回位。

(2)转向控制阀阀芯(或滑阀)偏离中间位置,或虽在中间位置但与阀体槽肩的缝隙大小不一致。

(3)流量控制阀卡滞使油泵流量过大或油压管路布置不合理,造成油压系统管路节流损失过大,使动力缸左右腔压力差过大。

3. 故障诊断

(1)首先检查油液是否脏污。对于新车或大修以后的车辆,由于不认真执行走和维护的换油规定,使油液脏污。

(2)对于使用较久的车辆,则可能是流量控制阀或转向控制阀回位弹簧失效所致,此时可在不起动发动机的情况下转动转向盘,凭手感判断控制阀是否开启运动自如,若有怀疑一般应拆卸检查。

(3)最后检查转向油泵流量控制阀是否卡滞和油压管路布置是否合理,发现故障予以修理。

十、液压动力转向系统转向时转向盘发抖的故障诊断

1. 故障现象

发动机工作时转向,尤其是在原地转向时滑阀共振,转向盘抖动。

2. 故障原因

(1)储油罐液面低。

(2)油路中渗入空气。

(3)转向油泵驱动 V 带打滑。

(4)转向油泵输出压力不足。

(5)转向油泵流量控制阀卡滞。

3. 故障诊断与排除

(1)首先检查储油罐液面是否符合规定,否则按要求加注转向油液。

(2)排放油路中渗入的空气。

(3)检查转向油泵驱动 V 带是否打滑或其他驱动型式的齿轮传动等有无损坏,发现问题后应按规定调整 V 带紧度或更换性能不良的部件。

(4)对转向油泵输出压力进行检查。压力不足时应分解油泵,检查油泵是否磨损或内部泄漏严重、安全阀及流量控制阀是否泄漏或卡滞、弹簧弹力是否减弱或调整不当、各轴承是否烧结或严重磨损等。对于叶片式转向油泵还应检查转子上的密封环或油封是否损坏。对于齿轮式油泵应检查齿轮间隙过大等。查明故障予以修理。必要时更换油泵。如果泵轴油封泄漏也应更换转向油泵。

十一、液压动力转向系统转向盘回正不良的故障诊断

1. 故障现象

汽车完成转向后,转向盘不能回到中间行驶位置(直线行驶位置)。

2. 故障原因

(1)转向油泵输出油压低。

(2)液压回路中渗入空气。

(3)回油软管扭曲阻塞。

(4)转向控制阀或转向动力缸发卡。

(5)转向控制阀定中不良。

3. 故障诊断与排除

(1)对液压系统进行排气操作,排气后按规定加足转向油液。

(2)检查转向油泵输出油压,若油压不足应拆检转向油泵,检查油泵是否磨损或内部泄漏严重、安全阀及流量控制阀是否泄漏或卡滞、弹簧弹力是否减弱或调整不当、各轴承是否烧结或严重磨损等。查明故障予以修理。必要时更换油泵。如果泵轴油封泄漏也应更换转向油泵。

(3)检查回油软管是否阻塞,如有应更换回油软管。

(4)拆检转向控制阀或转向动力缸,查明故障原因,然后视情况进行修复,对于损坏的零件应更换。必要时更换转向控制阀或转向动力缸。

十二、电动动力转向系统的故障诊断

1. EPS 警告灯的检查

当点火开关处于 ON 位置时,EPS 警告灯应点亮,发动机起动后警告灯熄灭为正常。警告灯不亮时,应检查灯泡是否损坏,熔断丝和导线是否断路。若发动机起动后,警告灯仍亮时,首先应考虑系统是否处于保险状态(只有常规转向工作,无电动助力),然后进行自诊断操作。

2. 故障自诊断操作

将指针式万用表直流电压挡的正表笔接在诊断插座的 2 号端子上,负表笔接铁,如图 7-12a 所示。接通点火开关,通过表针的摆动显示故障码。如果有多个故障码,将按由小到大的顺序显示出来。故障码波形如图 7-12b 所示。

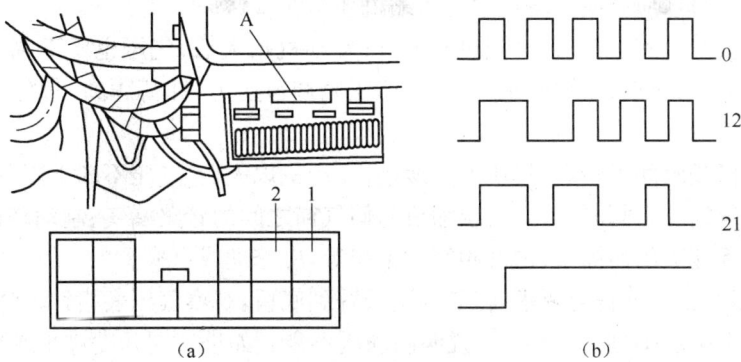

图 7-12　故障自诊断操作

(a)自诊断插接器　(b)故障码输出波形

1. 多点燃油喷射　2. 电动动力转向　A. 连接片

3. 故障检查与排除

确知故障代码后,首先把蓄电池负极线拆下 30s 以上,即清除诊断记忆后,再进行一次自诊断操作,若故障码又重复显示,即证明故障确实存在(永久性故障),需按照故障码的提示进一步检查。

第七节　制动系统故障诊断

一、气压制动系统制动效能不良,制动力不足

1. 故障现象

汽车在行驶过程中,制动力明显不足。在一般制动时,需要比平时早踩和增大踏板行程,才能取得预期的制动效果;而在紧急制动时,制动距离明显增长,制动时间也增大。

2. 故障原因

(1)储气筒内压缩空气压力不足。

(2)制动踏板自由行程过大。

(3)双管路制动系统的某一制动管路断裂而不产生制动作用。

(4)制动阀的调整螺栓或调整螺钉调整不当;排气阀回位弹簧过硬或调整垫片太厚;平衡弹簧的弹力低于技术要求。

(5)制动器的制动鼓与制动蹄片间隙不当;制动鼓与制动蹄片接触面积太小;制动蹄片质量不佳或沾有油污,制动蹄片铆钉松动;制动鼓变形,产生沟槽磨损或失圆;制动凸轮轴和轴套、制动蹄和偏心销轴等连接件锈死或磨损松旷;制动蹄衬片过薄,制动凸轮转角过大。

(6)制动管路有漏气处。

(7)制动气室皮碗破裂。

(8)制动软管老化。

3. 故障诊断与排除

气压制动效能不良,在很大程度上与压缩空气的压力有关,因此首先应检查气压表的状况。

(1)若气压过低,应查明故障在空气压缩机还是在管路。

①若发动机长时间运转后,气压也不上升;发动机熄火后,气压也不下降。大多为空气压缩机故障,如皮带打滑、压缩机泵气不足、调压阀调节压力(卸荷压力)过低及储气筒安全阀放气压力过低等。

②若发动机长时间运转后,气压上升缓慢;发动机熄火后,气压不断下降,说明系统存在漏气处。如储气筒安全阀漏气、空气压缩机与储气筒之间的管路漏气、制动踏板自由行程过小导致进气阀不能关闭而漏气、进气阀密封不严等,应修理或更换。

(2)若气压表指示值符合要求,将制动踏板踩到底后,观察气压表指针下降值的大小。

①若气压下降过小(低于 50kP),说明制动阀不良。如进气阀开度过小或平衡弹簧过软等,应修理或更换。

②若气压不断下降,说明有漏气处,如排气阀关闭不严、制动气室漏气、制动管路、软管或接头漏气等。可踩下制动踏板,检查漏气部位,根据情况予以换或修理。

(3)若踏下制动踏板后,气压下降值正常,但制动效能仍不良,则应检查制动气室推杆伸张情况。

①外伸过短,说明制动气管有堵塞或者凸轮轴有锈蚀卡滞。

②若外伸过长,很可能是制动器间隙过大,应调整。

若制动气室推杆外伸值正常,则故障原因可能在制动器。应顶起车轮检查制动器的间隙并进行必要的调整。调整后,制动效能仍不良,则应拆检制动器,检查制动蹄摩擦片是否沾油、太薄、铆钉外露,制动鼓失圆、磨出沟槽等,根据情况予以修理或更换

二、气压制动系统制动失效

1. 故障现象

(1)汽车行驶中使用制动时,汽车不能减速或停车。

(2)在使用一次或几次制动后,制动突然不起作用。

2. 故障原因

(1)空气压缩机皮带断裂或皮带严重打滑。

(2)空气压缩机损坏。

(3)空气压缩机至储气筒或储气筒至制动控制阀间的管路或接头漏气。

（4）制动踏板至制动控制阀间的拉臂脱节。

（5）制动踏板自由行程过大，使制动阀打不开。

（6）制动控制阀推杆卡死。

（7）制动器内进水。涉水后，制动器内的水分没有及时排除干净，导致制动失灵。

3. 故障诊断

气压制动失效，应首先检查气压表有无指示及储气筒内有无压缩空气。

（1）若气压表指示为零且储气筒内无压缩空气，则应拆下空气压缩机出气管，起动发动机，检查空气压缩机的压气情况。若空气压缩机不压气，则应检查空气压缩机的皮带是否断裂、打滑；检查空气压缩机的进气阀密封是否良好、弹簧是否折断、松压阀是否失效。

（2）若空气压缩机压气良好，则应检查压缩机至储气筒、储气筒至制动控制阀之间的管路是否漏气。

若气压表指示正常，储气筒内有压缩空气，则应检查制动系统的制动控制装置。踩下制动踏板试验。若气压表读数不下降或下降很小，则应检查制动踏板与制动阀拉臂是否脱节；制动踏板自由行程是否过大；制动阀推杆是否卡死。

（3）若涉水后，制动效能突然失效，则是由于制动器进水而没有及时的排除干净所导致的。因而，汽车涉水后，应轻踩几次制动踏板，将制动器内的水分排干。

三、气压制动系统制动跑偏

1. 故障现象

（1）制动时，汽车向一侧偏驶。

（2）制动时，必须紧握转向盘，才能使车辆保持直线行驶。

2. 故障原因

主要是由于左、右两侧制动力或制动时间不一致所致，具体原因有：

（1）左右两车轮轮胎气压不一致。

（2）左右两车轮制动间隙不一。

（3）左右两轮制动蹄与鼓的接触面积不一。

（4）一侧前轮制动器进水或油污。

（5）一侧前轮制动鼓变形严重或磨出沟槽。

（6）左右两轮制动凸轮转角相差人大。

（7）左右两轮制动气室推杆外露长度不一，伸张长度不等。

（8）左右两轮制动软管与制动器室膜片新旧程度不一样。

（9）前轮负前束。

（10）两钢板弹簧弹力不等，车架变形或前桥移位等。

3. 故障诊断与排除

诊断此故障应首先进行路试。在良好的路面上，对车辆进行紧急制动试验，若两侧车轮的拖印基本一致，而在不踩制动时也出现跑偏的现象，其原因同行驶跑偏相似。则应检查左右车轮的轮胎气压、花纹和磨损程度是否一致；检查前悬架弹簧是否有折断或弹力不等现象；检查前后桥的轴距是否一致；检查车架是否变形。

若在汽车制动时，忽而向左跑偏，忽而向右跑偏，则应测量前轮前束，若前束不符合规定,应调整;检查转向横直拉杆球头销是否松旷,若松旷,说明球头销调整过松或磨损过甚,应调整或更换。

若制动时各车轮拖印不一致,汽车向一侧跑偏,说明方向相反的一侧车轮制动力不足或制动过晚。可一人踩动制动踏板,另一人检查该车轮制动气室的工作状况。

(1)察听有无漏气现象,若有漏气,说明制动气室膜片破裂,气管或接头漏气,应更换或修理。

(2)检查制动气室推杆的伸缩情况,若推杆弯曲或发卡,应修理。若制动气室的工作状况良好,应支起车轮,检查车轮制动器的技术状况。拆下制动器检视孔盖观察:若制动器间隙过大,应调整;若制动蹄摩擦片上有油污,应拆卸车轮制动器清洗制动蹄摩擦片。

经上述检查正常,但制动仍跑偏,则应拆卸车轮制动器进行检修:检查摩擦片状况,若摩擦片磨损过甚、硬化或铆钉外露,应更换;检查制动蹄回位弹簧状况,若有折断或弹力减弱,应更换;测量制动鼓的圆度和圆柱度,若已超差,应镗削;检查制动臂和制动蹄的转动是否灵活,若有发卡现象,应润滑。

四、气压制动系统制动拖滞

1. 故障现象

(1)汽车起步困难,行驶无力。

(2)汽车行驶一定里程后,制动鼓发热,滑行距离缩短。

2. 故障原因

(1)制动踏板无自由行程。

(2)制动拉杆发卡或回位弹簧过软使制动踏板不能回位。

(3)制动控制阀中的排气阀开度过小,或其回位弹簧过软、折断或橡胶阀座老化发胀。

(4)制动气室膜片(活塞)回位弹簧疲劳、折断或弹力过小。

(5)制动凸轮轴在其承孔内缺油、锈蚀或卡滞。

(6)制动蹄与支承销锈蚀或回位弹簧过软、折断。

(7)制动间隙调整不当,放松制动后,制动蹄摩擦片与制动鼓仍局部摩擦。

(8)其他方面原因:如轮毂轴承松动、半轴套管松动等。

3. 故障诊断与排除

首先对车辆进行路试,路试中要有意使用制动器。当行驶一定路程后,停车检查各车轮制动鼓的温度。

(1)若发现制动鼓均发热,且抬起制动踏板时制动阀排气缓慢或不排气,多属制动阀和制动操纵机构故障。

①踩下、抬起制动踏板,观察制动踏板的回位情况,若制动踏板不能完全回位,说明制动拉杆发卡或踏板轴润滑不良,应修复或润滑。

②检查制动踏板自由行程是否符合要求,若自由行程过小,说明制动阀的排气阀开度过小,应调整。

③踩下制动踏板并迅速抬起,查听制动阀的排气声音。若制动阀排气缓慢,且拖延时间太长,说明排气阀排气不畅,应拆检制动阀。检查排气阀排气间隙是否过小、回位弹簧是否折断、弹力是否过小或阀座表面是否有胶质、油污等。若制动阀排气迅速,说明故障在车轮

制动器,应全面检查。

(2)若发现个别制动鼓发热,说明该车轮制动拖滞。可由一人在驾驶室内连续踏下、抬起制动踏板,另一人在该车轮处观察制动气室推杆的动作情况。

①若制动气室的推杆回位缓慢或不回位,则拆下该车轮制动器的调整臂再做检查。若此时推杆回位仍慢,说明推杆弯曲、发卡或制动气室弹簧折断、制动气室内油污严重,应修理或清洗;若此时推杆回位正常,说明制动凸轮轴润滑不良,应加注润滑脂。

②若制动气室的推杆回位正常,则应支起车轮做进一步的检查。轴向推拉车轮检查轮毂轴承的轴向间隙。若感觉松旷,说明该车轮轮毂轴承松旷,应予以调整。

沿圆周方向转动车轮,检查车轮转动是否灵活。若转动阻力较大,则应检查轮毂轴承间隙或制动器的间隙是否过小。若转动阻力时大时小,则应检查制动鼓是否变形。

(3)经上述检查均属正常,则应拆卸车轮制动器做进一步的检查。拆下车轮制动器的制动鼓,检查制动蹄的回位情况。若制动蹄回位慢或不回位,则应检查制动蹄回位弹簧弹力是否减弱、制动蹄与支撑销之间是否润滑不良、制动凸轮轴是否润滑不良。应更换或润滑。

五、液压制动系统制动失效

1. 故障现象

踩下制动踏板,车辆不减速,即使连续几脚制动也无明显减速作用。

2. 故障原因

(1)制动踏板至制动主缸的连接松脱。

(2)制动储液室无液或严重缺液。

(3)制动管路断裂漏油。

(4)制动主缸皮碗破裂。

3. 故障诊断

首先踩动制动踏板试验,根据踩制动踏板时的感觉,相应的检查有关部位。

(1)若制动踏板与制动主缸无连接感,说明制动踏板至制动主缸的连接松脱,应检查修复。

(2)踩下制动踏板时,若感到很轻,稍有阻力感,则应检查主缸储液室内制动液是否充足。若主缸储液室内无液或严重缺液,应添加制动液至规定位置。再次踩下制动踏板时,若仍没有阻力感,则应检查制动主缸至制动轮缸的制动软管或金属管有无断裂漏油。

(3)踩下制动踏板时,虽然感到有一定的阻力,但踏板位置保持不住,明显下沉,则应检查制动主缸的推杆防尘套处是否有制动液泄漏。若有制动液泄漏,说明制动主缸皮碗破裂;若车轮制动鼓边缘有大量制动液,则应检查制动轮缸皮碗是否压翻、磨损是否严重。

六、液压制动系统制动不灵

1. 故障现象

(1)汽车制动时,踩一次制动踏板不能减速或停车,连续踩几次制动踏板,效果也不好。

(2)汽车紧急制动时,制动距离太长。

2. 故障原因

(1)制动踏板自由行程太大。

(2)制动主缸储液室内存油不足或无油。

(3)制动液变质(变稀或变稠)或管路内壁积垢太厚。

(4)制动管路内进入空气或制动液气化产生了气阻。

(5)制动主缸、轮缸、管路或管接头漏油。

(6)制动主缸、轮缸的活塞及缸筒磨损过度。

(7)制动主缸、轮缸的皮碗老化或磨损引起密封不良。

(8)制动主缸的进油孔、储液室的通气孔堵塞。

(9)制动主缸的出油阀、回油阀不密封;活塞复位弹簧预紧力太小;活塞前端贯通小孔堵塞。

(10)制动器的制动鼓与制动蹄片间隙不当;制动鼓与制动蹄片接触面积太小;制动蹄片质量不佳或沾有油污,制动蹄片铆钉松动;制动鼓产生沟槽磨损或失圆,制动时变形。

(11)真空增压器或助力器的各真空管路接头松动、脱落,管路有破裂处;膜片破裂或者密封圈密封不良;单向阀、控制阀密封不良;辅助缸活塞、皮碗磨损过甚;单向球阀不密封。

3. 故障诊断

踩动制动踏板做制动试验,根据踩制动踏板时的感觉,检查相应的部位。

(1)一脚踩下制动踏板,踏板到底且无反力;连续几次踩制动踏板都能踩到底,且感觉阻力很小。则应检查储液室中制动液液面高度是否符合要求,若液面低于下线或"MIN"线以下,说明制动液液面太低;检查制动踏板联动机构有无松脱。

(2)连续几脚踩制动踏板时,踏板高度仍过低,并且在第一脚制动后,感到总泵活塞未回位,踩下制动踏板即有制动主缸与活塞碰击响声,则应检查主缸的活塞回位弹簧是否过软;主缸的皮碗是否破裂。

(3)连续踩几次制动踏板时,踏板高度低而软,则应检查制动主缸的进油孔或储液室的通气孔是否堵塞。

(4)一脚踩下制动踏板时,踏板高度过低;连续几脚踩下制动踏板时,踏板高度稍有增高,并有弹性感。则应检查系统内是否存有气体。

(5)一脚踩下制动踏板时,踏板高度较低;连续几脚踩下制动踏板时,踏板高度随之增高且制动效能好转,则应检查制动踏板的自由行程及制动器的间隙。

(6)维持制动踏板高度时,若缓慢或迅速下降,则应检查制动管路是否破裂、管接头是否密封不良;主缸、轮缸皮皮碗或皮圈密封是否良好。

(7)安装真空增压器或助力器的车辆,踩下制动踏板时,若踏板高度适当但太硬,且制动不灵,则应检查增压器或助力器的工作情况;检查制动系统油管是否有老化、凹瘪、制动液黏度太大。

(8)踩制动踏板时,若踏板有向上反弹、顶脚的感觉,且制动力不足,则应检查增压器的辅助缸活塞磨损是否过度;辅助缸活塞、皮碗是否密封不良;辅助缸单向球阀是否密封不良。

(9)路试车辆时,观察各车轮的制动情况。若个别车轮制动不良,则应检查该车轮的制动软管是否老化;摩擦片与制动鼓间的间隙是否不当;摩擦片是否有硬化、油污、钉外露现象;制动鼓内臂是否磨损成沟槽;摩擦片与制动鼓的接触面积是否过小。

七、液压制动系统制动跑偏

1. 故障现象

(1)汽车行驶制动时,行驶方向发生偏斜。

(2)紧急制动时,方向急转或车辆甩尾。

2. 故障原因

(1)左右车轮轮胎气压、花纹或磨损程度不一致。

(2)左右车轮轮毂轴承松紧不一、个别轴承破损。

(3)左右车轮的制动蹄摩擦衬片材料不一或新旧程度不一。

(4)左右车轮制动蹄摩擦片与制动鼓的接触面积、位置不一样或制动间隙不等。

(5)左右车轮轮缸的技术状况不一,造成起作用时间或张力大小不相等。

(6)左右车轮制动鼓的厚度、直径、工作中的变形程度和工作面的粗糙度不一。

(7)单边制动管路凹瘪、阻塞或漏油;单边制动管路或轮缸内有气阻。

(8)单边制动蹄与支承销配合过紧或锈蚀。

(9)一侧悬架弹簧折断或弹力过低。

(10)一侧减振器漏油或失效。

(11)前轮定位失准。

(12)转向传动机构松旷。

(13)车架、车桥在水平平面内弯曲、车架两边的轴距不等。

(14)感载比例阀故障。

3. 故障诊断与排除

(1)若车辆正常行驶时亦有跑偏现象,则首先做以下外观检查:检查左右车轮轮胎气压、花纹和磨损程度是否一致;检查各减振器是否漏油或失效;检查悬架弹簧是否折断或弹力是否一致。

(2)支起车轮,用手转动和轴向推拉车轮轮胎。若一侧车轮有松旷或过紧感觉,应重新调整轴承的预紧度;若转动车轮有发卡或异响,应检查该轮轮毂轴承是否破损或毁坏。

(3)对汽车进行路试。制动后,若汽车向一侧跑偏,则为另一侧的车轮制动不良。

首先对该车轮制动器进行放气,若无制动液喷出,说明该轮制动管路堵塞,应予以更换。若放出的制动液中有空气,说明该轮制动管路中混入空气,应予以排放。观察该轮制动器间隙,若制动器间隙过大,说明制动蹄摩擦片磨损严重或制动自调装置失效,应更换。

上述检查正常,应拆检该轮制动器。检查制动盘或制动鼓是否磨损过甚或有沟槽,若磨损过甚,应更换;若有严重沟槽,应车削或镗削;检查制动蹄摩擦片(摩擦衬块)是否有油污或水湿及磨损过甚,若摩擦片(衬片)有油污或水湿,应查明原因并清理;若摩擦片磨损过甚,应更换;检查制动轮缸或制动钳活塞,若有漏油或发卡现象,应更换。

(4)若制动时,出现忽左忽右跑偏现象,则应检查前轮定位是否符合要求,若前轮定位不正确,应调整;检查转向传动机构是否松旷,若松旷,应紧固、调整或更换。

(5)若在制动时,车辆出现甩尾现象,应检查感载比例阀是否有故障。

八、液压制动系统制动拖滞

1. 故障现象

抬起制动踏板后,全部或个别车轮的制动作用不能立即完全解除,以致影响了车辆重新起步、加速行驶或滑行。

2. 故障原因

(1)制动踏板无自由行程,制动踏板拉杆系统不能回位。

(2)制动总泵回位弹簧折断或失效。

(3)制动总泵回油孔被污物堵塞,密封圈发胀或发黏与泵体卡死。

(4)通往分泵的油管凹瘪或堵塞。

(5)制动盘摆差过大。

(6)前制动器密封圈损坏,造成活塞不能正常复位。

(7)前、后制动器分泵密封圈发胀或发黏与泵体卡死。

(8)鼓式制动器制动蹄回位弹簧折断或过软。

(9)鼓式制动器制动蹄摩擦片破裂或铆钉松动。

(10)鼓式制动器制动鼓严重失圆。

3. 故障诊断与排除

(1)将汽车支起,在未踩制动踏板的情况下,用手转动车轮。若某一车轮转不动,说明该轮制动器拖滞;若全部车轮转不动,说明全部车轮制动器拖滞。

(2)若为个别车轮制动器拖滞,首先旋松该轮制动轮缸的放气螺钉,若制动液急速喷出,随即车轮能旋转自如,说明该轮制动管路堵塞,轮缸未能回油,应更换。若车轮仍转不动,则拆下车轮,解体检查制动器。

对于盘式制动器:检查制动盘的轴向跳动量,若误差过大,应磨削或更换;拆检制动轮缸,若轮缸活塞发卡或密封圈损坏,应更换。

对于鼓式制动器:检查制动蹄摩擦片状况,若摩擦片破裂或铆钉松动,应更换摩擦片;检查制动器间隙自调装置,若有损坏,应更换;检查制动鼓状况,若制动鼓圆度误差过大,应镗削或更换;检查制动蹄回位弹簧,若有折断或弹力减弱,应更换;检查制动轮缸,若轮缸活塞发卡或密封圈损坏,应更换。

(3)若全部车轮制动器拖滞,则首先检查制动踏板自由行程是否符合要求,若自由行程过小,应调整;检查制动踏板的回位情况,用力将制动踏板踩到底并迅速抬起,若踏板回位缓慢,说明制动踏板回位弹簧失效或踏板轴发卡,应更换或修复。检查制动主缸的工作情况。打开制动液储液室盖,由一人连续踩制动踏板,另一人观察制动主缸的回油情况。若不回油,说明制动主缸回油孔堵塞,应清洗、疏通;若回油缓慢,说明制动液过脏或变质,应更换。

九、液压制动系统驻车制动不良

1. 故障现象

(1)拉紧驻车制动器,汽车很容易起步。

(2)在坡道上停车时,拉紧驻车制动器,汽车不能停止而发生溜车现象。

2. 故障原因

(1)驻车操纵杆的自由行程过大。

(2)驻车操纵杆系或绳索断裂或松脱、发卡等。

(3)驻车制动器间隙过大。

(4)驻车制动器摩擦片磨损过甚或有油污。

(5)驻车制动鼓磨损过甚、失圆或有沟槽。

(6)驻车制动蹄运动发卡。

(7)驻车制动蹄摩擦片与制动鼓的接触面积太小。

3. 故障诊断与排除

(1)将汽车停放在平坦的地面上,拉紧驻车制动器操纵杆,挂入低速挡起步,若汽车很容易起步而发动机不熄火,说明驻车制动不良。

(2)从驻车制动器操纵杆放松位置往上拉,直至拉不动为止。检查操纵杆的行程,若行程过大,说明操纵杆的自由行程过大,应调整。检查拉动操纵杆的阻力,若感觉没有阻力或阻力很小,说明操纵杆或绳索断裂或松脱,应更换或修复;若感觉很沉,说明操纵杆或绳索及制动器发卡,应拆检修复。

(3)从检视孔检查中央驻车制动器(东风 EQ1092、解放 CA1092 汽车)或后轮制动器(奥迪、桑塔纳等轿车)的间隙是否符合要求,若制动器间隙过大,应调整。

(4)经上述检查均正常,应拆检驻车制动器。检查制动蹄摩擦片是否磨损过甚或有无油污;检查制动鼓是否磨损过甚、失圆或有沟槽;检查制动蹄运动是否发卡,若有发卡现象,应修复或润滑;检查制动蹄摩擦片与制动鼓的接触面积是否符合要求,若接触面积过小,应更换或修整。

十、ABS 系统的故障诊断

1. 利用故障码诊断 ABS 系统故障

(1)人工读取故障码。人工读取故障码的方式通常有:通过 ABS 警告灯闪烁读取、通过电子控制单元盒上的二极管灯读取、能过自制的发光管灯读取、通过自动空调面板读取等几种。读取故障码的一般程序是:

①将点火开关置于断开位置。

②用跨接线跨接诊断插座中的相应端子。

③将点火开关置于点火位置,以正确的方法计数警告灯或发光二极管的闪烁次数,确定故障代码。

④从维修手册中查找故障码所代表的故障情况。

⑤排除故障后,按规定程序清除故障码。

(2)仪器读取故障码。故障代码扫描仪可以从 ABS 电子控制器存储器中读取故障代码,同时还具有故障代码翻译、检测步骤指导和基本判断参数提供等功能。

用 V. A. G1552 车辆系统测试仪读取桑塔纳 2000 轿车 ABS 系统的故障码程序如下:

①检查车辆是否符合检测条件。检测条件包括所有车轮必须安装规定的并且尺寸相同的轮胎,轮胎气压符合要求;常规制动系统正常;所有熔断丝完好;蓄电池的电压正常。

②关闭点火开关,打开诊断接口盖板(位于换挡杆前端的防尘罩下),将故障诊断仪

V. A. G1552 用诊断连接线连接在诊断接口上。按照故障诊断仪的操作方法读取故障码。

③根据故障码的提示内容诊断故障。

④故障排除后,清除故障码。

⑤关闭点火开关,ABS 故障警告灯和制动装置警告灯亮约 2s 后必须熄灭。

故障代码表示了故障的性质和范围,这些内容一般由汽车制造厂提供,列入维修手册中。

(3)根据故障码诊断故障。故障代码能够显示故障的性质和范围,维修人员可根据故障码的提示迅速、准确地确定故障的性质和部位,有针对性地检查有关部位、元件和线路,将故障排除。

2. 无故障码时 ABS 系统的故障诊断

电子控制单元的故障诊断系统是检测它的输入、输出信号是否在规定的范围内变化,若信号超出了规定的范围,则判定为故障。但有时输入、输出信号虽然在规定范围内,却不能正确地反应系统的工况,造成 ABS 系统工作不良。此时应借助测试仪读取系统各传感器的数据并与标准数据比较,进一步检查各传感器或开关信号是否正常,以确认故障原因和部位。而且,系统中的机械故障也不能通过电子回路反映出来。因此,应根据其表现出来的现象进行分析,以确认故障原因和部位。

3. ABS 系统偶发性的故障诊断

在电子控制系统的电气线路和输入、输出信号部位,可能出现瞬时接触不良问题,从而导致偶发性故障或在 ABS 电子控制单元自检时留下故障码。如果故障原因持续存在,那么只要按照故障码诊断步骤就可以发现不正常的部位,不过有时候故障发生的原因会自行消失,所以不容易找出问题的原因。在这种情况下,可按下列方式模拟故障,检查故障是否再现。

(1)当怀疑振动可能是主要原因时,可将接头、线束和传感器轻轻地上下左右摇动。注意:传感器在车辆上运动时因悬架系统的上下移动,可能造成短暂的开/短路。因此检查传感器信号时必须进行实车行驶试验。

(2)当怀疑过热或过冷可能是主要原因时,可用吹风机加热被怀疑有故障的部件;或用冷喷雾剂检查是否有冷焊现象。

(3)当怀疑电源回路接触电阻过大可能是主要原因时,可打开所有电器开关,包括前照灯和后窗除霜开关。

如果通过上述模拟故障原因,故障还是没有出现,则应等到下次故障再次出现时才能诊断故障。

第八章　底盘维护与调整

第一节　离合器的维护与调整

离合器的维护检查主要包括检查离合器踏板自由行程、检查离合器的工作情况、检查离合器储液罐液面高度等。

一、离合器储液罐液面高度检查

检查主缸储液罐内离合器液（制动液）面的高度，如果低于"MIN"的标记，则应补加，并要进一步检查离合器液压操纵机构是否有泄漏的部位。

二、离合器液压操纵机构泄漏检查

液压操纵机构泄漏检查主要是检查主缸与油管、工作缸与油管及油封等部位是否有离合器液的痕迹。

三、离合器踏板检查

1. 踩下离合器踏板，检查是否存在下述故障

（1）踏板回弹无力。

（2）异响。

（3）踏板过度松动。

（4）踏板沉重。

2. 检查离合器踏板高度

离合器踏板高度的检查如图 8-1 所示，掀起地毯或地板革，用直尺测量地面到离合器踏板上表面的距离。如果超出标准，应调整踏板高度。

离合器踏板高度的调整可以通过踏板后的限位螺栓进行。

3. 检查离合器踏板自由行程

踏板自由行程的检查见图 8-1，用一个直尺抵在驾驶室地板上，先测量踏板完全放松时的

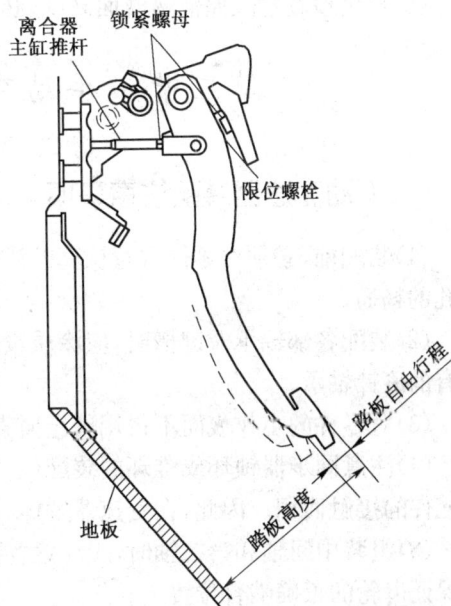

图 8-1　离合器踏板、踏板自由行程及其调整

高度，再用手轻按踏板，当感到阻力增大时再测量踏板高度，两次测量的高度差即为踏板的自由行程。

踏板自由行程的调整亦见图 8-1，液压式操纵机构一般是调整主缸推杆的长度，先将主缸推杆锁紧螺母旋松，然后转动主缸推杆，从而调整踏板自由行程，调整后应将锁紧螺母旋紧。

有些车辆的操纵机构具有自调装置,如捷达轿车,可以免除离合器踏板自由行程的调整。

四、离合器工作情况检查

车辆可靠驻停,拉起驻车制动手柄。起动发动机,发动机怠速运转,踩下离合器踏板,换到1挡或倒挡,检查是否有噪声、是否换挡平稳。如果有,说明离合器分离不彻底。

五、离合器液压系统中空气的排出

离合器液压操纵系统在经过检修之后,管路内可能进入空气;在添加制动液时也可能使液压系统中进入空气。空气进入后,由于缩短了主缸推杆行程即踏板工作行程,从而使离合器分离不彻底。因此,液压系统检修后或怀疑液压系统进入空气时,就要排除液压系统中的空气。排除方法如下:

(1)将主缸储液罐中的制动液加至规定高度。升起汽车。

(2)在工作缸的放气阀上安装一软管,接到一个盛有制动液的容器内。

(3)排空气需要两个人配合工作,一人慢慢地踏离合器踏板数次,感到有阻力时踏住不动,另一人拧松放气阀直至制动液开始流出,然后再拧紧放气阀。

(4)连续按上述方法操作几次,直到流出的制动液中不见气泡为止。

(5)空气排除干净之后,需要再次检查及调整踏板自由行程。

(6)再次检查主缸储液罐液面高度,必要时添加。

第二节 手动变速器的维护与调整

一、手动变速器装配注意事项

(1)装配前,必须对零件进行认真的清洗,除去污物、毛刺和铁屑等。尤其要注意各润滑油孔的畅通。

(2)装配各部轴承及键槽时,应涂质量优良的润滑油进行预润滑。总成修理时,应更换所有的滚针轴承。

(3)对零件的工作表面不得用硬金属直接锤击,避免齿轮出现运转噪声。

(4)注意同步器锁环或锥环的装配位置。装配过程中,如有旧件时应原位装复,以保证两元件的接触面积。因此,在变速器解体时,应对同步器各元件做好装配记号,以免装错。

(5)组装中间轴和第二轴时,应注意各挡齿轮、同步器花键毂、推力垫圈的方向及位置,以保证齿轮的正确啮合位置。

(6)安装第一轴、第二轴及中间轴的轴承时,只许用压套垂直压在内圈上,禁止施加冲击载荷,轴承内圈圆角较大的一侧必须朝向齿轮。

(7)装入油封前,需在油封的刃口涂少量润滑脂,要垂直压入,并注意安装方向。

(8)变速器装配后,要检查各齿轮的轴向间隙和各齿轮副的啮合间隙及啮合印痕。

(9)装配密封衬垫时,应在密封衬垫的两侧涂以密封胶,确保密封效果。

(10)安装变速器盖时,各齿轮和拨叉均应处于空挡位置。必要时,可分别检查各个常用挡的齿轮副是否处于全齿长接合位置。按规定的力矩拧紧全部螺栓。

二、手动变速器操纵机构的调整

（1）挂入 1 挡。

（2）将上换挡杆向左推至缓冲垫处。

（3）慢慢松开上换挡杆，上换挡杆应朝右返回约 5～10mm。

（4）挂入 5 挡。

（5）将上换挡杆向右推至缓冲垫。

（6）慢慢松开上换挡杆，上换挡杆应朝左返回约 5～10mm。

（7）当上换挡杆朝 1 挡和 5 挡压去时，上换挡杆大致返回同样的距离；如有必要，可通过移动换挡杆支架的椭圆形孔进行调整。

（8）检查各挡齿轮啮合是否平滑。

（9）如果啮合困难，要进行调整。

（10）将上换挡杆置于极限位置上。

（11）旋松夹箍的螺母，移动上换挡杆，要求下换挡杆在连接时自由滑动。

（12）取下换挡手柄和防尘罩。

（13）将换挡杆支架孔与变速杆罩壳的孔对准，并旋紧螺栓。

（14）用专用工具 VW5305/7 进行安装，将其嵌入换挡杆支架前孔中，将上换挡杆放在"C"位置上，如图8-2 所示。

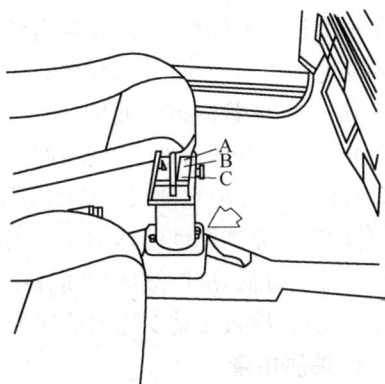

图 8-2　将上换挡杆放在"C"位置上
A、B、C. 换挡杆位置

（15）轻轻地旋紧下面的螺栓，将专用工具 VW5305/7 固定好。

（16）将上换挡杆放到最右面，直至缓冲垫，旋紧定位器螺栓。

（17）将上换挡杆放在"B"位置上。

（18）用 20N·m 的力矩旋紧夹箍螺示。

（19）取下专用工具 VW5305/7。

（20）挂入 1 挡，将上换挡杆向左压到底。

（21）松开上换挡杆，由于弹簧的作用上换挡杆返回到右边

（22）挂入 5 挡，将上换挡杆向右压到底。

（23）松开上换挡杆，由于弹簧的作用上换挡杆返回到左边。

（24）先后挂入所有的挡位，特别要注意倒挡的锁止功能。

（25）装上仪表板、防尘罩和换挡手柄。

第三节　自动变速器的维护与调整

一、自动变速器基本检查内容

自动变速器的油位不当、油质不佳、联动机构调节不当及发动机怠速不正常，是引起自

动变速器故障的最常见原因。通常把这些部件的检查与重新调整,叫作自动变速器的基本检查。

电控自动变速器基本检查的目的是检验自动变速器是否具备正常工作的能力。基本检查中的检查和调整项目包括:油面检查、油质检查、液压控制系统漏油检查、节气门拉索检查和调整、变速杆位置检查和调整、超速挡控制开关(O/D)的检验和发动机怠速检查等。基本检查的前提条件是:发动机工作正常、底盘性能良好,特别是制动系统正常。

1. 油面检查

在做任何自动变速器检查前或故障诊断前,要首先进行自动变速器油面高度检查(另外,车辆每行驶 1500～2000km 应检查自动变速器油面高度)。检查方法如下:

(1)汽车停放在水平地面上,并拉紧手制动,让发动机怠速运转(至少 1min);

(2)踩住制动踏板,将变速杆拨至倒挡(R)、前进挡(D)、前进低挡(S、L 或 2、1)等位置,并在每个挡位上停留几秒,使液力变矩器和所有换挡执行元件中都充满自动变速器油。最后将变速杆拨至停车挡(P)位置;

(3)从加油管内拔出油尺,擦干净后再插入油管后再拔出,检查油尺上的油面高度。

如果自动变速器处于冷态(即冷车刚刚起动,自动变速器油的温度较低,为室温或低于 25℃),油面高度应在油尺刻线的下限附近;如果自动变速器处于热态(如低速行驶 5min 以上,自动变速器油温度已达 70℃～80℃),油面高度应在油尺刻线的上限附近。

若油面过低,应继续向加油管中加入自动变速器油,直至油面高度符合标准为止。继续运转发动机,检查自动变速器油底壳、油管接头等处有无漏油。如有漏油,应立即予以修复。

2. 油质检查

检查油液的质量时,从油尺上嗅一嗅油液的气味,在手指点上少许油液,再用手指互相摩擦看是否有渣粒。若自动变速器油只有轻微的变质或产生轻微焦味,则说明自动变速器内的摩擦片有少量磨损,可换油后再作进一步检查。如换油后能正常工作,无明显故障,可以继续使用,不必拆修。若油质有明显变质或产生严重焦味,可进一步拆检油底壳。若油底壳内有大量粉末沉淀,说明变速器磨损严重,应立即拆修。自动变速器油质状态与故障原因见表 8-1。

表 8-1　自动变速器油质状态与故障原因

自动变速器油状态	故 障 原 因
油液清洁、带红色	正常
油液中有金属屑	离合器、制动器摩擦片或单向离合器严重磨损
油尺上粘附胶质油膏	油温过高
油液有烧焦味	(1)油温太高,油面太低 (2)油冷却器或管路堵塞
油液变为极深暗色、红色或褐色	(1)没有及时更换自动变速器油 (2)长期重载荷运转,或某些部件打滑、损坏引起自动变速器过热
油液从加油管溢出	(1)油面过高 (2)通气孔堵塞
油液清淡,无黏性	油变质
油液发白	油中有水

3. 液压控制系统漏油的检查

液压控制系统的各连接处都有油封和封垫，这些部位是常发生漏油的地方。

液压控制系统漏油会引起油路压力下降，油位下降是换挡打滑和延迟的常见原因。对自动变速器易发生漏油部位，应逐一进行检查。

4. 节气门拉索的检查

节气门的开度将影响自动变速器的换挡时间，发动机熄火后，节气门应全闭，当加速踏板踩到底时，节气门应全开。油门拉索的索芯不应松弛，索套端和索芯上限位杆之间的距离应在0~1mm之间。

5. 变速杆位置的检查

变速杆调整不当，会使变速杆的位置与自动变速器阀板中手动阀的实际位置不符，造成挂不进停车挡或前进低挡，或变速杆的位置与仪表板上挡位指示灯的显示不符，甚至造成在空挡或停车挡时无法起动发动机。

6. 发动机怠速的检查

发动机怠速不正常，特别是怠速过高，会使自动变速器工作不正常，出现换挡冲击等故障。因此在对自动变速器作进一步的检查之前应先检查发动机的怠速是否正常。检查怠速时应将自动变速器变速杆置于停车挡(P)或空挡(N)位置。通常装有自动变速器的汽车发动机怠速为750r/min。若发动机怠速过低或过高，都应予以调整

7. 超速挡控制开关(O/D)的检查

电控自动变速器的电子控制系统具有故障自诊断功能，它可以通过超速挡指示灯"O/D OFF"来予以警告。此项检验，必须在蓄电池电压正常时方可进行，否则将会引起故障自诊断系统误诊断。检验时，首先将点火开关置于"ON"位置，同时接通超速挡主开关，超速挡指示灯"O/D OFF"应熄灭。若超速挡指示灯"O/D OFF"闪烁，则表明系统有故障。此时，可根据维修手册中给出的方法读取故障码，并根据该车型的故障码表查出故障原因，排除故障。

二、自动变速器性能的测试

1. 道路试验

道路试验是诊断、分析自动变速器故障的最有效的手段之一。此外，自动变速器在修复之后，也应进行道路试验，以检查其工作性能，检验修理质量。自动变速器的道路试验内容主要有：检查换挡车速、换挡质量以及检查换挡执行元件有无打滑等。在道路试验之前，应先让汽车以中低速行驶5~10min，让发动机和自动变速器都达到正常工作温度。在试验中，如无特殊需要，通常应将超速挡开关置于ON位置(即超速挡指示灯熄灭)，并将模式开关置于普通模式或经济模式的位置。

2. 失速试验

在前进挡或倒挡中，踩住制动踏板并完全踩下油门踏板时，发动机处于最大转矩工况，而此时自动变速器的输出轴及输入轴均静止不动，变矩器的涡轮不动，只有变矩器壳及泵轮随发动机一同转动，此工况称为失速工况，此时发动机的转速称为失速转速。

失速试验是检查发动机输出功率、变矩器及自动变速器中制动器和离合器等有关换挡执行元件的工作是否正常的一种方法。

　　不同车型的自动变速器都有其失速转速标准值。大部分自动变速器的失速转速标准为2300r/min左右。若失速转速与标准值相符,说明自动变速器的油泵、主油路油压及各个换挡执行元件的工作基本正常;若失速转速高于标准值,说明主油路油压过低或换挡执行元件打滑;若失速转速低于标准值,则可能是发动机动力不足或液力变矩器有故障。例如,当液力变矩器中的导轮单向超越离合器打滑时,液力变矩器在液力偶合器的工况下工作,其变矩比下降,从而使发动机的负荷增大,转速下降。自动变速器不同挡位失速转速不正常的原因见表8-2。

表8-2　自动变速器失速转速不正常的原因

变速杆位置	失速转速	故　障　原　因
所有位置	过高	(1)主油路油压过低 (2)前进挡和倒挡的换挡执行元件打滑 (3)低挡及倒挡制动器打滑
	过低	(1)发动机动力不足 (2)变矩器导轮的单向超越离合器损坏
仅在D位	过高	(1)前进挡油路油压过低 (2)前进离合器打滑
仅在R位	过低	(1)倒挡油路油压过低 (2)倒挡及高挡离合器打滑

3. 油压试验

　　油压试验是在自动变速器运转时,对控制系统各个油压进行测量,为分析自动变速器的故障提供依据,以便于有针对性地进行修复。正确的油路油压是自动变速器正常工作的先决条件。

　　油压过高,会使自动变速器出现严重的换挡冲击,甚至损坏控制系统;油压过低,会造成换挡执行元件打滑,加剧其摩擦片的磨损,甚至使换挡执行元件烧毁。对于因油压过低而造成换挡执行元件烧毁的自动变速器,如果仅仅更换烧毁的摩擦片而没有找出故障的真正原因就修复,换后的摩擦片经过一段时间的使用后往往会再次烧毁。因此,在分解修理自动变速器之前和自动变速器修复之后,都要对自动变速器做油压试验,以保证自动变速器的修理质量。

　　油压试验的内容取决于自动变速器的类型及测压孔(测试点位置)的设置方式:将测得的主油路油压与标准值进行比较。不同车型自动变速器的主油路油压都不完全相同。

4. 延时试验

　　在发动机怠速运转时将变速杆从空挡拨至前进挡或倒挡后,需要有一段短暂时间的迟滞或延时才能使自动变速器完成挡位的接合(此时汽车会产生一个轻微的振动),这一短暂的时间称为自动变速器换挡的迟滞时间。延时试验就是测出自动变速器换挡的迟滞时间,根据迟滞时间的长短来判断主油路油压及换挡执行元件的工作是否正常。

　　大部分自动变速器 N-D 延时时间小于 1.0～1.2s,N-R 延时时间小于 1.2～1.5s。若 N-D 延时时间过长,说明主油路油压过低、前进离合器摩擦片磨损过甚或前进单向超越离合器工作不良;若 N-R 延时时间过长,说明倒挡主油路油压过低、倒挡离合器或倒挡制动器磨损过甚或工作不良。

5. 手动换挡试验

为了确定故障存在的部位,区分故障是机械系统、液压控制系统,还是电子控制系统引起的,应当进行手动换挡试验,这是在读取故障码和完成自动变速器基本检查之后首先要进行的一项试验项目。

所谓手动换挡试验,就是将电控自动变速器所有换挡电磁阀的线束插头全部脱开,由测试人员手动进行各挡位的试验,此时电脑不能通过换挡电磁阀来控制换挡,自动变速器的挡位取决于变速杆的位置。

不同车型的电子控制自动变速器在脱开换挡电磁阀线束插头后的挡位和变速杆的关系都不完全相同。

第四节 万向传动装置与驱动桥的维护与调整

一、万向传动装置中间支承轴承的调整

中间支承轴承经使用磨损后,需及时检查和调整,以恢复其良好的技术状况。以解放CA1092型汽车为例,其传动系统中间支承为双列圆锥滚子轴承,有两个内圈和一个外圈,两内圈中间有一个隔套,供调整轴向间隙用。

磨损使中间支承轴向间隙超过0.30mm时,将引起中间支承发响和传动轴严重振动,导致各传力部件早期损坏。

调整方法:拆下凸缘和中间轴承,将调整隔板适当磨薄,传动轴承在不受轴向力的自由状态下,轴向间隙在0.15~0.25mm之间,装配好后用195~245N·m的扭矩拧紧凸缘螺母,保证轴承轴向间隙在0.05mm左右,即转动轴承外圈而无明显的轴向游隙为宜,最后从滑脂嘴注入足够的润滑脂,以减小磨损。

二、驱动桥单级主减速器的调整

1. 轴承预紧度的调整

主动锥齿轮轴承预紧度由调整垫片来调整。增加垫片的厚度,轴承预紧度减小;反之,轴承预紧度增加。从动锥齿轮(差速器壳)轴承预紧度则是通过拧动两侧轴承的调整螺母来调整的。拧入调整螺母,轴承预紧度增加;反之,轴承预紧度减小。

2. 锥齿轮啮合的调整

锥齿轮啮合的调整是指齿面啮合印痕和齿侧啮合间隙的调整。

(1)齿面啮合印痕的调整。先检查齿面啮合印痕,方法为:在主动锥齿轮上相隔120°的三处用红丹油在齿的正反面各涂2~3个齿,再用手对从动锥齿轮稍施加阻力并正、反向各转动主动锥齿轮数圈。观察从动锥齿轮上的啮合印痕。

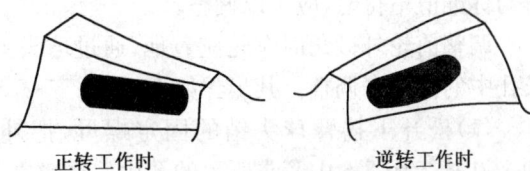

正转工作时　　　　　　逆转工作时

图8-3　正确的啮合印痕

正确的啮合印痕如图8-3所示,应位于齿高的中间偏小端,并占齿宽60%以上。

如果啮合印痕位置不正确,应进行调整,方法是移动主动锥齿轮。增加调整垫片的厚

度,使主动锥齿轮前移;反之则后移。

(2)齿侧啮合间隙的调整。调整啮合印痕移动主动锥齿轮后,主、从动锥齿轮的啮合间隙会发生变化。

啮合间隙的检查:将百分表抵在从动锥齿轮正面的大端处,用手把住主动锥齿轮,然后轻轻地往复摆转从动锥齿轮即可显示间隙值。中、重型汽车应为 0.15~0.50mm,轻型车约为 0.10~0.18mm,使用极限 1.00mm。

如果啮合间隙不符合要求,需要进行调整,方法是移动从动锥齿轮,从动锥齿轮远离主动锥齿轮时间隙变大,反之则变小。移动从动锥齿轮的方法是将一侧的轴承调整螺母旋入几圈,另一侧就旋出几圈。

注意:调整前应先将从动锥齿轮的轴承预紧度调整好。

第五节　行驶系统的维护与调整

一、车轮定位的检查和调整

现以桑塔纳 2000 轿车为例介绍其前轮定位的检查和调整。桑塔纳 2000 轿车前轮定位最好使用光学测量仪检查。如果没有光学测量仪,检查前轮外倾角可用 3021 量角器,检查前束可用机械轮距测试器。前轮定位的检查和调整顺序是:先检查和调整主销后倾角,接着检查和调整前轮外倾角,后检查和调整前束。

1. 检查准备

(1)汽车停放在水平场地或专用检测台上,车轮在直线行驶位置且无负载,
(2)轮胎气压符合规定。
(3)车轮平衡,悬架活动自如。
(4)转向系统调整正确。
(5)前悬架弹簧无过大的间隙和损坏。

2. 前轮外倾角检查调整

检查前轮外倾角可采用水准仪进行动态测量。水准仪如图 8-4 所示。

将车轮对准正前方,利用装有轮辋或轮盘上的固定支架,将水准仪安装在与车轮平面垂直的平面内,如图 8-5 所示。此时水准仪的倾角读数即为车轮外倾角。当测量值与标准值不符时,应予以调整。

调整前轮外倾角时车轮应着地,通过球头销在下摇臂长孔中的位移来调整。其步骤如下:

(1)松开下摇臂球头销的固定螺母,把外倾调整杆 40-200 插入图 8-6 中箭头所示的孔中。调整左侧时,从后面插入调整杆;调整右侧时,应从前面插入调整杆。

(2)横向移动球头销,直至达到外倾角值。

(3)紧固螺母并再次检查外倾角值,需要时重新进行

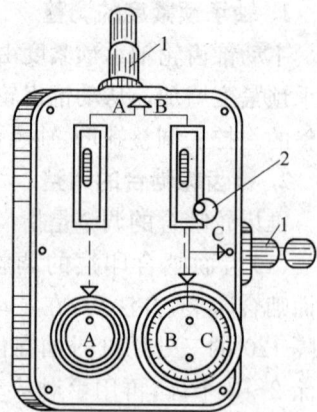

图 8-4　水准仪

1. 插销　2. 调整螺钉　A. 外倾角刻度及相应插销　B. 后倾角刻度表及相应插销　C. 内倾角刻度表及相应插销

调整。必要时调整前束。

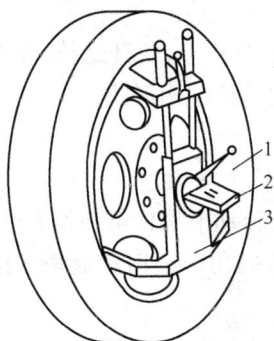

图 8-5　测量车轮外倾角
1. 被测车轮　2. 水准仪　3. 固定支架

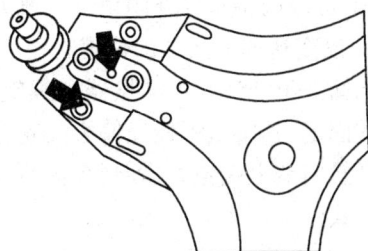

图 8-6　插入外倾调整杆

3. 前束检查调整

（1）检查。检查前束前，先顶起前轮，使车轮能平稳回转，在轮胎周向花纹对称中心画线，然后放下前轮，并使车轮处于直行位置。

使用前束尺测量时，前束尺的指针高度与轮胎中心高度相同。在车轮的前侧，使前束尺的左右指针与轮胎中心的画线对准，测出宽度。然后将前束尺移到车轮后侧，以同样方法测出宽度。两次测量结果之差，即为车轮前束。

（2）调整。调整前束除使用光学测量仪外，还需要专用工具 3075。调整前束是通过改变两侧转向横拉杆的长度来实现的。

①将转向器置于中间位置。

②拧出转向中间轴盖上的螺栓，将带有挂钩"B"的专用工具安置在左转向横拉杆的紧固螺母上，如图 8-7 所示。

③用专用螺钉将作衬垫的间隔件固定到标有"C"记号的转向器孔中。注意：不得使用一般螺钉，因为一般螺钉太短，会碰坏转向盘的螺纹。

④总前束值分为两半，分别在左、右转向横拉杆上调整。

⑤固定转向横拉杆。必要时调整转向盘。

⑥拆下专用工具 3075，重新拧紧转向中间轴盖上的螺栓，拧紧力矩为 20N·m。

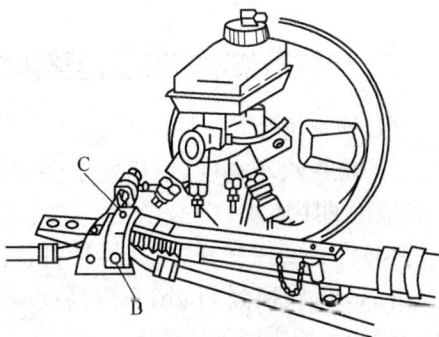

图 8-7　调整前束

4. 注意事项

桑塔纳 2000 轿车的主销后倾角、主销内倾角不可调整，它是靠前轮外倾角的正确性来保证的。

二、麦弗逊式独立悬架调整部位及调整方法

1. 改变转向节与横摆臂外端的位置

如图 8-8a 所示，松开转向节球头销与横摆臂的连接螺栓，左右横向移动球头销及转向

节,可以改变车轮外倾角。上海桑塔纳轿车即采用这种结构形式。

2. 改变弹性支柱上支座的位置

如图 8-8a 所示,悬架的弹性支柱上支座用螺栓固定在车身上,松开螺栓,左右横向移动上支座,可以调整车轮外倾角。一汽大众奥迪轿车即采用这种结构形式。

3. 改变转向节上端的位置

如图 8-8b 所示,由减振器和螺旋弹簧组成的弹性支柱下端通过上、下两个螺栓与转向节上端固定,其中上螺栓经偏心凸轮将两者连接在一起。转动上螺栓可使偏心凸轮转动,从而带动转向节上端左右横向(A 向)移动,进而改变车轮外倾角。丰田花冠轿车即采用这种结构形式。

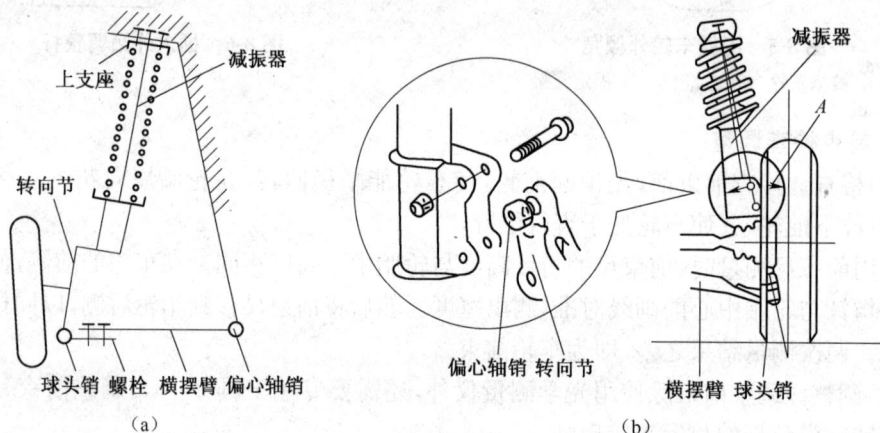

图 8-8 麦弗逊式独立悬架前轮定位调整示意图
(a)、(b)改变不同的位置

三、电控悬架汽车高度调整功能检查

(1)检查轮胎气压是否正常。

(2)检查汽车高度(下横臂安装螺栓中心到地面的距离)。

(3)将高度控制开关(在换挡杆侧面板上)由 Norm 转换到 High,车身高度应升高 10~30mm,所需时间为 20~40s。

(4)溢流阀的检查。

①点火开关置于 ON,将高度控制连接器的 1、7 端子短接,如图 8-9 所示,使压缩机工作。

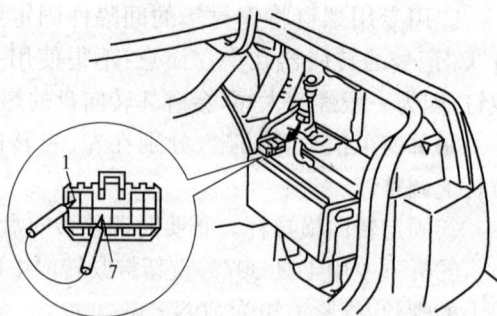

图 8-9 短接高度控制连接器的 1、7 端子

②等压缩机工作一会后,检查溢流阀是否放气。如果不放气说明溢流阀堵塞、压缩机故障或有漏气的部位。

③检查结束后。将点火开关 OFF,清除故障码。

(5)漏气检查。

①将高度控制开关置于 High 位置。

②使发动机熄火。

③在管子的接头处涂抹肥皂水,如果有气泡出现,说明此处有漏气处。应进行相应处理。

四、车轮与轮胎的维护

1. 轮毂轴承预紧度的调整

轮毂轴承过松或过紧必须立即修理,即调整轮毂轴承的预紧度,方法为:

(1)用千斤顶支起车轮,拧下轮毂盖螺钉,拆下轮毂衬垫。

(2)拆下锁止销钉,旋下锁紧螺母,拆下锁止垫片。

(3)旋转调整螺母改变轮毂轴承间隙。旋进轴承间隙变小,旋出轴承间隙变大。一般是将调整螺母旋紧到底,再退回1/3圈即可。

(4)调整合适的轮毂轴承预紧度应使车轮能够自由转动,且轴向推动无明显间隙。

2. 轮胎换位的方法

(1)按时换位可使轮胎磨损均匀,约可延长20%的使用寿命,应结合车辆二级维护定期换位。在路面拱度较大的地区或夏季,轮胎磨损差别较大,可适当增加换位次数。一般推荐8000~10000km应将轮胎换位一次。

(2)轮胎换位方法常用的有交叉换位法、循环换位法和单边换位法,如图8-10和图8-11所示。

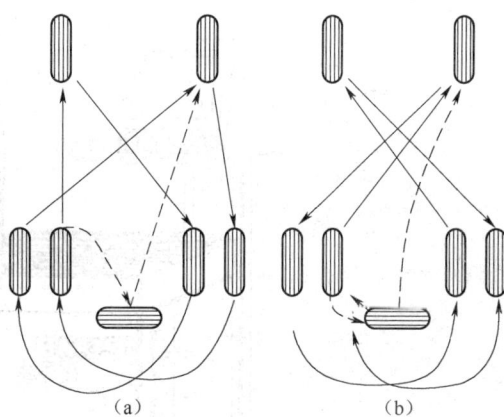

图 8-10　六轮二桥汽车轮胎换位法
(a)循环换位　(b)交叉换位

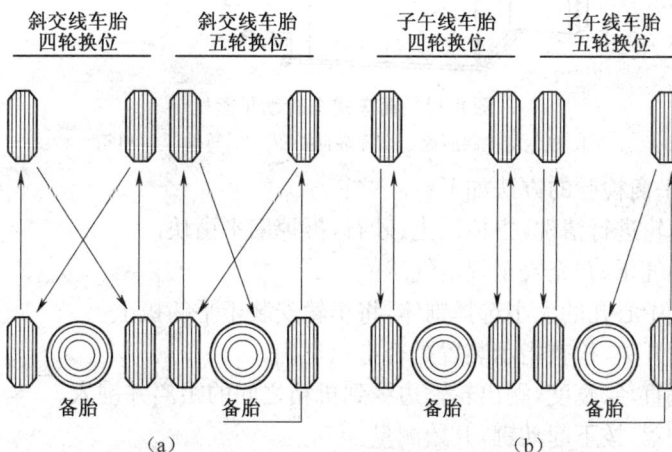

图 8-11　四轮二桥汽车轮胎换位法
(a)交叉换位　(b)单边换位

装用普通斜交轮胎的六轮二桥汽车,常用图8-10中的交叉换位法,具体做法是:左右两交叉,主胎(后内)换前胎,前胎换帮胎(后外)、帮胎换主胎。这样,通过三次换位每只轮胎就可轮到一次担负内挡(主力)胎。

四轮二桥汽车,斜交胎也可采用交叉换位法,见图8-11a。子午线胎宜用单边换位法见图8-11b 。子午线轮胎的旋转方向应始终不变。若反向旋转,会因钢丝帘线反向变形产生振动,汽车平顺性变差。所以一些轿车使用手册推荐单边换位法。

(3)轮胎换位后,应按所换的胎位要求,重新调整气压。

(4)轮胎换位后须作好记录,下次换位仍要按上次选定的换位方法换位。

3. 采用离车式车轮动平衡机进行车轮动平衡检验的方法

利用离车式车轮动平衡机对车轮进行动平衡检测时,需将车轮从车上拆下。如图8-12所示为常见的车轮动平衡机。该动平衡机主要由驱动装置、转轴与支承装置、显示与控制装置、制动装置及防护罩组成。

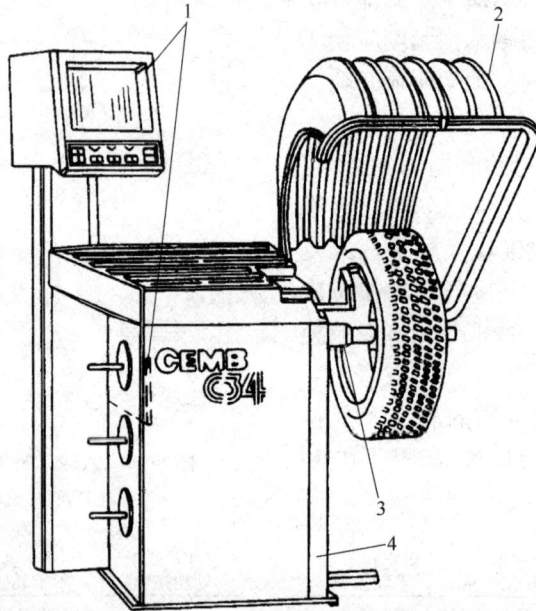

图8-12　离车式车轮动平衡机
1. 显示与控制面板　2. 车轮防护罩　3. 转轴　4. 机箱

进行车轮动平衡检验的方法如下:

(1)对被测车轮进行清洗,去掉泥土、砂石,拆掉旧平衡块。

(2)检查轮胎气压,并充气至规定气压值。

(3)根据轮辋中心孔的大小选择锥体,将车轮安装于平衡机上。

(4)打开电源开关,检查指示装置是否指示正确。

(5)键入轮辋直径、宽度,测出轮辋边缘到机箱之间的距离并键入。

(6)放下防护罩,按下起动键,开始测量。

(7)当车轮自动停转后,从指示装置读出车轮内、外动不平衡量和位置。

(8)抬起车轮防护罩,用手慢慢旋转车轮,当动平衡机指示装置发出信号时,停止转动车轮。

(9)根据动平衡机显示的动不平衡量,在轮辋内侧或外侧的上部(时钟十二点位置)的边缘加装平衡块。内、外侧要分别进行,平衡块要装卡牢固。

(10)重新起动动平衡机,进行动平衡试验,直至动不平衡量<5g,机器显示"00"或

"OK"时为止。

(11)取下车轮,关闭电源,测试结束。

第六节　转向系统的维护与调整

一、转向盘自由行程的检查

转向盘为消除转向系各传动件之间的装配间隙、克服弹性变形所空转过的角度称为转向盘自由行程。

汽车每行驶 12000km 左右,应检查转向盘的自由行程,检查方法是:

(1)使汽车停放在平坦、坚实的路面上,使前轮处于直线行驶位置。

(2)将如图 8-13 所示的转向参数测量仪安装于转向盘上,将测量仪接好电源。

(3)按下"角测"按钮,向一个方向缓慢转动转向盘直至车轮刚刚开始摆动,停止转动转向盘,仪器显示出转向盘的自由转动角度。将转向盘回正后,可测出另一个方向的自由转动角度。也可将转向盘向左转到车轮即将开始摆动,然后再将转向盘向右转到车轮即将开始摆动的位置,转向盘从左到右转过的角度,就是转向盘的自由行程。

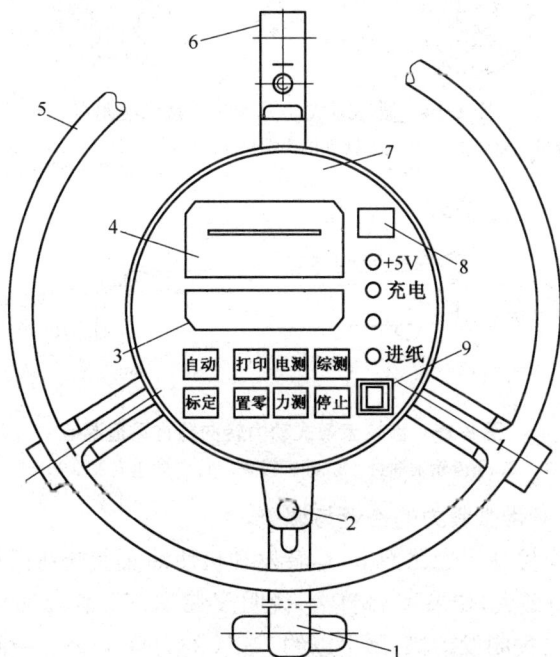

图 8-13　转向盘自由行程检测用转向参数测量仪

1. 固定杆　2. 固定螺钉　3. 显示器　4. 打印机　5. 操纵盘　6. 连接叉　7. 主轴箱　8. 电压表　9. 电源开关

二、动力转向系统的维护

1. 动力转向系统密封性的检查

动力转向系统密封性的检查,应在热车时进行,如图 8-14 和图 8-15 所示。其方法是:

(1)将转向盘快速向左、右两侧转至极限位置(注意在极限位置停留不得超过 5s),并保持不动。目测检查转向控制阀、齿条密封(松开波纹管软管夹箍,再将波纹管推至一旁)、叶轮泵、油管接头是否有漏油现象,如有渗漏应更换密封件。

(2)如果发现储油罐中缺少 ATF 油时,应检查转向系统的密封性是否完好。

(3)当转向器主动齿轮不密封时,必须更换阀体中的密封环和中间盖板上的圆形绳环。

(4)如果转向器罩壳中的齿轮齿条密封件不密封,ATF 油液可能流入波纹管套里。此时,应拆开转向机构,更换所有密封环。

(5)如油管接头漏油,应查找原因并重新接好。

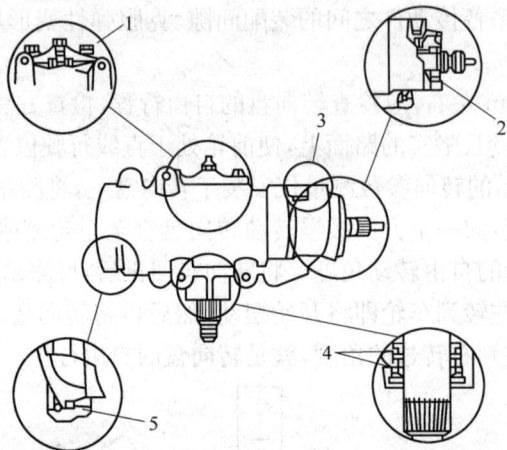

图 8-14　循环球式动力转向器常见泄漏点
1. 侧盖泄漏　2. 调整螺母油封泄漏　3. 压力软管接头螺栓泄漏　4. 转向摇臂轴油封泄漏　5. 端盖油封泄漏

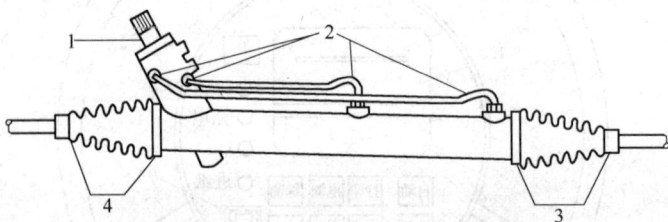

图 8-15　齿轮齿条式动力转向器常见泄漏点
1. 小齿轮轴油封　2. 油管接头　3、4. 防尘套及卡箍

2. 动力转向油泵 V 带张紧力的检查与调整

(1)快速方法:汽车停在干燥路面上,运转发动机使油液上升到正常温度,左右转动转向盘,此时驱动 V 带负荷最大,如果 V 带打滑,说明 V 带紧度不够或油泵内有机械损伤。

(2)常规检查方法:关闭发动机,用手以约 100N 的力从 V 带的中间位置按下,V 带应有约 10mm 挠度为合适,否则必须调整。

注意:汽车每行驶 15000km 时,应检查 V 带的张紧力,必要时更换。

3. 动力转向油泵的更换

(1)拆卸。

①支起车辆。

②拆下转向油泵上回油管和进油管的泄放螺栓,排放液压油。

③拆下转向油泵前支架上的张紧螺栓。

④拆下转向油泵后支架上的固定螺栓。

⑤松开转向油泵中心支架上的固定螺母和螺栓。

⑥把转向油泵固定在台钳上,拆卸 V 形带轮和中间支架。

(2)安装。转向油泵安装顺序与拆卸顺序相反。转向油泵安装完毕后应调整转向油泵V 形带的张紧度,并按规定加注液压油。

4. 动力转向储油罐油面的检查

(1)将车辆停放在平坦的地面上,使前轮处于直行位置。

(2)起动发动机,并使其达到正常的工作温度。

(3)使发动机怠速运转大约 2min,左、右打几次转向盘,使油温达到 40℃~80℃,关闭发动机。

(4)观察储油罐的液面,此时液面应处于"MAX"(上限)与"MIN"(下限)之间,液面低于"MIN"时,应加至"MAX",如图 8-16 所示。

(5)对于用油标尺检查的汽车:拧下带油标尺的封盖,用布将油位标尺擦净,将带油位标尺的封盖插入储油罐内拧好,然后重新拧出,观察油位标尺上的标记,应处于"MAX"与"MIN"之间,必要时将转向油加至"MAX"处。

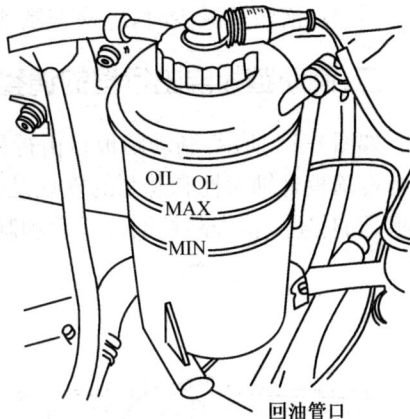

图 8-16　转向储油罐油面的检查

5. 动力转向油液的更换

(1)放油。

①支起汽车前部,使两前轮离开地面。

②拧下转向储油罐盖,拆下转向油泵回油管,然后将转向油放入容器中。

③发动机怠速运转,在放转向油的同时,左右转动转向盘。

(2)加油与排气。

①向转向储油罐内加注符合规定的转向油。

②停止发动机工作,支起汽车前部,并用支架支撑,连续从左到右转动转向盘若干次,将转向系统中多余空气排出。

③检查转向储油罐中油面高度,视需要加至"MAX"标记处。

④降下汽车前部,起动发动机怠速运转,连续转动转向盘,注意油面高度的变化,当油面下降时就应不断加注转向油,直到油面停留在"MAX"处,并在转动转向盘后,储油罐中不再出现气泡为止。

注意:在排除转向系统装置的故障后,不得重复使用储油罐的液压油;在拆换动力转向器和更换储油罐的液压油时,原则上要求更换储油罐中的滤清器。

第七节　制动系统的维护与调整

一、制动储液罐及制动液液位的检查

1. 制动储液罐的检查

检查制动储液罐是否渗漏、老化变形,储液罐盖是否损坏、盖合不严,制动液软胶管是否损坏，卡箍是否有效。如有不良情况，应予以更换。

2. 制动液液位的检查

如图 8-17 所示，检查制动液液位。制动液液位应在储液罐标注的最低与最高液位线之间。在车辆使用过程中，如果当制动液液位制动警告灯点亮时，应及时添加制动液至最高液位线。

当制动液快速减少时，应检查制动系统是否有泄漏。

二、制动踏板自由行程的调整

如图 8-18 所示，制动踏板自由行程为 1～8mm；如果踏板自由行程不符合此规定值时，应检查踏板臂轴螺栓和总泵的安装是否松动，或部件过度磨损，如有不良情况，应予紧固或更换，同时还应检查踏板回位弹簧和制动灯开关总成是否装配正确，必要时作适当调整。

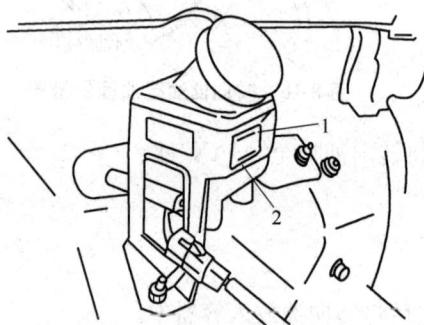

图 8-17　制动储液罐

1. 最高液位线　2. 最低液位线

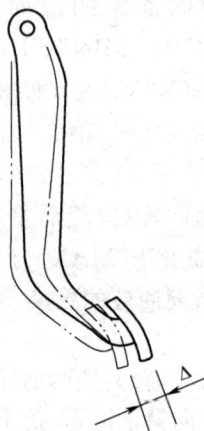

图 8-18　踏板自由行程

三、制动踏板自由高度的调整

用约 300N 的力踏住制动踏板，制动踏板到车前围板内壁的距离应在 45mm 以上，如图 8-19 所示。如果此距离小于 34mm，则应检查制动管路中是否存在空气或制动器摩擦片已严重磨损。

如果制动踏板自由高度不符合技术要求，可进行如下调整：

(1) 如图 8-20 所示，检查并调整真空助力器安装表面和 U 形销孔中心之间的距离，规定长度为 115 ± 0.5mm，螺母 a 拧紧力矩为 25N·m。重新安装拉杆 U 形销时，也应注意调节该距离。

(2) 检查制动灯开关位置，如不符合技术要求，应进行调整。

四、制动灯开关总成与踏板臂间隙的调整

制动灯开关总成与踏板臂间隙为 1.5～2.0mm，如图 8-21 中的 a，若此间隙不符合规定值，应进行调整。调整时，先拧松制动灯开关总成调整螺母，把间隙 a 调整到规定值，再拧紧调整螺母。调整螺母拧紧力矩为 7.5N·m。

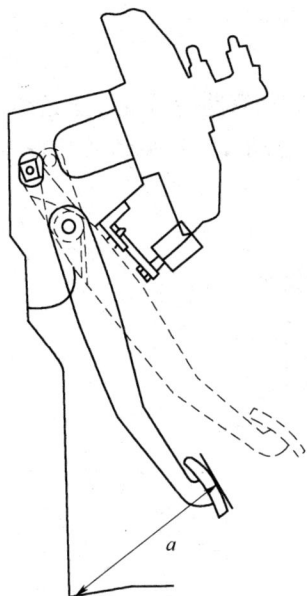

图 8-19 制动踏板自由高度

a. 制动踏板到车前围板内壁的距离

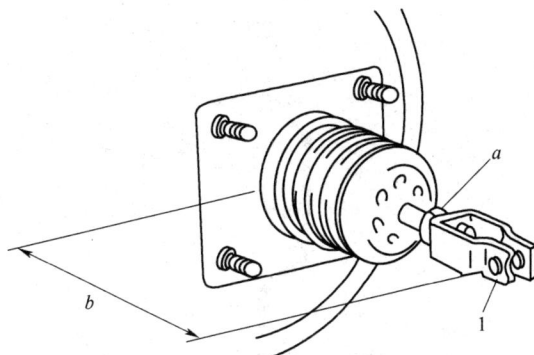

图 8-20 检查并调整真空助力器安装表面和

U 形销孔中心之间的距离

1. 拉杆 U 形销 a. 螺母 b. 距离

五、驻车制动手柄行程的调整

握住制动手柄中央处,以约 200N 的力慢慢地向上拉起驻车制动手柄直至制动器被完全制动,其行程为 4～7 齿。若驻车制动手柄不符合规定的行程,则应调整制动拉索长度,如图 8-22 所示。

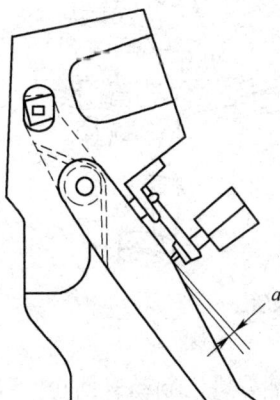

图 8-21 制动灯开关总成间隙

a. 调整间隙(1.5～2.0mm)

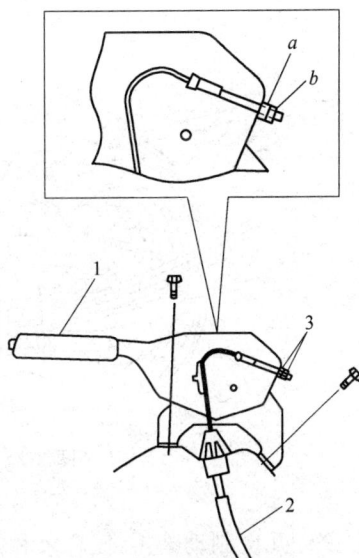

图 8-22 制动拉索的调整

1. 驻车制动手柄 2. 制动器拉索 3. 调整螺母

a. 调整螺母 b. 锁紧螺母

六、制动系统的排气

若制动系统管路进入空气,应对制动系统管路进行排气。制动管路的排气方法是:

(1)制动管路的排气顺序。制动管路的排气顺序如图 8-23 所示,先为距制动总泵距离最远的左轮制动分泵"C",再分别为左、右制动分泵"A"和"B"。

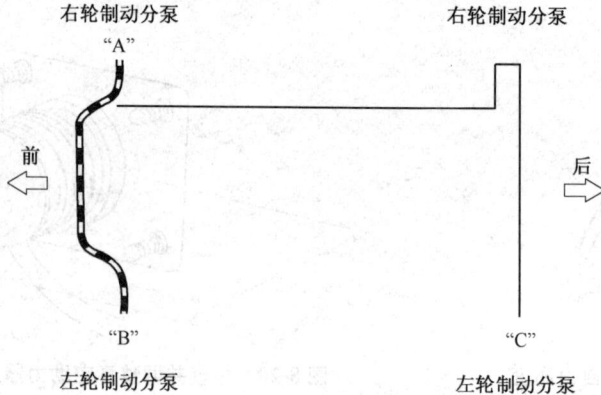

图 8-23　制动管路排气顺序

(2)向制动总泵的储液罐加注制动液,并保证排气过程中制动液量不得少于储液罐半满状态("MIN"刻线以上)。

(3)拆下放气螺塞帽,把透明导液管接到制动分泵的放气螺塞上,导液管的另一端插入容器中,如图 8-24 所示。

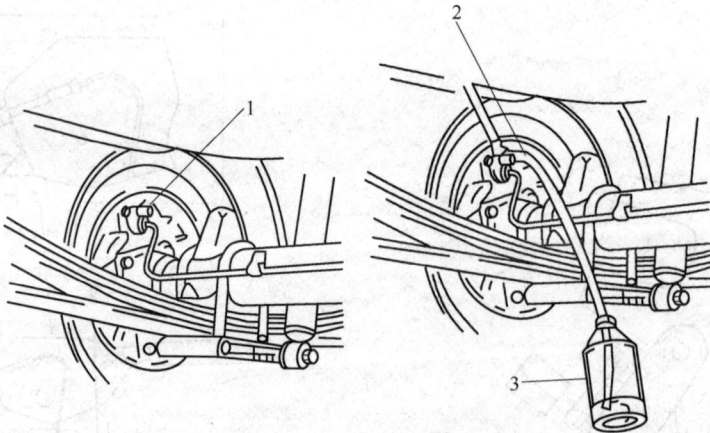

图 8-24　接制动分泵排气导液管
1. 制动分泵放气螺塞帽　2. 透明导液管　3. 容器

(4)踩动几次制动踏板,使总泵和储液罐中的制动液部分进入制动管路,然后踩住踏板,拧松放气螺塞约 1/3～1/2 圈,如图 8-25 所示。

(5)反复踩动制动踏板,直到透明导液管流出的制动液无任何气泡为止,然后踩住踏板,拧紧制动分泵的放气螺塞,如图 8-26 所示。

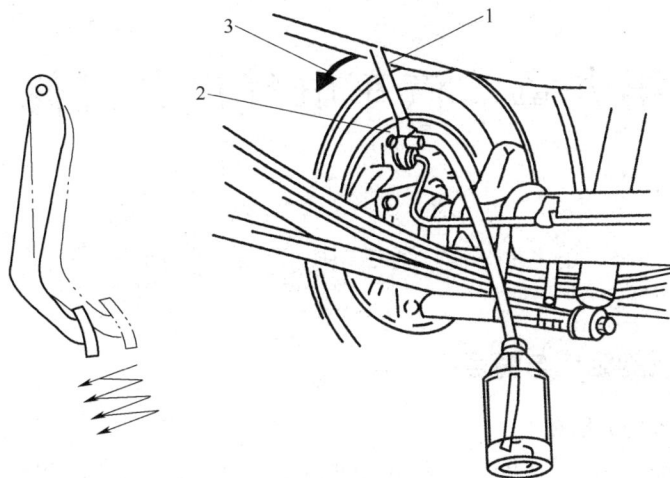

图 8-25　进行制动系放气

1. 开口扳手　2. 分泵放气螺塞　3. 旋松方向

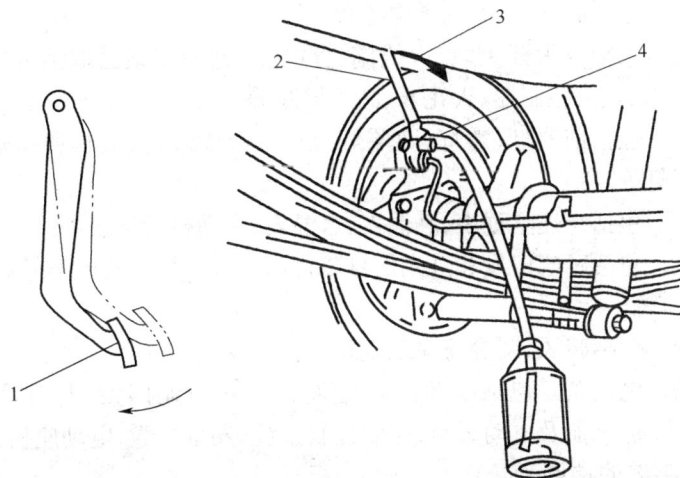

图 8-26　在踏板踩下时拧紧放气螺塞

1. 制动踏板处于踩住状态　2. 开口扳手　3. 拧紧方向　4. 分泵放气螺塞

> 维修提示：
> ◆在排气过程中，要随时加注制动液，使储液罐中的制动液量保持在"MIN"刻线以上，以防止空气进入制动总泵。

(6)取下制动液导液管，检查有无制动液渗漏，确认管路密封良好后，装回制动分泵放气螺塞帽。

(7)向储液罐里加注制动液，并使液位达到储液罐的"MAX"刻线；但不宜超过该刻线，以免制动液溢出腐蚀车体零件。

第九章　汽车电气设备维修

第一节　汽车电气基础知识

一、汽车电气的组成与特点

1. 汽车电气系统的组成

汽车电气系统的功能是保证车辆在行驶过程中的可靠性、安全性和舒适性。汽车电气系统可分为以下几部分：

(1)电源系统。包括蓄电池、交流发电机及其调节器。

(2)起动系统。包括起动机、起动继电器等。

(3)点火系统。包括点火开关、点火线圈、分电器(有的车型已取消分电器)、电控单元(ECU)、信号发生器、点火控制器、火花塞、高压导线等。

(4)照明系统。包括前照灯、雾灯、牌照灯、顶灯、阅读灯、仪表板照明灯、行李箱灯、门灯、发动机舱照明灯等。

(5)仪表系统。包括车速里程表、燃油表、水温表、发动机转速表等。

(6)信号系统。包括音响信号和灯光信号装置，制动信号灯、转向信号灯、倒车信号灯以及各种报警指示灯等。

(7)空调系统。包括暖风、制冷与除湿装置等。

(8)其他辅助用电设备。包括电动玻璃升降器、中央控制门锁、电动后视镜、风窗刮水器、洗涤器、电喇叭、点烟器及电动天窗、巡航控制系统、安全气囊、电动座椅等。

2. 汽车电气系统的特点

(1)低压。汽车用电设备的额定电压有12V、24V两种。汽油车多采用12V电源电压，而大型柴油车多采用24V电源电压。

(2)直流。主要指蓄电池充电时必须用直流电，汽车电源必须是直流电。

(3)单线制。汽车上所有用电设备都是并联的，电源到用电设备只用一根导线连接，而另一根导线则用汽车车体或发动机机体的金属部分代替，作为公共回路，这种连接方式称为单线制。单线制可节省导线，使线路简化、清晰，便于安装与检修，并且用电设备无须与车体绝缘，因此现代汽车广泛采用单线制。

(4)负极搭铁。采用单线制时，蓄电池的一个电极须接到汽车车体或发动机机体的金属部分，俗称"搭铁"。若将蓄电池的负极接到汽车车体或发动机机体的金属部分，便称为"负极搭铁"。目前各国生产的汽车基本上都采用"负极搭铁"。

二、汽车电气设备的布置

汽车电气设备的安装位置如图9-1所示。其中，电源系统、起动系统、点火系统、空调系统的大部分部件都安装在发动机舱内,仪表系统安装在驾驶室内,照明系统、信号系统安装在车身的前后部位,电动玻璃升降器、中央控制门锁、电动后视镜、风窗刮水器、电动天窗等安装在车身上。

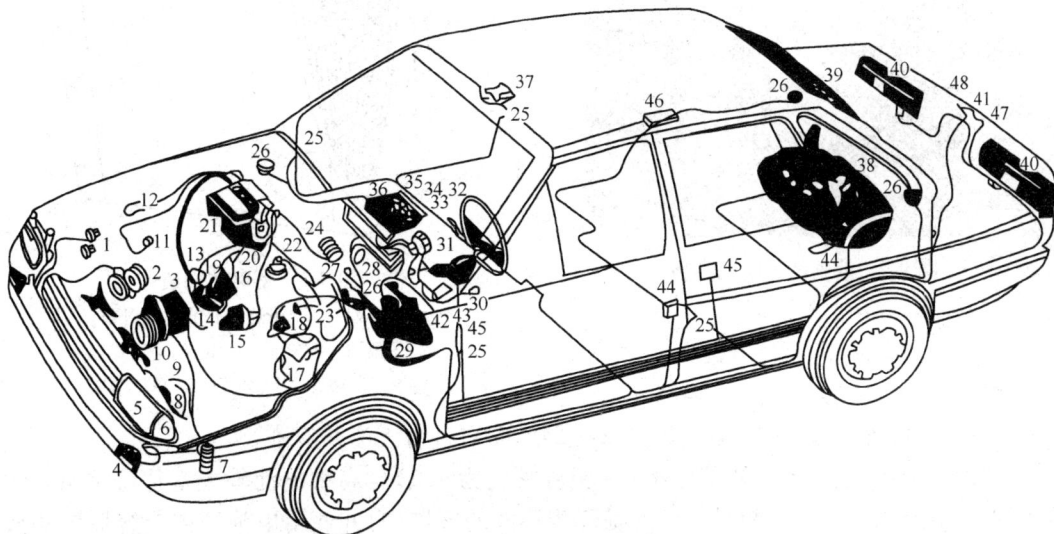

图 9-1　汽车电气设备位置图

1. 双音喇叭　2. 空调压缩机　3. 交流发电机　4. 雾灯　5. 前照灯　6. 转向指示灯　7. 空调储液干燥器　8. 中间继电器　9. 电动风扇双速热敏开关　10. 风扇电动机　11. 进气电预热器　12. 化油器怠速截止电磁阀　13. 热敏开关　14. 机油油压开关　15. 起动机　16. 火花塞　17. 风窗清洗液电动泵　18. 冷却液液面传感器　19. 分电器　20. 点火线圈　21. 蓄电池　22. 制动液液面传感器　23. 倒车灯开关　24. 空调、暖风用鼓风机　25. 车门接触开关　26. 扬声器　27. 点火控制器　28. 风窗刮水器电动机　29. 中央接线盒　30. 前照灯变光开关　31. 组合开关　32. 空调及风量旋钮　33. 雾灯开关　34. 后窗电加热器开关　35. 危急报警灯开关　36. 收放机　37. 顶灯　38. 油箱油面传感器　39. 后窗电加热器　40. 组合后灯　41. 牌照灯　42. 电动天线　43. 电动后视镜　44. 中央控制门锁　45. 电动摇窗机　46. 电动天窗开关　47. 后盖集控锁　48. 行李箱灯

第二节　蓄电池维修

一、蓄电池的结构

蓄电池由多个单格电池组成,每个单格电池由正负极板、隔板、电解液和壳体等组成,解剖的蓄电池实物如图 9-2 所示,构造图如图 9-3 所示。蓄电池壳体一般分为 3 格、6 格或 12 格等,每格均添充电解液,正负极板浸入电解液中成为单格电池。每个单格电池的标准电压为 2.06V,因此,3 个单格电池串联在一起成为 6V 蓄电池,6 个单格电池串联在一起成为 12V 蓄电池。

二、蓄电池的检修

1. 蓄电池外壳的检查

蓄电池外壳出现裂纹,除了用肉眼观察之外,还可用以下方法检查:

极板

隔板

壳体

图 9-2　解剖的蓄电池实物

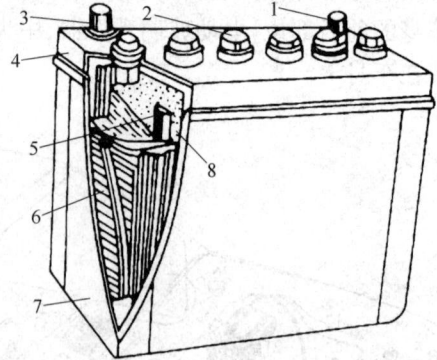

图 9-3　蓄电池构造

1. 负极柱　2. 带通气孔的加液口盖
3. 正极柱　4. 密封盖　5. 内穿壁式连
接条　6. 隔板　7. 外壳　8. 单格隔壁

（1）将蓄电池壳注满电解液，然后搁置 24h，察看其有无渗漏痕迹。

（2）也可将蓄电池加注稀硫酸溶液（相对密度为 1.1）至离蓄电池外壳上边缘 2mm，然后将蓄电池放入充满相同相对密度的稀硫酸溶液的容器中，并使蓄电池壳内与容器中的液面高度一样。将一个电极与电源相连，另一个电极与电压表相连，此时若电压表指针发生偏转，即表明外壳有渗漏，反之说明其外壳完好。还可用相同方法检查蓄电池相邻单格之间的隔板是否完好。

2. 蓄电池电压降的检测

在检查蓄电池工作性能的时候，可以通过检测蓄电池电压降的方法进行判断。

（1）检测蓄电池电压降时，可用万用表分别测量蓄电池正、负电极极桩与对应导线间的电压降，测得的电压应不大于 0.5V（理想状态为 0V）。

（2）如果电压大于 0.5V，说明蓄电池极桩与对应的导线之间的电阻过大，原因是极桩与导线接触不良（不紧固或有氧化物析出），应清理蓄电池极桩（蓄电池极桩上的氧化物如图 9-4 所示），并重新紧固蓄电池导线。

3. 免维护蓄电池工作状况的检查

免维护蓄电池的上面都设有观察窗（观察窗的位置如图 9-5 所示），可以直接通过观察窗观察孔中的颜色，来确认蓄电池工作状况，如图 9-6 所示。

极桩上的
氧化物

图 9-4　蓄电池极桩上的氧化物

电量指示器

观察窗

极桩

图 9-5　蓄电池上观察窗的位置

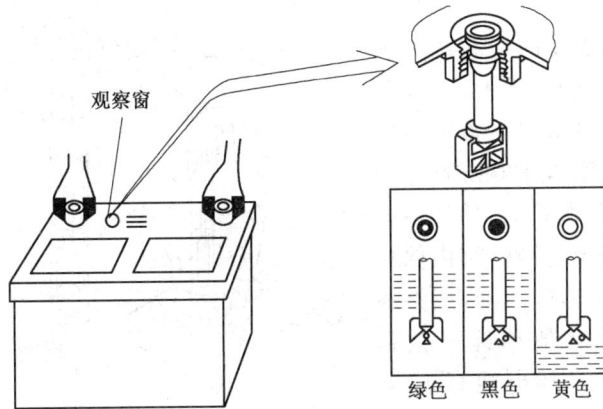

图 9-6　从观察窗检查蓄电池工作状况

观察窗颜色说明：

(1)绿色,表示蓄电池的技术状况良好；

(2)黑色,表示电解液密度偏低,应对蓄电池进行补充充电；

(3)黄色,表示电解液液面过低,蓄电池已不能继续使用。

4. 电解液液面高度的检查

(1)对于透明壳体的蓄电池,可以观察到蓄电池内电解液液面与上、下刻度线的关系,如图 9-7 所示。标准值应在上、下刻度线之间。若液面过低,一般情况下可以直接加入蒸馏水。

(2)对于有加液口的蓄电池,液面高度可用玻璃管测量,如图 9-8 所示。电解液液面应高出极板 10～15mm,电解液不足时应加注蒸馏水。

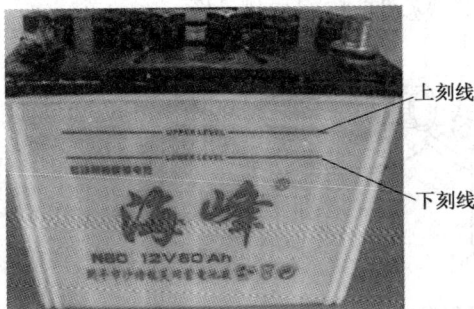

图 9-7　电解液液面高度刻线

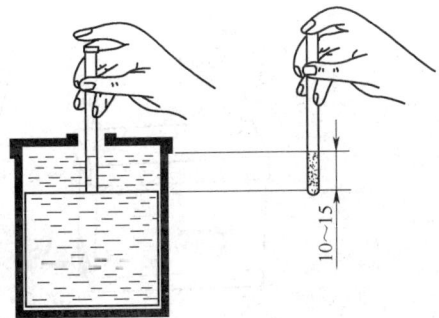

图 9-8　用玻璃管测量电解液液面高度

5. 电解液相对密度和温度的测量

电解液的相对密度用吸式密度计测定,如图 9-9 所示,先用密度计吸入电解液,使密度计浮子浮起,电解液液面所在的刻度即为相对密度值。

根据实际经验,相对密度每减小 0.01,相当于蓄电池放电 6%,所以从测得的电解液相对密度就可以粗略估算出蓄电池的放电程度。

6. 用高率放电计测量放电电压

高率放电计由一个 3V 电压表和一个定值负载电阻组成。高率放电计是模拟接入起动机负荷,测量蓄电池在大电流(接近起动机起动电流)放电时的端电压,用以判断蓄电池的放电程度和起动能力。

如图 9-10 所示,测量时应将两叉尖紧压在单体电池的正、负极柱上,历时 5s 左右,观察大负荷放电情况下蓄电池所能保持的端电压。一般技术状况良好的蓄电池,用高率放电计测量时,单体蓄电池电压应在 1.5V 以上,并在 5s 内保持稳定;如果 5s 内电压迅速下降,或某一单体电池的电压比其他单体电池低 0.1V 以上时,表示该单体电池有故障,应进行修理。

不同厂牌的放电计,负荷电阻值不同,放电电流和电压表读数也就不同。使用时应参照原厂说明书规定。

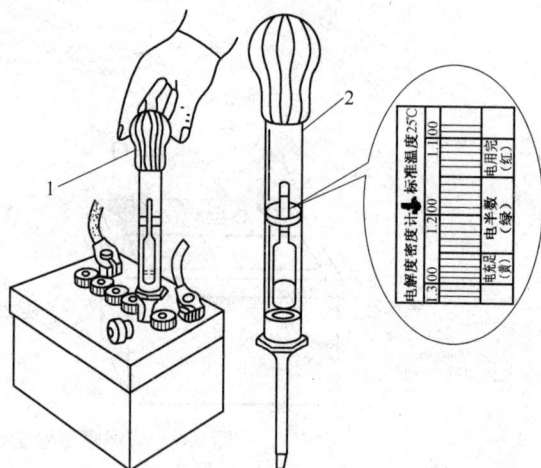

图 9-9　测量电解液的相对密度和温度
1、2. 密度计

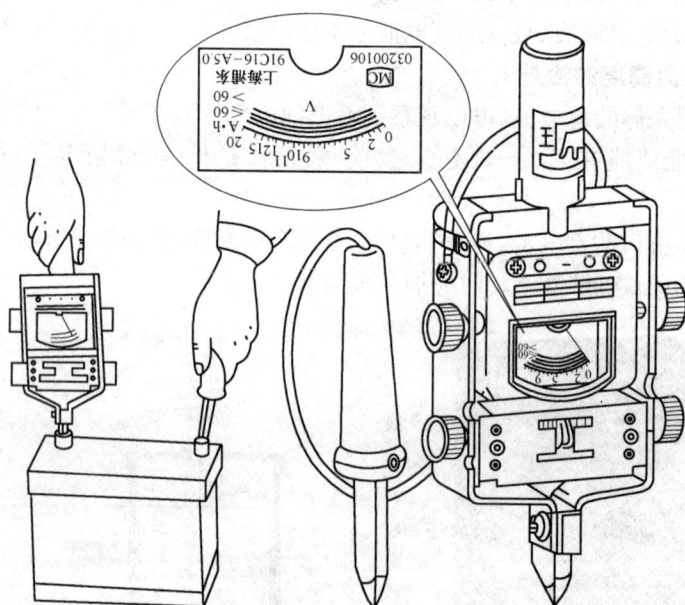

图 9-10　用高率放电计测量蓄电池的起动性能

第三节　交流发电机及调节器维修

一、交流发电机及调节器的结构

1. 普通交流发电机的结构

普通交流发电机由前后端盖、电刷架、电刷、硅二极管、元件板、转子、定子、风扇和带轮等组成,分解图如图 9-11 所示。

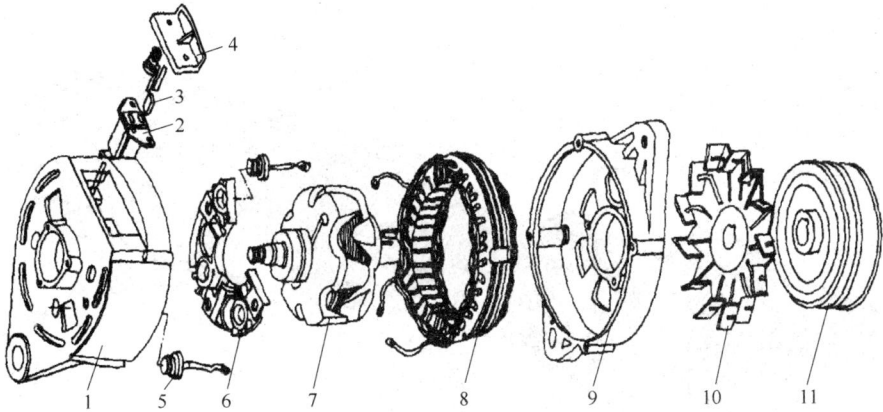

图 9-11 交流发电机分解图

1. 后端盖 2. 电刷架 3. 电刷 4. 电刷弹簧压盖 5. 硅二极管 6. 元件板
7. 转子 8. 定子 9. 前端盖 10. 风扇 11. V带轮

2. 整体式交流发电机的结构

整体式交流发电机的基本结构也是由定子、转子、整流器和端盖等组成。整体式交流发电机与普通交流发电机的不同点是在基本结构的基础上增加了电压调节器,且都采用集成电路调节器。

整体式交流发电机的整体结构如图 9-12 所示,分解图如图 9-13 所示。

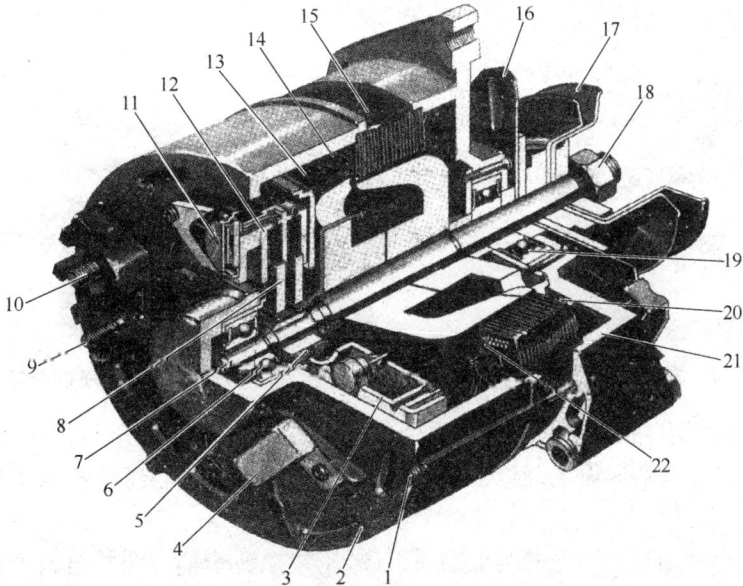

图 9-12 交流发电机的整体结构

1. 连接螺栓 2. 后端盖 3. 整流板 4. 防干扰电容器 5. 滑环(集电环) 6、19. 全封闭高速轴承 7. 转子轴 8. 电刷 9. D+端子 10. B+端子 11. 集成电路(IC)调节器 12. 电刷架 13. 磁极 14. 定子绕组 15. 定子铁心 16. 风扇叶轮 17. 传动带轮 18. 紧固螺母 20. 磁场绕组 21. 前端盖 22. 定子槽楔子

3. 交流发电机各部件的结构

(1)定子。定子的功用是产生交流电,其结构如图 9-14 所示,由定子铁心和定子绕组组

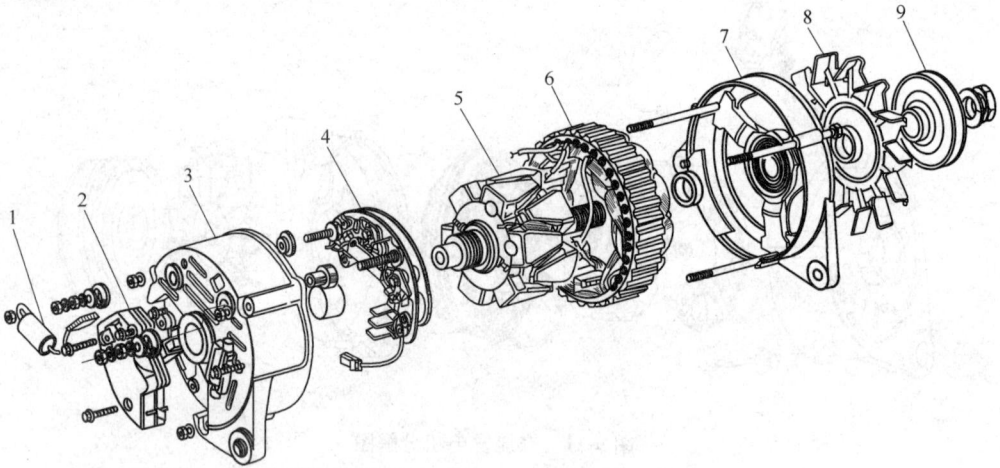

图 9-13 整体式交流发电机分解图
1. 抗干扰电容器 2. 集成电路调节器与电刷组件总成 3. 电刷端盖 4. 整流器总成
5. 转子总成 6. 定子总成 7. 驱动端盖 8. 风扇 9. 驱动带轮

成。定子铁心由内圆带槽的环状硅钢片叠成,定子绕组为三相对称绕组,安放在定子铁心的槽内。三相绕组的联接方法采用星形联接,绕组引线端子共有 4 个,三相绕组各引一个,中性点引出一个。

(2)转子。转子的功用是产生磁场,转子主要由转子铁心、磁场绕组、爪极和滑环(也称集电环)组成,转子的分解图如图 9-15 所示。

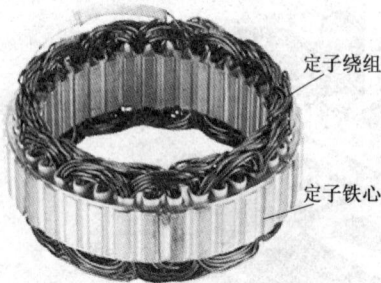

图 9-14 发电机定子的结构

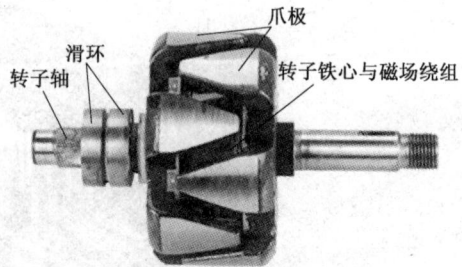

图 9-15 转子的分解图

①爪极。爪极有两块,每块上都有六个鸟嘴形磁极,两块爪极压装在转子轴上,爪极间的空腔内装有转子铁心和磁场绕组。磁场绕组绕在铁心上,铁心压装在两块爪极之间的转子轴上。

②滑环。滑环由彼此绝缘的两个铜环组成,压装在转子轴一端并与转子轴绝缘。磁场绕组的两端分别从内侧爪极上的两个小孔中引出,其中一端焊接在滑环的内侧铜环上,另一端则穿过内侧铜环上的小孔并焊接在外侧铜环上,两上铜环分别与发电机的两个电刷接触。当两个电刷与直流电源接通时,磁场绕组中便有电流流过,并产生轴向磁通,使一块爪极磁化为 N 极,另一块爪极磁化为 S 极,从而形成六对相互交错的磁极。

(3)整流器。整流器的功用是将三相绕组产生的交流电变为直流电。其整流二极管的特点是工作电流大、反向电压高。交流发电机整流二极管有正极管和负极管之分,引出电极为二极管正极的称为正极管,引出线为二极管负极的称为负极管。整流器如图 9-16 所示。

(4)端盖。前后端盖如图 9-17 所示。交流发电机的前、后端盖均用铝全金铸造而成,具有质量轻、散热性好、不导磁等优点。

图 9-16　整流器外形

后端盖　　　　　　　前端盖

图 9-17　前后端盖

在发电机前端盖前安装有风扇和 V 带轮,由发动机通过 V 带来驱动发电机带轮和转子转动。发电机的通风散热依靠风扇来实现。在后端盖上安装有电刷组件与调节器总成。

(5)电刷及电刷架。如图 9-18 所示,电刷组件由电刷、电刷架和电刷弹簧组成。电刷安装在电刷架的孔内,借弹簧张力使电刷与滑环保持良好接触。每只电刷都有一根引线,该引线直接引到电压调节器内部,从而将磁场绕组与调节器工作电路连接起来。

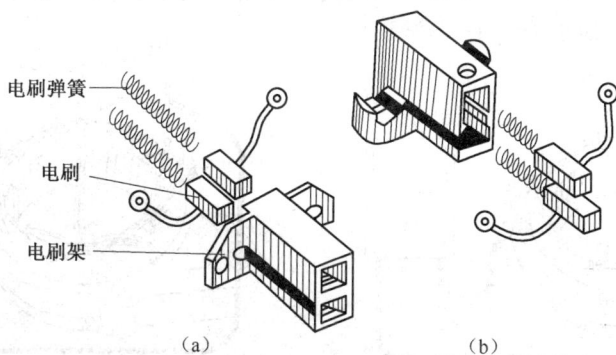

电刷弹簧

电刷

电刷架

(a)　　　　　　　　　(b)

图 9-18　电刷及电刷架

(a)外装式　(b)内装式

二、交流发电机及调节器的检修

1. 转子的检查

(1)转子表面不得有刮痕,否则表明轴承松旷,应更换前后轴承。滑环表面应光洁平整,两滑环之间的槽内不得有油污和异物,转子绕组不允许有搭铁、短路和断路故障。

(2)转子的断路检查。如图 9-19 所示,用万用表测试转子两滑环之间是否断路或电阻值过大,如有,应更换转子总成或检修。滑环与滑环之间电阻正常值为 2.9Ω。

(3)转子的搭铁检查。如图 9-20 所示,用万用表测试滑环和转子轴之间是否搭铁短路,如有,则表明线圈搭铁短路,应更换转子或线圈。

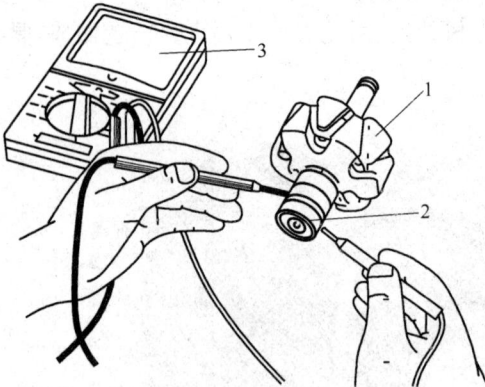

图 9-19　转子的断路检查
1. 转子总成　2. 滑环　3. 万用表

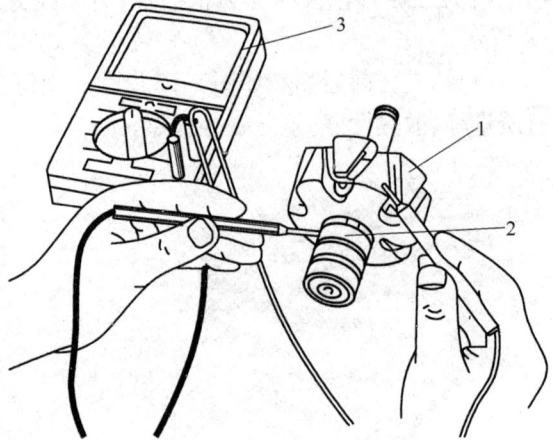

图 9-20　转子的搭铁检查
1. 转子总成　2. 滑环　3. 万用表

2. 定子的检查

(1)定子表面不得有刮痕,导线表面不得有碰伤、绝缘漆剥落现象,绕组不得有搭铁、短路和断路现象。

(2)定子的断路检查。如图 9-21 所示,使用万用表测量定子绕组的三根导线与中心抽头是否导通,如不导通,应更换定子。

(3)定子的搭铁检查。如图 9-22 所示,使用万用表测量定子绕组三根导线与定子铁心是否导通,如能导通,应更换定子。

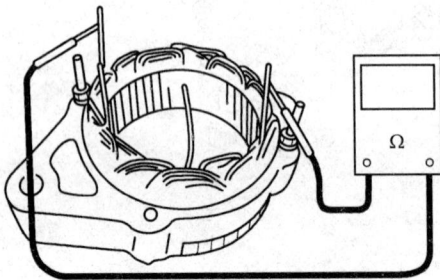

图 9-21　定子的断路检查

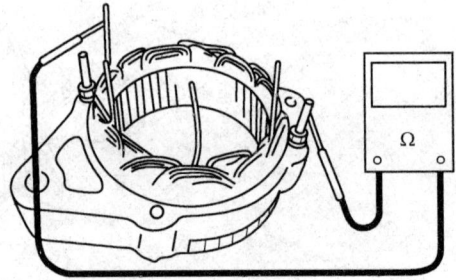

图 9-22　定子的搭铁检查

3. 电刷长度的检查

如图 9-23 所示,用游标卡尺测量电刷的长度,应符合规定值。一般标准值为 10.5mm,极限值为 4.5mm。如低于使用极限值时,应更换新的电刷;如表面烧损,应予修磨。

4. 整流器的检查

如图 9-24 所示,用万用表分别检测 B 与 P1、P2、P3、P4,E 与 P1、P2、P3、P4 之间的正向和反向导通情况,正常时应为正向导通,反向截止。若正、反向电阻值均为 0,则说明二极管短路;若正、反向电阻值均为无穷大,则说明二极管断路,应更换整流器。

5. 电压调节器(IC)的检查

集成电路式电压调节器(IC)是全封闭模块,对它的性能检测通常按以下方法进行。

(1)使用万用表测量各接线柱之间的电阻值,初步判断其性能。常见集成电路式电压调

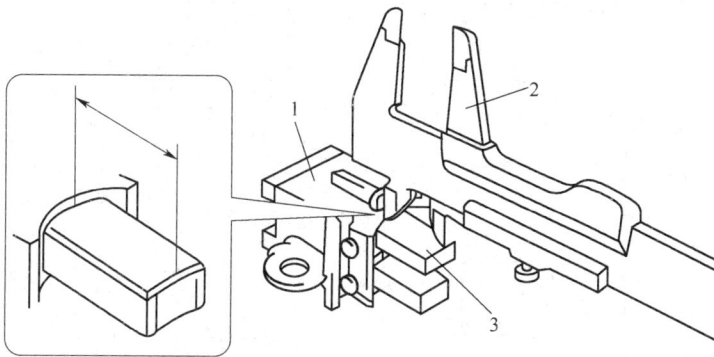

图 9-23　电刷长度的检测

1. 电刷架　2. 游标卡尺　3. 电刷

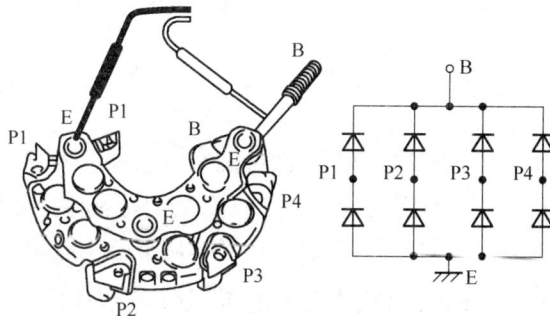

图 9-24　整流器的检测

B. 正极接线柱　E. 负极接线柱　P1～P4. 整流器接线柱

节器各接线柱之间正常电阻参考数值见表 9-1,测量结果应与表中数据对照参考。

表 9-1　常用发电机各接线柱间电阻值　　　　　　　　(Ω)

发电机型号	"F"与"E"间电阻	"B"与"E"间电阻		"N"与"E"或"B"间电阻	
		正向	反向	正向	反向
JF11,13,15,21,132N	4～7	40～50	≥10k	10～15	≥10k
JWF14(无刷)	3.5～3.8	40～50	≥10k	10～15	≥10k
夏利 JFZ1542	2.8～3.0	40～50	≥10k	10～15	≥10k
桑塔纳 JFZ1913	2.8～3.0	65～80	≥10k	10～15	≥10k

(2)使用可调直流稳压电源和试灯试验其性能。使用可调直流稳压电源(输出电压 0～30V,电流 5A)和一只 20W 的汽车灯泡代替发电机磁场绕组,按图 9-25 接线进行试验。

⚠️注意:检查内搭铁式晶体管调节器时,试灯应接在调节器"F"与"一"接线柱之间;检查外搭铁式晶体管调节器时,试灯则应接在调节器"F"与"十"接线柱之间。试验步骤如下:

①调节直流稳压电源,使其输出电压从零逐渐升高,对 14V 调节器,当电压升高到 6V(对 28V 调节器,电压升高到 12V)时,试灯开始点亮。

②随着电压的不断升高,试灯逐渐变亮,14V 调节器当电压升高到(14±0.5)V[28V 调节器当电压升高到(28±1)V]时,试灯应立即熄灭。

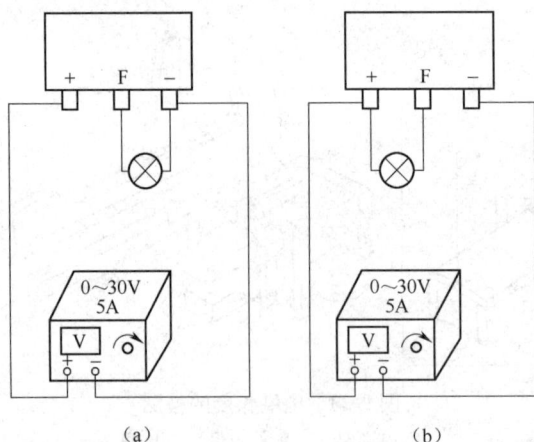

图 9-25　用直流稳压电源检查集成电路式电压调节器接线图
(a)内搭铁式调节器　(b)外搭铁式调节器

③继续调节直流稳压电源,使电压逐渐降低,试灯又重新变亮,且亮度随电压的降低逐渐减弱,则说明调节器良好。

④当施加到电子式电压调节器上的电压超过调节电压规定值时,试灯仍不熄灭,或者起控电压数值与规定值相差较大时,说明调节器有故障,已不能起调节作用。

⑤如试灯一直不亮,也说明调节器有故障,这样的调节器不能使用在汽车发电机上。

⚠ 注意:在试验时,应该使用万用表检测电压,而不应以稳压电源指示数值为准。

6. 交流发电机性能简单测试

如图 9-26 所示,检修装复的交流发电机,在车辆使用大灯、应急闪光灯(4 个)、刮水器的情况下,发动机以 3000~4000r/min 的转速运转,用万用表测试其输出电压和电流,若检测数据与标准值不符时,应找出原因并予以修理。

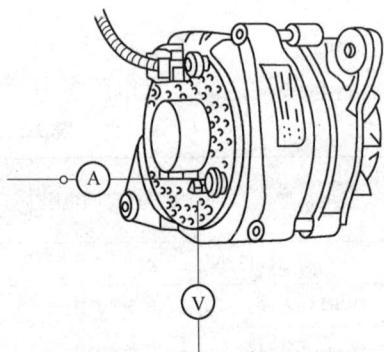

图 9-26　发电机的检测

7. 交流发电机整机测试

(1)测量交流发电机各接线柱之间的电阻。

①利用万用表的(R×1)挡测量"F"与"−"之间的电阻值,测量"＋"与"−"之间和"＋"与"F"之间的正、反向电阻值,也可以判断交流发电机内部的技术状况。

②如果"F"与"−"之间的阻值过大,表明电刷与集电环接触不良,或励磁绕组断开;若阻值过小,则表明励磁绕组有匝间短路的情况。

③若"＋"与"−"、"＋"与"F"之间的正向电阻小于表中的标准值,则表示有硅二极管发生短路;如接近表中的数值,但负载电流测试时电流很小,则表示有硅二极管发生断路。

(2)用数字万用表检测发电机的二极管。用数字万用表的二极管测试功能,一个表笔接触发电机壳,另一个表笔接触发电机输出端,如图 9-27 所示。

万用表读数在 0.8V 附近时,表示正常;万用表读数为 0.4V 时,表示单个二极管短路。

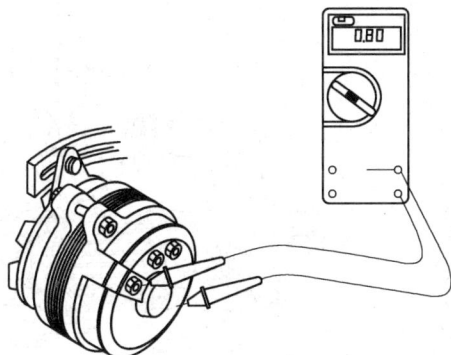

图 9-27　用数字万用表测试发电机的二极管

对调两个表笔,再次测量,当两个二极管短路时万用表会发出连续的蜂鸣声。为了确定是哪个二极管失效,应把发电机拆解后,再单独检查每个二极管。

第四节　起动系统维修

一、起动系统的结构

起动系统是由蓄电池、起动机、起动继电器、点火开关等组成,如图 9-28 所示。

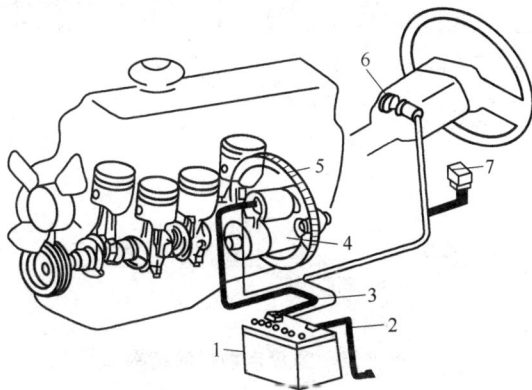

图 9-28　起动系统的组成

1. 蓄电池　2. 搭铁电缆　3. 起动机电缆　4. 起动机　5. 飞轮　6. 点火开关　7. 起动继电器

起动机(俗称"马达")是起动系统的主要组成部分,由串励式直流电动机、传动机构和电磁开关(也称控制装置)三部分组成,如图 9-29 所示为起动机的结构图。

1. 串励式直流电动机

(1)直流电动机的作用是产生电磁转矩。一般均采用直流串励式电动机。串励是指电枢绕组与励磁绕组串联。

(2)直流电动机的结构。直流电动机由磁极、电枢、换向器和端盖等组成,其他主要部件如图 9-30 所示。

①磁极。磁极的作用是产生电枢转动时所需要的磁场,它由固定在外壳上的磁极铁心

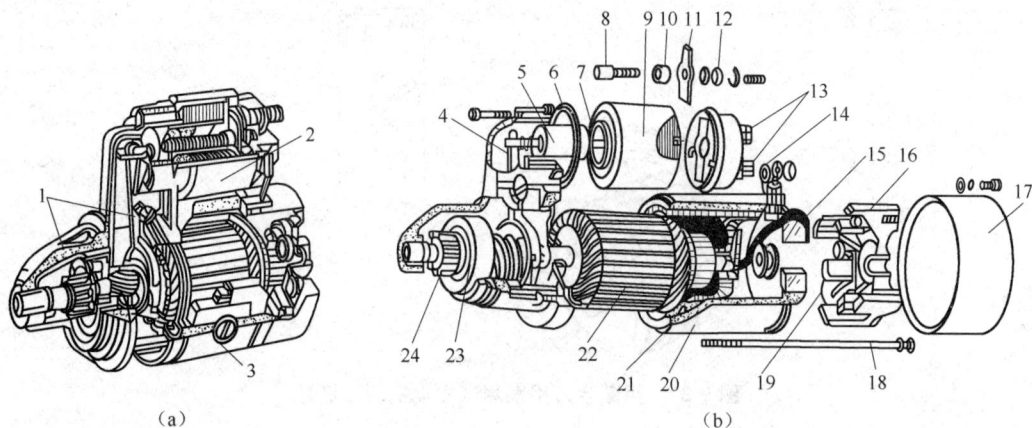

图 9-29　起动机的结构图

(a)整体结构图　(b)分解图

1. 传动机构　2. 电磁开关　3. 串励式直流电动机　4. 拨叉　5. 活动铁心　6. 垫圈　7. 弹簧　8. 顶杆　9. 线圈体
10、12. 绝缘垫　11. 接触盘　13. 接线柱　14. 连接铜片　15. 电刷　16. 端盖　17. 防护罩　18. 穿钉　19. 搭铁电
刷　20. 外壳　21. 定子绕组　22. 电枢　23. 单向离合器　24. 驱动齿轮

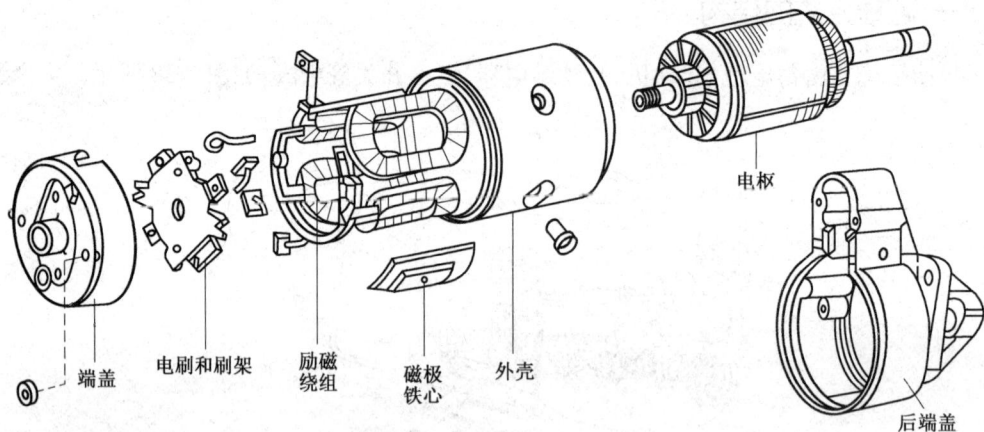

图 9-30　直流电动机的结构

和励磁绕组(也称磁场绕组)组成。

②电枢。由外圆带槽的硅钢片叠成的铁心和电枢绕组组成,励磁绕组和电枢绕组一般采用矩形断面的裸铜线绕制。

换向器装在电枢轴上,它由许多换向片组成。换向片嵌装在轴套上,各换向片之间均用云母绝缘。

③电刷。电刷和换向器配合使用。它主要用来连接励磁绕组和电枢绕组的电路,并使电枢轴上的电磁力矩保持固定方向。

电刷装在端盖上的电刷架中,电刷弹簧使电刷与换向片之间具有适当的压力,以保持配合。

以四磁极电动机为例,其中两个电刷与外壳绝缘,电流通过这两个电刷进入电枢绕组,另外两个为搭铁电刷,通过电枢绕组的电流使这两个电刷搭铁。

④外壳。它是电动机的磁极和电枢的安装机体,其中一端有 4 个检查窗口,便于进行电刷和换向器的维护,同时起动机的电磁开关也安装在外壳上,其上有一绝缘接线端,是电动机电流的引入线。

2. 传动机构

起动机传动机构中的关键部件是单向离合器。单向离合器主要有滚柱式、摩擦片式和弹簧式三种类型。

(1)滚柱式单向离合器的结构。滚柱式单向离合器的原理是通过改变滚柱在楔形槽中的位置来实现分离和接合,其结构如图 9-31 所示。

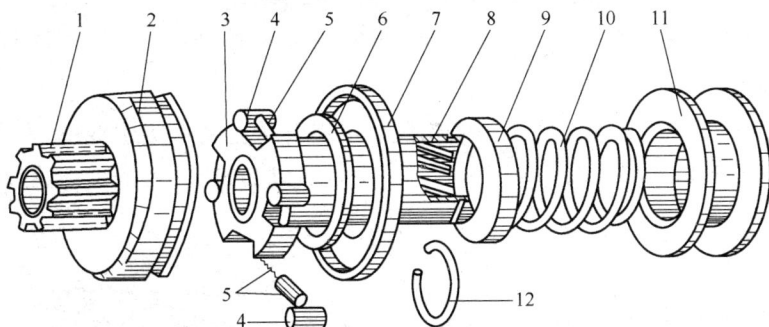

图 9-31　滚柱式单向离合器结构

1. 驱动齿轮　2. 外壳　3. 十字块　4. 滚柱　5. 弹簧与压帽　6. 垫圈
7. 护盖　8. 传动套筒　9. 弹簧座　10. 弹簧　11. 移动衬套　12. 卡簧

单向离合器的外壳 2 与驱动齿轮 1 为一体,外壳 2 与十字块 3 之间形成四个楔形槽,每个槽中有一个滚柱 4,十字块 3 与传动套筒 8 为一体,传动套筒 8 内侧带键槽,套在电枢轴的花键部位上。

(2)摩擦片式单向离合器的结构。摩擦片式单向离合器的原理是通过主、从动摩擦片的压紧和松开来实现离合,其结构如图 9-32 所示。

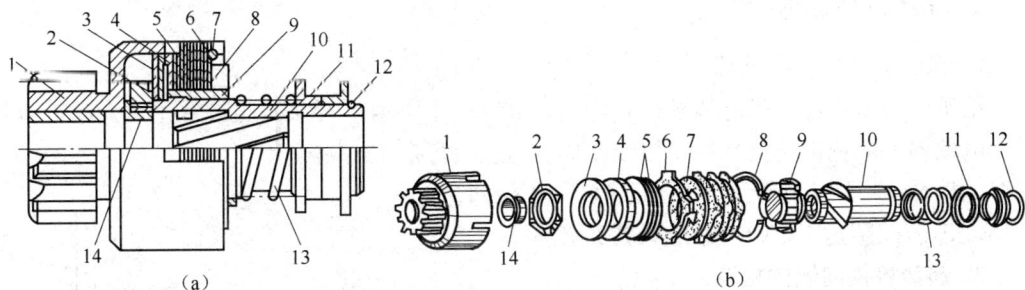

(a)　　　　　　　　　　　　　　　　(b)

图 9-32　摩擦片式单向离合器结构

(a)装配图　(b)解体图

1. 驱动齿轮与外接合鼓　2. 螺母　3. 弹性圈　4. 压环　5. 调整垫圈　6. 从动摩擦片　7. 主动摩擦片
8、12. 卡环　9. 内接合鼓　10. 传动套筒　11. 移动衬套　13. 缓冲弹簧　14. 挡圈

(3)弹簧式单向离合器的结构。弹簧式单向离合器的原理是通过扭力弹簧的径向收缩和放松来实现分离和接合,其结构如图 9-33 所示。

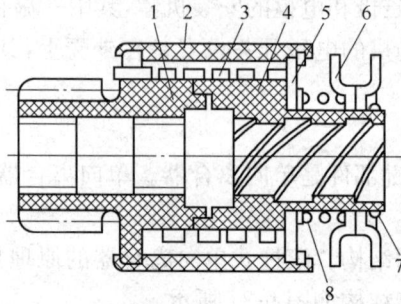

图9-33 弹簧式单向离合器结构
1.驱动齿轮与套筒 2.护套 3.扭力弹簧 4.传动套筒 5.垫圈 6.移动衬套 7.卡簧 8.缓冲弹簧

3. 电磁开关

图9-34所示为电磁开关的实物与结构图。电磁开关主要由吸引线圈、保持线圈、回位弹簧、活动铁心,接触片等组成。其中,端子C接起动机励磁绕组;端子30直接接电源(蓄电池)。

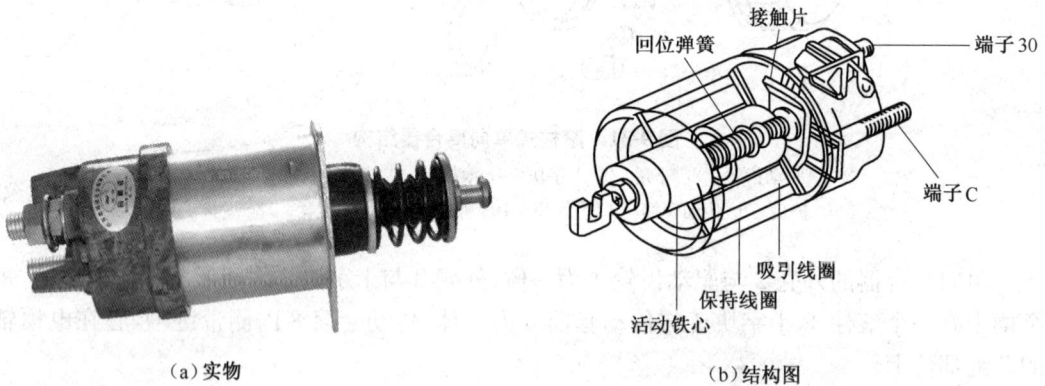

(a)实物　　　　　　　　(b)结构图
图9-34 电磁开关实物与结构图

二、起动系统的检修

1. 起动机电枢轴的维修

用千分表检查起动机电枢轴是否弯曲,如图9-35所示。若摆差超过0.1mm,应进行校正。电枢轴上的花键齿槽严重磨损或损坏,应进行修复或更换。

电枢轴轴颈与衬套的配合间隙不得超过0.15mm,若间隙过大,应更换新套,进行铰配。

2. 起动机换向器的检查

(1)检查换向器有无脏污和表面烧蚀,若出现此情况,用400号砂纸或在车床上修整。

(2)检查换向器的径向圆跳动,如图9-36所示。将换向器放在V形铁上,用百分表测量圆周上径向跳动,最大允许径向圆跳动为0.05mm。若径向圆跳动大于规定值,应在车床上校正。

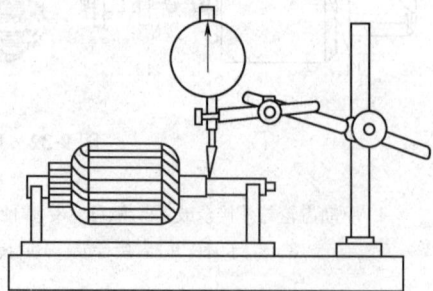

图9-35 电枢轴弯曲度的检查

（3）用游标卡尺测量换向器的直径，如图9-37所示。其标准值为30.0mm，最小直径为29.0mm。若直径小于最小值，应更换电枢。

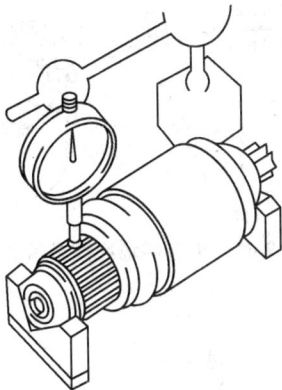

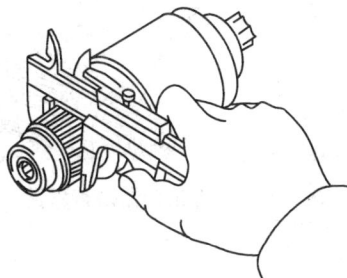

图9-36　检查换向器径向圆跳动　　　　　　图9-37　检查换向器直径

（4）检查底部凹槽深度。应清洁无异物，边缘光滑。测量如图9-38所示。标准凹槽深度为0.6mm，最小凹槽深度为0.2mm。若凹槽深度小于最小值，用手锯条修正。

3. 起动机电枢线圈的维修

（1）检查换向器是否开路。如图9-39所示，用欧姆表检查换向片之间，应导通。若换向片之间不导通，应更换电枢。

图9-38　检查换向器底部凹槽深度　　　　图9-39　检查换向器是否开路

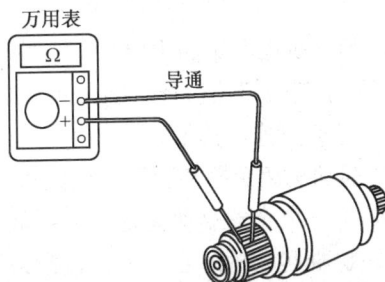

（2）检查换向器是否搭铁。如图9-40所示，用欧姆表检查换向器与电枢线圈铁心之间，应不导通。若导通，应更换电枢。

4. 起动机磁场线圈的检查

（1）检查磁场线圈是否开路，如图9-41所示。用欧姆表检查引线和磁场线圈电刷引线之间，应导通。否则，更换磁极框架。

（2）检查磁场线圈是否搭铁。用欧姆表检查磁场线圈末端与磁极框架之间，应不导通，如图9-42所示。若导通，修理或更换磁极框架。

5. 起动机电刷弹簧的维修

维修电刷弹簧，可按如图9-43所示，读取电刷弹簧从电刷分离瞬间的拉力计读数。标准弹簧安装载荷为17～23N，最小安装载荷为12N。若安装载荷小于规定值，应更换电刷弹簧。

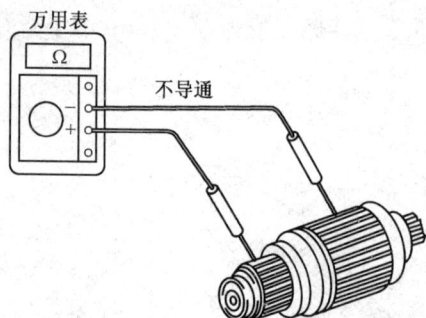

图 9-40　检查换向器是否搭铁

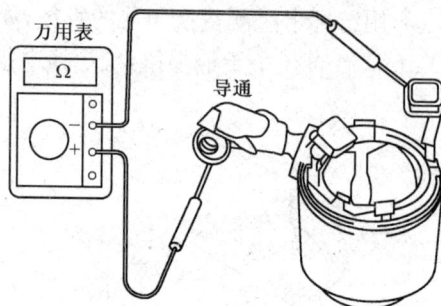

图 9-41　检查磁场线圈是否开路

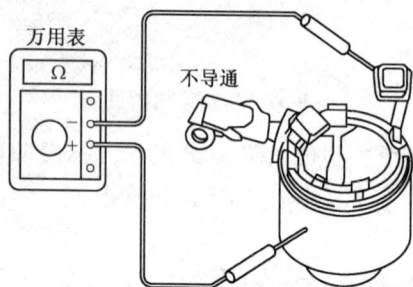

图 9-42　检查磁场线圈是否搭铁

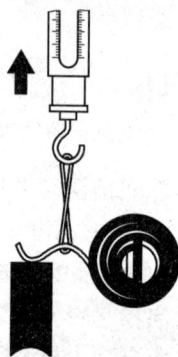

图 9-43　检查电刷弹簧载荷

6. 起动机电刷架的维修

用万用表欧姆挡检查电刷架正极（＋）与负极（－）之间，应不导通，如图 9-44 所示。若导通，修理或更换电刷架。

7. 起动机离合器和驱动齿轮的维修

（1）检查离合器驱动齿轮是否严重损伤或磨损。如有损坏，应进行更换。

（2）检查起动机离合器是否打滑或卡滞。如图 9-45 所示，将离合器驱动齿轮夹在台虎钳上，在花键套筒中套入花键轴，使扳手接在花键轴上，测得力矩应大于规定值（24～26N·m），否则说明离合器打滑。反向转动离合器应不卡滞，否则修理或更换离合器总成。

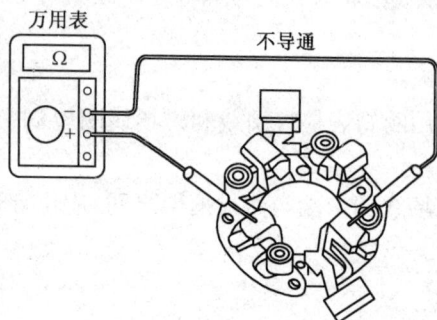

图 9-44　检查电刷架绝缘情况

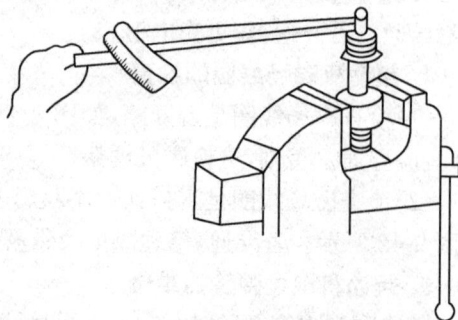

图 9-45　检查离合器工作是否正常

8. 起动机电磁开关的维修

（1）检查电磁开关内部线圈断路、短路或搭铁故障，可用万用表测线圈电阻后与标准值比较进行判断。

（2）按照图 9-46 所示连接好线路，接通开关 K 后应能听到活动铁心动作的声音，同时试灯 L 应被点亮；开关 K 断开后，试灯 L 应立即熄灭。否则应更换电磁开关或更换起动机总成。

9. 起动机的测试

（1）起动机空载性能试验。试验时，先将蓄电池充足电，每项试验应在 5s 内完成，以防线圈被烧坏。

① 如图 9-47 所示，将起动机与蓄电池和电流表（量程为 0～100A 以上的直流电流表）连接。蓄电池正极与电流表正极连接，电流表负极与起动机"30"端子连接，蓄电池的负极与起动机外壳连接。

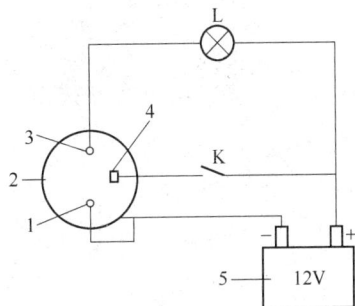

图 9-46　电磁开关的检查
1. 磁场线圈接线柱　2. 起动机开关　3. 蓄电池接线柱　4. 点火开关接线柱　5. 蓄电池

② 如图 9-48 所示，用带夹电缆将"30"端子与"50"端子连接起来，此时驱动齿轮应向外伸出，起动机应平稳运转。当蓄电池电压≥11.5V 时，消耗电流应不超过 50A，用转速表测量电枢轴的转速应不低于 5000r/min。

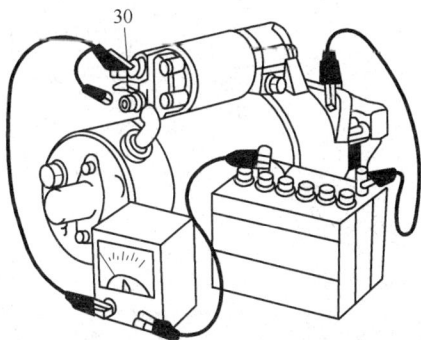

图 9-47　起动机的空载试验

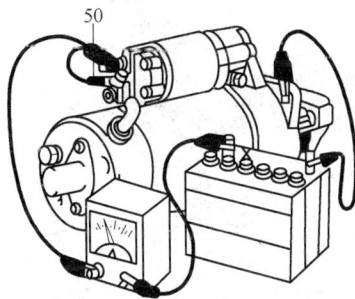

图 9-48　接通"50"端子进行试验

③ 如电流大于 50A 或转速低于 5000r/min，说明起动机装配过紧或电枢绕组和磁场绕组有短路或搭铁故障。如电流和转速都低于标准值，说明电动机电路接触不良，如电刷与换向器接触不良或电刷弹簧弹力不足等。

（2）电磁开关试验。

① 吸拉动作试验。将起动机固定到台虎钳上，拆下起动机端子"C"上的磁场绕组电缆引线端子，用带夹电缆将起动机"C"端子和电磁开关壳体与蓄电池负极连接，如图 9-49 所示。用带夹电缆将起动机"50"端子与蓄电池正极连接，此时驱动齿轮应向外移动。如驱动齿轮不动，说明电磁开关有故障，应予修理或更换。

② 保持动作试验。在吸拉动作基础上，当驱动齿轮保持在伸出位置时，拆下电磁开关"C"端子上的电缆夹，如图 9-50 所示，此时驱动齿轮应保持在伸出位置不动。如驱动齿轮回位，说明保持线圈断路，应予修理。

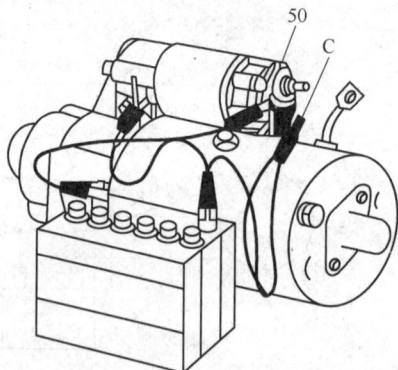

图 9-49　吸拉动作试验线路

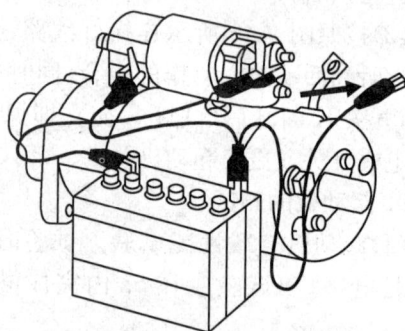

图 9-50　保持动作试验方法

③回位动作试验。在保持动作的基础上,再拆下起动机壳体上的电缆夹,如图 9-51 所示。此时驱动齿轮应迅速回位。如驱动齿轮不能回位,说明回位弹簧失效,应更换弹簧或电磁开关总成。

(3)全制动试验。如图 9-52 所示,将起动机放在测矩台上,用弹簧秤 5 测出其发出的力矩,当制动电流小于 480A 时,输出最大力矩不小于 13N·m。

图 9-51　回位动作试验方法

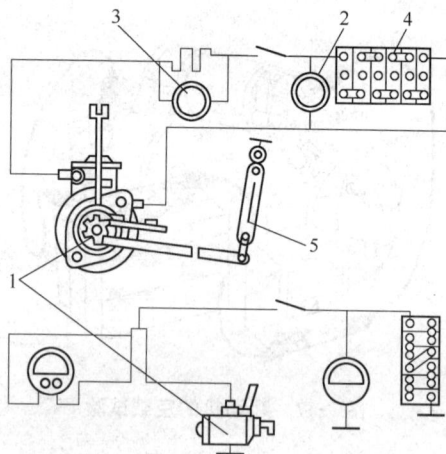

图 9-52　起动机的全制动试验
1. 起动机　2. 电压表　3. 电流表　4. 蓄电池　5. 弹簧秤

第五节　点火系统维修

一、点火系统的结构

电子点火系统的组成如图 9-53 所示,主要包括以下几部分。

1. 电源

点火系统的电源为蓄电池或发电机,其作用是给点火系统提供低压直流电源,一般电压为 12V。

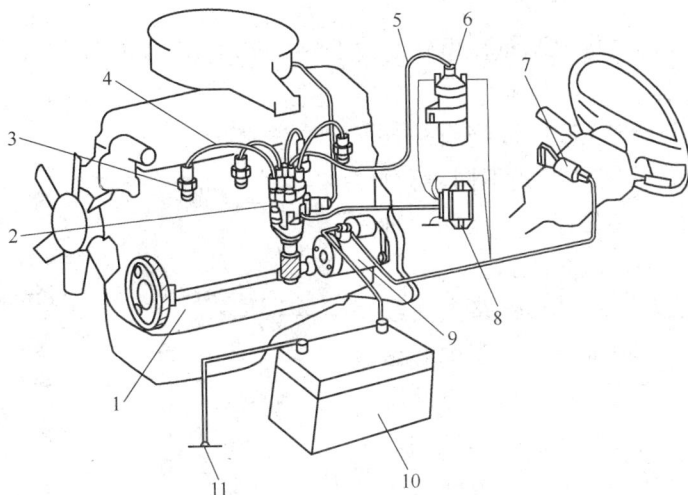

图 9-53　点火系统的组成

1. 中间轴　2. 分电器　3. 火花塞　4. 分高压线　5. 中央高压线　6. 点火线圈
7. 点火开关　8. 点火控制器　9. 起动机　10. 蓄电池　11. 搭铁端

2. 分电器

分电器由配电器、信号发生器和机械式点火提前角调节机构等组成。

(1)配电器。如图 9-54 所示,配电器由分电器盖和分火头组成,其作用是按发动机点火顺序,将高压电分配到各缸火花塞上。分火头插装在分电器轴的顶端,与信号发生器转子一起旋转,其上有金属导电片。分电器盖的中间有高压线插孔,其内装有带弹簧的炭柱,炭柱压在分火头的导电片上。分电器盖的外围有与发动机气缸数相等的旁电极插孔,以安装分高压线。

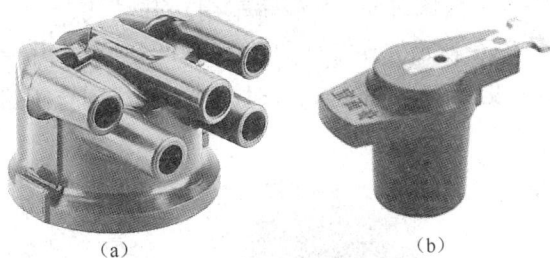

图 9-54　分电器盖与分火头

(a)分电器盖　(b)分火头

分火头上的导电片距离旁电极有 0.2～0.8mm 间隙。当初级电路截止、次级电路产生高压电时,分火头正好对准某一旁电极,于是高压电由分火头上的导电片跳至与其相对的旁电极,再经分高压线送至相应的火花塞。

(2)信号发生器。常用的信号发生器有三种类型,分别是电磁感应式、霍尔式及光电式。当分电器轴转动时,带动转子旋转,使点火信号发生器产生电压信号(分为模拟信号和数字信号两种类型),该电压信号传送给点火控制器,经点火控制器大功率晶体管放大、整形等处理后,控制点火线圈初级绕组的通、断,使点火线圈次级绕组产生高压电。

(3)机械式点火提前角调节机构。为了保证发动机在任何工况下都能实现在最佳点火时刻点燃混合气,在分电器内设置了机械式点火提前角调节机构,即离心式调节器或真空式调节器。该装置已逐渐被淘汰。

3. 点火线圈

点火线圈的作用是将12V低压电转变成15～20kV的高压电,其结构与自耦变压器相似,所以也称变压器。

点火线圈由初级绕组、次级绕组和铁心等组成。按磁路的结构形式不同,可分为开磁路点火线圈和闭磁路点火线圈两种类型。

(1)开磁路点火线圈。开磁路点火线圈的结构如图9-55所示,点火线圈中心是用硅钢片叠成的条形铁心,由于铁心没有构成闭合回路,所以称为开磁路点火线圈。

在早期的点火系统中,开磁路点火线圈应用较多。但由于开磁路点火线圈磁路磁阻大,磁通量泄漏多,因此,能量转换效率低,现已很少应用。

(2)闭磁路点火线圈。闭磁路点火线圈也称为高能点火线圈,图9-56所示为闭磁路点火线圈外形(奇瑞轿车用),其结构如图9-57所示。在"口"字形或"日"字形铁心内绕有次级绕组,在次级绕组外面绕有初级绕组,初级绕组产生的磁通量通过铁心构成闭合磁路,其磁路如图9-58所示。

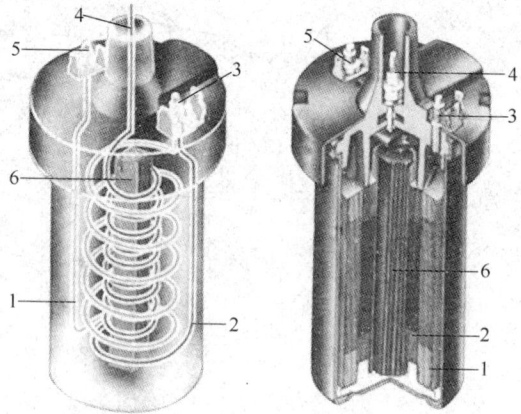

图9-55 开磁路点火线圈的结构
1. 初级绕组 2. 次级绕组 3. 点火线圈"＋"接线柱
4. 中央高压线接线柱 5. 点火线圈"一"极接线柱
6. 铁心

图9-56 闭磁路点火线圈外形
(奇瑞轿车用)

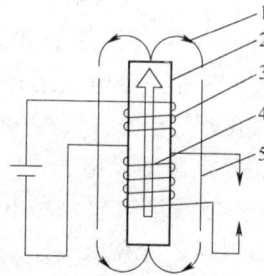

图9-57 闭磁路点火线圈的结构
1. 中央高压线接线柱 2. 次级绕组
3. 铁心 4. 初级绕组 5. 磁力线

与开磁路点火线圈相比,闭磁路点火线圈具有漏磁少、能量损失小、转换效率高、体积小、质量轻和易散热等优点,因此在点火系中广泛应用。

4. 点火控制器

点火控制器也称为点火模块,集成电路主要由整形电路、放大电路和开关电路组成,其主要作用起开关作用,用来控制点火系初级电路的导通与截止。点火控制器内部为集成电路,全密封结构。桑塔纳轿车点火控制器的外形如图9-59所示。该点火控制器具有初级电流上升率的控制、闭合角控制、停车断电保护和过电压保护等功能。

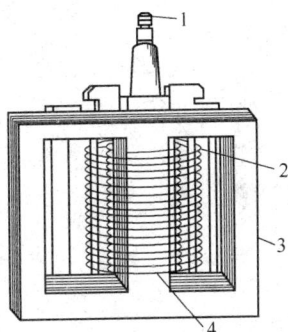

图 9-58　闭磁路点火线圈的磁路
1. 接线柱　2. 初级绕组　3. 铁心　4. 次级绕组

图 9-59　桑塔纳轿车点火控制器的外形

5. 火花塞

火花塞的作用是将高压电引入气缸燃烧室,产生电火花点燃混合气。

(1)火花塞的构造。火花塞的构造如图 9-60 所示,中心电极用镍铬合金制成,具有良好的耐高温、耐腐蚀性能,中心电极做成两段,中间加有导电玻璃,由于导电玻璃和瓷绝缘体的膨胀系数相近,因此,导电玻璃主要是起密封作用。火花塞间隙多为 $1.0 \sim 1.2$mm。

(2)火花塞的结构类型。常见的火花塞结构类型如图 9-61 所示。

6. 高压线

高压线的作用是用来连接点火线圈、分电器及各个火花塞。

7. 点火开关

点火开关的作用是用来控制点火系统的初级电路,同时也控制充电系的励磁电路、起动电路及由点火开关控制的所有用电设备。

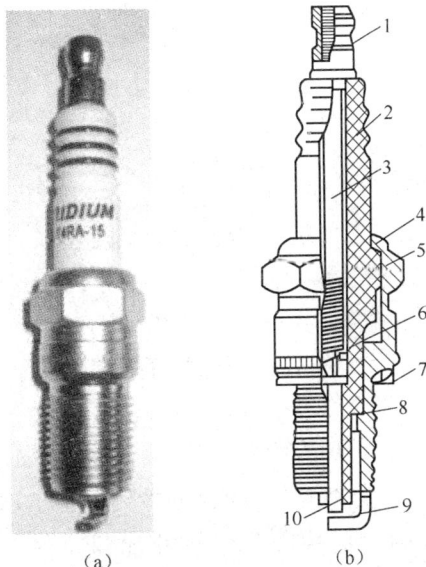

(a)　　　　　　(b)

图 9-60　火花塞的构造
(a)火花塞外形　(b)火花塞结构
1. 接线螺母　2. 瓷绝缘体　3. 金属杆　4、8. 内密封垫圈　5. 壳体　6. 导电玻璃　7. 密封垫圈
9. 侧电极　10. 中心电极

二、点火系统的检修

1. 点火线圈的检测

(1)外部检查。检查点火线圈的外部,若绝缘盖破裂或外壳破裂,应更换新件。

(2)初级绕组、次级绕组的检查。用万用表分别测量点火线圈的初级绕组、次级绕组的电阻值,应符合标准值。电子点火系统的点火线圈为高能点火线圈,初级绕组的电阻一般较小,检测时可参考维修手册。如桑塔纳轿车点火线圈初级绕组的电阻为 $0.52 \sim 0.76\Omega$,次级绕组的电阻为 $2.4 \sim 3.5$kΩ;奥迪轿车点火线圈初级绕组的电阻为 $0.6 \sim 0.7\Omega$,次级绕组的电阻为 $2.5 \sim 3.5$kΩ。

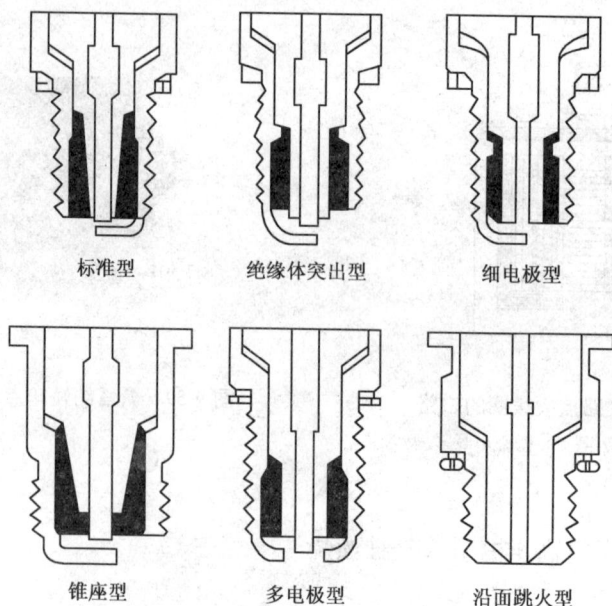

标准型　　　　　绝缘体突出型　　　　细电极型

锥座型　　　　　多电极型　　　　沿面跳火型

图 9-61　常见的火花塞结构类型

（3）点火线圈性能的测试。点火线圈的性能可在万能试验台上进行测试，主要通过测量跳火间隙来判断点火线圈的性能。

2. 信号发生器的检测

（1）磁感应信号发生器的检测。

①检查信号发生器的间隙，信号转子与传感线圈铁心之间的间隙一般为 0.2～0.4mm。如果不符合标准值，应进行调整。

②用万用表测量信号发生器感应线圈的电阻，应符合标准值。

（2）霍尔信号发生器的检测。霍尔信号发生器有三根引线，分别为"＋"、"－"和"S"。检测时，分别测"＋"与"－"电压和"S"与"－"电压，然后与维修手册中的标准值比较，进行判断是否有故障。霍尔信号发生器位于分电器内，引出的三根导线分别为：

①霍尔信号发生器的"＋"极，红/黑色，接点火控制器 5 号端子；

②霍尔信号发生器的输出信号端子"S"，绿/白色，接点火控制器 6 号端子；

③霍尔信号发生器的"－"极，棕/白色，接点火控制器 3 号端子。

用万用表测量霍尔信号发生器的"＋"与"－"之间的电压应为 11～12V；测量"S"与"－"之间的电压，当转子缺口对正霍尔元件的气隙时，应为 0.3～0.4V，反之应为 11～12V。

3. 点火控制器的检测

（1）电磁感应式电子点火系中的点火控制器检测。

①如图 9-62 所示，用一只 1.5V 的干电池代替信号发生器，接到点火控制器信号输入端子上。

②正接时，点火线圈的初级绕组导通，用万用表测量点火线圈的"－"接线柱与搭铁之间的电压，应为 1～2V（见图 9-62a）。

③将电池的极性颠倒后，再进行测量（见图 9-62b），其值应为 12V。若与上述不符，说

明点火控制器有故障,应更换。

(2)霍尔效应式电子点火系中的点火控制器的检测。检查点火控制器,应掌握点火控制器的接线。以桑塔纳轿车为例,其点火控制器的接线如图 9-63 所示,1. 接点火线圈"-"(绿色);2. 接电源负极(棕色);3. 接霍尔信号发生器"-"(棕/白色);4. 接点火线圈"+"(黑色);5. 接霍尔信号发生器"+"(红/黑色);6. 接霍尔信号发生器信号输出"S"(绿/白色)。

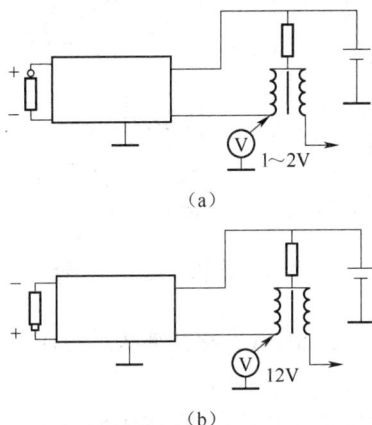

图 9-62　电磁感应式电子点火系统中的
点火控制器的检测

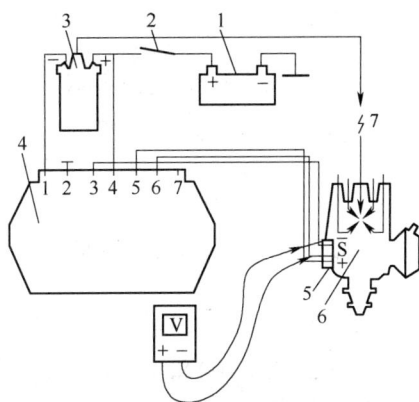

图 9-63　确定故障是在霍尔信号
发生器上还是在点火控制器上

1. 蓄电池　2. 点火开关　3. 点火线圈　4. 点火控制器
5. 霍尔信号发生器插接器　6. 分电器　7. 高压线

①接通点火开关,用万用表测量 1 与 4 端子之间的电阻为 0.52～0.76Ω。

②测 2 与 4 端子之间的电压应为 12V。

③测 3 与 5 端子之间的电压应为 11～12V。

④测 3 与 6 端子之间的电压时,应慢慢转动分电器轴,其电压应在 0.3～0.4V 与 11～12V 之间变化。

⑤用电压表接在点火线圈的"+"与"-"接线柱上,接通点火开关,观察电压表读数应大于 2V,1～2s 后,压降为 0。

若上述检测结果不正常,说明点火控制器有故障,应更换。

4. 分火头的检查

(1)外观检查。观察分火头的外观,分火头应无裂痕、烧蚀或击穿等现象,否则应更换新件。

(2)漏电检查。将分火头倒放在缸体或缸盖上,用跳火正常的分缸高压线将高压电引到分火头上,如果分缸高压线有明显跳火现象,说明分火头已漏电,应更换新件。

(3)电阻的测量。用万用表测量分火头顶部的电阻,如图 9-64 所示,正常值应为(1±0.4)kΩ。

5. 高压导线的检查

(1)高压线电阻的检查。高压线电阻的检查如图 9-65 所示,中央高压线电阻标准值一般均不相同,如桑塔纳轿车的中央高压线电阻标准值不大于 2.8kΩ,奥迪轿车中央高压线电阻标准值不大于 2kΩ;分高压线电阻标准值,桑塔纳轿车分高压线电阻标准值不大于 7.4kΩ,奥迪轿车分高压线电阻标准值不大于 6kΩ。

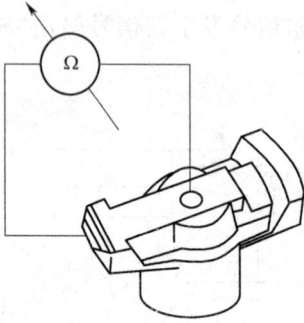

图 9-64　分火头电阻的检查

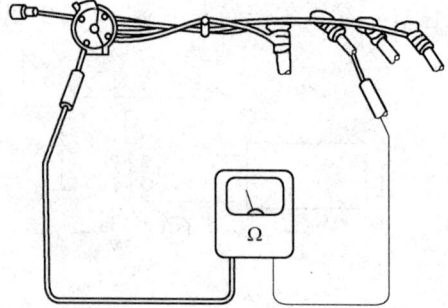

图 9-65　高压线电阻的检查

(2)火花塞插头电阻的检查。如图 9-66 所示,用万用表测量火花塞插头的电阻值,一般为(1±0.4)kΩ(无屏蔽)和(5±1.0)kΩ(有屏蔽)。

(3)防干扰接头电阻的检查。如图 9-67 所示,用万用表测量防干扰接头的电阻值,一般为(1±0.4)kΩ。

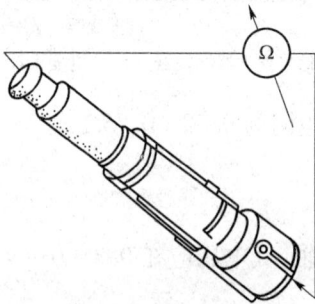

图 9-66　火花塞插头电阻的检查

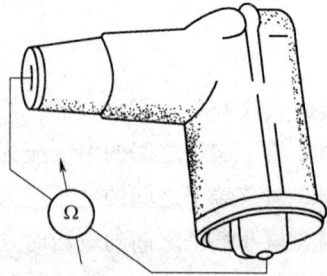

图 9-67　防干扰接头电阻的检查

第六节　照明与信号系统维修

一、照明系统的检修

1. 照明系统的位置

目前,汽车照明系统大都采用组合灯具,即把前照灯(俗称大灯)、前转向灯、前小灯等组合在一起,构成前组合灯(图 9-68 所示为奥迪 A6 轿车前组合灯的分解图),把倒车灯、制动灯、后转向灯、后小灯、后雾灯等组合在一起,构成后组合灯。

2. 照明系统的组成与功用

照明系统的组成与功用见表 9-2。

图 9-68　奥迪 A6 轿车前组合灯的分解图
1. 罩盖　2. 近光灯灯泡　3. 转向灯灯泡　4. 前照灯壳体　5. 驻车灯灯泡
6. 远光灯灯泡　7. 前照灯照明调节电机

表 9-2　汽车的照明与信号系统的组成与功用

名称	安装位置	功用	功率（W）
前照灯（又称大灯、头灯）	前部	在夜间或光线昏暗路面上行驶或停车时，标示车辆的轮廓或位置，有二灯制和四灯制之分	远光灯：40～60；近光灯：35～55
小灯（又称示廓灯、示宽灯、驻车灯，车辆后方的可称尾灯）	前部和后部	在夜间或光线昏暗路面上行驶或停车时，标示车辆的轮廓或位置。前小灯为白色，后小灯为红色	5～10
牌照灯	尾部的牌照上方	夜间照亮汽车牌照，灯光为白色	5～15
仪表灯	仪表板上	夜间照亮仪表，灯光为白色	2～8
顶灯	驾驶室的顶部	驾驶室内部照明，灯光为白色	5～8
雾灯	前部和后部	在能见度较低的雨雾天气时，为提高行车安全来照明。一般采用波长较长的黄色、橙色或红色，因其穿透性较强。尾部的后雾灯一般只有一个	35～55
转向灯	前部、后部、左右侧面（或后视镜上）	表示汽车的运行方向。左右转向灯同时闪亮时，表示有紧急情况。灯光为黄色	20 以上

续表 9-2

名称	安装位置	功用	功率(W)
制动灯(又称刹车灯)	后面	在制动停车或制动减速行驶时,向后车发出灯光信号,以警告尾随的车辆,防止追尾。灯光为红色	20 以上
倒车灯	后面	一是向其他的车辆和行人发出倒车信号;另一是夜间倒车照明。灯光为白色	20 以上
报警灯	仪表板上	用来监测某一工作系统的技术状况,当出现异常情况时发出报警灯光信号。灯光为红色、绿色或黄色(如发动机故障报警灯、机油报警灯、水温报警灯等)	2

注:此外,汽车的照明系统还有工作灯、门灯、踏步灯、行李箱灯、阅读灯等。

3. 前照灯光学组件的组成

前照灯的光学组件由灯泡、反射镜和配光镜三部分组成,如图 9-69 所示。

(1)灯泡。前照灯灯泡的结构如图 9-70 所示。

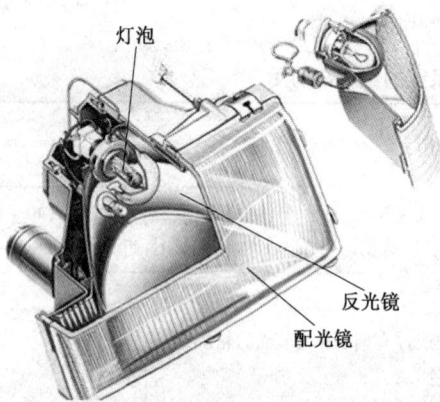

图 9-69　前照灯的光学组件

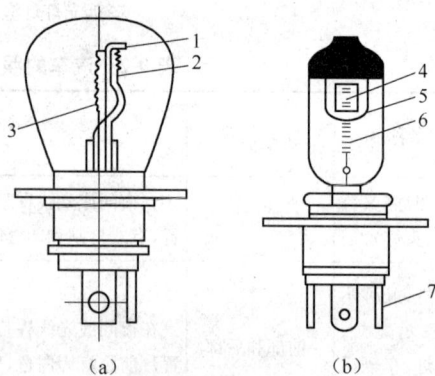

图 9-70　前照灯灯泡结构

(a)充气灯泡　(b)卤钨灯泡

1、5. 遮光罩　2、4. 近光灯丝　3、6. 远光灯丝　7. 插片

①充气灯泡。充气灯泡的灯丝采用钨丝,灯泡内充满氩和氮的混合惰性气体。在灯泡工作时,由于惰性气体受热后膨胀会产生较大的压力,这样可减少钨的蒸发。故能提高灯丝的温度,增强发光效率,从而延长灯泡的使用寿命。

②卤钨灯泡。充气灯泡虽已充入惰性气体,但仍然会因钨丝蒸发而使灯泡变黑。为了防止钨丝的蒸发,近年来又发明了卤钨灯泡。卤钨灯泡使用寿命长,发光效率进一步提高。在相同功率的情况下,卤钨灯的亮度是充气灯泡的 1.5 倍,寿命是 2～3 倍。

(2)反射镜。反射镜是用薄钢板冲压而成的,其表面镀银、铬、铝等,然后抛光。其作用是尽可能多的收集灯泡发出的光线,并将这些光线聚合成很强的光束射向远方。半封闭式前照灯反射镜如图 9-71 所示。

(3)配光镜。配光镜也称散光玻璃。是由透明玻璃压制而成的棱镜和透镜的组合体。

配光镜的作用是将反射镜反射出的光束进行折射,以扩大光线的照射范围,使车前100m内的路面各处都有良好而均匀的照明。配光镜如图9-72所示。

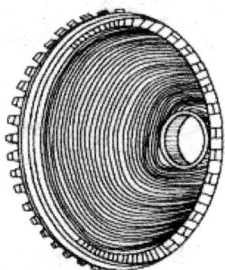

图 9-71　半封闭式前照灯反射镜

图 9-72　配光镜

4. 前照灯的检修

前照灯是汽车夜间行驶的主要设备,前照灯亮度、光束角度如果不正确,将影响夜间行车安全。因此,前照灯灯泡烧毁、污损、照射角度不正常,都是很危险的现象,必须在维护中及时修复。

(1)全车灯光工作情况的检查。两个人配合检查前照灯、转向灯、示宽灯、制动灯等灯光装置。检查时,打开灯光开关,依次检查全车各部位的灯光;踩下制动踏板查看制动灯情况。发现不亮现象应予以排除。常见的灯光不亮故障主要由灯泡烧毁或熔丝烧断所致,更换灯泡或熔丝即可排除故障。

(2)前照灯的更换。前照灯不亮时,首先要检查插座和导线连接状况是否良好,然后检查熔丝、灯泡是否正常。如果确定是前照灯灯泡损坏,应及时更换前照灯灯泡。

①更换卤素前照灯灯泡。拆下前照灯壳体盖,拔下卤素前照灯灯泡插头,如图9-73所示,松开弹簧夹,从壳体中取出灯泡。

安装卤素前照灯灯泡。将新灯泡装入壳体,注意手不要触摸灯泡玻璃,用弹簧夹固定灯泡,插上插头并装上壳体盖,用弹簧夹固定壳体盖。

②更换氙气式(气体放电式)前照灯灯泡。拆卸氙气式前照灯灯泡,如图9-74所示,逆时针转动后拆下氙气式前照灯的插头和固定圈。

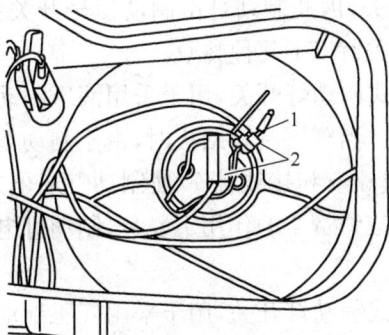

图 9-73　拆卸卤素前照灯灯泡

1. 弹簧夹　2. 卤素前照灯灯泡插头

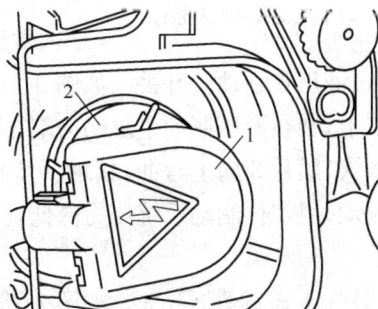

图 9-74　拆卸氙气式前照灯

1. 氙气式前照灯插头　2. 固定圈

安装气体氙气式前照灯灯泡。将新灯泡装入壳体，注意手不可触摸灯泡玻璃。如图 9-75 所示，将固定圈装到带两个槽(箭头)的氙气式灯上的定位凸起上，顺时针转动以固定。接好插头并装上壳体盖。

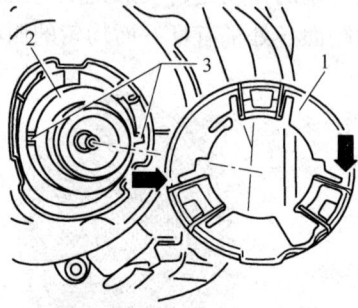

图 9-75　安装氙气式灯泡
1. 固定圈　2. 氙气式灯泡　3. 定位凸起

二、信号系统的检修

1. 转向信号灯电路组成

(1)转向信号灯电路主要由转向信号灯、闪光器、转向灯开关等组成。

(2)转向信号灯的闪烁是由闪光器控制的。常见的闪光器有热丝式、电容式、翼片式和电子式等。

①热丝式结构简单、成本低，但闪光频率不够稳定，寿命短，信号明暗不明显，现已被淘汰；

②电容式和翼片式闪光器闪光频率较为稳定，翼片式闪光器还具有结构简单、体积小、工作时伴有响声、可起监控等特点；

③电子式闪光器具有性能稳定和工作可靠的特点，目前已广泛应用。

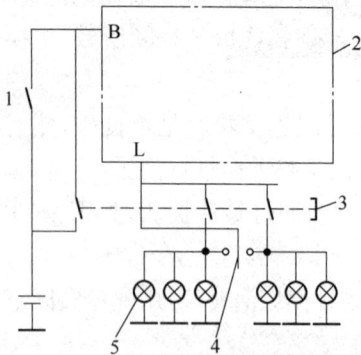

图 9-76　危险报警信号电路
1. 点火开关　2. 闪光器　3. 危险报警开关　4. 转向灯开关　5. 转向信号灯及转向指示灯

2. 危险警告信号电路的组成

危险报警电路一般由左、右转向灯、闪光器、危险报警开关等组成。

当危险报警开关闭合时，左、右转向灯同时闪烁。其电路如图 9-76 所示，当危险报警开关闭合时，危险报警信号电路为：蓄电池正极→危险报警开关 3→闪光器 2→危险报警开关 3→转向信号灯及转向指示灯 5→搭铁，这样转向信号灯及仪表板上的转向指示灯同时闪烁。

3. 制动信号装置

制动灯电路一般不受点火开关控制，直接由电源、熔丝到制动灯开关，因此制动灯由制动信号开关控制。常见的制动灯开关有以下几种类型。

(1)液压式制动灯开关。如图 9-77 所示为液压式制动灯开关，用于采用液压制动系统的汽车上，装在液压制动主缸的前端，或制动管路中。当踩下制动踏板时，由于制动系统的压力增大，膜片 2 向上弯曲，接触桥 3 同时接通接线柱 6 和接线柱 7，使制动灯通电发亮。松开制动踏板时，制动系统压力降低，接触桥 3 在回位弹簧 4 的作用下复位，制动灯电路被切断。

(2)气压式制动灯开关。如图 9-78 所示为气压式制动灯开关，用于采用气压制动系统的汽车，通常被安装在制动系统的气压管路上。制动时，制动压缩空气推动橡胶膜片向上弯曲，使触点闭合，接通制动灯电路。

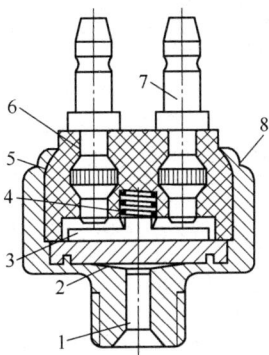

图9-77　液压式制动灯开关
1. 通制动液　2. 膜片　3. 接触桥
4. 弹簧　5. 胶木底座　6、7. 接线
柱　8. 壳体

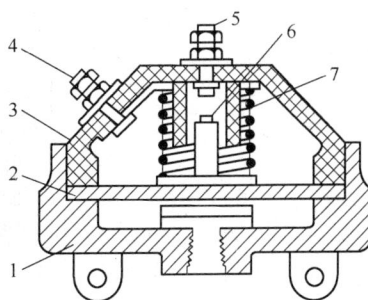

图9-78　气压式制动灯开关
1. 壳体　2. 膜片　3. 胶木盖
4、5. 接线柱　6. 触点　7. 弹簧

(3)弹簧式制动灯开关。弹簧式制动灯开关是一种轿车较为常用的制动开关,装在制动踏板的后面,如图9-79所示。当踏下制动踏板时,开关闭合,将4、7两接线柱接通,使制动灯点亮;当松开制动踏板后,回位弹簧使接触片5离开4、7两接线柱,制动灯电路断开。

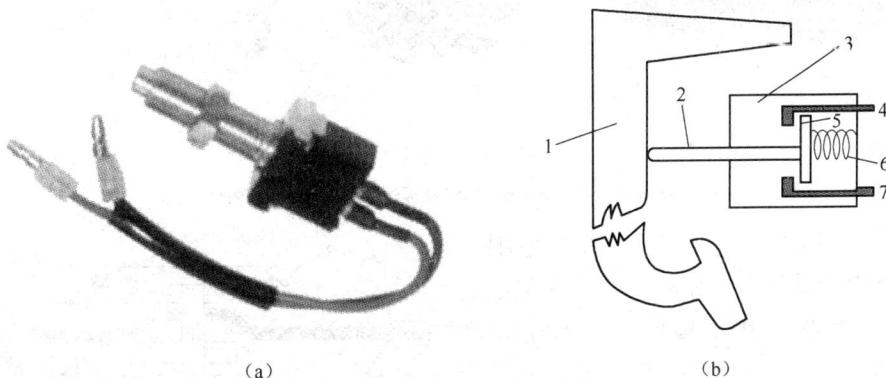

(a)　　　(b)

图9 79　弹簧式制动灯开关
(a)外形　(b)结构
1. 制动踏板　2. 推杆　3. 制动灯开关　4、7. 接线柱　5. 接触片　6. 回位弹簧

4. 倒车信号装置

倒车灯开关的结构如图9-80所示。倒车灯开关一般安装在变速器上,钢球8平时被倒车挡叉轴顶起,而当变速杆拨至倒车挡时,倒车挡叉轴上的凹槽对准钢球8,钢球8被松开,在弹簧4的作用下,触点5闭合,将倒车信号电路接通。

5. 喇叭信号装置

(1)汽车喇叭的类型与特点。汽车喇叭主要用于警告行人和其他车辆,以引起注意,保证行车安全。

喇叭按发音动力有气喇叭和电喇叭之分;按外形有螺旋(蜗牛)形、筒形、盆形之分(图9-81);按声频有高音和低音之分;按接线方式有单线制和双线制之分。

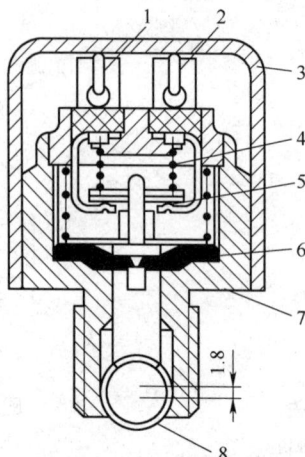

图9-80　倒车灯开关的结构

1、2. 接线柱　3. 外壳　4. 弹簧　5. 触点　6. 膜片　7. 底座　8. 钢球

　　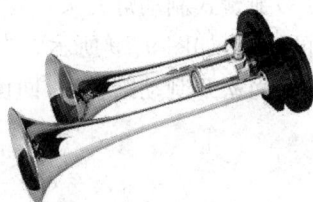

（a）　　　　　　　（b）　　　　　　　（c）

图9-81　喇叭类型

（a)螺旋(蜗牛)形喇叭　（b)盆形喇叭　（c)筒形气喇叭

（2）电喇叭的结构与工作原理。电喇叭的工作原理基本相同,图9-82所示为盆形电喇叭的结构与工作原理图。其工作原理如下。

按下电喇叭按钮10,电喇叭内部电路接通,电路为:蓄电池正极→线圈2→触点7→电喇叭按钮10→搭铁→蓄电池负极。线圈2通电后产生电磁力,吸动上铁心3及衔铁6下移,使膜片向下弯曲。衔铁6下移将触点7顶开,线圈2电路被切断,其电磁力消失,上铁心3、衔铁6及膜片4又在触点臂和膜片4自身弹力的作用下复位,触点7又闭合。触点7闭合后,线圈2又通电产生电磁力吸引上铁心3和衔铁6下移,再次将触点7顶

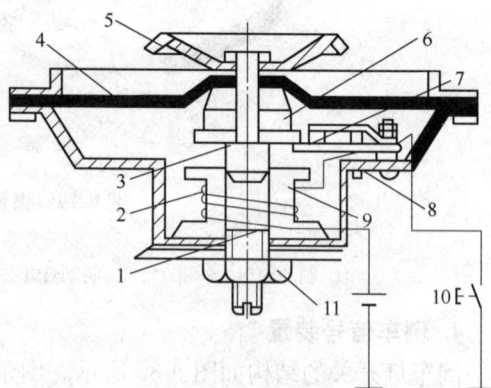

图9-82　盆形电喇叭的结构与工作原理图

1. 下铁心　2. 线圈　3. 上铁心　4. 膜片　5. 共鸣板
6. 衔铁　7. 触点　8. 调整螺钉　9. 电磁铁心　10. 按钮
11. 锁紧螺母

开。如此循环,使上铁心3与下铁心1不断碰撞,产生一个较低的基本频率,并激励膜片4与共鸣板5产生共鸣,从而发出比基本频率强且分布比较集中的谐音。

第七节　仪表与报警系统维修

一、仪表系统的检修

不同汽车的组合仪表中的仪表个数不同,一般仪表板上主要仪表有:燃油表、冷却液温度表、发动机转速表和车速里程表等。仪表板上还有许多指示灯、报警灯、仪表灯等。组合仪表中的仪表可单独更换,各种指示灯、报警灯和仪表灯从仪表板外面就可更换灯泡。如图9-83所示为典型轿车组合仪表板。

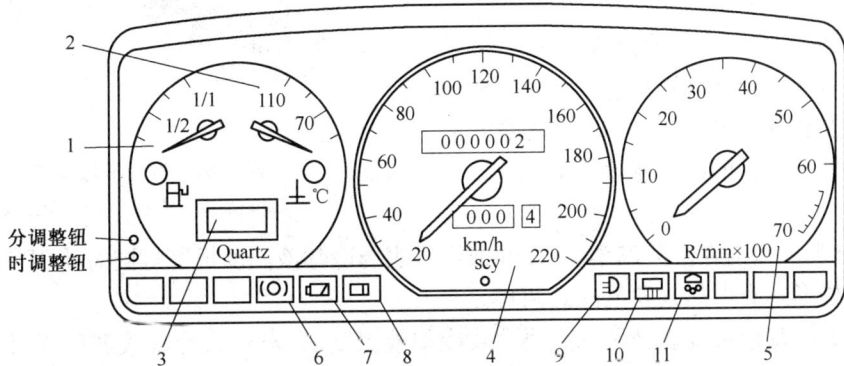

图9-83　典型轿车组合仪表板

1. 燃油表　2. 冷却液温度表　3. 液晶电子时钟　4. 车速里程表　5. 发动机转速表　6. 驻车制动装置警告灯
7. 机油压力警告灯　8. 充电指示灯　9. 远光指示灯　10. 后窗加热器指示灯　11. 冷却液液面警告灯

1. 机油压力表

机油压力表最常用的为电热式油压表。电热式油压表又称为双金属片式机油压力表,其结构与工作原理如图9-84所示。

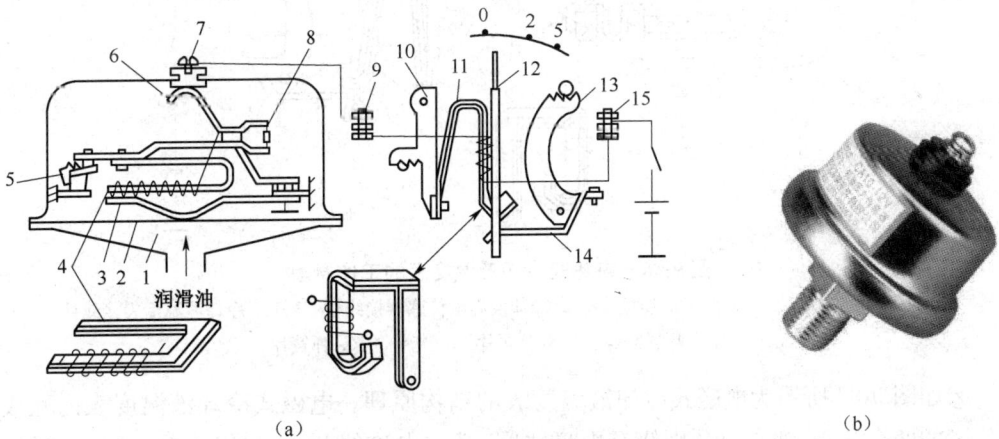

(a)　　　　　　　　　　　　　　　　(b)

图9-84　双金属片式机油压力表与机油压力传感器
(a)机油压力表内部结构　(b)机油压力传感器实物

1. 油腔　2. 膜片　3. 弹簧片　4. 双金属片　5. 调节齿轮　6. 接触片　7. 机油压力传感器接线柱
8. 校正电阻　9、15. 油压表接线柱　10、13. 调节齿扇　11. 双金属片　12. 指针　14. 弹簧片

(1)机油压力表。见图9-84,机油压力表内装有双金属片11,上绕有加热线圈。线圈两端分别与接线柱9和15相接。接线柱9与传感器相接,接线柱15经点火开关与电源相接。双金属片的一端弯成钩形,扣在指针12上。

(2)机油压力传感器。见图9-84,油压传感器内部装有金属膜片2,膜片下腔与发动机的主油道相通,发动机的机油压力直接作用到膜片上;膜片2的上方压着弹簧片3。弹簧片3的一端与外壳固定并搭铁,另一端焊有触点。双金属片4上绕着加热线圈,线圈的一端焊在双金属片的触点上,另一端焊在接触片6上。

2. 冷却液温度表

冷却液温度表用来指示发动机冷却液工作温度。

(1)工作电路。冷却液温度表的工作电路由冷却液温度表和冷却液温度传感器两部分组成,冷却液温度表安装在组合仪表内,冷却液温度传感器安装在发动机气缸盖的冷却水套上,其外形如图9-85所示。

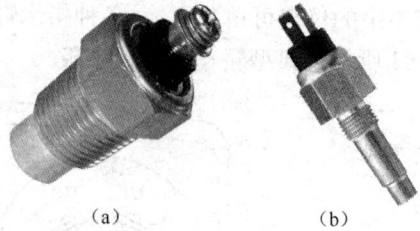

图 9-85　冷却液温度传感器
(a)一个接线柱型　(b)两个接线柱型

(2)分类。目前在多数汽车上,冷却液温度表与冷却液温度报警灯同时使用。冷却液温度表的结构形式有电热式和电磁式两种。

电热式冷却液温度表又称双金属片式冷却液温度表,电热式冷却液温度表可与电热式冷却液温度传感器或热敏电阻式水温传感器配套使用。

①电热式冷却液温度表配电热式冷却液温度传感器。电热式冷却液温度表的工作电路如图9-86所示。温度表与双金属片式机油压力表的构造相同,仅表盘刻度值不同。

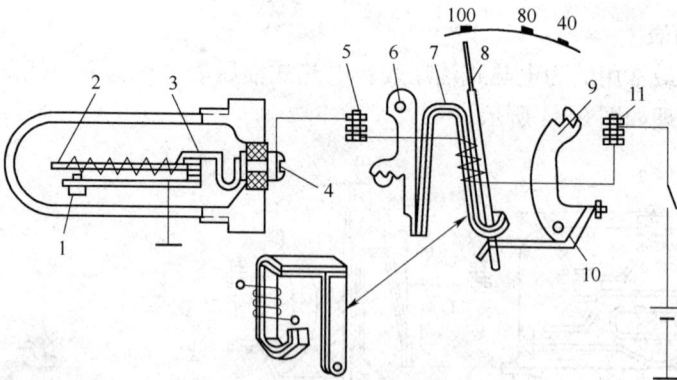

图 9-86　电热式冷却液温度表的工作原理
1. 固定触点　2. 双金属片　3. 连接片　4. 冷却液温度传感器接线柱　5、11. 冷却液温度表接线柱　6、9. 调节齿扇　7. 双金属片　8. 指针　10. 弹簧片

②如图9-87所示为电磁式冷却液温度表的结构原理。电磁式冷却液温度表内互成一定角度的两个铁心,铁心上分别绕有电磁线圈,其中电磁线圈L_2与传感器串联,电磁线圈L_1与传感器并联。两个铁心的下端有带指针的偏转衔铁。

3. 燃油表

燃油表的作用是指示汽车油箱中的存油量,由装在油箱中的传感器和组合仪表中的燃油表两部分组成。燃油表有电磁式和电热式两种。传感器均可使用可变电阻式的传感器。

(1)电磁式燃油表的结构与工作原理。图 9-88 所示为电磁式燃油表的工作电路。

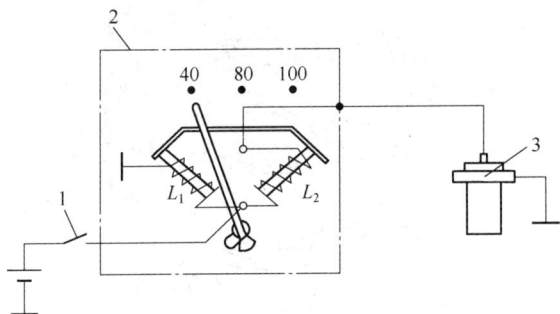

图 9-87　电磁式冷却液温度表的结构原理
1. 点火开关　2. 冷却液温度表
3. 冷却液温度传感器

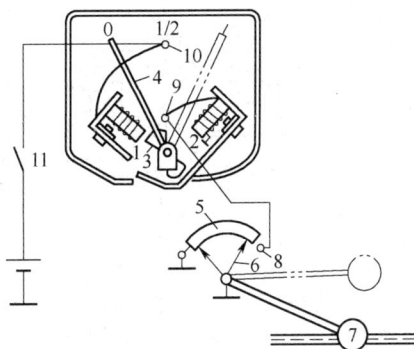

图 9-88　电磁式燃油表
1. 左线圈　2. 右线圈　3. 转子　4. 指针
5. 可变电阻　6. 滑片　7. 浮子　8. 传感器
接线柱　9、10. 燃油表接线柱　11. 点火开关

(2)电热式燃油表的结构与工作原理。电热式燃油表又称为双金属片燃油表,它的传感器与电磁式燃油表相同。结构如图 9-89 所示。

4. 车速里程表

车速里程表是用来指示汽车行驶速度和累计行驶里程数的仪表。由车速表和里程表两部分组成。车速里程表有磁感应式和电子式两种。

(1)磁感应式车速里程表的结构与工作原理。磁感应式车速里程表也称永磁式车速里程表,其结构如图 9-90 所示。磁感应式仪表没有电路连接,机械传动,由变速器输出轴上的一套蜗轮蜗杆以及挠性软轴来驱动的。

车速表由永久磁铁 1、带有轴及指针 6 的铝碗 2、罩壳 3 和紧固在车速里程表外壳上的刻度盘 5 等组成。

罩壳 3 是固定的。铝碗 2 是杯形的,与永久磁铁及罩壳间具有一定的间隙,只有磁场联系,没有机械联系。铝碗是与指针 6 一起转动的。在静态时,由于盘形弹簧(游丝)4 的作用使指针指在刻度盘的零位上。

(2)电子式车速里程表的结构与工作原理。电子车速里程表被广泛地应用于现代汽车上,它主要由车速传感器、电子电路、步进电动机、车速表和里程表等组成。如图 9-91 所示为电子式车速里程表的结构框图。

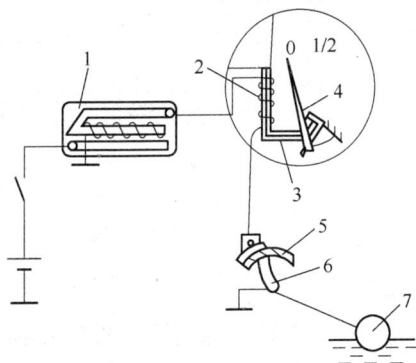

图 9-89　电热式燃油表
1. 稳压器　2. 加热线圈　3. 双金属片　4. 指针
5. 可变电阻　6. 滑片　7. 传感器浮子

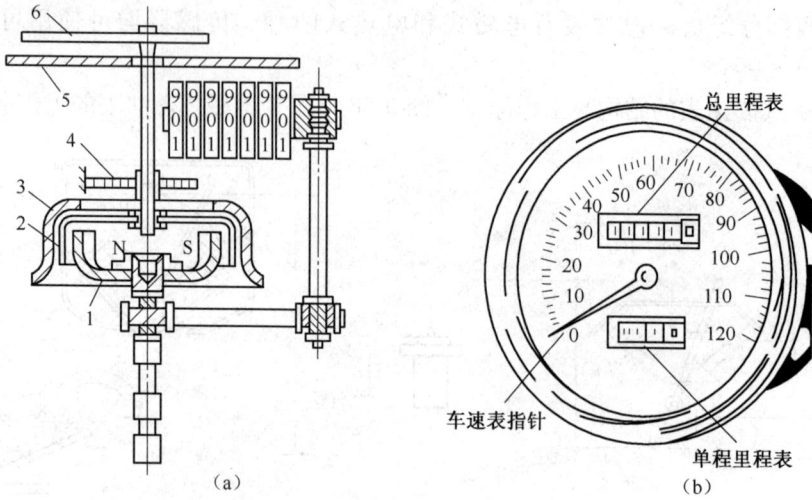

图 9-90 磁感应式车速里程表

(a)内部结构　(b)表盘

1. 永久磁铁　2. 铝碗　3. 罩壳　4. 盘形弹簧　5. 刻度盘　6. 指针

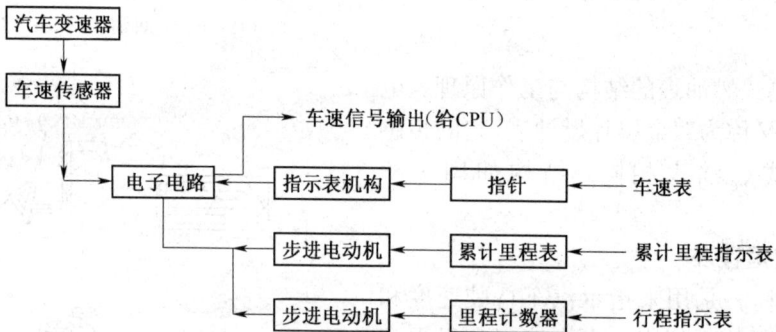

图 9-91 电子式车速里程表结构框图

电子车速里程表的结构如图 9-92 所示，它主要由动圈式车速测量机构 8、行星齿轮减速

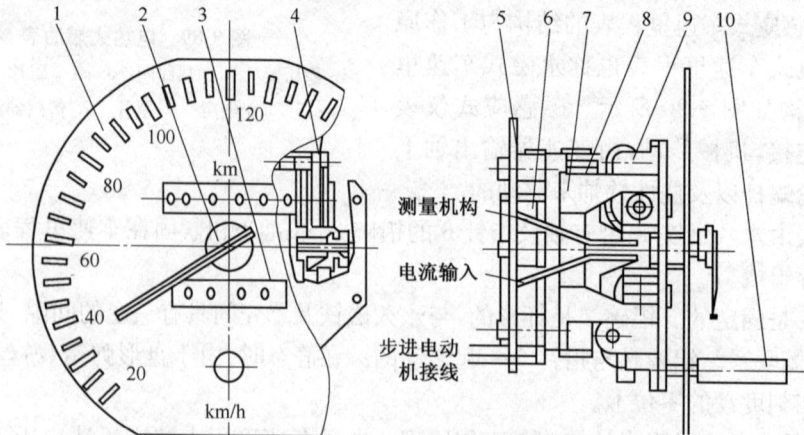

图 9-92 电子车速里程表结构

1. 刻度盘　2. 指针组合　3. 里程计数器　4. 行星齿轮系　5. 线路板组合　6. 步进电动机
7. 座架　8. 动圈式测量机构　9. 计数器组合　10. 日程复位机构

传动机构带动的十进制记录里程数字轮 4、处理与速度有关的脉冲信号用线路板组合 5、接受与速度有关的霍尔型转速传感器以及步进电动机 6 等组成。

5. 发动机转速表

发动机转速表用于指示发动机的运转速度。发动机转速表有机械式和电子式两种。电子式转速表由于结构简单、指示精确、安装方便，因此被广泛应用。

电子转速表获取转速信号的方式有三种：从点火系获取脉冲电压信号、从发动机的转速传感器获得转速信号、从发电机获取转速信号。汽油发动机电子式转速表都是用点火系统的初级电路为触发信号。

图 9-93 为发动机转速表电路原理图，转速信号来于点火系统的初级电路。

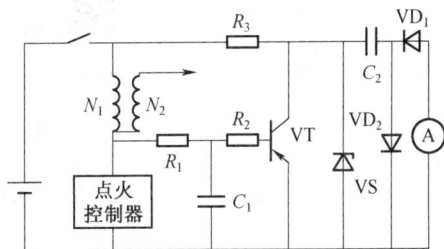

图 9-93　发动机电子转速表电路原理图

6. 数字式仪表

随着汽车数字式仪表的使用比例逐年增加，汽车仪表的功能不再局限于传统的显示车速、发动机转速、里程等内容上，正向综合信息系统的方向发展，能够利用各种传感器传来的信号并根据这些信号进行计算，车辆的信息数据以数字或条形图形式显示出来，许多仪表被集网络诊断和数字显示功能于一体的触摸式液晶屏幕所取代，并具有带 ECU 智能化车载动态信息系统的故障自诊断、车辆定位动态显示、电子地图显示、导航等功能。图 9-94 所示为典型轿车数字式仪表板。

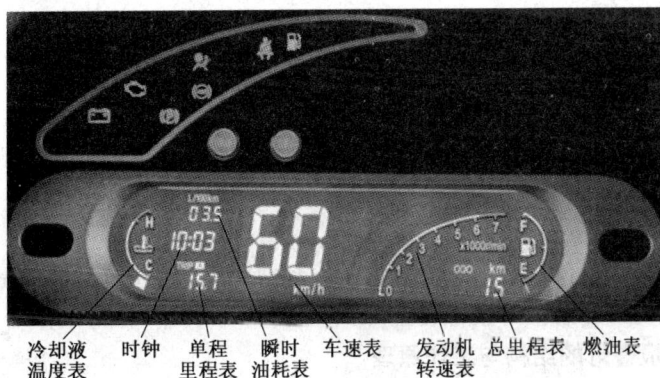

图 9-94　典型轿车数字式仪表（奇瑞 QQ3 轿车）

数字式仪表系统由各种传感器、控制单元（ECU）和显示器三大部分组成。汽车电子仪表显示器件由发光二极管、液晶显示器和真空荧光管等组成。

如图 9-95 所示为典型汽车数字式仪表。该数字式仪表有三组由计算机（ECU）控制的独立液晶显示器，分别用来显示车速、油耗及发动机转速等信息，仪表板中央有一个驾驶人信息中心，用来显示燃油存量、机油压力、冷却液温度、累计行驶里程及平均油耗等信息，同时驾驶人信息中心还有一套报警灯系统，用来指示机油压力、冷却液温度、冷却液液面高度、蓄电池充电电压、制动蹄片磨损、灯泡故障及车门未关等异常情况。

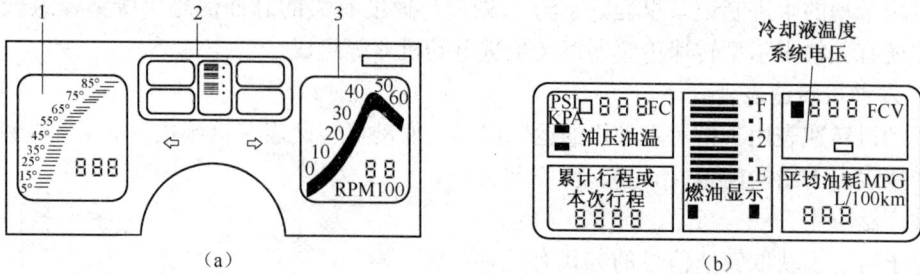

图 9-95 数字式仪表

(a)数字式仪表 (b)驾驶人信息中心

1. 车速表 2. 驾驶人信息中心 3. 发动机转速表

7. 仪表系统的检修注意事项

(1)拆装注意事项。

①拆装仪表系统时,应先拆下蓄电池负极电缆,以免手触摸仪表板后面时造成线路短路。

②拆装饰面板时,由于固定螺钉一般是隐蔽的,因此要仔细查找固定螺钉,否则强行拆卸将会损坏装饰面板。

③拆装仪表系统时,应注意仪表板后面的线束插接器及车速里程表软轴接头,一般都带有锁止机构,切忌强拆,安装时要确保到位。

④从电路板上拆下仪表表芯、电源稳压器、照明及指示灯时,小心不要损坏印制电路。

(2)单独更换表芯或仪表传感器时,注意仪表与传感器必须配套使用。

(3)拆装仪表及传感器时,注意动作要轻,不要敲打。

(4)电热式机油压力传感器安装时有方向要求。

(5)仪表与传感器的接线、传感器的搭铁必须可靠。

(6)电磁式仪表的接线柱有极性之分,不得接错。

二、报警系统的检修

汽车报警系统一般有机油压力报警装置、冷却液温度报警装置、燃油量报警装置、制动系统报警装置、制动蹄片磨损时报警装置等。

1. 机油压力报警灯的结构与工作原理

(1)弹簧管式机油压力报警开关。如图 9-96 所示。机油压力过低报警灯电路是由安装在发动机主油道的弹簧管式报警开关和安装在仪表板上的红色报警灯组成。其报警灯开关内有一管形弹簧,管形弹簧的一端与主油道相通,另一端有一对触点,固定触点经连接片与接线柱相接,活动触点经外壳搭铁。

当机油压力低于允许值时,管形弹簧向内弯曲,触点闭合,报警灯亮,以示警告;当机油压力正常时,管形弹簧产生的弹性变形量大,使触点分开,报警灯熄灭,以示机油压力正常。

(2)膜片式机油压力报警开关。如图 9-97 所示为膜片式机油压力报警开关控制报警灯的电路图。当机油压力正常时,机油压力推动膜片向上拱曲,推杆将触点打开,报警灯熄灭;当机油压力低于允许值时,膜片在弹簧压力作用下向下移动,从而使触点闭合,报警灯亮,以示警告。

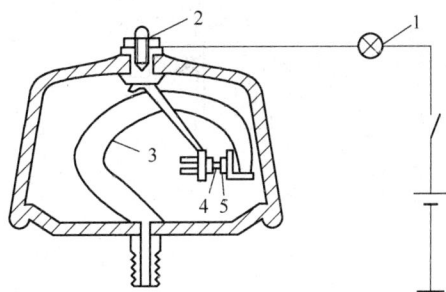

图 9-96　弹簧管式机油压力报警开关控制电路
1. 报警灯　2. 报警开关接线柱　3. 管形弹簧
4. 固定触点　5. 活动触点

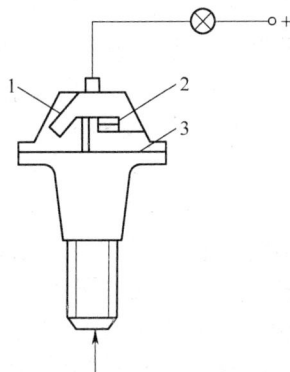

图 9-97　膜片式机油压力报警
开关控制电路
1. 弹簧片　2. 触点　3. 膜片

2. 冷却液温度报警灯的结构与工作原理

在汽车上除了装有冷却液温度表外,还装有冷却液温度报警灯,每当水温过高越过允许值时,红色报警灯亮,以示警告。

如图 9-98 所示为冷却液温度报警灯控制电路,其报警开关为双金属片式温度开关。

当冷却液温度正常时,双金属片几乎不变形,触点分开,报警灯不亮;当冷却液温度超过允许值时,双金属片由于温度升高而弯曲变形,使触点闭合,报警灯亮,以示警告。

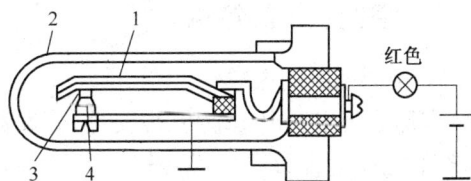

图 9-98　冷却液温度报警灯控制电路
1. 双金属片　2. 壳体　3. 动触点　4. 静触点

3. 燃油不足报警灯的结构与工作原理

在汽车上除了装有燃油表外,还装有燃油不足报警灯,每当燃油少于规定值时,红色报警灯亮,以提醒驾驶人注意加油,尤其是油箱中有电子汽油泵的车辆,燃油过少,汽油泵得不到冷却,易损坏。

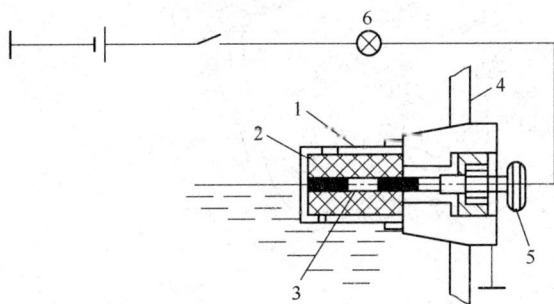

图 9-99 所示为热敏电阻式报警开关控制电路。其报警开关为热敏电阻式,装在油箱内。当油箱内燃油量多时,负温度系数的热敏电阻浸在油中,散热快,温度低,电阻值大,因此电路中几乎没有电流,报警灯不亮;当燃油减少到规定值以下时,热敏电阻元件露出油面,散热慢,温度升高,电阻值减小,电路中电流增大,报警灯亮,提醒驾驶

图 9-99　热敏电阻式报警开关控制电路
1. 外壳　2. 防爆金属网　3. 热敏电阻　4. 油箱外壳
5. 接线柱　6. 报警灯

人注意加油。

4. 制动液不足报警灯的结构与工作原理

制动液不足报警灯的作用是当制动液液面过低时,发出报警信号,以提醒驾驶人注意。

制动液不足报警装置是由报警开关和报警灯组成。报警开关安装在制动总泵液罐内,此报警开关适用于冷却液、挡风玻璃清洗液等液面过低报警灯的控制电路,区别仅在于报警开关安装位置不同。

如图 9-100 所示为制动液不足报警灯控制电路。当制动液充足时,浮子的位置较高,此时永久磁铁高于舌簧开关的位置,舌簧开关处于断开状态,报警灯不亮;当浮子随着制动液液面下降到规定值以下时,永久磁铁便接近了舌簧开关,使舌簧开关触点闭合,报警灯电路导通,报警灯亮。

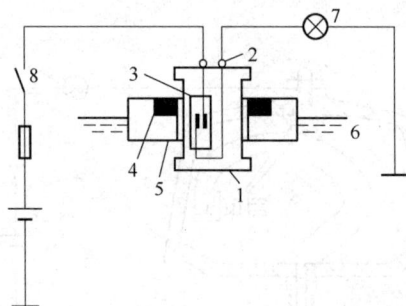

图 9-100　制动液不足报警灯控制电路
1. 舌簧开关外壳　2. 接线柱　3. 舌簧开关　4. 永久磁铁　5. 浮子　6. 制动液面　7. 报警灯　8. 点火开关

第八节　空调系统维修

一、空调系统的结构

1. 空调系统的组成

空调系统主要由压缩机、冷凝器、蒸发器、孔管或膨胀阀、储液干燥器、高低压管路、鼓风机、控制电路等部分组成,如图 9-101 所示,各部分之间采用铜管(或铝管)与高压橡胶管连接成一个密闭系统。

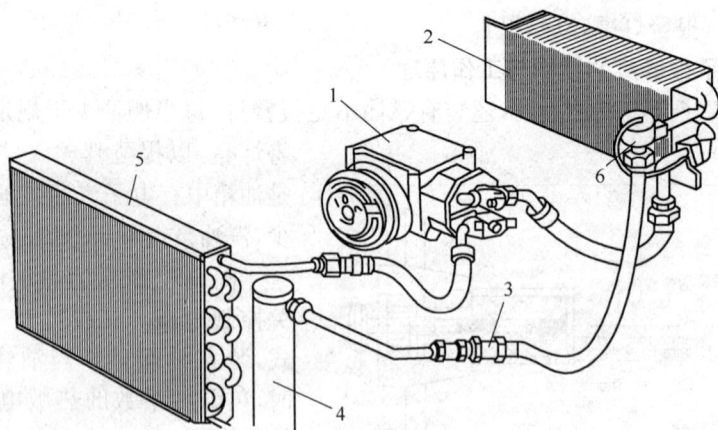

图 9-101　空调系统基本组成
1. 压缩机　2. 蒸发器　3. 视液窗　4. 储液干燥器　5. 冷凝器　6. 热力膨胀阀

2. 空调系统的工作原理

如图 9-102 所示,制冷系统工作时,制冷剂以不同的状态在密闭系统内循环流动,每一循环包括四个基本过程。

(1)压缩过程。压缩机吸入蒸发器出口处的低温(0℃)低压(0.147MPa)制冷剂气体,将其压缩成高温(70℃～80℃)高压(1.471MPa)的气体排出压缩机。

（2）冷凝放热过程。高温高压的过热制冷剂气体进入冷凝器，压力和温度降低。当气体的温度降至 40℃～50℃时，制冷剂气体变成液体，并放出大量的热。

（3）节流膨胀过程。温度和压力较高的制冷剂液体通过膨胀阀装置后体积变大，压力和温度急剧下降，以雾状（细小液滴）排出膨胀阀装置。

（4）蒸发吸热过程。雾状制冷剂进入蒸发器。此时制冷剂的沸点远低于蒸发器内温度，因此制冷剂液体蒸发成气体。在蒸发过程中大量吸收周围的热量，而后低温低压的制冷剂蒸发又进入压缩机。

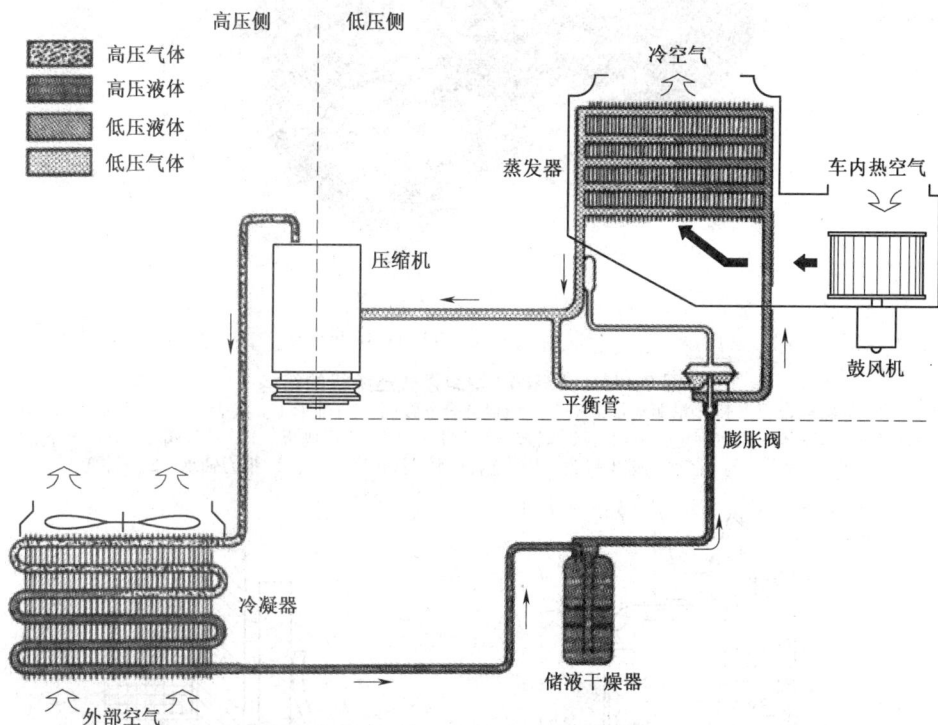

图 9-102　空调系统工作过程

3. 空调系统主要部件

（1）空调压缩机。空调压缩机种类繁多，形式各异，主要有斜盘式（翘板式）、曲柄连杆式、转子式、叶片式、螺杆式和涡旋式等六种。目前，汽车空调系统一般都采用斜盘式、曲柄连杆式或转子式压缩机。斜盘式压缩机又称为翘板式压缩机。各型斜盘式压缩机的结构大同小异，桑塔纳 2000GSi 型轿车空调系统用 SE5H-14 型斜盘式压缩机的结构如图 9-103 所示，主要由电磁离合器、传动斜盘、带圆锥齿轮的行星盘、气缸与活塞、吸气阀片与排气阀片以及缸体（壳体）等组成。

（2）空调压缩机电磁离合器。

①功用。空调压缩机电磁离合器的功用是根据需要接通或切断发动机与压缩机之间的动力传递。电磁离合器是汽车空调控制系统中最重要的部件之一，受空调 A/C 开关、温度控制器和压力开关等部件的控制。

②结构。电磁离合器一般安装在压缩机前端并作为压缩机总成的一部分，主要由电磁线圈、驱动带轮、压盘、轴承等零部件组成，结构与工作原理如图 9-104 所示。

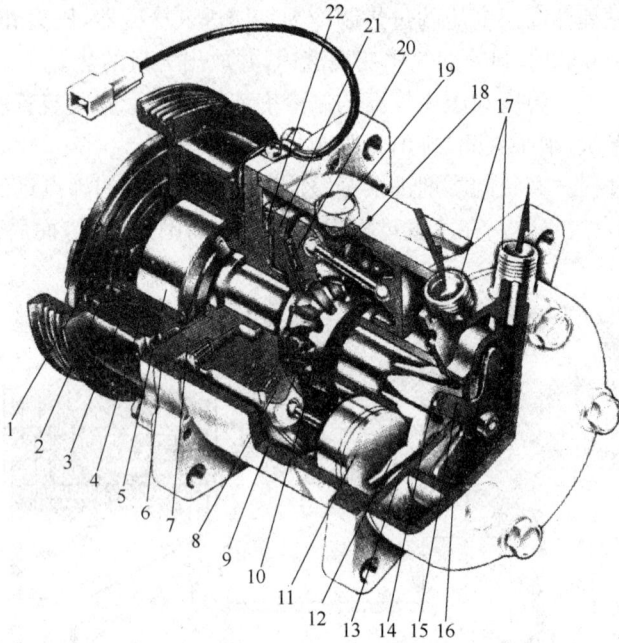

图 9-103　SE5H-14 型斜盘式压缩机的结构

1. 压盘　2. 电磁离合器　3. 多槽驱动带带轮　4. 电磁离合器线圈　5. 轴承　6. 密封　7. 驱动端盖　8. 带锥齿轮的行星盘　9. 缸体　10. 固定锥齿轮　11. 活塞　12. 吸气阀片　13. 阀板　14. 排气阀片　15. 阀片限位板　16. 后端盖　17. 制冷剂进出接头　18. 连杆　19. 注油塞　20、22. 推力轴承　21. 斜盘

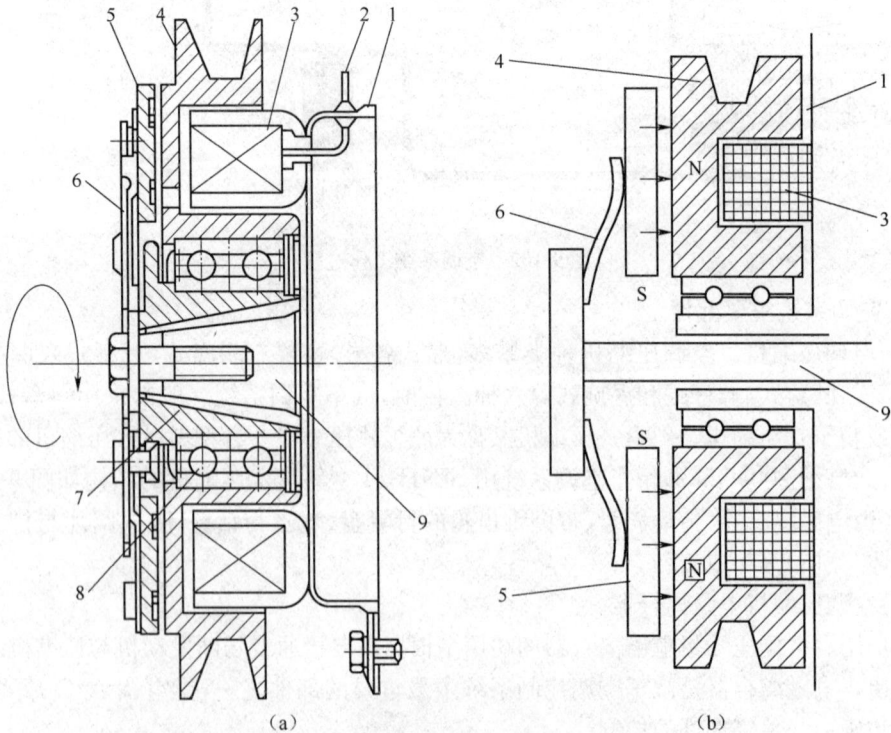

图 9-104　电磁离合器的结构图与原理图
(a)结构图　(b)原理图

1. 压缩机驱动端盖　2. 电磁线圈电极引线　3. 电磁线圈　4. 驱动 V 带轮　5. 压盘　6. 片簧　7. 压盘轮毂　8. 滚珠轴承　9. 压缩机轴

（3）冷凝器。

①功用。冷凝器是热交换装置，它的功用是将空调压缩机送来的高温、高压气态制冷剂中的热量散发到车外，使制冷剂冷凝成高温、高压液体再进入储液干燥器。

②结构。冷凝器通常设置在散热器前面，一般采用铝材料制造，其结构如图 9-105 所示。

（4）蒸发器。蒸发器结构与原理如图 9-106 所示。

①功用。蒸发器是热交换装置，它的作用恰好与冷凝器作用相反。

②一般采用铝材料制造，其在车内的安装位置视车型而定。

③空调系统工作时，来自节流装置的低温、低压液态雾状制冷剂通过蒸发器管道时蒸发，吸收车内空气的大量热量而制冷，同时低压雾状制冷剂变为低压气态制冷剂，并回到压缩机。

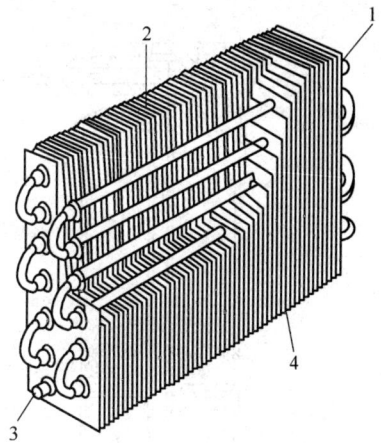

图 9-105　冷凝器结构

1. 入口　2. 盘管　3. 出口　4. 翅片

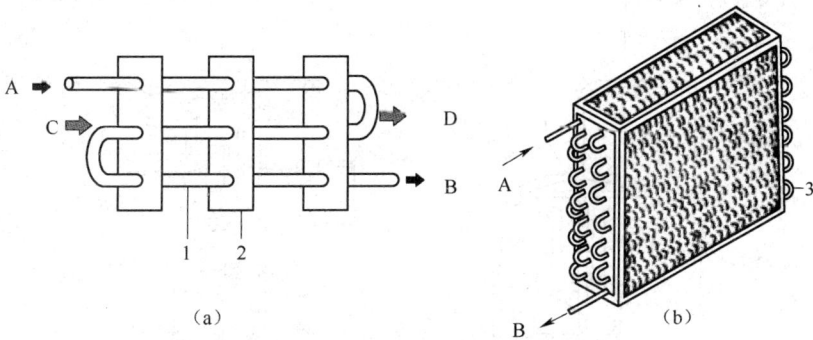

图 9-106　蒸发器结构与工作原理

(a)蒸发器的冷却原理　(b)蒸发器结构

1. 排管　2. 散热片　3. 框架　A. 来自膨胀阀的液体制冷剂　B. 气体制冷剂　C. 车厢热空气　D. 吹出的冷风

（5）储液干燥器。

①功用。膨胀阀系统的储液干燥器是液态制冷剂的一个储存箱，能以一定的流量向膨胀阀输送液态制冷剂，同时可除去制冷剂中的异物和水气，并能从其上方的玻璃视液窗观察制冷剂的数量；孔管系统储液干燥器主要功能是使回气管路中的制冷剂气液分离，防止液态制冷剂冲击压缩机。

②结构。膨胀阀系统和孔管系统储液干燥器结构分别如图 9-107 和图 9-108 所示。

（6）膨胀阀和孔管。

①功用。膨胀阀和孔管都是节流装置，用来解除液态制冷剂的压力，使制冷剂能在蒸发器中膨胀变成蒸气，它是制冷系统高低压的分界点。

②结构。热力膨胀阀结构如图 9-109 所示，孔管结构如图 9-110 所示。

（7）传感器。

①车内温度传感器。一般安装在仪表板下端，在前、后双空调式车上多在前、后座上各装 1 个，是具有负温度系数的热敏电阻。结构如图 9-111 所示。

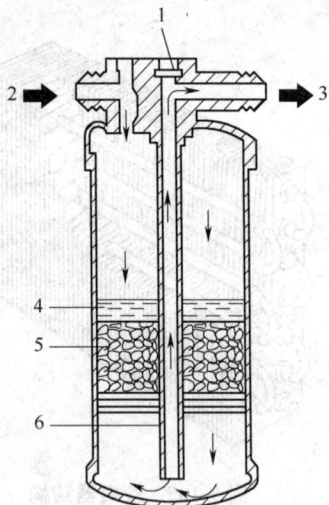

图9-107　膨胀阀系统储液干燥器结构

1. 视液窗　2. 进口　3. 出口　4. 滤网
5. 干燥剂　6. 吸出管

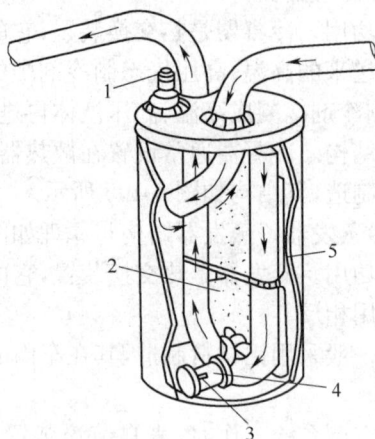

图9-108　孔管系统储液干燥器结构

1. 维修阀　2. 干燥剂　3. 滤网
4. 泄油孔　5. 出气管

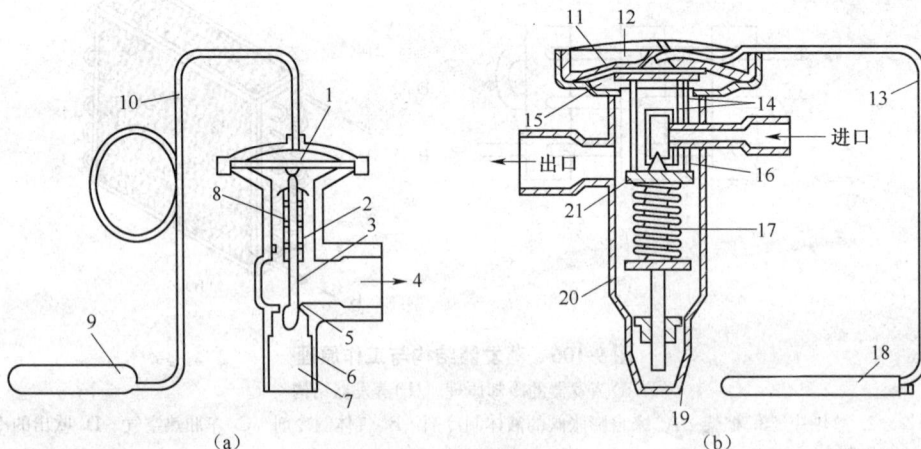

图9-109　热力膨胀阀结构

(a)内平衡式　(b)外平衡式

1. 膜片　2. 内平衡口　3. 针阀　4. 蒸发器出口　5. 阀座　6. 阀体　7. 通储液罐的进口　8. 弹簧
9. 遥控温包　10. 毛细管　11. 膜片　12. 感温包压力　13. 毛细管　14. 推杆　15. 蒸发器出口压力
16. 阀座　17. 过热弹簧　18. 遥控感温包　19. 弹簧压力板　20. 阀体　21. 针阀

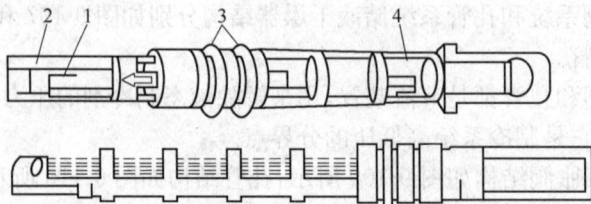

图9-110　孔管结构

1. 孔口　2. 出口滤网　3. 密封圈　4. 进口滤网

该传感器可检测车厢内空气的温度,并将温度信号输入空调 ECU。在吸入车内空气时,利用暖风装置的气流与专用抽气机,当车内温度发生变化时,热敏电阻的阻值改变,从而向空调 ECU 输送车内温度信号。

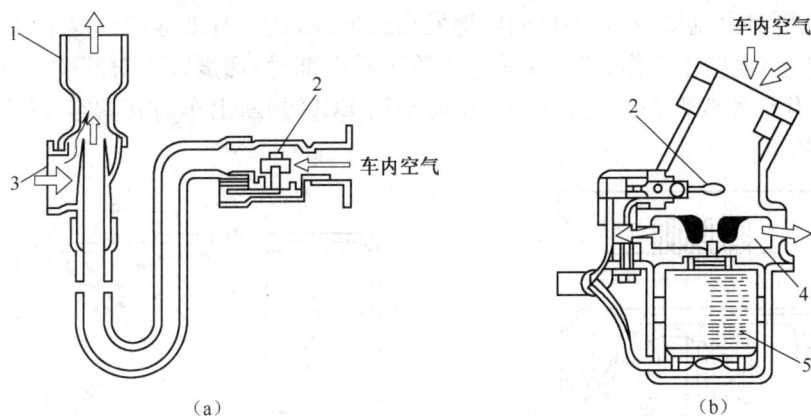

图 9-111　车内温度传感器结构
(a)吸气器型　(b)电动机型
1. 吸气器　2. 热敏电阻　3. 暖风装置　4. 风扇　5. 电动机

②车外温度传感器。如图 9-112 所示,该传感器采用热敏电阻检测车外空气温度,并将温度信号输入到空调 ECU。

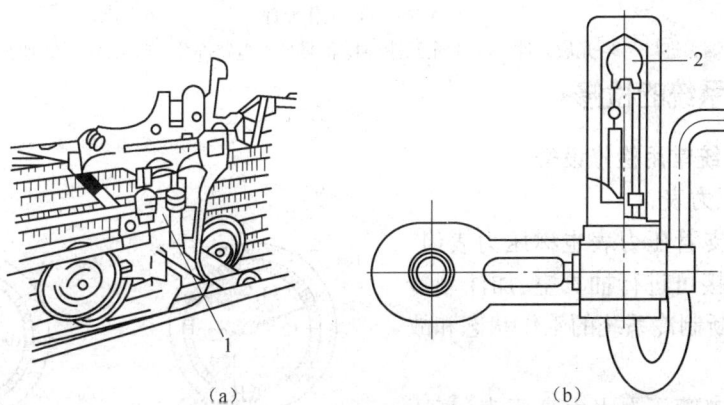

图 9-112　车外温度传感器安装位置与结构
(a)安装位置　(b)结构
1. 车外温度传感器　2. 热敏电阻

③蒸发器出口温度传感器。安装在蒸发器片上,用来检测蒸发器表面温度变化,由此控制压缩机的工作状态。当温度升高时,传感器的阻值减少;当温度降低时,传感器的阻值增加,利用传感器的这一特性来检测温度。传感器的工作环境温度为 $-20℃\sim60℃$。

蒸发器出口温度传感器主要用于空调温度控制,空调 ECU 对温度检测用热敏电阻的信号与温度调整用控制电位器的信号进行比较,确定对电磁离合器供电或断电。此外,还利用热敏电阻的信号,控制蒸发器避免结冰。

④光照传感器。将日光照射量变化转换为电流变化,并将此信号输入空调 ECU,空调 ECU 根据此信号调整车用鼓风机吹出的风量与温度。

　　⑤烟雾浓度传感器。采用光电型散射光式烟雾浓度传感器检测烟雾,通过空调ECU,可使空气交换器在有烟雾时自动运转,没有烟雾时自动停止,保持车内空气清新。如图9-113所示,烟雾浓度传感器由发光元件、光敏元件及信号处理电路部分组成,通过细缝的空气可自由流动,发光元件间歇地发出红外线,在没有烟雾的情况下,红外线射不到光敏元件上,电路不工作;当烟雾等进入传感器内部时,烟雾粒子对间歇的红外线进行漫反射,就有红外线射到光敏元件上,这时空调ECU判断出车内有烟雾,就会使鼓风机电动机旋转。

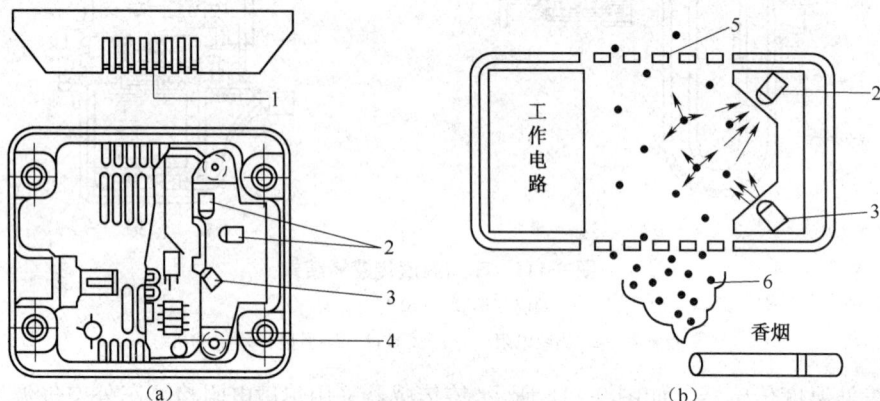

图 9-113　烟雾浓度传感器的结构及工作原理
(a)结构　(b)工作原理
1.烟雾进口　2.光敏元件　3.发光元件　4.信号处理电路部分　5.细缝　6.烟粒子

二、空调系统的检修

1. 空调系统常用检修设备

(1)支管压力表。

①功用。支管压力表也称压力表组,与制冷系统相接可进行抽真空、加注制冷剂及检查和判断制冷系统的工作状态和故障情况等。

②组成。支管压力表由高压表(高压计)、低压表(低压计)、低压手动阀、阀体以及高压接头、低压接头、制冷剂抽真空接头等组成,如图9-114所示。工作时高、低压接头分别通过软管与压缩机高、低压阀相接,中间接头与真空泵或制冷剂钢瓶相接。装配时,只能用手拧紧软管与支管压力表的接头,不可用扳手,否则会拧坏接头螺纹。

③使用。在使用支管压力表时,必须排尽软管内空气,其具体操作步骤如下:

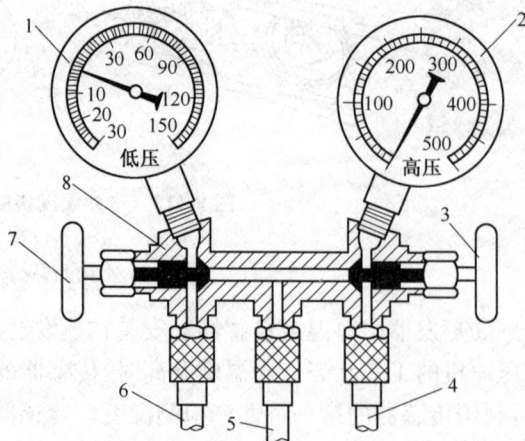

图 9-114　支管压力表结构
1.低压表(蓝色)　2.高压表(红色)　3.高压手动阀
4.高压侧软管(红色)　5.维修用软管(绿色)　6.低压侧软管(蓝色)　7.低压手动阀　8.支管座

当低压手动阀开启、高压手动阀关闭时,低压管路与中间管路、低压表相通,此时可从低压侧加注制冷剂或排放制冷剂,并同时检测高、低压侧的压力。

当低压手动阀关闭、高压手动阀开启时,高压管路与中间管路、高压表相通,此时可从高压侧加注制冷剂,并同时检测高、低压侧的压力。

当高、低压手动阀均关闭时,可检测高、低压侧的压力。

当高、低压手动阀都开启时,可进行加注制冷剂、抽真空,并检测高、低压侧压力。

(2)常用的检漏设备。检修或拆装汽车空调系统管道、更换零部件之后,需在检修及拆装部位进行制冷剂的泄漏检查,目前主要有卤素检漏灯和电子检漏仪两种。

①卤素检漏灯。卤素检漏灯是一种丙烷(或酒精)燃烧喷灯,利用制冷剂气体进入安装在喷灯的吸气管内,会使喷灯的火焰颜色改变这一特性来判断系统的泄漏部位和泄漏程度,其结构如图9-115所示。当喷灯的吸气管从系统泄漏处吸入制冷剂时,火焰颜色会发生变化;泄漏量少时,火焰呈浅绿色;泄漏较多时,火焰呈浅蓝色;泄漏很多时,火焰呈紫色。

②电子检漏仪。R134a电子检漏仪为一种专门的检漏仪,如MHD5000型R134a电子检漏仪或可检测R12和R134a的两用电子检漏仪,如LHD4000型、REFCO型、CH-8583型等电子检漏仪。常用的电子检漏仪有手握式和箱式两种。

(3)真空泵。真空泵用于制冷系统抽真空,排除系统内的空气、水分。安装、检修空调系统时,会有一定量的空气进入制冷系统,空气中含有一定量的水蒸气,这会使制冷系统的膨胀阀冰堵、冷凝压力升高、系统零部件发生腐蚀。因此,对制冷系统检查后,在未加入制冷剂之前,应对制冷系统抽真空。而抽真空的彻底与否,将会影响系统正常运转效果。抽真空并不能将水抽出系统,而是产生真空后降低了水的沸点,水在较低温度下沸腾,以蒸汽的形式从系统中抽出。

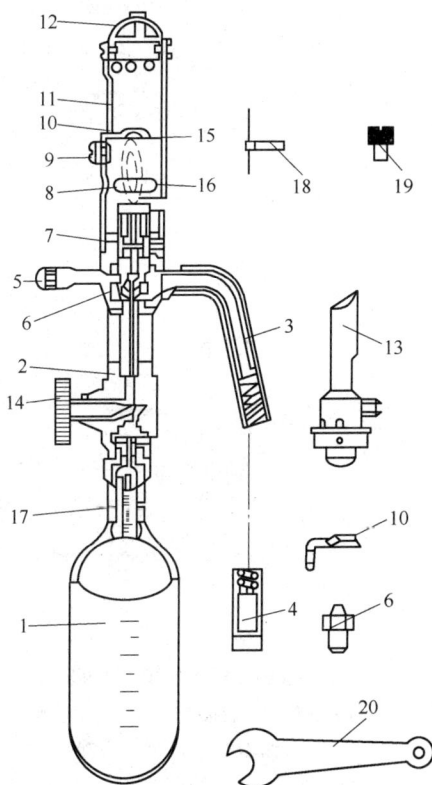

图9-115　卤素检漏灯结构

1. 检漏灯储气瓶　2. 检漏灯主体　3. 吸气管 4. 滤清器　5. 燃烧筒支架　6. 喷嘴　7. 火焰分离器　8. 点火孔　9. 反应板螺钉　10. 反应板 11. 燃烧筒　12. 燃烧筒盖　13. 栓盖　14. 调节把手　15. 火焰长度(上限)　16. 火焰长度(下限)　17. 喷嘴　18. 喷嘴清洁器　19,20. 扳手

(4)制冷剂罐注入阀。当向制冷系统加注制冷剂时,可将注入阀装在制冷剂罐上,旋转制冷剂罐注入阀手柄,阀针刺穿制冷剂罐,即可加注制冷剂。图9-116所示为制冷剂罐注入阀。

2. 空调系统的检查

(1)空调系统抽真空。抽真空是为了排除制冷系统内的空气和水气,是空调维修中一项极为重要的程序。因为对制冷系统进行维修或更换元件时,空气会进入系统,且空气中含有一定量的水蒸气(湿空气)。

抽真空并不能直接把水分抽出制冷系统,而是产生真空后降低了水的沸点,水气化成蒸汽后被抽出制冷系统。因此,系统抽真空时,时间越长,系统内残余的水分就越少。为最大限度地将系统内的空气及湿气抽出,必须采用重复抽真空法,即第一次抽真空完毕后,再连续抽 30min 以上。图 9-117 所示为抽真空管路连接方法,其操作过程如下:

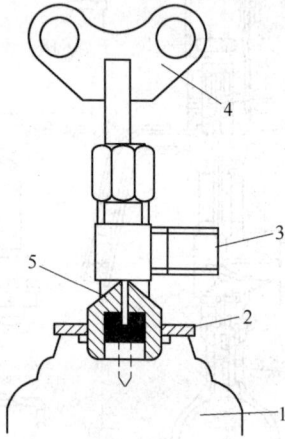

图 9-116　制冷剂罐注入阀

1. 制冷剂罐　2. 板状螺母　3. 注入阀接头
4. 制冷剂罐注入阀手柄　5. 阀针

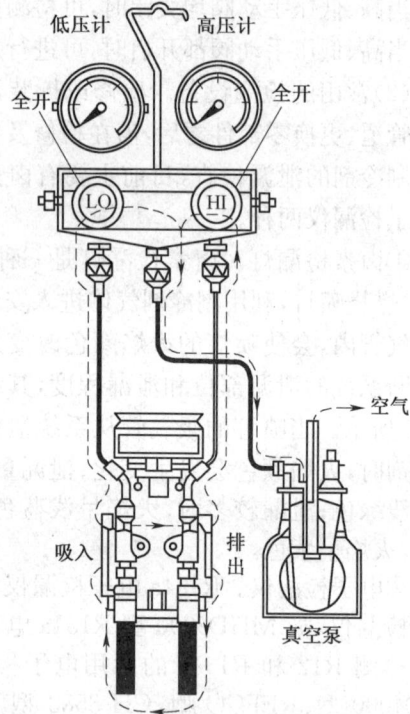

图 9-117　抽真空管路连接方法

①将支管压力表上的两根高、低压软管分别与压缩机上的高、低接口相连;将支管压力表上的中间软管真空泵相连。

②打开支管压力表上的高、低压手动阀,起动真空泵,并注视两个压力表,将系统抽真空至 98.70～99.99kPa。

③关闭支管压力表上的高、低压手动阀,观察压力表指示压力是否回升。若回升,则表示系统泄漏,此时应进行检漏和修补。若压力表针保持不动,则打开高、低压手动阀,起动真空泵继续抽真空 15～30min,使其真空压力表指针稳定。

④并闭支管压力表上的高、低压手动阀。

⑤关闭真空泵。先关闭高、低压手动阀,然后关闭真空泵,以防止空气进入制冷系统。

(2)加注制冷剂。当制冷系统抽真空达到要求,且经检漏确定制冷系统不存在泄漏部位后,即可向制冷系统加注制冷剂。加注前,先确定注入制冷剂的数量。加注量过多或过少,都会影响空调制冷效果。压缩机的铭牌上一般都标有所用的制冷剂的种类及其加注量。

加注制冷剂的方法有两种,一种是从压缩机排气阀(高压阀)的旁通孔(多用通道)加注,称为高压端加注,加入的是制冷剂液体。其特点是安全、快速,适用于制冷系统的第一次加注，即经检漏、抽真空后的系统加注。但用该方法时必须注意，加注时不可开启压缩机（发动机停转），且制冷剂罐要求倒立。另一种是从压缩机吸气阀（低压阀）的旁通孔（多用通道）加注，称为低压端加注，充入的是制冷剂气体，其特点是加注速度慢，可在系统补充制冷剂的情况下使用。

①高压端加注制冷剂。操作步骤如下：

a. 当系统抽真空后，关闭支管压力表上的高、低压手动阀。

b. 将中间软管的一端与制冷剂罐注入阀的接头连接，如图 9-118 所示打开制冷剂罐开启阀，再拧开支管压力表软管一端的螺母，让气体溢出几分钟，然后拧紧螺母。

c. 拧开高压侧手动阀至全开位置，将制冷剂罐倒立。

d. 从高压侧注入规定量的液态制冷剂。关闭制冷剂罐注入阀及支管压力表上的高压手动阀，然后将仪表卸下。从高压侧向系统加注制冷剂时，发动机处于不起动状态（压缩机停转），不要拧开支管压力表上的低压手动阀，以防产生液压冲击。

②低压端加注制冷剂。通过支管压力表上的低压手动阀，可向制冷系统的低压侧加注气态制冷剂。

a. 按图 9-119 所示，将支管压力表与压缩机和制冷罐连接好。

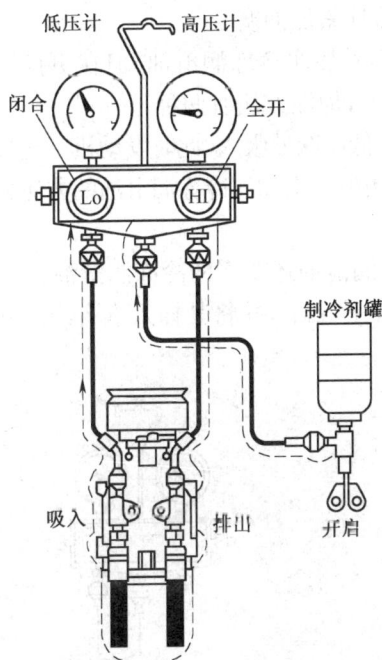

图 9-118　高压端加注液态制冷剂　　　图 9-119　低压端加注气态制冷剂

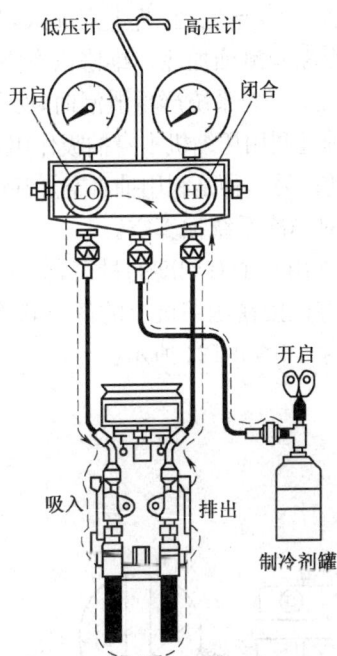

b. 打开制冷剂罐，拧松中间注入软管在支管压力表上的螺母，直到听见有制冷剂蒸气流动声，然后拧紧螺母。从而排出注入软管中的空气。

c. 打开低压手动阀，让制冷剂进入制冷系统。当系统的压力值达到 0.4MPa 时，关闭低压手动阀。

d. 起动发动机，将空调开关接通，并将鼓风机开关和温控开关都调至最大。

e. 再打开支管压力表上的手动阀，让制冷剂继续进入制冷系统，直至加注量达到规定值。

f. 在向系统中加注规定量制冷剂之后,从视液窗处观察,确认系统内无气泡、无过量制冷剂。随后将发动机转速调至 2000r/min,冷鼓风机风量开到最高挡,若气温为 30℃～35℃,则系统内低压侧压力应为 0.147～0.192MPa,高压侧压力应为 1.37～1.67MPa。

g. 加注完毕后,关闭支管压力表上的低压手动阀,关闭装在制冷剂罐上的注入阀,使发动机停止运转,将支管压力表从压缩机上卸下,卸下时动作要迅速,以免过多制冷剂泄出。

(3)加注制冷系统润滑油。通常汽车空调系统的冷冻润滑油消耗很少,可每两年更换一次,每次应按规定数量加注(一般压缩机的铭牌上标注润滑油的型号和数量)。加注时一定要使用同一牌号的冷冻润滑油,不同牌号的冷冻润滑油混用会生成沉淀物。

制冷系统内制冷剂若泄漏很慢,对冷冻润滑油泄漏影响不大。若系统内制冷剂泄漏很快,冷冻润滑油也会很快泄漏。

汽车空调压缩机是高速运转装置,其工作是否正常,取决于润滑是否充分,但过多的润滑油也影响制冷效果。当更换压缩机和制冷系统某一部件时,须检查压缩机内的油量。

①压缩机冷冻润滑油量的检查。如图 9-120 所示为其冷冻润滑油量的检查,卸下加油塞,通过加油塞孔察看并旋转离合器前板,把油尺用棉纱擦干净,然后插到压缩机内,直到油尺端部碰到压缩机内壳体为止,取出油尺,观察油尺浸入深度。当加油合适时,压缩机内油面应在前 4～6 格之间,若少则加入,若多则放出,然后拧紧加油塞。

②冷冻润滑油加注。维修汽车空调系统时通常不需加注冷冻润滑油,但在更换制冷系统部件以及发现系统严重泄漏时,必须加注冷冻润滑油,加注方法有两种:

一种是利用压缩机本身抽吸作用,将冷冻润滑油从低压阀处吸入,此时发动机一定要保持低速运转。另一种是利用抽真空加注冷冻润滑油。利用抽真空加注冷冻润滑油的方法如下:

a. 对制冷系统抽真空。

b. 选用一个有刻度的量筒,盛入比要加注的冷冻润滑油还要多的冷冻润滑油。

c. 将连接在压缩机上的低压软管从支管压力表上拧下来,并将其插入盛有冷冻润滑油的量筒内,如图 9-121 所示。

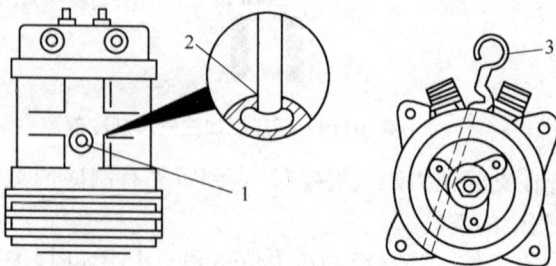

图 9-120　压缩机冷冻润滑油油量的检查
1. 加油塞　2. 加油孔　3. 油尺

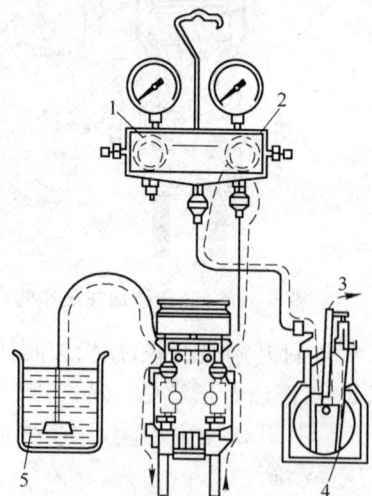

图 9-121　抽真空法加注冷冻润滑油
1. 低压手动阀关闭　2. 高压手动阀开启
3. 排出空气　4. 真空泵　5. 冷冻润滑油

d. 起动真空泵,打开支管压力表上的高压手动阀,加注的润滑油从压缩机的低压侧进入压缩机中。当冷冻润滑油量达到规定量时,停止真空泵的抽吸,并关闭高压手动阀。

e. 按抽真空法加注冷冻润滑油后,还应继续对制冷系统抽真空、加注制冷剂。

3. 空调压缩机的检修

(1)压缩机内部零件的检修。

①检查压缩机活塞和气缸,若活塞和气缸有拉毛现象,应更换压缩机。

②检查压缩机轴承,若损坏应更换。

③检查压缩机阀片和阀板。阀板可以用油石打磨平整,阀片、缸垫和 O 形圈损坏应更换。

④装配时所有零部件应清洗干净,油路畅通,并在各摩擦部位涂上冷冻润滑油。

(2)压缩机维修后的性能检查。

①压缩机内部泄漏检查。在压缩机吸、排气检修阀上装上支管压力表,关闭高、低压手动阀,再用手转动压缩机轴,每秒钟转一圈,共转 10 圈,打开高压手动阀,高压表读数应大于 0.345MPa 或更大。若压力小于 0.345MPa,则说明压缩机内部泄漏,须重新修理或更换阀片、阀板和缸垫。

②压缩机外部泄漏检查。从压缩机吸入端注入少量制冷剂,然后用手转动其主轴,用检漏仪检查轴封、端盖、吸、排气阀口等处有无泄漏,若有泄漏须拆卸重新修理,若无泄漏,即可装回发动机。

4. 压缩机电磁离合器的检修

(1)压缩机电磁离合器部件检查。

①检查离合器从动盘的摩擦表面,观察是否由于过热和打滑而引起刮痕、是否翘曲变形,若从动盘有刮痕损伤或变形,应更换带轮总成。另外,摩擦表面上的油污和脏物应用清洁剂擦洗干净。

②检查离合器轴承有无松动或损坏,损坏的轴承必须更换。

③装配完毕后要检查离合器的从动盘和主动盘以及带轮部件是否能自由转动,并检查从动盘和主动盘之间的间隙,其间隙一般为 0.3~0.6mm。

(2)压缩机电磁离合器的电气检查。

①电压检查法。检查电磁离合器供电电压,应为蓄电池电压。若不正常,检查空调开关和线路。

②电流检查法。电磁线圈在施加蓄电池电压时,电流为 3.0~3.6A。若线圈短路,电流则过大;若电流为 0,则说明线圈断路。

空调开关和电磁线圈一般工作比较稳定可靠,很少出现故障。当压缩机电磁离合器不能接合时,应先检查控制继电器、空调控制器等,在确认电磁线圈上电压正常后,才可检测电磁线圈是否有故障。

第九节　汽车电路图分析

一、汽车电路图特点

1. 什么是汽车电路图

汽车电路图是用标准电气符号,按照它们各自的工作特性及相互的内在联系,表达全车充电系统(电源)、起动系统、点火系统、照明信号系统、仪表与电子显示装置、电子控制装置以及辅助电气装置等电气设备间的相互关系的图形。

2. 电路图的常用电气符号

虽然不同车型的电路图不相同,但汽车电路图所采用的符号大体相同。汽车电路图中使用的各种常用电气符号见表 9-3。

表 9-3　汽车电路图中使用的各种电气符号及含义

名　称	图形符号	名　称	图形符号	名　称	图形符号
蓄电池组	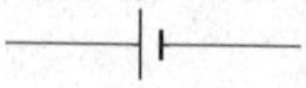	火花塞		并励直流电动机	
直流发电机	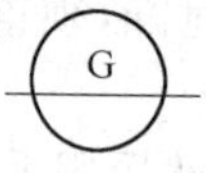	双丝灯	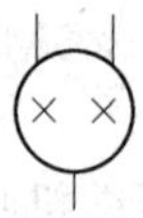	永磁直流电动机	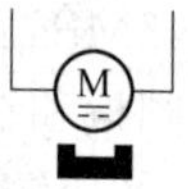
定子绕组为星形(Y)联结的交流发电机	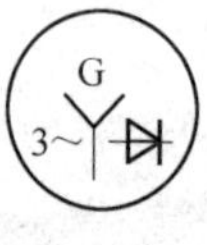	磁感应信号发生器	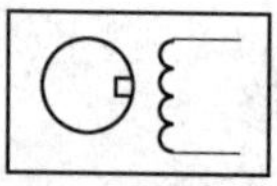	集电环或换向器上的电刷	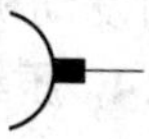
定子绕组为三角形(△)联结的交流发电机	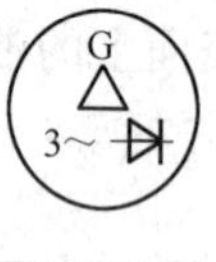	霍尔信号发生器	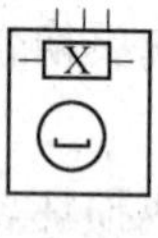	起动机(带电磁开关)	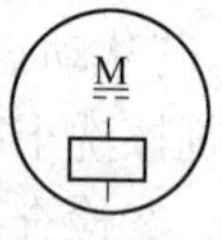
外接电压调节器与交流发电机	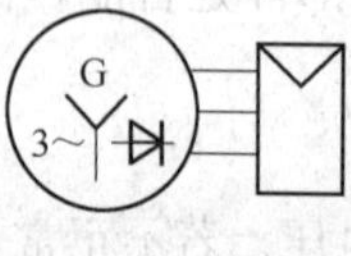	点火电子组件		刮水电动机	
整体式交流发电机		断电器	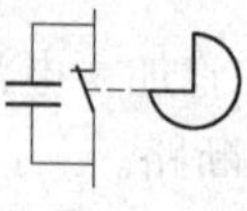	天线电动机	
点火线圈		直流电动机	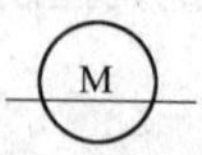	风扇电动机	
分电器	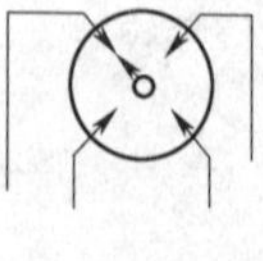	串励直流电动机	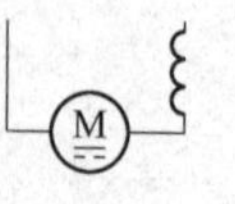	燃油泵电动机洗涤电动机	

续表 9-3

名　称	图形符号	名　称	图形符号	名　称	图形符号
晶体管电动燃油泵		天线		组合灯	
加热定时器	H T	收音机		荧光灯	FL
信号发生器	G	收放机		预热指示器	
脉冲发生器	G	电压调节器	U	电喇叭	
闪光器	G	温度调节器	$t°$	扬声器	
间歇刮水继电器		转速调节器	n	蜂鸣器	
防盗报警系统		照明灯 信号灯 仪表灯 指示灯		报警器	
稳压器	U on st	电容器		传声器	
电热器加热元件		可变电容器		熔断器	
加热器（除霜器）		极性电容器		易熔线	

续表 9-3

名　称	图形符号	名　称	图形符号	名　称	图形符号
电路断电器		具有动合触点且自动复位的按钮		温度控制	
永久磁铁		定位(非自动复位)按钮		压力控制	
动合(常开)触点		具有动合触点且自动复位的拉拨开关		制动压力控制	
动断(常闭)触点		具有动合触点但无自动复位的旋转开关		凸轮控制	
先断后合的转换触点		液位控制开关		热敏开关动合触点	
中间断开的双向转换触点		机油压力开关		电磁离合器	
双动合触点		一般机械操作		热敏自动开关的动断触点	
双动断触点		二极管		热继电器触点	
手动操作开关的一般符号		钥匙操作		热敏开关动断触点	
定位(非自动复位)开关		热器件操作		推拉多挡开关位置	

续表 9-3

名　称	图形符号	名　称	图形符号	名　称	图形符号
钥匙开关（全部定位）		电磁阀的一般符号		电压表	V
多挡开关点火起动开关瞬时位置为2能自动返回到1（即2挡不能定位）		常开电磁阀		冷却液温度表	$t°$
旋转多挡开关位置		常闭电磁阀		燃油表	Q
节流阀开关		触点常闭的继电器		转速表	n
一个绕组电磁铁		热继电器		机油压力表	OP
		点烟器		速度表	v
两个绕组		空气调节器		时钟	
电磁铁		用电动机操纵的怠速调速装置	M	数字式电钟	
不同方向绕组电磁铁		指示仪表（单号按规定的字母或符号代入）	*	电阻	
触点常开的继电器		电流表	A	可变电阻	

续表 9-3

名　称	图形符号	名　称	图形符号	名　称	图形符号
压敏电阻		氧传感器	λ	插头的一级	
热敏电阻	θ	爆燃传感器	K	插头和插座	
滑线式电阻器		转速传感器	n	多级插头和插座（示出的为三级）	
传感器的一般符号（星号按规定的字母或符号代入）	*	速度传感器	v	稳压管	
机油压力表传感器	OP	空气压力传感器	AP	发光二极管	
温度表传感器	t°	制动压力传感器	BP	光敏二极管	
空气温度传感器	t°ₐ	导线分支连接		仪表照明调光电阻	
水温传感器	t°w	导线的交叉连接		PNP 型晶体管	
燃油表传感器	Q	导线的跨越		NPN 型晶体管	
空气流量传感器	AF	插座的一级		NPN 型晶体管集电极接管壳	

续表 9-3

名　称	图形符号	名　称	图形符号	名　称	图形符号
三极晶体闸流管	⊢▷⊣	边界线	— — — — —	屏蔽导体	⊖
电感器、线圈、绕组、扼流圈	⌒⌒⌒				
带磁心的电感器	⌒⌒⌒	屏蔽(护罩)	⌐ - - ⌐	搭铁	⊥

3. 汽车电气设备电路接线图的特点

图 9-122 是东风 EQ1090 型汽车的电气设备电路系统接线图。接线图是按照电气设备在汽车上的大致安装位置来绘制的电路图。

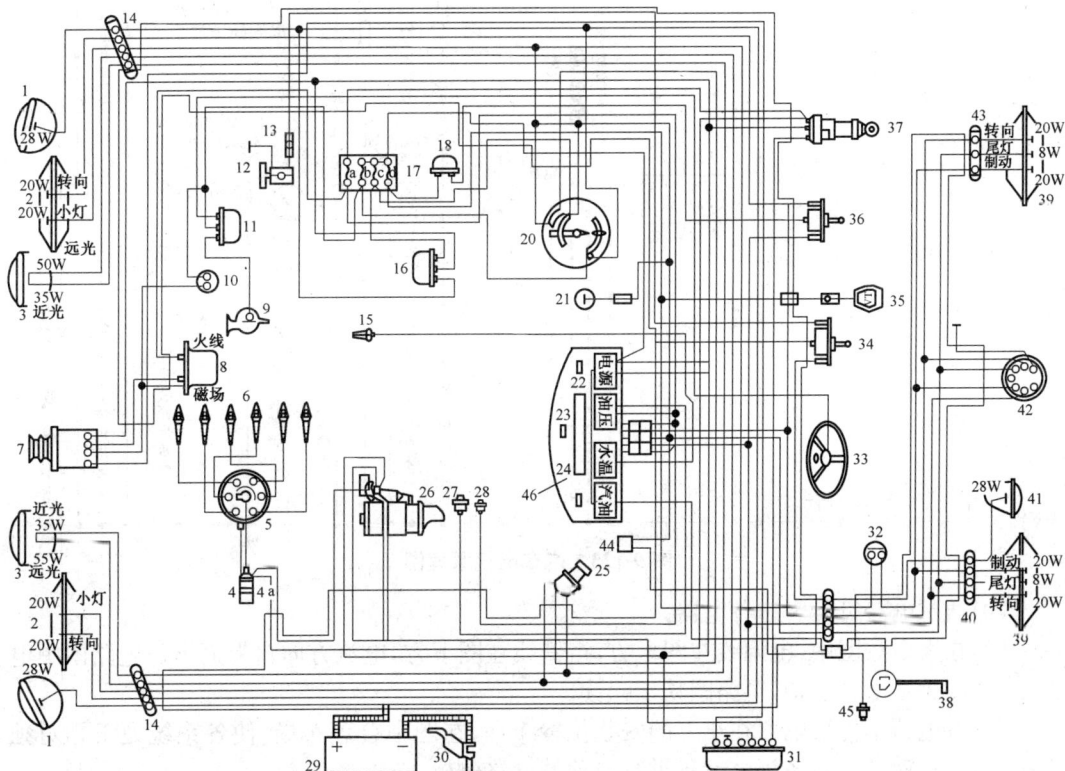

图 9-122　东风 EQ1090 型汽车的电气设备电路系统接线图

1. 前侧灯　2. 组合前灯　3. 前照灯　4. 点火线圈　4a. 附加电阻线　5. 分电器　6. 火花塞　7. 发电机　8. 调节器　9. 喇叭　10. 工作灯插座　11. 喇叭继电器　12. 暖风电动机　13. 接线管　14. 五线接线板　15. 水温表传感器　16. 灯光继电器　17. 熔断器盒　18. 闪光器　20. 车灯开关　21. 发动机罩下灯　22. 左右转向指示灯　23. 低油压警告灯　24. 车速里程表　25. 变光开关　26. 起动机　27. 油压表传感器　28. 低油压报警开关　29. 蓄电池　30. 电源总开关　31. 起动复合继电器　32. 制动灯开关　33. 喇叭按钮　34. 后照灯和暖风电动机开关　35. 驾驶室顶灯　36. 转向灯开关　37. 点火开关　38. 燃油表传感器　39. 组合后灯　40. 四线接线板　41. 后照灯　42. 挂车插座　43. 三线接线板　44. 低气压蜂鸣器　45. 低气压报警开关　46. 仪表盘

电气设备电路系统接线图的优点是:电器部件的外形和安装位置与汽车实际比较接近,整车电气设备数量准确,线路的走向清楚,有始有终,便于循线跟踪,查找起来比较方便。

电气设备电路系统接线图的缺点是:图上电线纵横交错,印制版面小则不易分辨,版面过大印装又受限制;识图、画图费时费力,不易抓住电路重点、难点;不易表达电路内部结构与工作原理。因此,在电气系统复杂程度不高的情况下常采用接线图。

4. 汽车电路原理图的特点

汽车电气原理图如图 9-123 所示。电路原理图重在表达各电气系统电路的工作原理,既可以是全车电路图,也可以是各系统电路原理图。尽管各汽车制造公司的表达方式不一,但一般都具有以下的特点:

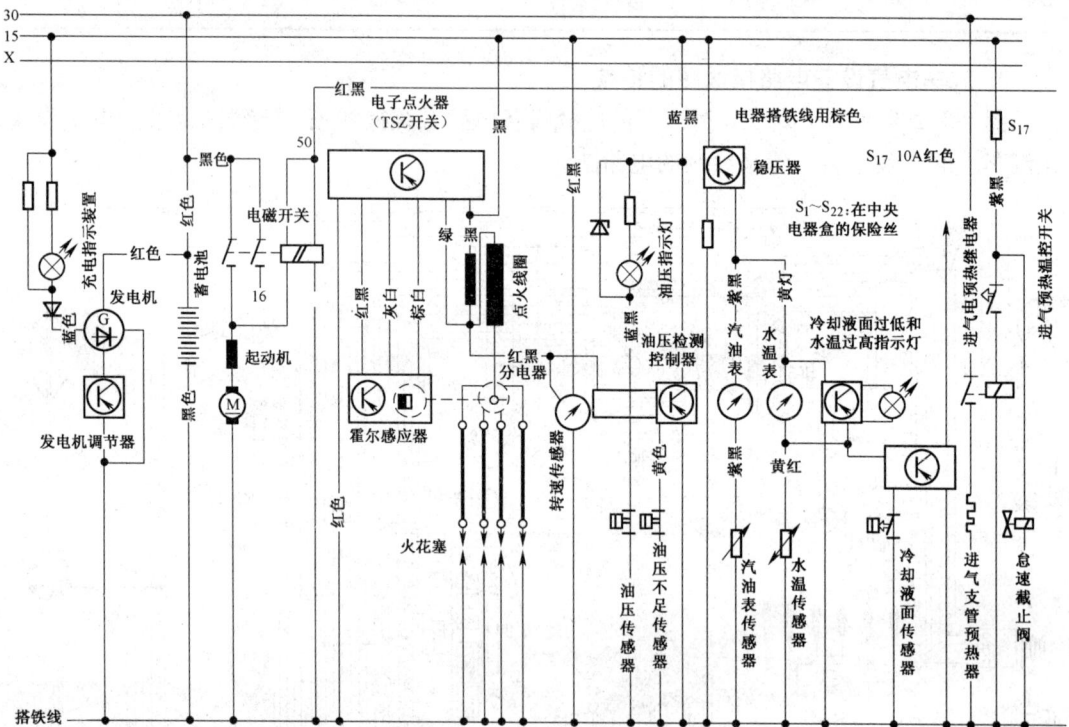

图 9-123 汽车电气原理图

(1)通过电器符号表达各电器。

(2)在大多数图中,电源线在图上方,搭铁线在图下方,电流方向自上而下。电路图中电器串、并联关系十分清楚,电路图易于识读。

(3)各电器不再按电器在车上的安装位置布局,在图中合理布局,使各系统处于相对独立的位置,从而易于对各用电设备进行单独的电路分析。

(4)各电器旁边通常标注有电器名称及代码(如控制器件、继电器、过载保护器件、用电器、铰接点及搭铁点等)。

(5)电路原理图中所有开关及用电器均处于不工作的状态,例如点火开关是断开的,发动机不工作,车灯关闭等。

(6)导线一般标注有颜色和规格代码,有的车型还标注有该导线所属电器系统的代码。

根据以上标注,易于对照定位图找到该电器或导线在车上的位置。

(7)原理图能用简明的图形符号按电路原理将每个电器与电子控制系统合理连接,再将每个系统按一定顺序排列(系统包括:电源系统、起动系统、点火系统、照明系统、仪表系统、电子控制系统等)。

5. 汽车电气设备线束图的特点

线束图是根据汽车线束在汽车上的布置、分段以及各分支导线端口的具体连接情况而绘制的电路图,其重点反映的是已制成的线束外形,组成线束各导线的规格大小、长度和颜色,各分支导线端口所连接的电器设备的名称、连接端子和护套的具体型号,线束各主要部分的长度等。因此,线束图主要用于汽车线束的制作和较方便地连接电器设备。在有的车型线束图上还表示了各段线束在汽车上的具体布置情况,即所谓的汽车线束布置图,以便于在汽车上安装。

解放 CA1110PK2L2 汽车的线束图如图 9-124 所示。

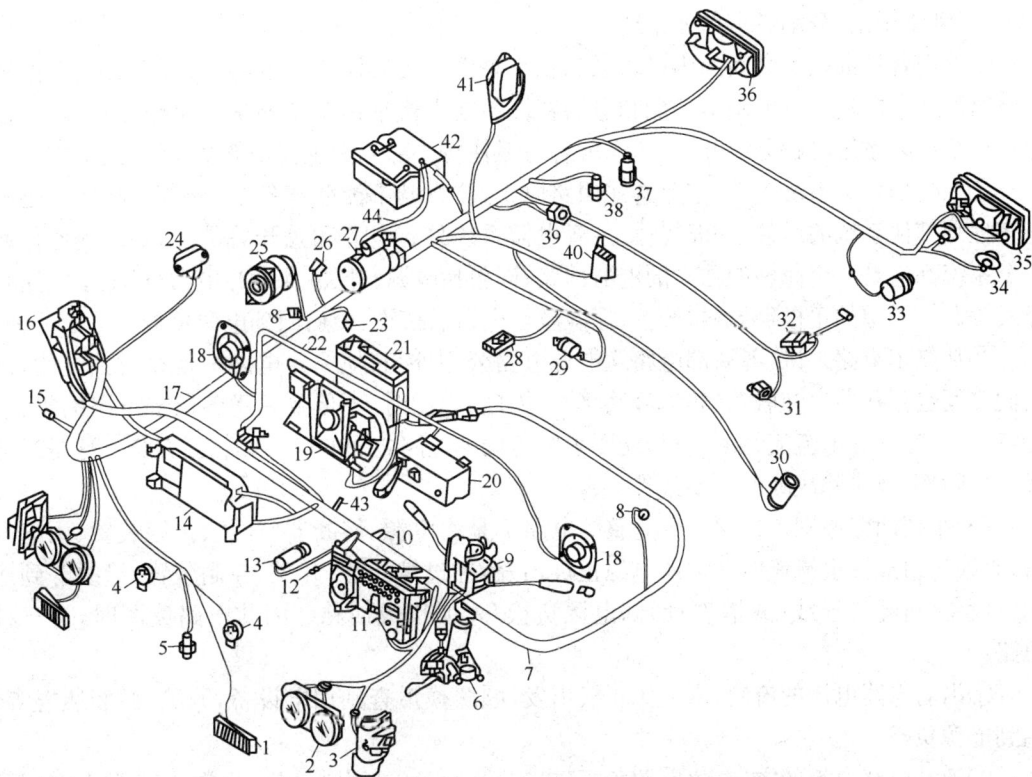

图 9-124 解放 CA1110PK2L2 汽车的线束图

1. 左、右雾灯总成 2. 左、右前照灯总成 3. 左、右前小灯总成 4. 喇叭总成 5. 前制动灯开关 6. 起动开关总成 7. 车身电线束总成 8. 车门报警开关总成 9. 组合开关 10. 空调器按钮 11. 仪表盘总成 12. 烟灰盒照明灯 13. 点烟器总成 14. 熔断器总成 15. 洗涤器接线 16. 插接器 17. 底盘电线束总成 18. 扬声器总成(放音机用) 19. 驾驶室室内灯总成 20、21. 收放机总成 22. 室内灯电线束总成 23. 水温表预热控制器传感器 24. 交流发电机调节器总成 25. 交流发电机总成 26. 机油压力警报开关 27. 起动机总成 28. 空气加热器 29. 机油压力表及警报指示灯传感器 30. 起动继电器总成 31. 气压警报开关 32. 油量表传感器 33. 倒车蜂鸣器总成 34. 牌照灯总成 35. 左组合后灯 36. 右组合后灯 37. 气制动报警开关 38. 后制动灯开关 39. 倒车灯开关 40. 驾驶室翻转开关 41. 起动预热继电器总成 42. 蓄电池总成 43. 暖风电动机接线 44. 起动机接蓄电池电线总成

二、汽车电路图分析

1. 识别汽车电路图的总体要领

(1)牢记电气图形符号。汽车电路图是利用电气图形符号来表示其构成和工作原理的。

因此,必须牢记电路图形符号的含义,才能看懂电路原理图。

(2)熟记电路标记符号。为了便于绘制和识读汽车电器电路图,有些电器装置或其接线柱等上面都赋予不同的标志代号。

(3)掌握各种开关在电路中的作用。对多层多挡接线柱的开关,要按层、按挡位、按接线柱逐级分析其各层各挡的功能。有的用电设备受两个以上单挡开关(或继电器)的控制,有的受两个以上多挡开关的控制,其工作状态比较复杂。当开关接线柱较多时,首先抓住从电源来的一两个接线柱,再逐个分析与其他各接线柱相连的用电设备处于何种挡位,从而找出控制关系。

对于组合开关,实际线路是在一起的,而在电路图中又按其功能画在各自的局部电路中,遇到这种情况必须仔细研究识读。

(4)浏览全图,分割各个单元系统。

①熟记各局部电路之间的内在联系和相互关系。要读懂汽车电路图,首先必须掌握组成电路的各个电器元件的基本功能和电器特性。在大概掌握全图的基本原理的基础上,再把一个个单元系统电路分割开来,这样就容易抓住每一部分的主要功能及特性。

②在框划各个系统时,一定要遵守回路原则,注意既不能漏掉各个系统中的组件,也不能多框划其他系统的组件,一般规律是:各电器系统只有电源和总开关是公共的,其他任何一个系统都应是一个完整的独立的电器回路,即包括电源、开关(保险)、电器(或电子线路)、导线等。从电源的正极经导线、开关、保险丝至电器后搭铁,最后回到电源负极。

③从整车电路来讲,各局部电路除电源电路公用外,其他单元电路都是相对独立的,但它们之间也存在着内在联系(如信号共享)。因此,识图时,不但要熟悉各局部电路的组成、特点、工作过程和电流流经的路径,还要了解各局部电路之间的联系和相互影响。这是迅速找出故障部位、排除故障的必要条件。

(5)牢记回路原则。任何一个完整的电路都是由电源、熔断器、开关、控制装置、用电设备、导线等组成。电流流向必须从电源正极出发,经过熔断器、开关、控制装置、导线等到达用电设备,再经过导线(或搭铁)回到电源负极,才能构成回路。因此电路读图时,有三种思路:

①沿着电路电流的流向,由电源正极出发,顺藤摸瓜查到用电设备,开关、控制装置等,回到电源负极。

②逆着电路电流的方向,由电源负极(搭铁)开始,经过用电设备、开关、控制装置等回到电源正极。

③从用电设备开始,依次查找其控制开关、连线、控制单元,到达电源正极和搭铁(或电源负极)。

实际应用时,可视具体电路选择不同思路,但有一点值得注意:随着电子控制技术在汽车上的广泛应用,大多数电气设备电路同时具有主回路和控制回路,读图时要兼顾两回路。

2. 典型轿车电路图的识读

下面以桑塔纳 2000GSi 轿车为例,介绍大众车系电路图的识读要领。

图 9-125 为汽车生产厂家提供的桑塔纳 2000GSi 轿车发动机电控汽油喷射和点火系统电路图,该图是一幅与电路原理图比较接近的电路布线图。

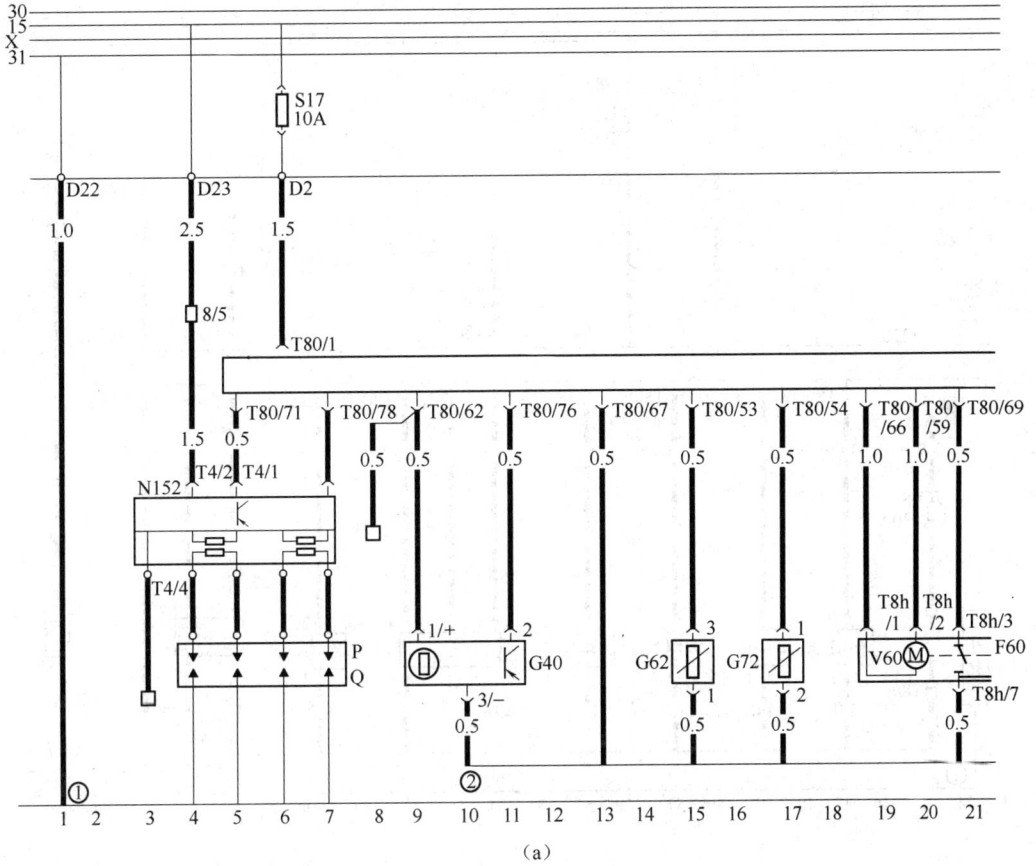

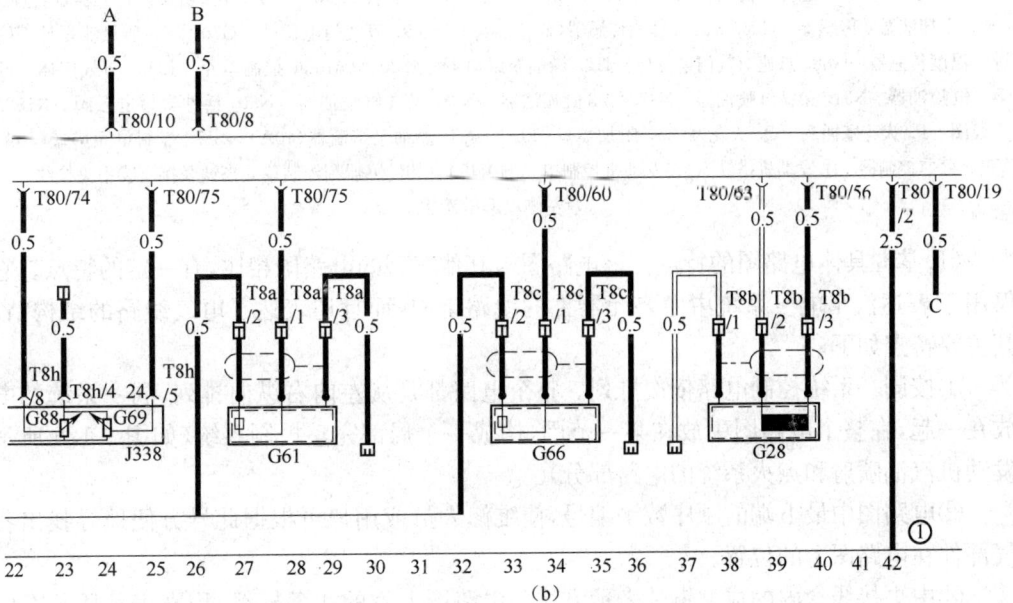

图 9-125 桑塔纳 2000GSi 轿车发动机电控汽油喷射和点火系统电路图

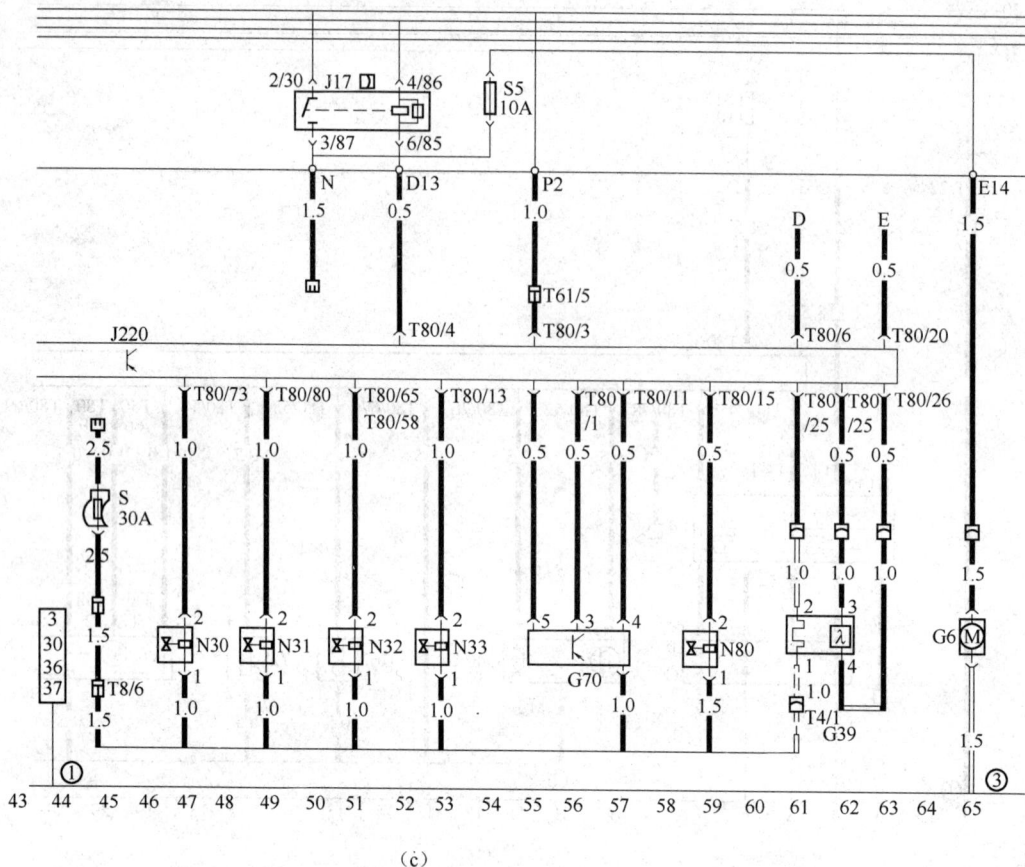

（c）

续图 9-125　桑塔纳 2000GSi 轿车发动机电控汽油喷射和点火系统电路图

A. 空调 A/C 开关信号　B. 空调压缩机信号　C. 自诊断 E 线　D. 发动机转速信号　E. 车速信号　F60. 急速开关
G6. 燃油泵　G28. 转速传感器（灰色插头）　G39. 氧传感器　G40. 霍尔传感器　G61. 1、2 缸爆燃传感器（白色插头）
G62. 冷却液温度传感器　G66. 3、4 缸爆燃传感器（蓝色插头）　G69. 节气门电位计　G70. 空气质量流量计　G72.
进气温度传感器　G88. 急速节气门电位计　J17. 燃油泵继电器　J220. Motronie 控制单元　J338. 节气门体　N30.
第 1 缸喷油器　N31. 第 2 缸喷油器　N32. 第 3 缸喷油器　N33. 第 4 缸喷油器　N80. 活性炭罐电磁阀　N152. 点
火线圈　P. 火花塞插头　Q. 火花塞　S. 附加熔丝（30A）　S5. 燃油泵熔断器（10A）　S17. 控制单元熔丝（10A）
V60. 急速控制器　①发动机搭铁点（在发动机控制单元的旁边）　②传感器到控制单元搭铁联接　③中央接线
盒左侧星形搭铁插座

（1）掌握具体电路图的特点。该电路图与其他车型的电路图相比，有一定的特点。它不仅用于表达汽车电气系统中主要元器件的线路走向，而且还表达了电气线路的结构情况。其主要特点如下。

①按同一系统控制电路依次排列。整个电路都是从左向右纵向排列，同一系统的电路放在一起，在整个电路图中放在某一范围，构成一个局部完整控制系统（如图 9-125 所示为发动机汽油喷射和点火系统的电路部分）。

②电路图中最下端的顺序数字编号，使维修人员或用户可根据此号方便地寻找出各电气部件在电路图上的位置。

③中央接线盒内的成型铜片表示方法。电路图上方的 4 条横线，用来表示压装在中央

接线盒塑料盘身内的成型铜片。其中 3 条是引入接线盒内的不同用途的火线,一条是搭铁线。线端标号为"30"的是常火线,直接与蓄电池正极相接;标号为"15"的是从点火开关 15 接柱引出的受点火开关控制的小容量用电器的火线;标号为"X"的是受卸荷继电器控制的大容量用电器的火线,只有当卸荷继电器触点闭合时(卸荷继电器受点火开关控制,利用卸荷继电器减少通过点火开关的电流,保护点火开关),才能将 30# 线的电流引入 X# 线;标号为"31"的为搭铁线,它与中央接线盒支架搭铁点相连接。

　　④整个电路转折交叉很少。有些线路比较复杂的电器,为了使它们有机地连贯起来而不破坏图面的纵向性,采用断线带号法加以解决。例如对应电路图最下端的电路编号"45"的上方,在上半段电路终止处画有一小方框 50 ,内标数字"50",表示该电路的下半段应在电路图最下端的电路编号为"50"的位置上寻找;同样,在"50"位置下半段电路起始端也有一方框 45 ,内标"45",说明其上半段电路应在电路图最下端的电路编号为"45"位置上寻找。通过这 4 个数字,就把画在不同位置的同一电路的上、下两段连接起来了。

　　⑤线路中的连接插头统一表示。线路中的连接插头统一用字母 T 作代号,紧接的数字表示该插头的孔数以及连接导线对应的孔的序号。例如 T4/2 表示该插头为 4 孔,连接导线对应的插孔序号为 2;T80/71 表示该插头(T80 为电控单元上的连接插头)为 80 孔,连接导线对应的插孔序号为 71。

　　⑥线路中的连接导线都标有铜芯截面积的直径(mm),如数字 1.5 或 1.0 等表示此线径为 1.5mm 或 1.0mm。

　　⑦整个电路突出以中央接线盒为中心。电路图上方第 5 条横线以上的部分,表明了中央接线盒中安装的器件与导线。例如,图 9-125 中 J17 为燃油泵继电器,上侧小方框内的数字是 2,表示该继电器插在中央接线盒正面板的第 2 号位置上。燃油泵继电器 J17 的周围标有 2/30、4/86、3/87、6/85 等 4 组数字,其中分母 30、86、87、85 是指该继电器上 4 个插脚的标号,分子 2、4、3、6 是指中央接线盒正面板第 2 号位置上相应的 4 个插孔。又如,S5 为燃油泵熔断器,位于中央接线盒正面板下方熔断器安装部位的右起第 5 个位置,额定电流 10A。电路图上方第 5 条横线上标有中央接线盒背面插接器的代号 D、N、P、E 等,代号后面的数字表明了该插接器连接的导线在插接器中的插孔位置,如 E14 表示插接器 E 上第 14# 插孔,N 表示该插接器只有 1 个插孔;同理,D23、D7、D13 分别表示插接器 D 的第 23#、7#、13# 插孔,而且凡是接点标有同一代号的所有导线都在车上的同一线束内,这也为实际工作中查找线路提供了方便。

　　⑧该电路图标明电器的搭铁方式和部位。电路图底部横线表示搭铁线,导线搭铁端标注有带圈的数字代号,如①、②、③等表示搭铁点的位置,图中各代号的搭铁部位见图 9-125 的图注。从中可以看出,在车上,不是所有电器都直接与金属车体相连接而搭铁的,有的通过搭铁插座,有的则通过其他电器或电子设备再搭铁连接。

　　⑨⊗L$_{21}$ 表示一般的指示灯。

　　⑩有的原版电路图为彩色图,故电路中导线没有标明颜色代号。不是彩色的电路图上用汉字或英文字母标明导线颜色。

　　弄清了桑塔纳轿车电路图的上述特点,再按照一般电路图的读图要领,读懂这一电路图就不难了。

（2）一般电路图的读图要领。

①对照图注和图形符号。熟悉有关元器件名称及其在图中的位置、数量和接线情况，例如，图9-125中，G6为燃油泵，J17为燃油泵继电器，S5为燃油泵熔断器（10A）等。燃油泵一端通过熔断器S5接至燃油泵继电器J17的输出端，另一端接至③中央接线盒左侧星形搭铁插座。

②根据"回路原则"分析电路。任何一个电路都应是一个完整的电气回路，其中包括电源、开关（或熔断器）、电器（或电子线路）、导线和连接器等，并从电源正极经导线、开关（或熔断器）至用电器后搭铁，回到同一电源的负极。仍以燃油泵为例：电源从蓄电池正极（30#电源线）经闭合的燃油泵继电器触点、熔断器S5至燃油泵（电动机）G6，再经中央接线盒左侧的星形搭铁插座③搭铁，回到蓄电池负极。

③注意电路中开关或继电器的状态。大多数电器或电子设备都是通过开关（包括电子开关）或继电器的不同状态而形成回路或改变回路实现不同的功能的。例如上述燃油泵G6的回路必须在燃油泵继电器触点闭合时才能形成，而燃油泵继电器触点闭合的条件是继电器线圈得电导通。同理，从电路图可以看出，燃油泵继电器线圈必须在电控单元J220中起开关作用的三极管导通时才能通过电控单元中的搭铁点形成回路。对于采用多挡点火开关或组合开关的电路，还应注意蓄电池（或发电机）电流是通过什么途径到达这个开关的，中间是否经过其他开关或熔断器，火线接在开关的哪个接线柱上；多挡开关共有几个挡位，开关内部有几个同时或分别动作的触点，在每一挡位各接通或关断哪些电器；组合开关由哪些开关或按钮组合而成，各通过哪些触点接通电路或改变回路等。

④把整车电路化整为零。汽车电路的单线制、各电路负载相互并联以及两个电源也相互并联等特点，为把整车电路化整为零进行读图提供了方便。整车电路可以按前面所述的组成汽车电气线路的各个分电路逐一进行分析；对于各分电路同样可以采取各个击破的办法进行识读。例如电子控制系统电路，就可以分成发动机电子控制系统、自动变速器电子控制系统、制动防抱死电子控制系统等电路；发动机电子控制系统又可分为汽油喷射控制、点火控制、排放控制等不同电路。

第十章　汽车电气设备故障诊断

第一节　充电系统故障诊断

一、蓄电池的故障诊断

蓄电池的外部故障有外壳裂纹、封口胶干裂、接线松脱、接触不良或极桩腐蚀等。内部故障有极板硫化、活性物质脱落、内部短路和自放电等。

1. 外壳裂损、变形与封口胶破裂

汽车行驶中，由于强烈的振动或击伤，会使蓄电池外壳破裂；另外蓄电池发热，气体压力过大或电解液冰冻膨胀也会使外壳变形或封口胶破裂。封口胶裂口可以重新填补，外壳破裂需换新。

2. 极板硫化

蓄电池长期充电不足或放电后长时间未充电，极板上会逐渐生成一层白色粗晶粒的硫酸铅，在正常充电时不能转化为二氧化铅和海绵状铅，这种现象称为"硫酸铅硬化"，简称"硫化"。这种粗而坚硬的硫酸铅晶体导电性差、体积大，会堵塞活性物质的细孔，阻碍了电解液的渗透和扩散、使蓄电池的内阻增加，起动时不能供给大的起动电流，以至不能起动发动机。

产生极板硫化的主要原因是：

(1)蓄电池长期充电不足，或放电后未即时充电。

(2)蓄电池内液面太低，使极板上部与空气接触而强烈氧化(主要是负极板)，造成极板的上部硫化。

(3)电解液相对密度过高，电解液不纯、外部气温剧烈变化时也将促进硫化。

为了避免极板硫化，蓄电池应经常处于充足电状态，放完电的蓄电池应及时送去充电，电解液相对密度要恰当，液面高度应符合规定。

对于已硫化的蓄电池，较轻者可按过充电方法进行处理，较严重者可用小电流充电法或去硫化充电法消除硫化。

3. 自行放电

充足电的蓄电池，放置不用会逐渐失去电量，这种现象称为蓄电池的"自行放电"。

若一昼夜容量损失不超过0.7%时，属于正常自行放电。铅蓄电池的正常自行放电是由于蓄电池本身因素所造成的一种不可避免的现象。若一昼夜自行放电量超过了2%～3%时，则属于故障性自行放电，这主要是由于使用维护不当所造成的。造成故障性自行放电的原因很多，主要有以下几个方面：

(1)电解液杂质含量过多，这些杂质在极板周围形成局部电池而产生自行放电。

(2)蓄电池内部短路引起的自行放电。例如，隔板或壳体隔壁破裂、极板活性物质大量脱落而沉于极板下部，都将使正负极板短路而引起自行放电。

(3)蓄电池盖上洒有电解液时,会造成自行放电,同时,还会使极柱或连接条腐蚀。

因此,为减少自行放电,电解液的配制应符合要求,并使液面不致过高,使用中还应经常保持蓄电池表面的清洁。

自行放电严重的蓄电池,可将它完全放电或过度放电,使极板上的杂质进入电解液,然后将电解液倾出,用蒸馏水将电池仔细清洗干净,最后灌入新电解液重新充电。

4. 极板活性物质大量脱落

活性物质脱落一般多发生在正极板上,其特征为电解液中有沉淀物,充电时电解液有褐色物质自底部上升,但电压上升快,电解液沸腾现象比正常蓄电池出现的早,充电时间大大缩短,放电容量却明显下降。故障产生的原因有:

(1)极板本身质量太差。

(2)充、放电时活性物质的体积总在不断地膨胀和收缩。

(3)充足电后极板孔隙中逸出大量气泡,在极板内部造成压力,从而使活性物质容易脱落。

因此,若使用不当,如充、放电电流过大,使电解液温度太高,或经常过充电,都将导致极板过早损坏。另外,蓄电池受剧烈震动时,也会引起活性物质脱落。

5. 极板拱曲

极板拱曲多发生于正极板,极板拱曲后将造成内部短路等故障。造成极板拱曲的原因主要是:

(1)极板在制造过程中铅膏涂填不匀,使充放电时极板各部分所引起的电化学反应强弱不匀致使极板膨胀和收缩不一样。

(2)经常大电流放电,使极板表面各部分电流密度不同而造成弯曲。

(3)蓄电池过量放电时,使极板内层深处生成硫酸铅,充电时得不到恢复造成内部膨胀而导致极板拱曲。

(4)电解液中含有杂质,在引起局部电化学作用时,仅有小部分活性物质转变为硫酸铅,致使整个极板的活性物质体积变化不一致也会造成极板拱曲。

极板轻度拱曲时,可用木夹板夹紧校正,如极板拱曲严重,则应更换新极板。

6. 极板短路

极板短路的故障现象为开路电压较低,大电流放电时端电压迅速下降,甚至到零;充电过程中,电压与电解液相对密度上升缓慢,甚至保持很低的数值就不再上升了;充电末期气泡很少,但电解液温度却迅速升高。极板短路的原因主要有:

(1)隔板质量不高或损坏,使正负极板相接触而短路。

(2)活性物质在蓄电池底部沉积过多、金属导电物落入正负极板之间也将造成蓄电池内部极板短路。

对于短路的蓄电池可拆开进行检查,也可更换新品。

二、充电系统的故障诊断

充电系统的故障诊断方法基本相同,下面以桑塔纳 2000 系列轿车为例,介绍充电系统常见故障诊断方法。

1. 充电系统电路简介

桑塔纳 2000 系列轿车充电系统线路如图 10-1 所示。交流发电机的电流整流电路输出端 B+ 用红色导线与起动机 30 端子连接(部分轿车输出端 B+ 用红色导线经 80A 易熔线与蓄电池正极柱连接,易熔线支架固定在蓄电池附近的发动机防火墙上)。三只磁场二极管与三只负极管也组成一个三相桥式全波整流电路,称为磁场电流整流电路。其输出端 D+ 用蓝色导线经蓄电池旁边的单端子连接器 T_1 后与中央线路板 D 插座的 D_4 端子连接,再经中央线路板内部线路与 A 插座的 A_{16} 端子相连。点火开关 30 端子用红色导线经中央线路板上的单端子插座 P 与蓄电池正极连接,点火开关 15 端子用黑色导线与仪表盘左下方 14 端子黑色插座的 14 端子连接(图中未画出,可参见原厂线路图),经仪表盘印刷电路上的电阻 R_1、R_2 和充电指示灯(R_2 和充电指示灯串联后再与 R_1 并联)和二极管接回到 14 端子黑色插座 12 端子,再用蓝色导线与中央线路板 A 插座的 A_{16} 端子连接。

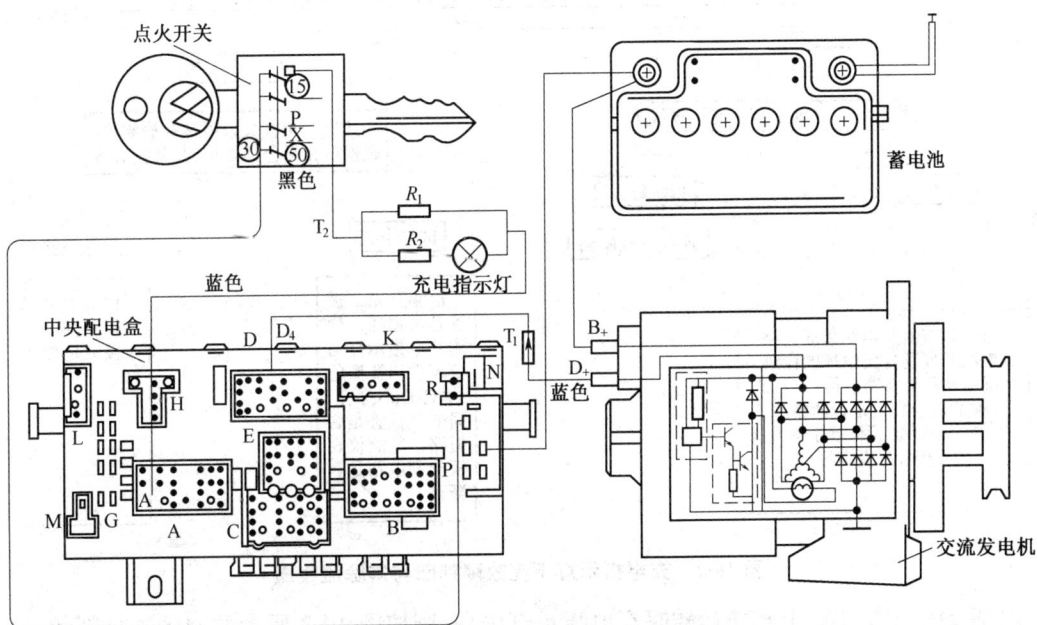

图 10-1　桑塔纳 2000 系列轿车充电系统电路

充电指示灯及发电机励磁绕组电流路径为:蓄电池正极→中央线路板单端子插座 P 端子→中央线路板内部线路→中央线路板单端子插座 P 端子→点火开关 30 端子→点火开关→点火开关 15 端子→电阻 R_2 和充电指示灯(发光二极管)→二极管→中央线路板 A_{16} 端子→中央线路板内部线路→中央线路板 D_4 端子→单端子连接器 T_1(蓄电池旁边)→交流发电机 D+ 端子→发电机的励磁绕组→电子调节器功率管→搭铁→蓄电池负极。

当发电机电压高于蓄电池电压时,则由三只励磁二极管的共阴极端(D+)直接向励磁绕组提供电流。

2. 发电机不充电故障诊断

(1)故障现象:发动机在怠速以上转速运转时,充电指示灯不熄灭;在怠速以下转速运转时,充电指示灯不亮,但蓄电池出现亏电现象。

(2)故障原因:

①发电机 V 带过松或有油污引起打滑。

②磁场绕组断路、搭铁或匝间短路。

③定子绕组断路、搭铁或匝间短路。

④电刷与集电环接触不良。

⑤整流二极管、励磁二极管断路或击穿。

⑥充电指示灯损坏。

⑦充电指示灯与仪表板 14 孔黑色插件 $T_{14/12}$ 插孔间的二极管断路。

⑧电压调节器损坏。

(3)故障诊断:接通点火开关,检查充电指示灯是否闪亮,之后则可按图 10-2 所示的步骤进行判断。

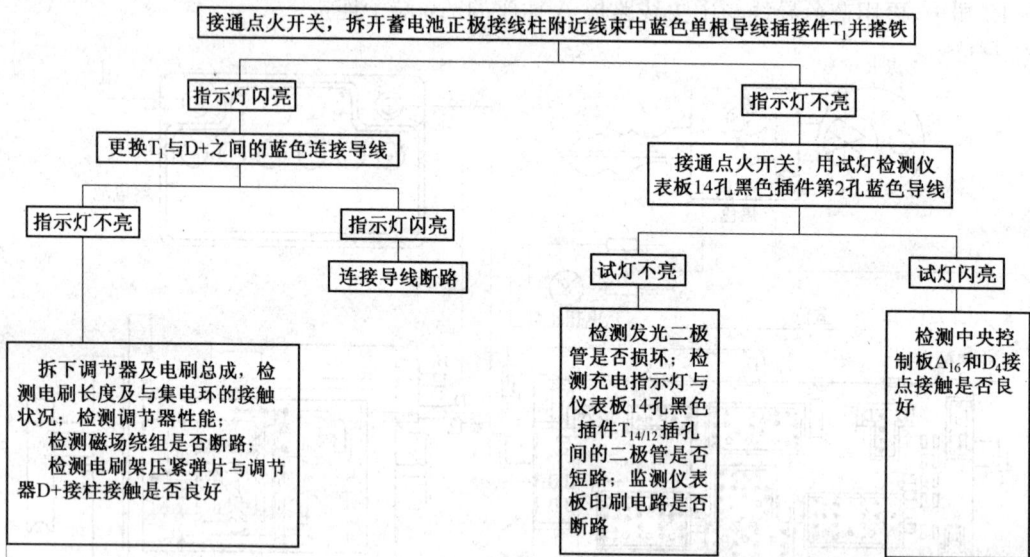

接通点火开关,拆开蓄电池正极接线柱附近线束中蓝色单根导线插接件T₁,并搭铁

指示灯闪亮 → 更换T₁与D+之间的蓝色连接导线
　　指示灯不亮 → 拆下调节器及电刷总成,检测电刷长度及与集电环的接触状况;检测调节器性能;检测磁场绕组是否断路;检测电刷架压紧弹片与调节器D+接柱接触是否良好
　　指示灯闪亮 → 连接导线断路

指示灯不亮 → 接通点火开关,用试灯检测仪表板14孔黑色插件第2孔蓝色导线
　　试灯不亮 → 检测发光二极管是否损坏;检测充电指示灯与仪表板14孔黑色插件T₁₄/₁₂插孔间的二极管是否短路;监测仪表板印刷电路是否断路
　　试灯闪亮 → 检测中央控制板A₁₆和ID₄接点接触是否良好

图 10-2　充电指示灯不亮故障判断与排除流程图

发动机在怠速以上转速运转时充电指示灯仍亮,则按图 10-3 所示的顺序进行判断。

3. 充电电流过小故障诊断

(1)故障现象:发动机在中速以上转速运转时,充电指示灯方能熄灭,打开前照灯时灯光暗淡。

(2)故障原因:

①发电机 V 带打滑。

②充电线路接触不良。

③电刷与集电环接触不良。

④电枢绕组局部短路。

⑤个别整流二极管或励磁二极管断路、击穿。

⑥定子绕组断路或局部短路。

⑦电压调节器工作不良。

(3)故障诊断:充电电流过小故障诊断,如图 10-4 所示。

```
                        检查发电机V带是否打滑
              ┌──────────────────┴──────────────────┐
             否                                      是
   拆下发电机D+接线柱上              调整发电机V带挠度或
   的导线，接通点火开关              更换V带
        │                                       │
   指示灯不亮                          指示灯仍闪亮
   拆检发电机总成；检测电压        发电机D+与指示灯之间的连接导线搭铁
   调节器是否短路；检测磁场绕
   组是否搭铁；检测定子绕组是      接通点火开关，拔下仪表板
   否断路、短路；检测整流元件      14孔插接件第12孔上蓝色导线
                            ┌──────────────┴──────────────┐
                        指示灯不亮                    指示灯仍闪亮
                    接通点火开关，拔下仪           仪表板印刷电路搭铁，
                    表板A₁₆插接件                 应更换
            ┌──────────┴──────────┐
        指示灯不亮            指示灯仍闪亮
     中央线路板搭铁，       14孔插接件→A₁₆插接
     应更换                件的蓝色导线搭铁
```

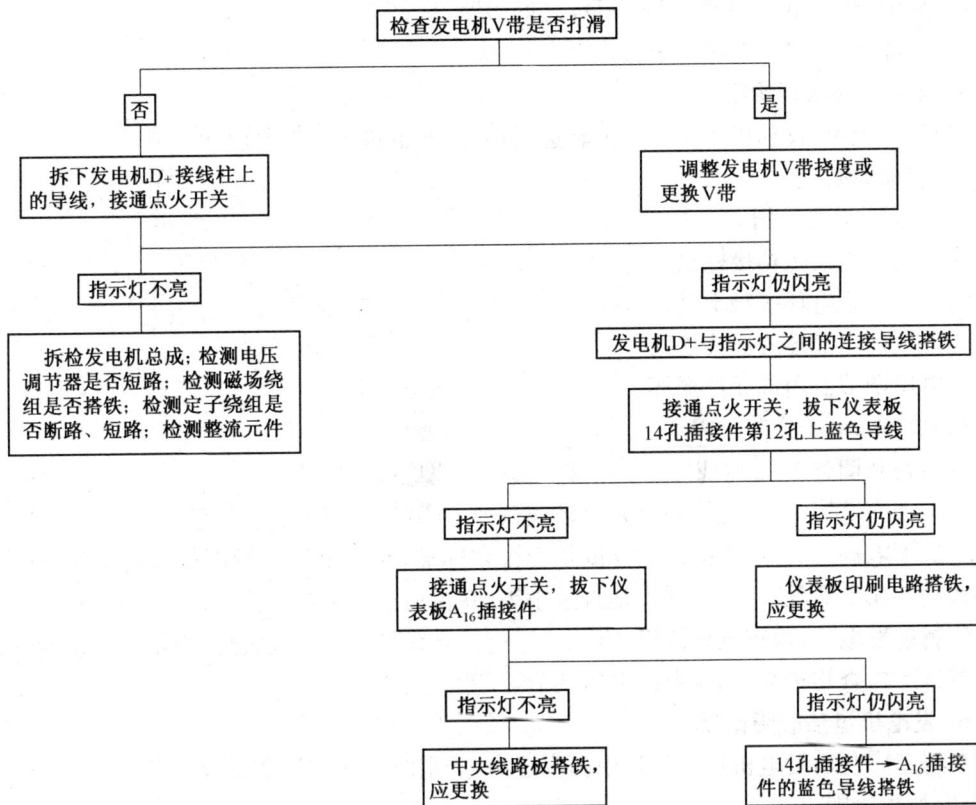

图 10-3　发动机在怠速以上转速运转时充电指示灯仍亮故障判断与排除流程图

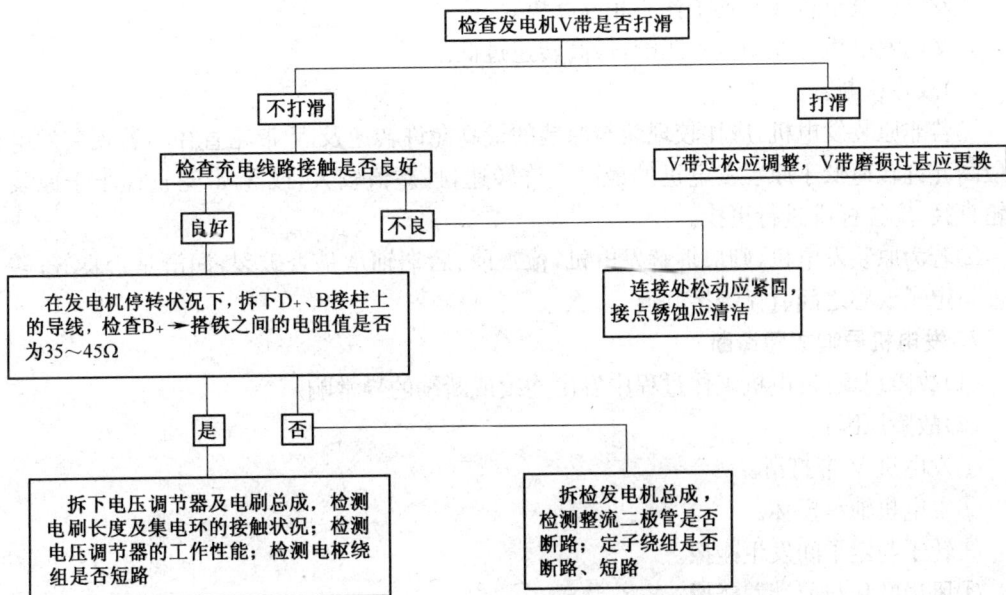

```
                    检查发电机V带是否打滑
          ┌──────────────┴──────────────┐
        不打滑                          打滑
   检查充电线路接触是否良好       V带过松应调整，V带磨损过甚应更换
     ┌────┴────┐
    良好        不良
 在发电机停转状况下，拆下D+、B接柱上    连接处松动应紧固，
 的导线，检查B+→搭铁之间的电阻值是否    接点锈蚀应清洁
 为35～45Ω
  ┌──┴──┐
 是     否
 拆下电压调节器及电刷总成，检测   拆检发电机总成，
 电刷长度及集电环的接触状况；检测  检测整流二极管是否
 电压调节器的工作性能；检测电枢绕  断路；定子绕组是否
 组是否短路                      断路、短路
```

图 10-4　充电电流过小故障诊断流程图

4. 充电电流过大故障诊断

(1)故障现象：蓄电池电解液消耗过快，发电机及点火线圈容易过热，灯泡易烧坏。

(2)故障原因:电压调节器 $D_F \rightarrow D_-$ 之间短路。

(3)故障排除:更换电压调节器。

5. 充电不稳故障诊断

(1)故障现象:发动机在怠速以上转速运转时,充电指示灯时亮时灭。

(2)故障原因:

①发电机 V 带打滑。

②充电线路或磁场接柱松动。

③电刷与集电环接触不良。

④发电机内部导线连接松动。

⑤电压调节器内部元件损坏。

(3)故障诊断与排除:

①检查并调整 V 带的挠度,若 V 带磨损严重应更换。

②检查充电线路、励磁线路是否松动或锈蚀,并视情予以紧固和清洁。

③拆下电刷总成,检查电刷的高度是否符合标准,与集电环接触面是否有油污,在电刷架内运动有无卡滞现象,弹簧弹力是否过小等,并视情予以更换或修理。

④拆解发电机,检查电枢绕组、定子绕组连接导线是否松动或脱焊,视情予以重新焊接。

⑤以上检查均正常,则应更换电压调节器。

6. 发电机过热故障诊断

(1)故障现象:发电机运转过程中温度过高,严重时烧坏磁场绕组或定子绕组。

(2)故障原因:

①发电机前、后端轴承润滑不良。

②发电机电枢爪极与定子铁心相互摩擦。

③交流发电机与发动机不匹配,最高转速过低。

(3)故障诊断:

①若非原装发电机,应比较现装与原装的最高允许转速及 V 带轮直径。若现装发电机的最高允许转速低于原装发电机的最高允许转速,且差值较大,或 V 带轮直径小于原装 V 带轮直径,应按标准进行更换。

②若为原装发电机,则应拆解发电机,检查前、后端轴承是否破裂,润滑是否良好;转子爪极与定子铁心之间有无摩擦刮痕。

7. 发电机异响故障诊断

(1)故障现象:发电机工作过程中发出连续或断续的异常响声。

(2)故障原因:

①发电机 V 带打滑。

②发电机轴承损坏。

③转子与定子间发生碰擦。

④风扇叶片与前端盖碰擦。

(3)故障诊断与排除:

①若异响断续出现,且发电机转速变化时响声严重,应检查发电机 V 带的挠度,并予以调整。

②若异响连续,应观察风扇叶片与前端盖是否碰擦。用听诊器或旋具听诊发电机前、中、后端部,如图 10-5 所示。如果响声在发电机的前、后部严重,则为发电机轴承损坏或润滑不良;若响声在发电机中部且有振动感,则为转子与定子发生碰擦。应拆解发电机,润滑或更换相应部件。

图 10-5　用听诊器或旋具听诊发电机异响

第二节　起动系统故障诊断

一、起动机不转动的故障诊断

1. 故障现象

接通点火开关至起动挡,起动机不转动。

2. 故障原因

(1)蓄电池内部有故障或严重亏电。

(2)蓄电池接线柱严重锈蚀或导线连接松动。

(3)点火开关起动挡接触不良。

(4)电磁开关吸拉线圈或保持线圈出现断路、短路故障;接触盘与接触头严重烧蚀。

(5)换向器严重油污或烧蚀。

(6)电刷磨损严重;电刷弹簧过软、折断或电刷在电刷架内卡住,以致电刷与换向器不能接触。

(7)起动机电枢线圈或磁场线圈断路、短路。

(8)起动机与蓄电池间连接导线断路。

(9)中央线路板内部线路或连接导线断路。

3. 故障诊断与排除

起动机不转动故障诊断,如图 10-6 所示(以桑塔纳轿车为例)。

二、起动机转动无力的故障诊断

1. 故障现象

接通点火开关至起动挡位,起动机转动缓慢无力,发动机曲轴转速太低,甚至起动时发出"卡喀"一声响后便不再转动。

接通点火开关至起动挡，细听电磁开关能否吸合

不能吸合 / 能吸合

不能吸合分支：
检查蓄电池正极接线柱附近红/黑导线上的电压
- 电压为零 → 根据接线图分别检查中央线路板C18、B8接点处的电压及线束中红/黑导线与结点接触是否良好，并视情予以修复
- 电压正常 → 检查起动机接线柱"50"的电压
  - 电压为零 → 红黑导线断路应予更换
  - 电压正常 → 检查电磁开关吸拉线圈和保持线圈是否断路

能吸合分支：
检查蓄电池及导线与极桩的连接状况
- 不正常 → 重新紧固导线 / 蓄电池充电或更换
- 正常 → 检查起动机"30"接线柱上的电压
  - 电压正常 → 用导线短接"30"接柱和磁场绕组接柱
    - 起动机转动正常 → 电磁开关损坏，应更换
    - 起动机不转 → 拆检起动机，视情修复或更换
  - 电压为零 → 连接线路断路

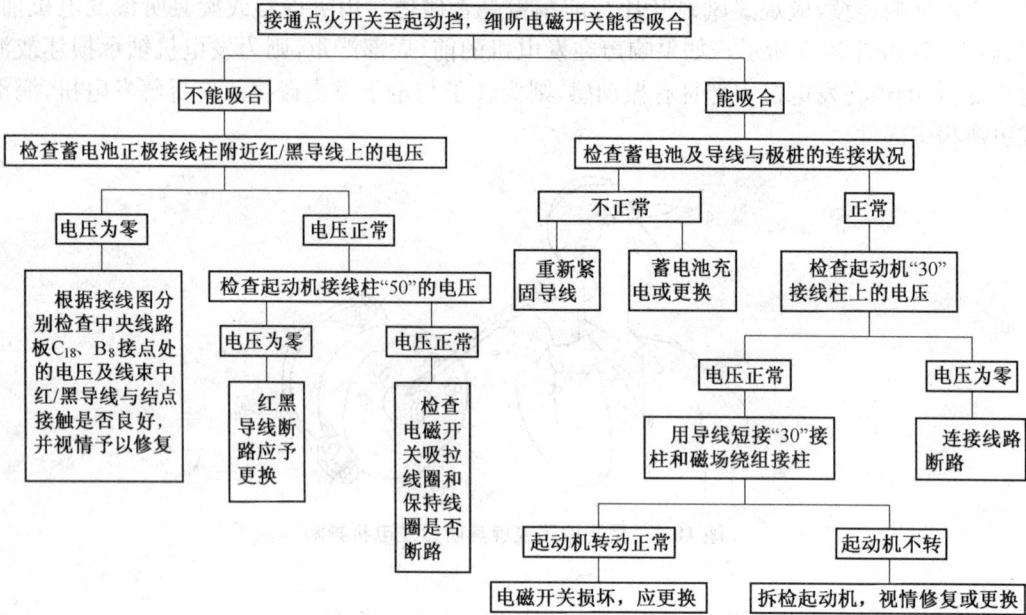

图 10-6 起动机不转动故障诊断流程图

2. 故障原因

(1)蓄电池内部有故障或亏电。

(2)蓄电池接线柱与导线接触不良。

(3)电磁开关接触盘与接触头接触不良。

(4)换向器与电刷接触不良。

(5)电枢绕组或磁场绕组匝间短路。

(6)前、后支承衬套磨损严重或转子轴弯曲致使电枢与磁极相碰。

3. 故障诊断与排除

起动机转动无力故障诊断，如图 10-7 所示。

三、起动机空转的故障诊断

1. 故障现象

接通点火开关至起动挡，起动机高速空转，但发动机曲轴不转动。

2. 故障原因

(1)单向离合器打滑。

(2)拨叉与电磁开关或单向离

图 10-7 流程：
检查蓄电池极柱与导线连接状况
- 良好 → 检查蓄电池放电程度
  - 放电不超过50% → 检查起动机"30"接柱上的电压
    - 低于9.5V → 接导线接触不良 → 修复 → 运转正常 → 电磁开关损坏 → 更换
    - 大于9.5V → 用导线短接"30"接柱和磁场接柱 → 运转不良 → 检修起动机 → 视情况修复或更换
  - 放电超过50% → 蓄电池充电或更换
- 松动、锈蚀 → 紧固、清洁

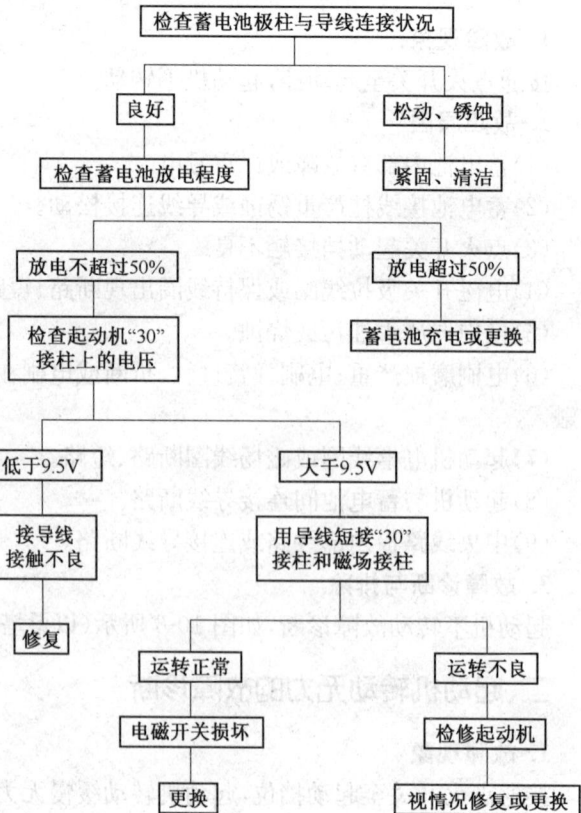

图 10-7 起动机转动无力故障诊断

合器与拨叉环脱开。

(3)飞轮齿圈或驱动齿轮损坏。

(4)起动机电枢轴支承衬套磨损严重。

3. 故障诊断与排除

(1)将曲轴转动一定角度后重新起动发动机,若起动正常,说明飞轮齿圈少数轮齿损坏,应更换齿圈。

(2)若起动机仍然空转,应拆下起动机检查变速器壳上电枢轴支承衬套是否磨损严重。

(3)若衬套良好,应检查单向离合器是否打滑,驱动齿轮是否损坏,拨叉与电磁开关是否脱开,拨叉各铰接部件是否磨损松旷等,并视情予以修复或更换。

四、电磁开关吸合不牢的故障诊断

1. 故障现象

接通点火开关至起动挡,电磁开关吸合不牢,发出"哒、哒"声。

2. 故障原因

(1)蓄电池亏电或内部有故障。

(2)蓄电池接线柱与连接导线接触不良。

(3)电磁开关的保持线圈存在断路故障。

3. 故障诊断与排除

(1)检查蓄电池连接导线处有无松动、锈蚀。若松动,应当紧固;若锈蚀,应拆下连接导线,用"00"号砂纸清洁接线柱和夹子后重新紧固。

(2)检查蓄电池的放电程度,若亏电严重,应进行充电或更换。

(3)若蓄电池正常,应检查电磁开关保持线圈是否断路。若有断路故障,应予以更换。

五、起动机单向离合器不回位的故障诊断

1. 故障现象

起动发动机时,发动机不能起动且起动机不停转动或起动后驱动齿轮仍然与飞轮齿圈啮合高速运转。

2. 故障原因

(1)点火开关起动挡不回位。

(2)起动机驱动齿轮齿形与飞轮齿圈齿形不相符。

(3)蓄电池亏电或内部有故障。

(4)电磁开关触点烧蚀严重。

(5)电磁开关回位弹簧折断、活动铁心卡住。

(6)单向离合器在转子轴上卡住。

3. 故障诊断与排除

(1)遇此故障时,应迅速切断电源,防止长时间通电烧坏起动机。

(2)切断电源后,若单向离合器能自动回位,应检查点火开关起动挡回位是否良好,不符合要求时,应予以更换。

(3)若单向离合器不能回位,再转动曲轴检查单向离合器是否回位,回位时应检查蓄电

池的放电程度及电磁开关触点是否严重烧蚀,并视情予以充电或更换。不回位则应拆检起动机,检查电磁开关回位弹簧是否折断;活动铁心是否卡滞;单向离合器在电枢轴上移动是否灵活,并视情予以修复或更换。

六、热车时起动机不转的故障诊断

1. 故障现象
热车熄火后,随即起动发动机时,电磁开关无反应,但冷车时起动正常。

2. 故障原因
电磁开关吸拉线圈、保持线圈温度升高后,因绝缘性能下降而产生短路或搭铁。

3. 故障诊断与排除
发动机热状态时起动机不转,待发动机降温后,重新起动,若起动机运转正常,说明电磁开关有故障,应更换开关。

第三节　点火系统故障诊断

一、点火系统常见故障

汽车点火系统工作状况的好坏,直接影响发动机的动力性和经济性。在汽车维修过程中,点火系统故障率相对较高。点火系统常见故障有:发动机不能起动、发动机运转不平稳和发动机功率下降、油耗增大、加速不良等。

点火系统常见故障见表 10-1。

表 10-1　点火系统常见故障

故障现象	故障原因	排除方法
发动机不能起动	中央高压线故障	更换中央高压线
	点火线圈故障	更换点火线圈
	点火控制器故障	更换点火控制器
	信号转子与传感器之间的间隙不正确	调整信号转子与传感器之间的间隙
	点火线圈无低压电	检查并排除点火线圈线路故障
发动机运转不平稳	单缸高压线故障	更换单缸高压线
	分电器盖故障	更换分电器盖
发动机功率下降 油耗增加 加速不良	点火正时不正确	调整点火正时
	分电器盖漏电	更换分电器盖
	分火头漏电	更换分火头
	高压线插错	将高压线插对

二、电子点火系统常见故障

1. 磁脉冲无触点电子点火装置的故障
磁脉冲无触点电子点火装置常见故障原因有:脉冲信号发生器损坏;点火控制器损坏;

点火线圈损坏或性能不佳；线路接触不良或有断路、短路；分电器盖破裂、分火头损坏；火花塞积炭、油污、绝缘体破裂或间隙不当；分电器真空点火提前装置或离心点火提前装置失效；点火正时失准、缸线错乱。

2. 霍尔效应式无触点电子点火装置的故障

霍尔效应式无触点电子点火装置与磁脉冲式无触点电子点火装置故障现象非常相似，不同的是点火信号由霍尔传感器产生。

三、少数气缸不工作的故障诊断

1. 少数气缸不工作的故障现象

发动机回火、"放炮"、车身发抖，消声器"突突"声音有节奏出现，发动机怠速转速稍高时更明显。

汽车在行驶过程中，如果发动机在各种转速下，消声器均发出有节奏的"突突"声，并伴有进气管回火、消声器"放炮"、车身发抖等现象，应停车检查，排除故障。在判断此故障时，应在稍高于怠速的转速下察听，这时，消声器有节奏"突突"声较为明显。另外，还可以用小油门快提速的方法判断。

2. 气缸不工作故障排除一般程序

(1)外部检查。发动机不熄火，检查高压分线是否脱落、漏电或插错。脱落或插错，要重新插置。如果有漏电现象，要更换分缸高压线。

(2)进行断火试验。断开某缸分缸高压线后，如果发动机转速下降，发动机抖动加剧，为该缸工作良好；如果发动机转速升高，为分电器盖上有两缸旁插孔串电；如果发动机转速没有变化，为该缸不工作，这时，要检查该缸高压线是否有火花。

(3)检查分缸高压线和火花塞。拆下分缸高压线做跳火试验，如果有火花出现，说明火花塞有故障；如果没有火花出现，说明分缸高压线、点火线圈、分电器等有故障，应对相应部件进行检测。

四、电子点火系统的故障诊断方法

不同电子点火系统故障诊断的区别主要在于信号发生器的检测，而其检测原理是相同的，下面以常见的霍尔效应式电子点火系统为例说明电子点火系统的故障诊断与维修。

1. 确定故障是在低压电路还是在高压电路

(1)打开分电器盖，转动曲轴，使分电器转子缺口对正霍尔信号发生器，如图10-8所示。

(2)拔出分电器盖上的中央高压线，使其端部离气缸体5～7mm。

(3)接通点火开关，用螺钉旋具在霍尔信号发生器的间隙中轻轻插入和拔出，模拟转子在间隙中的动作，如图10-9所示。

(4)如果高压线端部跳火，表明低压电路中的霍尔信号发生器、点火控制器及点火线圈性能良好，故障在高压电路；如不跳

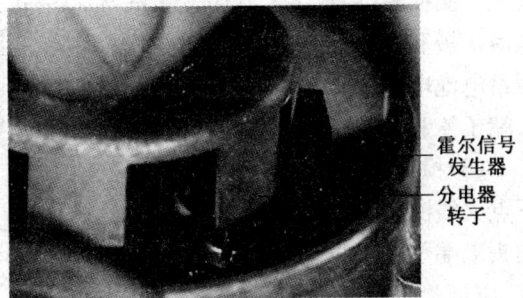

霍尔信号
发生器

分电器
转子

图10-8　分电器转子缺口对正霍尔信号发生器

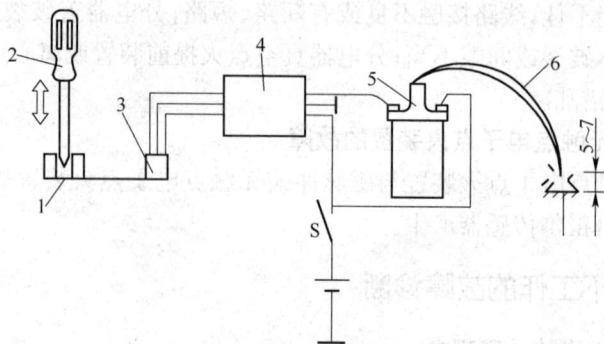

图 10-9　电子点火系统的故障确定
1. 分电器内的霍尔信号发生器的空气气隙　2. 螺钉旋具　3. 霍尔传感器插接器　4. 点火控制器
5. 点火线圈　6. 高压线

火,在点火线圈及线路良好的情况下,可确定故障在霍尔信号发生器或点火控制器,应进一步检查。

2. 确定霍尔信号发生器或点火控制器的故障

用万用表测量分电器上信号发生器的信号端子"S"与搭铁端子"－"之间的电压:转动分电器轴,万用表的测量值若在 0.3～0.4V 与 11～12V 之间变化,说明霍尔信号发生器良好,点火控制器有故障;若测量值与上述值不一致,说明霍尔信号发生器有故障。

五、计算机控制点火系统故障诊断方法

1. 双缸同时点火系统的检测(以桑塔纳 GSi 轿车为例)

桑塔纳 GSi 轿车无分电器点火系统采用两个点火线圈,1、4 缸共用一个点火线圈,2、3缸共用一个点火线圈,其电路如图10-10所示。

发动机因为点火系统故障而不能起动,在检查时,一般按由易到难的次序,沿点火线路进行分段检查。

(1)检查各部分线路接头有无松动、断路、短路现象。

(2)检查点火线圈搭铁电路:拔下点火线圈插头,用数字式万用表测量蓄电池正极和插头上端子 4 间的电压,应为蓄电池电压(约 12V),否则应检查插头端子 4 和接地点的线路的开路。

(3)检查点火线圈的供电电压:拔下点火线圈插头,用数字式万用表测量插头上端子 2 和发动机接地点间的电压,应为蓄电池电压(约 12V),否则应检查点火开关及与端子 2 之间线路的开路。

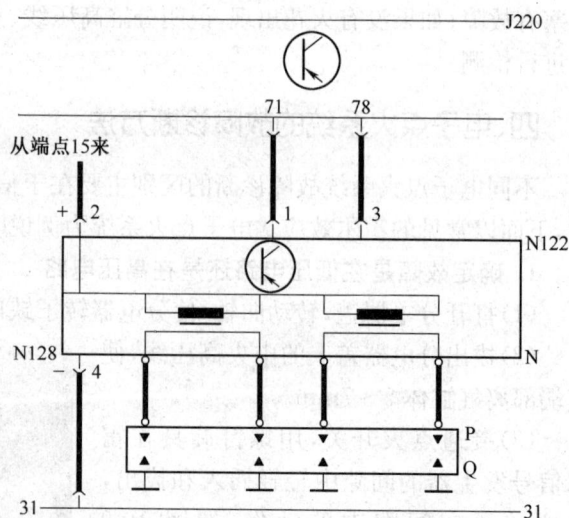

图 10-10　桑塔纳 GSi 轿车点火系统电路

(4)检查点火线圈工作情况:拔下点火线圈的插头和四个喷油器的插头,打开点火开关,

用数字式万用表分别测量点火线圈插头上端子 1 和 3 与发动机接地点间的电压,起动起动机数秒钟,应有 0.4V 左右电压出现。

(5)用数字式万用表测量点火线圈插头和 ECU 线束插座之间的电阻,电阻应小于 1Ω。

(6)测量两个线圈的初级线圈和次级线圈阻值,应基本相等。

(7)高压火跳火试验能检测有无高压火及点火能量。

(8)传感器等点火系统组件的检查:当传感器组件发生故障时,应在蓄电池电压、燃油泵继电器和熔断丝都正常的情况下进行检测(用高阻抗数字万用表,表内阻不小于 10kΩ)。点火系统组件、插头端子的检测及控制步骤见表 10-2。

表 10-2　点火系统组件的检测及结果

检测步骤	测量项目	测量条件(操作过程)	测量部位(各端子号请查阅技术资料)	额定值	测量值
1	节气门位置传感器	断开点火开关,拔下插头,再接通点火开关	插头端子 5 与 7	约 5V	
2	节气门定位电位计	断开点火开关,拔下插头,再接通点火开关	插头端子 4 与 7	约 5V	
3	霍尔传感器信号输出电压	拔下插头,再接通点火开关	插头端子 1 与 3	约 5V	
4	霍尔传感器供电电压	拔下插头,再接通点火开关	插头端子 2 与 3	接近蓄电池电压	
5	发动机转速传感器	断开点火开关,拔下发动机转速传感器灰色插头	插头端子 2 与 3	480～1000Ω	
6	爆燃传感器输出信号电压	发动机运转	插头端子 1 与 2	0.3～1.4V	
7	空气流量计供电电压	燃油泵继电器和熔断丝正常	插头端子 4 与搭铁	约 5V	
8	发动机 ECU 供电电压	蓄电池电压高于 11V,熔断丝 517 正常,接通点火	VA1598/2 测试盒,端子 3 与 2,端子 1 与 2	接近蓄电池电压	

如果检测组件电压不正常,应进行线路检修,其方法是断开点火开关,从 ECU 上拔下接线插头和所要测量组件的插头,检测连接线路的电阻。如果被检测线路正常,而被检测组件电压或电阻值不正常,则故障在被检测组件或 ECU。

2. 独立点火系统的检测(以帕萨特 B51.8T ANQ 型发动机为例)

帕萨特 B51.8T 发动机(ANQ 型)独立点火系统的电路如图 10-11 所示,发动机点火系统主要由点火线圈、火花塞、爆燃传感器、霍尔传感器等组成。发动机控制单元位于前挡风玻璃左下角,采用独立点火方式。

帕萨特 B51.8T 发动机(ANQ 型)独立点火系统的检测方法如下:

(1)霍尔传感器的检修在检测时,应保证蓄电池电压至少为 1.5V。

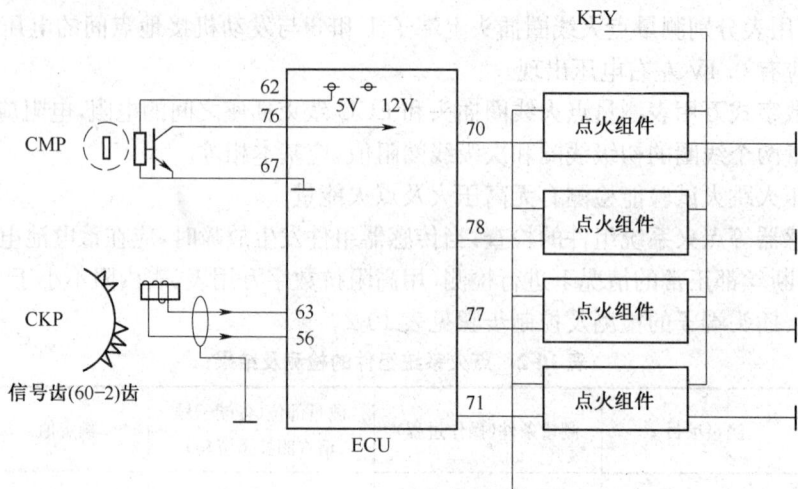

图 10-11　帕萨特 B51.8T 的点火系统

①拔下霍尔传感器的三针插头,如图 10-12 所示。

②用万用表测端 1 和 3,打开点火开关,至少 4.5V。如果不在允许范围内,检查 ECU
到插座之间的导线。如在导线中未发现故障,且在三针插座端子 1 和 3 之间有电压,则更换
霍尔传感器 G40;若在端子 1 和 3 之间无电压,则更换发动机。

(2)带功率终极端的点火线圈的检修在检测时应保证蓄电池电压至少为 11.5V,霍尔传
感器正常,发动机转速传感器正常。

①将点火线圈的功率终端极 2 和三针插头拔下,用万用表测量中间的端子和接地点,打
开点火开关,测量供电电压,至少 11.5V。如果无电压,检查控制单元和三针插座之间的导
线和端子 2 和继电器之间是否导通。

②拔下喷油器插头及点火线圈终端极的三针插座,用二极管灯连接于端子 1 与和接地
点之间,起动发动机,检查发动机控制单元的点火信号,二极管灯应闪烁,如果不闪烁,检查
导线,如果未找到导线的故障,而在端子 2 和接地点间有电压,则更换发动机控制单元。

(3)发动机转速传感器的检查在检测时应保证蓄电池电压至少为 11.5V;将到发动机转
速传感器的三针插头拔下,如图 10-13 所示。

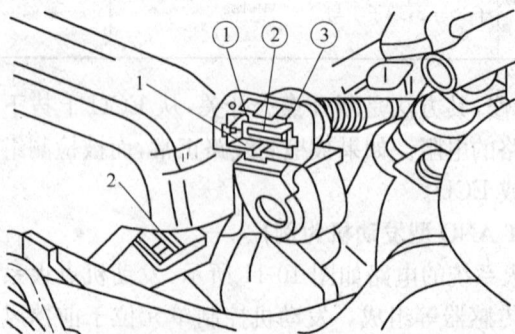

图 10-12　霍尔传感器的三针插头

1. 三针插座　2. 霍尔传感器

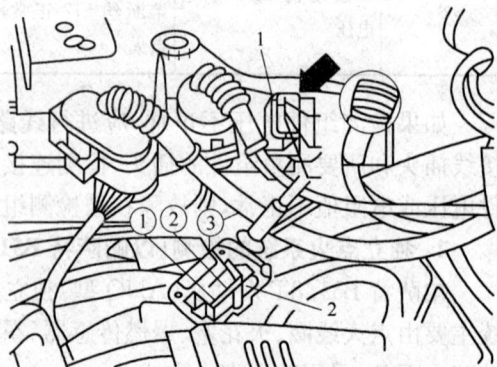

图 10-13　拔下发动机转速传感器的三针插头

1. 插座　2. 三针插头

第十章　汽车电气设备故障诊断　　　　　　299

测量插座端子1和2之间,即传感器的电阻值,其允许值应为480~1000Ω,否则检查传感器的导线是否有断路或短路,如果在导线中找不到故障,拆下传感器并将传感器轮固定,检查是否有损伤和端面跳动。若传感器损坏,则更换发动机转速传感器(G28)。若传感器无故障,则更换发动机控制单元。如果点火信号正常,则更换带功率终端极。

第四节　照明与信号系统故障诊断

照明系统的故障诊断方法基本相同,下面以桑塔纳2000轿车为例,介绍其故障诊断方法。

一、前照灯远、近光均不亮的故障诊断

1. 故障现象
车灯开关处于Ⅲ位时,拨动变光开关,前照灯远、近光均不亮。

2. 故障原因
(1)熔断器断路。
(2)车灯开关损坏。
(3)变光开关损坏。
(4)前照灯双丝灯泡损坏。
(5)连接线路断路。

3. 故障诊断
前照灯远、近光均不亮故障诊断如图10-14所示。

二、前照灯远光或近光不亮的故障诊断

1. 故障原因
(1)变光开关远光或近光挡接触不良。
(2)双丝灯泡远光或近光灯丝损坏。
(3)熔断器断路。
(4)远光或近光灯连接线断路。

2. 故障诊断
前照灯远光或近光不亮故障诊断如图10-15所示。

三、前照灯发光强度低的故障诊断

1. 故障原因
(1)交流发电机输出电压低。
(2)变光开关接触不良。
(3)前照灯插接件接触不良。
(4)前照灯反射镜老化或锈蚀。
(5)线路搭铁不良

向上拨动变光开关手柄，检查前照灯工作是否正常

前照灯不亮

前照灯亮

车灯开关位于Ⅲ位，检查前照灯插座的电压

检查灯变光开关"56"接柱电压

电压正常，检查前照灯双丝灯泡是否断路

电压为零

电压为零

电压正常

断路，应更换

正常，检查搭铁是否良好

检查熔断器S_9、S_{10}和S_{20}、S_{21}是否断路

检查"X"接柱电压

检查变光开关和连接线路

断路，更换

良好

电压为零

电压正常

检查变光开关"56"接柱电压

检查点火开关及连接导线

检查车灯开关

电压正常

电压为零

检修变光开关及熔断器之间的连接线路

检修车灯开关与变光开关之间的连接线路

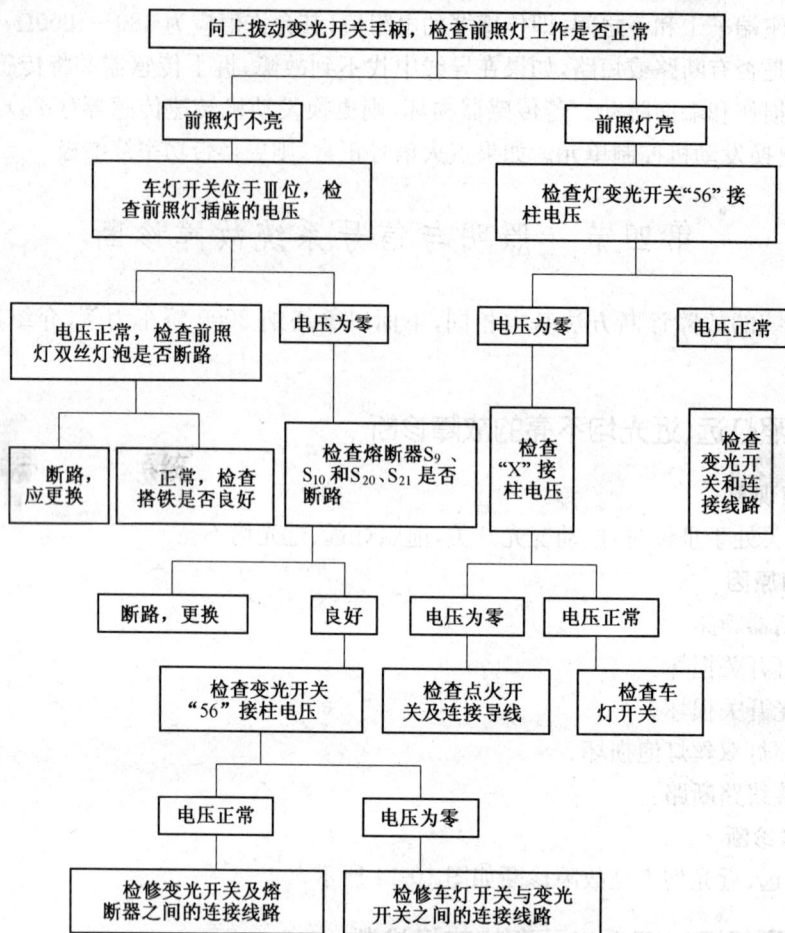

图 10-14 前照灯远、近光均不亮故障诊断

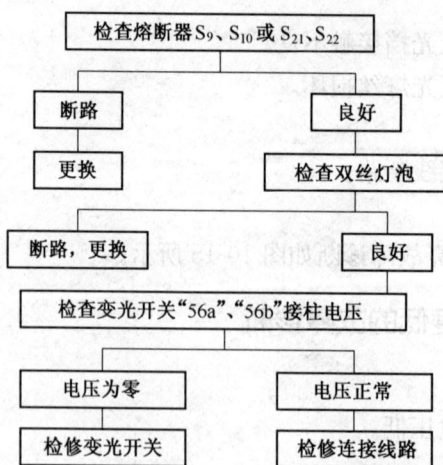

检查熔断器S_9、S_{10}或S_{21}、S_{22}

断路

良好

更换

检查双丝灯泡

断路，更换

良好

检查变光开关"56a"、"56b"接柱电压

电压为零

电压正常

检修变光开关

检修连接线路

图 10-15 前照灯远光或近光不亮故障诊断

2. 故障诊断

前照灯发光强度低故障诊断如图 10-16 所示。

```
              检查交流发电机输出端电压
         ┌───────────────────┴───────────────────┐
      电压过低                                电压正常
         │                                      │
    调整、检修电源系                          检查有关插接件
         │                              ┌───────┴───────┐
    松动、锈蚀                          正常
         │                                      │
       修整                              检查前照灯反射镜
                                 ┌───────────┴───────────┐
                            老化、锈蚀                  良好
                                 │                        │
                               更换                检查前照灯搭铁是否良好
                                              ┌──────────┴──────────┐
                                           良好                  松动、锈蚀
                                              │                        │
                                        检查变光开关                  更换
```

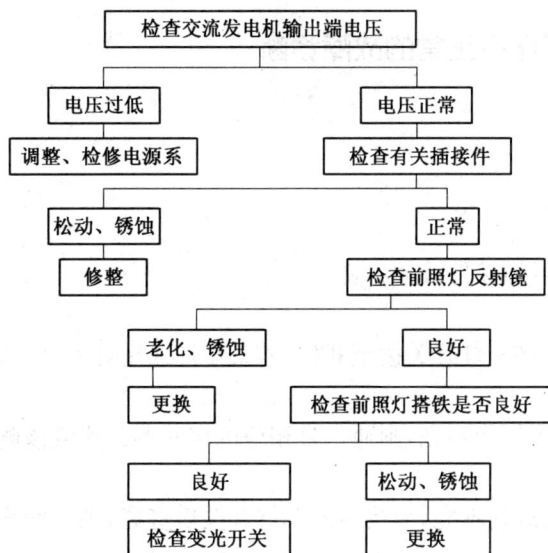

图 10-16　前照灯发光强度低故障诊断

四、一侧前照灯远光与近光均不亮的故障诊断

1. 故障原因

(1)某侧双丝灯泡损坏。

(2)熔断器断路。

(3)前照灯插接件松脱或导线断路。

2. 故障诊断

一侧前照灯远光与近光均不亮故障诊断如图 10-17 所示。

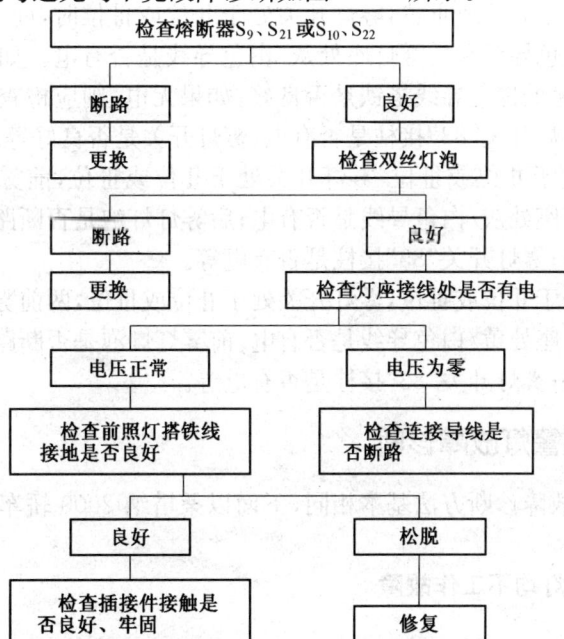

```
              检查熔断器S₉、S₂₁或S₁₀、S₂₂
         ┌───────────────────┴───────────────────┐
      断路                                    良好
         │                                      │
       更换                                检查双丝灯泡
                                 ┌───────────┴───────────┐
      断路                                    良好
         │                                      │
       更换                              检查灯座接线处是否有电
                                 ┌───────────┴───────────┐
     电压正常                                电压为零
         │                                      │
   检查前照灯搭铁线                        检查连接导线是
   接地是否良好                            否断路
         │                              ┌───────┴───────┐
     良好                                      松脱
         │                                      │
   检查插接件接触是                              修复
   否良好、牢固
```

图 10-17　一侧前照灯远光与近光均不亮故障诊断

五、小灯、尾灯工作不正常的故障诊断

1. 故障原因

(1)车灯开关损坏。

(2)灯泡损坏。

(3)熔断器断路。

(4)连接线路断路或插接件接触不良。

2. 故障诊断

(1)接通点火开关,将车灯开关拨至Ⅱ位,若某小灯或尾灯不亮,通常是灯泡损坏或插接件松脱、接触不良。

(2)若某侧小灯和尾灯均不亮,则通常是相应的熔断器断路或该侧小灯和尾灯灯泡同时损坏。

(3)若两侧小灯、尾灯均不亮,而接通停车灯开关后灯亮,则一般为车灯开关损坏。

六、雾灯工作不正常的故障诊断

1. 故障原因

(1)车灯开关损坏。

(2)雾灯开关损坏。

(3)熔断器断路。

(4)雾灯继电器损坏。

(5)雾灯灯泡损坏。

(6)连接线路断路或插接件松脱。

2. 故障诊断

(1)当车灯开关处于Ⅱ位或Ⅲ位,雾灯开关处于Ⅱ位或Ⅲ位时,前、后雾灯均不亮,先检查前雾灯灯座处黄/白色导线和后雾灯座处灰/白色导线是否有电。如果有电,则应检查雾灯灯泡是否断路及灯座处棕色导线搭铁是否良好;如果无电,则应检查熔断器是否断路,雾灯继电器是否工作,雾灯开关"83"接柱是否有电,雾灯开关是否良好等。

(2)当车灯开关处于Ⅱ位或Ⅲ位,雾灯开关处于Ⅱ位或Ⅲ位,前雾灯正常,而后雾灯不亮,则应检查后雾灯灯座处灰/白色导线是否有电;后雾灯灯泡是否断路;棕色导线搭铁是否良好;熔断器是否断路;雾灯开关"83"接柱是否有电等。

(3)当车灯开关处于Ⅱ位或Ⅲ位,雾灯开关处于Ⅱ位或Ⅲ位,两前雾灯均不亮,而后雾灯亮,则应检查前雾灯灯座处黄/白色导线是否有电;前雾灯灯泡是否断路;棕色导线搭铁是否良好;熔断器是否断路;雾灯开关"83"接柱是否有电等。

七、转向灯和报警灯故障诊断

转向灯和报警灯故障诊断方法基本相同,下面以桑塔纳2000轿车为例,介绍其故障诊断方法。

1. 转向灯和报警灯均不工作故障

(1)故障原因。

①熔断器断路。

②闪光器损坏。

③报警灯开关损坏。

④转向灯灯泡断路。

⑤连接线路断路。

(2)故障诊断。转向灯和报警灯均不工作故障诊断如图10-18所示。

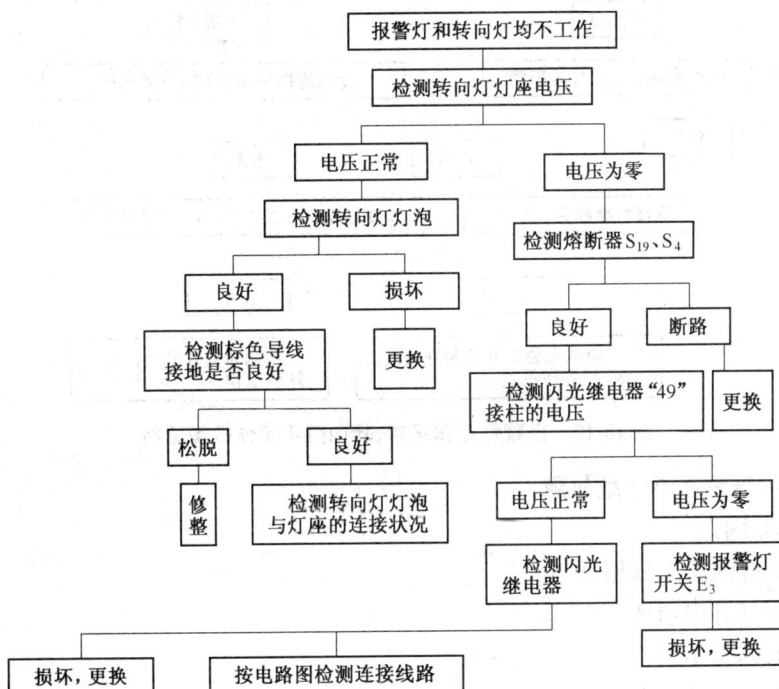

图10-18　转向灯和报警灯均不工作故障诊断

2. 报警灯工作正常,转向灯不工作故障

(1)故障原因。

①熔断器断路。

②转向灯开关损坏。

③报警灯开关损坏。

④连接导线断路或插接件松脱。

(2)故障诊断。报警灯工作正常,转向灯不工作故障诊断如图10-19所示。

3. 报警和转向灯工作均正常,但仪表板上绿色指示灯不亮故障

(1)故障原因。

①发光二极管损坏。

②连接导线断路或插接件松脱。

(2)故障诊断。检查仪表板14孔白色插接件蓝/红导线上的电压,其值应随转向灯闪光频率变化而变化,否则应检查中央线路板、接点以及中央线路板;如果电压正常,则应检查发光二极管或仪表板,若有损坏,应更换。

```
                检测熔断器 S₁₉ 是否断路
            ┌──────────────────┴──────────────────┐
         断路                                    良好
          │                                       │
        更换                           检测熔断器 S₁₉ 处电压
            ┌────────────────┬────────────────────┤
        不正常                                  正常
          │                                       │
   中央线路板连接导线断路              检测连接插接件 T29/18 处电压
          │                      ┌──────────┴──────────┐
        修复                   正常                  不正常
                                 │                     │
                        连接线路断路,修复    检测转向灯开关 E₂"49a"接柱处电压
                                          ┌──────────┴──────────┐
                                      不正常                  正常
                                        │                      │
                            检测报警灯开关和连接线      检测转向灯开关,损
                            路,损坏应更换              坏应更换
```

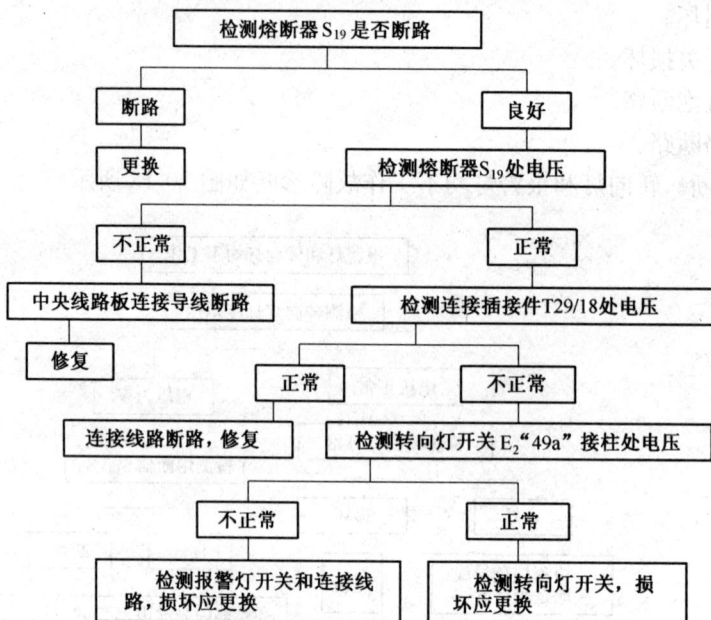

图 10-19　报警灯工作正常,转向灯不工作故障诊断

4. 灯光闪烁频率不一致故障

(1)故障原因。

①转向灯灯泡功率选用不当。

②某转向灯灯泡损坏。

③闪光器调整不当。

④某侧搭铁线接触不良。

(2)故障诊断。

①检查闪光频率较高的一侧灯泡是否损坏,灯泡型号是否符合规定。

②检查搭铁线接触是否良好,插接件连接是否牢固。

若不符合要求,应更换或修理。

5. 转向灯工作正常而报警灯不工作故障

(1)故障原因。

①熔断器断路。

②报警灯开关损坏。

③连接导线断路或插接件损坏。

(2)故障诊断。首先检查熔断器是否断路,若良好时,应检查报警灯开关是否正常,相关插接件是否松脱,报警灯开关接柱接触是否良好,并视情予以更换或修理。

八、制动灯工作不正常的故障诊断

1. 故障原因

(1)熔断器断路。

(2)制动灯开关损坏。

(3)灯泡断路。

(4)连接线路断路或插接件松脱。

2. 故障的判断与排除

(1)如果一侧制动灯亮而另一侧制动灯不亮,应首先检查不亮侧制动灯灯泡是否断路,灯座处黑/红导线上的电压是否正常。若均良好,再检查搭铁线接触是否良好,灯泡与灯座接触是否良好。

(2)如果两侧制动灯均不亮,应首先检查熔断器是否断路。若良好再检查制动灯开关处黑/红导线电压是否正常。若电压正常,则拆下制动灯开关处的两导线并连接在一起,此时若制动灯亮,说明制动灯开关损坏,应更换;若制动灯仍不亮,则应检查制动灯灯泡是否断路,连接导线是否断路等。

九、倒车灯工作不正常的故障诊断

1. 故障原因

(1)熔断器断路。

(2)倒车灯开关损坏。

(3)倒车灯灯泡断路。

(4)连接导线断路或插接件松脱。

2. 故障的判断与排除

(1)如果两侧倒车灯均不亮,首先检查熔断器是否断路。

(2)若熔断器良好,应挂入倒挡,检测灯座处黑色导线上的电压是否正常。

(3)如果电压正常,应检测倒车灯灯泡是否损坏,搭铁线接触是否良好。如果电压为零,则应检测倒车灯开关处黑色导线电压是否正常。

(4)若正常,将其与黑底色导线连在一起,此时,若倒车灯点亮,说明倒车灯开关损坏,应更换;若倒车灯仍不亮,说明连接线路有断路处,应修复。

十、电喇叭的故障诊断

1. 电喇叭音量小故障

(1)故障原因:电喇叭触点烧蚀;电喇叭搭铁不良。

(2)故障诊断:

①电喇叭触点烧蚀,更换电喇叭。

②搭铁不良,视情处理。

③对于螺旋(蜗牛)形电喇叭,使用中不要进水,安装时注意方向,开口朝下。

2. 喇叭不响故障

(1)故障原因:熔丝断、继电器或喇叭开关有故障。

(2)故障诊断:先检查熔丝断、电喇叭搭铁情况及线路连接是否正常。若正常进行下列检查:

①将继电器"S"接线柱(图10-20)直接搭铁,若电喇叭响,说明电喇叭按钮有故障,可能是电喇叭搭铁不良,需处理;处理后电喇叭若仍不响,进行下一步。

②将继电器上的"B"与"H"接线柱(图10-20)短接,若电喇叭响,说明继电器有故障,更

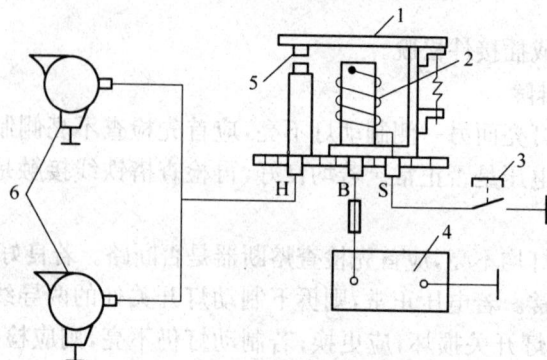

图 10-20　电喇叭的控制电路

1. 触点臂　2. 线圈　3. 电喇叭按钮　4. 蓄电池　5. 触点　6. 电喇叭

换继电器;若仍不响,可能是继电器到电喇叭之间的线路有故障。

第五节　仪表与报警系统故障诊断

一、燃油表、冷却液温度表、机油压力表常见故障诊断

在所有汽车仪表电路中,大部分都配有电源稳压器,而且不论是电磁式仪表还是电热式仪表,又都配有传感器。这样,在仪表故障中,若两个或两个以上仪表同时不工作时,应先检查仪表熔丝和电源稳压器是否有故障;若单个仪表不工作时,应首先确定故障是在传感器还是在仪表。

1. 单个仪表不工作

首先检查传感器的接线是否完好,如正常,可将传感器的接线断开,用万用表检测传感器的接线是否有电。如无电,应检查传感器到仪表及蓄电池的电路;如有电,以燃油表为例,检测方法如图 10-21 所示。

(1)用 10Ω 的电阻代替传感器,一端接到传感器的接线上,另一端直接搭铁。点火开关打到 ON,观察仪表。如果指针摆动,说明传感器有故障(不要将传感器的接线直接搭铁,否则易烧坏仪表),需要更换传感器。

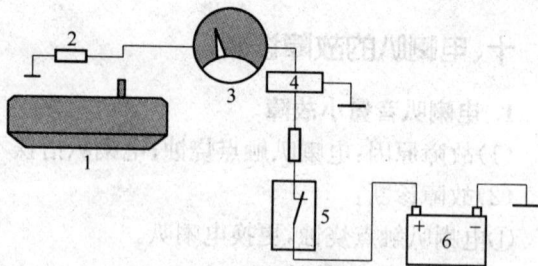

图 10-21　仪表的故障检查

1. 传感器　2.10Ω 电阻　3. 燃油表　4. 电源稳压器
5. 点火开关　6. 蓄电池

(2)仪表准确的工作情况,可参照维修手册。如以奥迪车燃油表为例,用变阻器代替传感器,当阻值为 40Ω 时,指针指示为 1;当阻值为 78Ω 时,指针指示为 1/2;当阻值为 283Ω 时,指针指示为 0。如果检测结果与上述相符,传感器有故障,应更换;否则,仪表有故障,应更换。

2. 两个或两个以上仪表同时不工作

当两个或两个以上仪表同时不工作时,应检查仪表熔丝和电源稳压器,如图 10-22 所示。若仪表熔丝正常,应检查电源稳压器。以奥迪车为例,如图 10-23 所示,测量输出端 3 与搭铁端 2 之间的电压,电压表读数应在 9.75～10.25V,否则更换稳压器;测量输入端 1 与搭铁端 2 之间的电压,电压表的读数应为电源电压,否则检修电路。

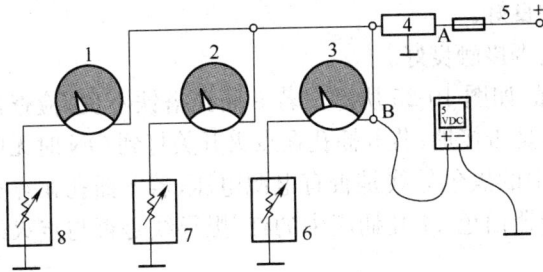

图 10-22　电源稳压器的电路
1、2、3. 仪表　4. 电源稳压器　5. 蓄电池＋　6、7、8. 传感器

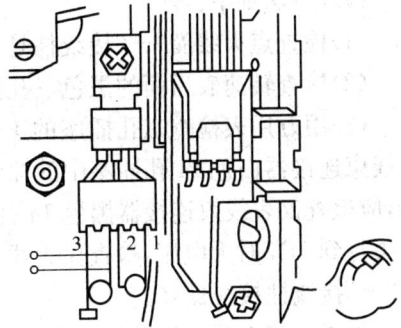

图 10-23　检查稳压器
1～3. 端子

二、车速里程表常见故障诊断

车速表里程表一般有机械式的和电子式的。检测时可将车举起,起动发动机,将变速器挂上挡,使驱动轮运转,观察转速表的工作情况。检测时注意发动机的转速不要过高,以免有损差速器。

1. 机械式车速里程表故障诊断

机械式车速里程表常见故障有噪声、指针抖动或不工作。

(1)噪声故障。一般是软轴(里程表线)缺油,需将软轴拆下,进行清洗,加润滑油。但最好是更换软轴。特殊情况,若表头中的表轴磨损,使铝杯与磁铁相碰,发出噪声,需更换表头。

(2)车速里程表不工作、读数不准或抖动故障。首先检查软轴与其他线束是否有交错挤压的现象,如果有上述情况,先将软轴正确归位;检查变速器输出轴驱动小齿轮的磨损情况,软轴与驱动小齿轮的啮合间隙,如果不符,应更换;检查表头内蜗轮与蜗杆的间隙,过大可调整。

2. 电子式车速里程表故障诊断

电子式车速里程表的常见故障是不工作。原因是传感器坏或线束、仪表等有故障。

以奥迪车为例,电子式车速里程表传感器位于变速器壳体左侧。

(1)断开仪表系统线束连接器,连接器有 26 个端子,如图 10-24 所示。

(2)将汽车举起,断开传感器的线束连接器,变速器置于空挡,用手转动左前轮。

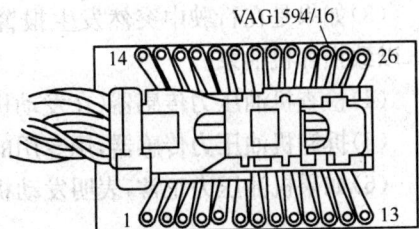

图 10-24　仪表系统线束连接器
1～26. 端子

(3)用万用表测量端子4和10之间的电阻,电阻值应在0～∞之间变化。否则,检修线路或更换车速传感器。

三、发动机转速表常见故障诊断

以桑塔纳轿车为例,发动机转速表的常见故障是不工作的原因是线路或仪表本身有故障。检查方法如下:

(1)检查点火线圈"－"接线柱是否接触良好。

(2)检查转速表后面的黑色三孔插座是否接触良好。

(3)用万用表检查三孔插座的工作状况,如图10-25所示。若a插孔搭铁不良,检查仪表线束连接器白色14孔插座中的棕色导线是否接地;若b插孔在点火开关打到ON时无电压,应检查仪表线束连接器黑色14孔插座中的黑色导线是否有电源电压;若c插孔在点火开关打到ON时无电压,检查仪表线束连接器白色14孔插座中的红/黑导线是否与点火线圈"－"接线柱接触良好。

如果转速表后面的黑色三孔插座线束经检查全部正常,则故障在转速表本身,应更换转速表。

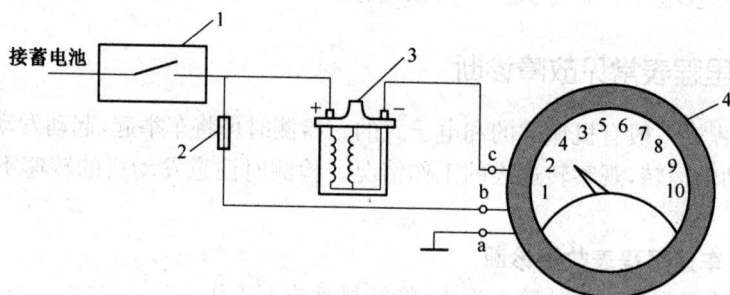

图10-25　转速表的检测
1. 点火开关　2. 熔丝　3. 点火线圈　4. 发动机转速表

四、机油压力报警灯电路的故障诊断

机油压力报警灯电路有故障时,仪表板上的机油压力报警灯会闪亮,表示发动机润滑系统油道内油压过低。应停熄发动机进行检查。一般检查流程如下:

(1)抽出机油尺,检查曲轴箱内机油量,应保证机油量在规定的刻度范围内。

(2)检查发动机外表、底部无机油渗漏处。

(3)如果是在行驶中突然发生报警灯闪亮,应仔细地察看油底壳有否被路面障碍物碰瘪,以致损坏机油泵。

(4)检查机油压力传感器(在发动机缸体左侧)电线、插头有无脱落现象。

(5)拆卸机油压力传感器,用专用的机油压力表测量发动机的机油压力。

(6)如果机油压力正常,表明发动机润滑系统工作正常,而故障在机油压力传感器。

五、制动报警灯电路故障诊断

当制动报警灯电路有故障时,仪表板上的红色制动报警灯闪亮。

　　制动报警灯闪亮有两种状况:一是制动主缸储油罐内制动液不足,已对制动系统构成影响;二是驻车制动未松开,后轮制动摩擦片抱住制动鼓。制动报警灯电路故障诊断流程如下:

　　(1)打开发动机罩,检查制动主缸储油罐液面传感器的电线、插头是否良好。

　　(2)打开储油罐盖,检查制动液是否不足。

　　(3)举起汽车,检查制动油管有无渗漏处,如发现轮辋和轮胎内侧有制动液,说明该轮缸已经漏油。

第六节　空调系统故障诊断

一、空调系统不制冷

1. 故障现象

接通空调开关 A/C 与鼓风机开关后,出风口无冷风吹出。

2. 故障原因

(1)电磁离合器线圈断路。

(2)压缩机损坏。

(3)控制线路中温控开关或低压开关损坏。

(4)系统内制冷剂全部漏光。

(5)储液干燥器或膨胀阀堵塞。

3. 故障诊断

(1)起动发动机正常运转,接通空调开关 A/C,检查电磁离合器能否吸合。

(2)若电磁离合器吸合,而压缩机不转,应检查离合器线圈的电阻值。

(3)若电阻小于规定值,说明线圈匝间短路,应更换线圈。

(4)若电阻符合规定值,说明压缩机内部卡死,应检修或更换压缩机。

(5)如果压缩机运转正常,则应检查储液干燥器或膨胀阀是否堵塞。

(6)若电磁离合器不吸合,应检查低压开关处电源线上的电压。

(7)若电压为零,则检查温控开关及线路连接是否正常。

(8)若电压正常,可短接低压开关。

(9)若电磁离合器仍不吸合,应检查电磁离合器线圈或连接线路是否断路。

(10)电磁离合器若能吸合,应检查系统内制冷剂是否适量,测试压缩机工作是否正常。

二、空调系统风量不足或无风

1. 故障现象

接通点火开关,将鼓风机开关转到某一挡位或所有挡位时,出风口不出风或出风量过小。

2. 故障原因

(1)熔断器断路。

(2)空调继电器损坏。

(3)鼓风机开关接触不良或损坏。

(4)某一挡位电阻断路。

(5)鼓风机电机损坏。

(6)连接线路断路或接触不良。

(7)通风管道不畅或风门不能打开。

3. 故障诊断

(1)鼓风机开关置于任何挡位,出风口均不出风时,应首先检查熔断器是否断路,若熔断器断路,应核对熔断器的容量是否符合要求,检查线路及鼓风机电机电枢绕组是否搭铁,查明原因并修复或更换;若熔断器良好,则应检查鼓风机开关导线上的电压。电压为零时,应检查空调继电器的线圈是否断路、触点能否闭合,检查中央线路板及连接线路是否断路;电压正常时,应检查鼓风机开关是否损坏,鼓风机搭铁是否良好。上述检查均正常,则应检修鼓风机电机。

(2)鼓风机电机仅在某一挡位不能转动时,应检查鼓风机开关在该挡位的触点是否导通,该挡至分挡电阻间的连接导线及分挡电阻是否断路,并视情予以修复。

(3)鼓风机开关置于任何挡位时,鼓风机电机转动缓慢,各出风口风量均较少,一般是鼓风机电机损坏或鼓风机开关及连接导线接触不良。应检查连接导线各插接件是否松动,鼓风机电机搭铁是否良好,鼓风机开关各接触点接触是否良好。最后对鼓风机电机进行检修。

(4)鼓风机电机运转正常,但个别出风口无风或风量过小,应检查该风口出风管道中有无异物堵塞,风门能否打开,各连接管道是否密封,并视情予以修复。

三、空调制冷效果差

1. 故障现象

接通空调开关 A/C 和鼓风机开关后,出风口有冷风,但温度偏高而无凉爽感,车厢内温度下降缓慢。

2. 故障原因

(1)系统内制冷剂量不足。

(2)储液干燥器或膨胀阀滤网堵塞。

(3)膨胀阀感温包失效。

(4)冷凝器或蒸发器堵塞、表面严重脏污,影响热交换。

(5)压缩机 V 带打滑或离合器打滑。

(6)压缩机工作不良。

(7)鼓风机开关接触电阻过大或鼓风机功率不足。

3. 故障诊断

(1)检查压缩机 V 带是否打滑,V 带损坏而引起打滑时应予更换;V 带过松时,应予以调整。

(2)起动发动机并接通空调开关 A/C 后,若听到刺耳的金属摩擦声,一般是电磁离合器打滑,应检修电磁离合器。

(3)用手触摸系统管路和各部件。正常情况下,高压端管路温度为 55℃~65℃,手感热而不烫手;低压端管路为低温状态,其部件及连接管路有水珠。

①如果高压端手感烫手,应检查冷凝器的冷却效果是否良好,其方法是:在车辆前方放置一个大功率风扇,直接冷却冷凝器。此时,若现象消失,则应检查冷凝器表面是否清洁,冷却风扇转动是否缓慢,风扇护罩是否损坏;如果现象仍然存在,则可能是制冷剂过多。

②如果高压端手感热度不够,则可能是制冷剂量不足或压缩机工作不良。

③如果在储液干燥器上出现霜冻或水露,则说明干燥器破碎堵住制冷剂流通管道,此时应更换新件。

④膨胀阀工作正常时,其进口连接处是热的,但出口连接处是凉的,有水露。若膨胀阀出口处有霜冻现象,说明膨胀阀的阀口可能被堵塞,须立即处理。

⑤低压管手感冰凉、有水珠,但不应有霜冻。若出现霜冻,则可能是膨胀阀的感温包内传感液体漏光,需更换新件。

(4)经上述直观检查,若不能准确判断故障所在,可借助支管压力表总成检测系统高、低压侧的压力值,作为判断故障的依据,见表10-3。

表 10-3　空调系统压力及故障原因

空调系统压力值(kPa)		故障原因	解决方法
低压侧	高压侧		
10	80	系统内缺少制冷剂	检漏、抽真空、补充制冷剂
30～50	200～350	系统内制冷剂过多,冷凝器散热不良	放卸制冷剂;检查冷凝器
0～69	300	储液干燥器堵塞	更换储液干燥器
15～30	200	储液干燥器饱和	更换储液干燥器
0	130	膨胀阀只闭不开	更换膨胀阀
45	230	膨胀阀只开不闭	更换膨胀阀

参 考 文 献

[1] 张时才．汽车维修漆工精通．北京：电子工业出版社，2003.

[2] 王锡春．最新汽车涂装技术．北京：机械工业出版社，1997.

[3] 王锡春，包启宇．汽车修补涂装技术手册．北京：化学工业出版社，2001.

[4] 张安富，周宇帆．袖珍涂装工手册．北京：机械工业出版社，2000.

[5] 吴兴敏．汽车车身修复与美容．北京：机械工业出版社，2002.

[6] 屠振密，韩书梅，等．防护装饰性镀层．北京：化学工业出版社，2004.

[7] 刘森．汽车表面修复技术．北京：金盾出版社，2002.

[8] 赵社教．初级汽车维修漆工培训教材．北京：电子工业出版社，2003.

[9] 赵社教．中级汽车维修漆工培训教材．北京：电子工业出版社，2003.

[10] 赵社教．高级汽车维修漆工培训教材．北京：电子工业出版社，2003.

[11] 杨生民．涂装修理．哈尔滨：黑龙江科学技术出版社，1995.

[12] 侯建党．汽车钣金与涂装修补图表解．沈阳：辽宁科学技术出版社，1999.

[13] 戴耀辉．轿车车身修理与涂装技术培训教程．北京：机械工业出版社，2003.

[14] 肖述文．中级汽车车身维修工速成培训教材．北京：人民交通出版社，1999.

[15] 代汝泉．汽车车身修复技术．北京：人民交通出版社，1999.

[16] 天天汽车工作室．轿车车身维修技能实训．北京：机械工业出版社，2004.

[17] 苗泽青．汽车检测人员岗位培训教材．北京：人民交通出版社，2005.

[18] 交通部公路司．汽车综合性能检测．上海：上海科学技术文献出版社，1999.

[19] 交通部公路司．汽车维修质量检验员岗位培训教材．北京：科学技术文献出版社，1999.

[20] 杨益明．汽车检测设备与维修．北京：人民交通出版社，2005.

[21] 王生昌．中级汽车检测工培训教材．北京：电子工业出版社，2003.

[22] 安相壁，马麟丽．汽车检测工手册．北京：电子工业出版社，2005.

[23] 仇雅莉．汽车检测技术专门化．北京：人民交通出版社，2003.

[24] 马勇智，汪贵行．汽车检测技师培训教材．北京：人民交通出版社，2003.